장사고수 32명이 꼽은

자영업 트렌드 2025

매경이코노미·창톡 장사고수 지음

매일경제신문사

2024년 자영업 시장 리뷰

기획형 식당만 대박 '콘셉트 집약' 시대 불황엔 브랜딩보다 '가성비'로 승부해야

노승욱 창톡 대표

"'기획형 식당'이란 게 있습니다. 지역에서 오랫동안 장사해온 노포와 달리, 갑자기 등장한 지 한두 달 만에 적극적인 홍보와 마케팅을 통해 웨이팅(waiting)을 세우는 식당을 말하죠. 기획형 식당이란 표현은 과거에는 1세대 블로거나 오래 장사한 분들이 이런 가게를 '낮춰 부르던' 말이었습니다. 그러나 요즘 떠오르는 식당들을 보면 기획형 식당이 아닌 곳이 없습니다. 그래서 저는 오히려 사람들한테 얘기할 때, '저는 기획형 식당을 만들고 운영하는 사람'이라고 합니다."

서울 문래동에서 6개 음식점을 운영하는 최성민 느루집 대표가 창톡의 장사고수 특별강연회에서 한 얘기다. 오늘날 차별화된 콘셉트(기획)가 중요해진 외식 시장의 단면을 잘 보여주는 대목이다.

한때 프랜차이즈 업계에서도 '기획형 프랜차이즈'라는 말이 비슷하게 쓰였다. 반짝 유행을 타고 가맹점을 순식간에 늘렸다가 문을 닫는 '치고 빠지기' 식의 프랜차이즈를 낮춰 부르던 말이다. 물론 프랜차이즈는 가맹점주 생계가 달렸으니 기획형이 결코 좋은 게 아니다. 그러나 갈수록 트렌드 변화 주기가 짧아지고, MZ세대는 차별화된 콘셉트와 새로운 경험

을 즐기고 있다. 이런 상황에서 MZ세대의 취향을 저격해 대박을 터뜨리려면 독창적 콘셉트로 무장한 기획형 식당은 어느 정도 필수불가결한 측면이 있다. 심지어 상권도 성수(팝업스토어), 을지로(레트로), 명동(외국인), 여의도(오피스) 등 콘셉트성이 갈수록 짙어지고 있다. 이는 외식업뿐 아니라 소매업, 서비스업에도 해당하는 얘기다. 바야흐로 자영업이 콘셉트 집약 산업으로 변화하고 있는 것이다.

대한민국 자영업 변천 4단계

노동 → 상권 → 기술 → 콘셉트 집약

자영업에서 콘셉트가 중요해진 이유를 설명하려면, 먼저 자영업 변천사를 살펴봐야 한다. 대한민국 자영업은 다음과 같이 네 단계로 변화해왔다.

2000년 이전까지 자영업은 '노동 집약' 산업이었다. 온라인 쇼핑이 전무했던 1990년대까지 자영업은 그야말로 전성기를 누렸다. 외식업이든 소매업이든 오프라인 수요는 넘쳐났고, 적잖은 자영업자가 지역 유지 역할을 할 만큼 잘나갔다. 누구나 성실하게, 열심히만 하면 꽤 돈을 벌 수 있었다.

그러나 IMF 외환위기를 맞고 2000년대 들어 온라인 쇼핑이 활성화되며 자영업

대한민국 자영업 변천사

구분	시기	특징	변화 요인(키워드)
자영업 1.0	~2000년	노동 집약	오프라인, 공급자 우위
자영업 2.0	2000년대~2010년대 초반	상권(자본) 집약	핫플레이스 등장
자영업 3.0	2010년대 중반~2020년대 초반	기술 집약	배달 앱, SNS, 푸드테크
자영업 4.0	2020년대 중반~	콘셉트 집약	수요자 우위, 푸드테인먼트

자료: 창톡

은 '상권 집약' 산업으로 변모한다. 과거에는 모든 상권이 잘나갔지만, 이후 도심 외곽부터 유동성이 줄고 대형 상권 위주로 '핫플레이스'가 생겨났다. 그래도 유망 상권, 유망 입지에 들어서면 장사가 잘되던 시절이었다. 이런 곳에 들어가려면 많은 자본이 필요했기에 '자본 집약 산업'인 측면도 있었다.

2010년대 후반부터는 또 달라졌다. 배달 앱과 SNS를 중심으로 한 온라인 마케팅이 필수가 됐다. 이는 오프라인 입지 열세를 극복할 수 있는 마법의 열쇠였다. A급 상권 C급 입지에서 소자본 창업을 해도, 배달 앱만 잘 이용하면 유효 상권을 수 ㎞까지 넓힐 수 있었다. 또 블로그, 유튜브, 인스타그램에서 맛집으로 소문나면 MZ세대가 멀리서도 찾아와 인증샷을 찍어댔다. '푸드테크'라는 말이 널리 쓰이기 시작한 것도 이때부터다. 배달 앱, SNS 마케팅은 코로나19 팬데믹 때 정점을 찍으며 자영업은 '기술 집약' 산업이 됐음을 알렸다.

그리고 엔데믹 시대가 됐다. 3년에 걸친 사회적 거리두기에 지친 사람들이 2023년 하반기부터 보복적 소비에 나섰다. 외식업도 잠깐 호황을 맞았다. 그러나 고물가, 고금리에 경기는 금세 침체기로 돌아섰고, 2024년 자영업 시장은 역대 최악의 불황에 직면하게 됐다.

코로나19 엔데믹과 함께 시작된 2024년의 자영업은 네 번째 큰 변화를 맞고 있다. 바로 '콘셉트 집약' 산업이다.

2024년 현재 배달과 SNS 마케팅은 이제 누구나 하는 기본이 됐다. 이것만으로는 더 이상 차별화된 가치를 만들어내지 못한다. 그러는 한편, 오프라인 상점은 더 이상 필수적이지도 않다. 쿠팡과 배민, B마트 덕분에 온라인으로 주문하면 빠르

외식 산업의 구조적 문제

스케일업 어려움	인력 부족으로 체인점의 질 유지 곤란. 다점포화 전략이 좌절
성·비수기 격차	일간 또는 주간, 계절간 성수기와 비수기를 되풀이하는 숙명. 설비나 인력의 유연한 조정이 어려움
낮은 생산성	햄버거나 규동에서 시작된 외식 디플레에, 인건비와 원재료비 상승이 겹침
식당의 진부화	인터넷으로 식당의 검색이 용이해지며 체인점의 강점이 희박화. 차별화도 어려워짐

자료: 닛케이비즈니스

면 30분 안에, 늦어도 다음 날에는 무엇이든 상품을 받아볼 수 있다. 이런 상황에서 수많은 온라인 대체재를 제치고, 오프라인에서 '굳이' 어떤 매장을 방문한다면, 그것은 소비자가 그 가게에 '온라인 쇼핑이 제공하지 못하는 무언가'를 기대하기 때문일 것이다.

여기서 그 가게만의 콘셉트가 필수로 요구된다. 오프라인 상점은 이제 '작은 테마파크'처럼, 소비자에게 엔터테인먼트적인 즐거움을 제공해야 살아남을 수 있다. 외식업이라면 음식과 엔터테인먼트의 결합, 즉 '푸드테인먼트(Food+Entertainment)'가 중요해졌다. '차별화'라고 하면 진부한 표현이지만, 모든 오프라인 매장이 진부해진 오늘날, 차별화는 정말 그 어느 때보다 중요해졌다.

백종원 더본코리아 대표가 TV에서 자영업자를 나무라는 장면을 떠올리는 이들은 '콘셉트 집약'이라는 말이 생소하게 들릴 수 있다. 백종원 대표가 주로 강조하는 식당의 성공 방정식은 'QSC', 즉 맛있는 음식(Quality), 친절한 서비스(Service), 위생 · 청결(Cleanliness)이기 때문이다. 사실 이건 식당이라면 당연히 지켜야 할 기본 중의 기본이다. 그런데 워낙 기본기가 부족한 식당이 많아서, QSC만 잘해도 두각을 나타낼 수 있었다. 요즘은 달라졌다. 코로나19 팬데믹을 거치며 QSC를 못 갖춘, 경쟁력 부족한 식당들이 줄줄이 폐업하며, 옥석 가리기가 진행된 것. 엔데믹에 살아남은 식당은 대부분 어느 정도 실력을 갖췄다 보니, 외식업의 전반적인 수준이 '상향 평준화'됐다. 창톡 장사고수들도 이제는 QSC만 잘해선 차별화에 성공하기 어렵다고 입을 모은다. 그건 이제 누구나 하는, 말 그대로 '기본'이 된 것이다.

모두가 '기본'을 갖춘 시대에는, 기본기가 더 이상 경쟁력이 되지 못한다. 백종원 대표가 운영하는 프랜차이즈 브랜드들이 요즘 들어 어려워진 이유도 여기에 있다. 사실 빽다방, 홍콩반점, 새마을식당 등 더본코리아의 오늘을 있게 한 브랜드들은 대부분 15년여 전인 2000년대 후반에 만들어졌다. 반면 더본코리아가 2020년대 들어 선보인 연돈볼카츠, 빽보이피자 등 최신 브랜드는 매출이 감소세를 나타내며 상대적으로 고전하고 있다. 브랜드만의 특별한 '콘셉트'보다는 백종원 대표 개인기와 퍼스널 브랜딩에 의존한 것이 주요인으로 꼽힌다. 그래서 일부 장사고수들은 '백종원 대표가 최근 달라진 외식 트렌드를 못 따라온다'며 우려를 나타내기도 한다.

'자본 적고 창의적인' 자영업자의 유일한 돌파구는 '콘셉팅'

그럼 2025년에는 어떤 가게가 성공할 수 있을까.

결국 '콘셉트'가 분명하면서도 고객 요구를 충족시켜야 한다. 가게 이름만 대도 '아 거기는 뭐가 훌륭하지!' 하고 바로 연상될 수 있는 시그니처 메뉴나 인테리어, 또는 SNS에서 회자될 만한, 인스타그래머블한 무언가가 있어야 한다. 그런데 대부분 콘셉트는 명확한데, 고객 니즈에 맞지 않고 본인의 예술혼(?)만 불태우다 망해버린다. 트렌드에 뒤처져서도 안 되지만, 너무 앞서가도 문제가 된다.

고객이 좋아할 만한 콘셉트를 찾으려면 당연히 시장조사를 철저히 해야 한다. 국내외 여러 경쟁점을 다니며 맛을 보고 서비스를 체험해보고 마케팅 전략도 비교분석해야 한다. 그리고 그들과 차별화할 수 있는 나만의 무기를 찾아서 강화해야 한다.

장사고수들과 함께 '자영업 트렌드 2025' 책을 만들며 주안점을 둔 것도 바로 이 부분이다. 자영업자가 마케팅에 의존하지 않고 콘셉트라는 본질적 경쟁력으로 차별화할 수 있는 전략, 그리고 불황에도 고객을 만족시킬 수 있는 가성비 전략이 이 책의 핵심이다.

전자의 예는 케이스스터디로 소개한 '백억커피'가 대표적이다(80페이지 참조). '배달형 시네마커피'라는 독창적인 콘셉트로 포화된 저가 커피 시장에서 차별화에 성공했다. 콘셉트가 명확하고 소비자 요구를 충족시키면 상권과 마케팅의 열세도 극복할 수 있다. 입소문을 타고 고객이 찾아올 수 있기 때문이다. 최근 임대료와 마케팅비 인플레이션이 극심한 상황에서, 콘셉팅은 가난하지만 창의적인 자영업자의 거의 유일한 돌파구 역할을 할 것이다.

오사카에선 하이볼 150엔, 프리미엄 몰츠 맥주 180엔 등 가격 경쟁이 더욱 치열하게 벌어지고 있다.

자료: 창톡

불황에는 '브랜딩'보다 '가성비' 추구해야

'가성비'는 2024년에 이어 2025년 자영업 시장을 관통할 핵심 키워드이자 메가트렌드다. 소비자들은 이제 브랜딩이고 나발이고 간에 싸고 만족스러운 '가성비'를 다시 따지기 시작했다. 가성비가 떨어진다면, 차라리 소비를 하지 않는 '소비절벽'이 자영업 시장을 강타했다.

2024년에 '1900원 생맥주' 프랜차이즈가 시장을 휩쓸었음을 상기해보라. 여기에는 '브랜딩' 작업이랄 게 거의 없었다. 그저 '1900원 생맥주'라는 초저가를 상호보다 더 눈에 띄게 강조, 고객의 원초적인 욕구를 자극했을 뿐이다.

사실 간판에 상호보다 가격을 더 잘 보이도록 크게 써넣은 것은, 브랜딩 관점에선 최악의 선택이 될 수 있다. 소비자들이 브랜드보다는 가격에 더 초점을 맞춰 방문하고, 결국 브랜드는 잊힐 수 있기 때문이다. 그런데 이게 통했다는 점이 의미심장하다. 불황에 지친 소비자들은 이제 그럴듯한 브랜드보다 가성비에 더 목말라 있다는 얘기다(214페이지 참조). 이는 우리나라와 일본에서 IMF 외환위기, 버블 붕괴 직후 '천냥백화점' '100엔숍'이 인기를 끌었던 것과 같은 맥락이다. 브랜드는 잊히고 가격만 남았다. 그런데 역설적으로 그 전략 덕분에 살아남아 브랜딩에 성공할 수 있었다. '다이소' 얘기다. 소나기는 피해 가라 했다. 불황에는 브랜딩이나 가치 소비보다 가성비를 더 앞세워야 생존하고 성장할 수 있다.

'뉴노멀' 필요한 고깃집… '그릴링' 축소하고 '다찌' 인테리어 주목

2025년 대한민국 자영업 시장은 이처럼 새로운 생존법을 찾기 위한 처절한 몸부림이 펼쳐질 것이다. 장기 불황과 온라인 쇼핑 활성화에 오프라인 시장은 이제 '공식' '상식'이라고 생각했던 것들이 무너지고 있기 때문이다. 새로운 생존 공식, 뉴노멀(New Normal)을 찾아낸 퍼스트 무버(First Mover)와 그를 빠르게 모방한 패스트 팔로어(Fast Follower)만 살아남을 수 있다.

'고깃집 창업'이 대표 사례다. 고깃집은 2010년대 중반부터 직원이 고기를 구워주는 그릴링 서비스가 확산되며 그릴링이 업계의 기본 공식(Normal)으로 자리잡았다. 어딜 가나 직원들이 테이블 앞에서 고기를 구워주니 안 구워주면 불친절한 고깃집으로 낙인찍혔다. 그런데 그릴링을 하려면 직원이 많이 필요해 인건비 부담이 높아진다. 고깃집은 가뜩이나 원가율도 높은 고비용 구조다. 그럼에도 1인분 단가가 2만원 안팎으로 높은 편이고, 회식 등 단체 손님이 많이 오는 데다, 주류 매출도 높은 편이어서 고매출로 고비용 구조를 커버해왔다. 특히, 2023년 하반기에는 엔데믹에 따른 '보복적 소비'로 고깃집이 대성황을 이뤘다.

하지만 2024년 들어 상황이 달라졌다. 고깃집이 잘되자 너도나도 뛰어들며 포화도가 높아졌다. MZ세대의 회식 기피, 불경기 외식 감소 등으로 인해 매출은 뚝뚝 떨어지기 시작했다. 특히, '무한리필' 고깃집이 급증하면서 불황에 지갑이 가벼워진 소비자를 블랙홀처럼 빨아들였다. 고깃집은 보통 30평 이상 대형 매장으로 오픈하기에 초기 투자금이 비싸다. 투자

미래회관 다찌 테이블.

는 크게 했는데 매출이 급감하니 여기저기서 곡소리가 나고 있는 실정이다.
이제 장사고수들은 고깃집의 지속 가능한 새로운 운영 방식 찾기에 나섰다. 창톡 고깃집 고수들의 설문 결과를 봐도 그릴링은 부분적으로 축소해나가겠다는 응답이 대세다(44페이지 참조).
이런 상황에서 고깃집을 일식당처럼 '다찌 형태'로 선보인 미래회관 청량리점 사례는 눈여겨볼 만하다. 과연 성공적인 퍼스트 무버로서 고깃집의 뉴노멀을 제시할 수 있을지 귀추가 주목된다.

배민 수수료·식자재비 인상에 '변동비주의보' 발령 '무조건 싸게' 아닌, 지속 가능한 가성비 전략 필요

배달업도 뉴노멀이 필요하다. 배달의민족이 주문중개 수수료율을 6.8%에서 9.8%로 3%포인트 인상하면서 점주 수익률이 낮아지게 됐다. 무조건 싸게 팔아선 문자 그대로 남는 게 없는, '변동비주의보'가 발령됐다(282페이지 참조). 이제 어떻게 하면 불필요한 비용을 절감하면서 수익을 추구할 수 있는지 구체적으로

따져봐야 한다. 2025년에 가게를 운영하는 자영업자라면 계산기는 물론, 엑셀 프로그램도 필수로 활용하며 변동비에 촉각을 곤두세워야 한다.

홀 영업 대신 배달만 전문으로 하는 사장님이라면 사업 계획을 아예 처음부터 새로 짜야 할 수도 있다. 창톡의 배달 전문 장사고수(배달 매출 3000만원 이상) 12명에게 대응 전략을 설문한 결과를 보면 뉴노멀 찾기에 힌트를 얻을 수 있을 것이다(128페이지 참조).

끝으로 이 책이 나오기까지 많은 도움을 주신 창톡 장사고수들과 매경이코노미에 깊은 감사 인사를 드린다.

창톡은 매일경제신문사 사내벤처로 설립, 장사고수들과 함께 소상공인의 생존과 성장을 돕기 위해 설립한 소셜벤처다. 2024년 9월 현재 전국에서 장사고수 300여명을 섭외, 예비 창업자 및 소상공인과 1:1 상담을 연결하고 있다. 전 재산을 바쳐 난생 첫 창업을 하는 위험천만한 자영업 시장에서, 장사고수들은 선배 창업가로서 재능기부나 다름없는 저렴한 가격으로 소상공인을 돕고 있다. 자영업 위기의 시대, 이 책에 담긴 장사고수들의 노하우가 소상공인분들께 도움이 되길 바란다.

CONTENTS

장사고수 32명이 꼽은 2025년 자영업 트렌드

STORE
SALE

장사고수 32명이 꼽은 2025년 자영업 트렌드

STORE

PART 1

업종 트렌드

2025년에 뜰 만한 창업 아이템 TOP5

이철주
크리에이티브스푼 대표

유튜브 구독자 4만명의 '장사만세' 운영, 장사만세 아카데미 운영, 프랜차이즈 태닝나우 공동대표, 9개의 직영점 매장 운영 및 전수창업 사업 등 창업에 관한 지식을 바탕으로 활발한 활동을 하고 있다.

가성비 소고깃집·1인 샤브·무인 창업·면 요리…
고급 전통주 내세운 '한국식 요리주점' 가장 유망

모든 비용이 다 올랐다. 인건비부터 시작해서 재료비, 배달 수수료, 공과금 등 안 오른 것이 없다. 특히, 팬데믹 이후에는 역대급 인플레이션이 오면서 재료비가 급등했다. 장사하면서 재료비가 오르면, 판매 가격도 그만큼 올려야 남는다. 그렇다면 자영업자는 판매 가격을 올릴 수 있었을까? 그러지 못했다.

필자는 '자영업 트렌드 2024'에서 2024년에 뜰 만한 창업 아이템 5가지를 선정했다. 5위 무한리필 고깃집, 4위 무한리필 샤브샤브, 3위 요리 주점, 2위 초저가 주점, 1위 일식 순이었다. 이 중 3개의 아이템이 극단적인 가성비 전략을 취하며 2024년 트렌드를 이끌었다. 길어지는 경기 침체로 인해 가성비 전략이 먹힌 것. 이런 상황에서 자영업자는 판매 가격을 올리기는커녕, 오히려 가격 인하를 고려해야 할 지경이었다. 그래서 팬데믹 이후로 외식업의 재료비 비중이 3~4% 정도 오른 것이 보통이다. 자영업자들이 더 이상 허리띠를 졸라맬 수만은 없는 상황이다.

그나마 다행인 것은 2024년 하반기부터 물가 상승세가 둔화되고 있다는 사실이다. 그리고 2025년에는 극심한 경기 침체에서 벗어날 기미가 보인다는 것이다.
그래서 이제는 극단적인 초저가 전략보다는, 슬슬 마진을 챙기는 전략을 세워야 한다. 마진이 좋으려면 재료비와 인건비, 둘 중 하나의 비용은 줄여야 한다. 그러므로 2025년에는 재료비나 인건비 절감을 통해 마진을 챙길 수 있는 창업 아이템이 각광받을 것으로 내다본다.
2025년에 뜰 만한 창업 아이템 TOP5를 소개한다. TOP5는 창업을 권장하는 순위가 아니며, 트렌드를 파악하는 용도로 활용하자.

5위. 가성비 소고깃집

팬데믹 이후 고깃집은 고퀄리티 바람이 불었다. 좋은 품질의 고기를 직원이 맛있게 구워주는 고깃집이 각광받았다. 다양한 반찬을 내세운 고깃집이나 화려한 인테리어와 퍼포먼스를 내세운 고깃집도 많은 사랑을 받았다. 하지만 팬데믹 이후, 고깃집이 급격하게 늘어나기 시작하고 극심한 경쟁 속에서 경기 침체마저 심각해지자 고깃집 프랜차이즈들은 무한리필에서 답을 찾았다. 그러자 고객은 무한리필 고깃집으로 몰리기 시작했다. 보통 삼겹살 1인분이 1만5000원인데, 여기에서 4000~5000원만 더 내면 다양한 종류의 고기뿐 아니라 샐러드바까지 무제한으로

가성비 소고기 메뉴. 자료: 남영동양문 홈페이지

이용할 수 있기 때문이다.
그러나 무한리필 고깃집은 창업 비용이 많이 든다는 단점이 있다. 그래서 적은 창업 비용으로도 무한리필 고깃집과 경쟁할 수 있는 초저가 고깃집까지 나타나기 시작한다.
생삼겹살 1인분에 1만3000원인 브랜드가 득세를 하더니, 이제는 1만원 미만 삼겹살이 흔한 세상이 됐다. 심지어 3900원 대패삼겹살까지 치고 올라오고 있으니,

육회와 연어. 자료: 육회바른연어 홈페이지

이제 더 이상 돼지고기로 가격 경쟁을 하는 것은 무리다.

하지만, 고깃집 창업은 우리에게 너무나도 매력적인 아이템이다. 객단가가 높아 높은 매출을 올리기 좋고, 고깃집을 찾는 수요는 항상 꾸준하기 때문이다. 이런 상황에서 해답은 소고깃집이 될 수 있다. 아직까지 소고기는 돼지고기만큼 경쟁이 치열하진 않다. 다행히도 2025년은 경기 침체에서 조금은 벗어날 기미가 보인다. 비싼 한우까지는 아니더라도, 가성비 좋은 외국산 소고기를 찾는 고객은 충분히 있을 것으로 보인다.

요즘 잘되는 가성비 소고깃집의 무난한 예시로, '남영동양문'을 들 수 있다. 꼭 구워 먹는 소고깃집이 아니어도 좋다.

'육회바른연어'처럼 육회를 활용한 소고기도 객단가를 높게 받을 수 있기 때문에 마진을 남기기 유리할 수 있다. 2025년에 만약 소고깃집 창업을 고려한다면, 그릴링(고기 굽기) 서비스를 해주지 않아도 되는 콘셉트를 권장한다. 그릴링 서비스를 해주게 되면, 인력 관리와 인건비 부담이 너무 클 수 있기 때문이다.

4위. 1인 샤브

샤브샤브는 고깃집 트렌드를 따라가는 경향이 있다. 무한리필 고깃집이 유행을 하자, 무한리필 샤브샤브도 유행하기 시작했다. 이어서 무한리필 고깃집의 고기와 샐러드바가 다양해지자, 무한리필 샤브샤브 구성도 굉장히 다양해지기 시작했다.

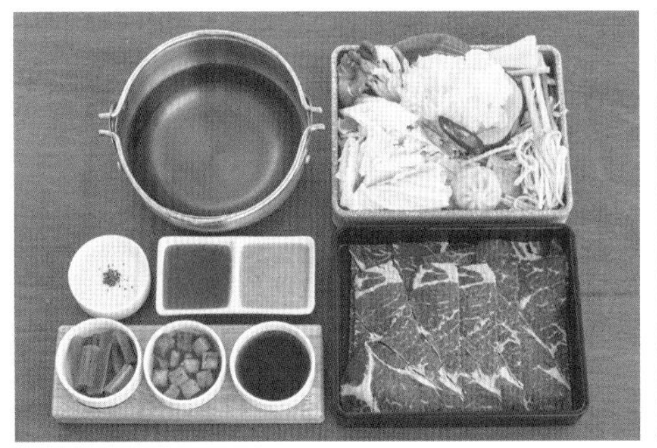

1인 샤브 메뉴.

자료: 솔밭샤브 홈페이지

이제 샤브샤브집에서는 소고기 무한리필을 넘어 월남쌈, 편백찜까지 다양하게 즐길 수 있고, 치킨과 떡볶이, 파스타를 비롯한 다양한 샐러드바가 대세가 됐다.

심지어 각종 음료와 커피, 아이스크림 같은 디저트까지 갖춰놓은 매장도 많이 생겨나고 있으니, '샤브샤브집을 가장한 뷔페'라고 해도 무방해 보인다.

고깃집 트렌드는 무한리필과 다양한 샐러드바 다음에, 초저가로 이어졌다. 샤브샤브 트렌드도 초저가를 향할 차례다. 그러나 무한리필 샤브샤브집은 넓은 공간이 필요하므로 창업 비용이 많이 든다. 이래서는 저가로 팔기 힘들다.

적은 비용으로, 작은 공간에서 창업을 할 수 있는 샤브샤브 콘셉트가 있으니, 바로 1인 샤브다.

1만원 초반대 저렴한 1인 샤브가 살짝 유행하기는 했으나, 그동안 대세는 아니었다. 그중에 '샤브로21'이 먼저 가격 파괴를 하면서 초저가 샤브의 가능성을 보여주고 있다.

1인 샤브 가격이 겨우 7500원이다. 이 정도로 가격 파괴를 한 브랜드가 치고 올라오면, 어지간한 1인 샤브는 버티기 어렵다. 트렌드가 초저가로 이동할 가능성이 높다.

다만, 안정적으로 오래갈 아이템을 찾는다면, 초저가 샤브는 위험할 수 있으니 주의가 필요하다. 샤브샤브는 원래 여럿이 모여 천천히 즐기는 식사라는 인식이 강하다. 그런데 1인 샤브는 틈새시장인 데다, 초저가로 승부를 본다. 이런 브랜드는 빠르게 뜨고, 빠르게 지는 경향이 강하다.

3위. 무인 창업

팬데믹 시기에 급성장한 아이템 중 하나

경기 하남의 한 펫푸드 무인 매장에서 고객이 제품을 고르고 있다. 자료: 매경DB

가 무인 창업이었다. 비대면 시대에 가장 적합한 창업 아이템 중 하나였기 때문이다. 이 시기에 무인 아이스크림이 대중적인 창업 아이템으로 완전히 자리를 잡았다. 스터디카페와 스티커사진관도 무인 매장이 우후죽순 생겨났다. 이렇게 무인 창업이 급성장할 수 있었던 이유는, 직장인의 투잡, N잡 열풍도 크게 한몫을 했기 때문이다. 특히, 팬데믹 시기에는 저금리여서 대출을 받기 좋았던 만큼 직장인의 무인 창업이 큰 인기를 끌었다.

하지만 팬데믹 이후 무인 창업의 성장은 더뎌졌다. 고금리와 역대급 경기 침체로 인해 직장인들이 무인 창업을 하기 상당히 부담됐기 때문이다.

다만 2025년에는 무인 창업이 다시 한번 치고 올라올 가능성이 높다. 지긋지긋한 물가 상승세가 주춤하면서, 2025년에는 금리 인하가 계속될 가능성이 매우 높다. 덕분에 극심한 경기 침체에서도 벗어날 기미가 보일 것이다. 그럼 그동안 모아놓은 자금과 대출을 더해, 무인 창업을 선

무인 키즈카페. 자료: 옥토넛키즈카페 홈페이지

택하는 N잡 직장인이 제법 많을 것으로 예상된다.

무인 창업이 떠오를 수밖에 없는 한 가지 이유가 더 있다.

바로 역대급으로 넘쳐나는 공실 상가다. 상가주들이 상가를 비워두느니, 본인의 공실 상가에 무인 창업을 고려하는 경우가 많다.

이미 대중적인 무인 창업 아이템으로는 무인 아이스크림과 문구점, 카페, 스터디카페, 빨래방, 스티커사진, 분식, 펫숍, 렌털스튜디오 등이 있다.

새롭게 떠오르는 무인 창업 아이템으로는 무인 태닝, 탁구, 테니스, 키즈카페, 옷 가게 등을 주목할 만하다.

다만, 무인 창업은 항상 수익률이 낮다는 단점이 있다. 진입장벽이 워낙 낮은 아이템이기 때문이다. 간혹 외식업보다도 높은 수익률을 내세우면서 가맹점을 모집하는 프랜차이즈가 있는데, 주의가 필요하다. 물론, 높은 수익률을 올리는 일부 무인 매장이 있을 수 있지만, 그게 평균치인 것처럼 포장하는 프랜차이즈는 위험하다. 무인 창업 아이템의 수익률은 항상 보수적으로 판단해야 한다.

2위. 면 요리

면은 마진이 좋다. 요즘같이 마진율이 절실한 시기에 적합한 아이템이다.

게다가 면은 다른 사이드 메뉴와 함께 먹

자료: 백소정 홈페이지

기에 좋은 메뉴다. 라멘+돈가스, 우동+돈가스, 칼국수+보쌈 등 다른 메뉴와 함께 먹을 때 궁합도 좋고, 객단가도 높일 수 있어, 마진율도 좋아진다. 이런 장점 덕분에, 면과 다른 아이템의 '결합'이 활발하게 일어나고 있다.

'백소정'은 생소한 마제소바라는 아이템에 대중적인 돈가스를 결합시켜 안정적인 프랜차이즈로 자리 잡았다.

자료: 면식당 홈페이지

'삼동소바'는 생소한 소바라는 아이템에 대중적인 우동과 돈가스를 묶어서, 2024년 가장 폭발적인 성장을 이뤄낸 프랜차이즈 중 하나가 됐다.

'핵밥'은 5년간 덮밥 전문점이라는 콘셉트를 유지했지만, 라멘을 주력 메뉴로 넣으면서 좋은 반응을 얻었다.

이렇게 면이 다른 아이템과 결합됐을 때 좋은 시너지를 내고 있다. 고객은 다양한 메뉴를 즐길 수 있어서 좋고, 사장은 면에서 마진을 챙길 수 있어서 좋다.

면의 조리도 매우 쉽고 빨라지는 추세다. 프랜차이즈 면 요리 같은 경우, 봉지라면 끓이는 것과 크게 다르지 않을 정도로 쉽고 빠른 조리를 자랑한다. 면 요리의 결합이 효과적이라는 것이 검증된 만큼, 2025년에는 면과 다른 아이템의 결합이 더욱 빛을 보지 않을까 예상해본다.

요즘 뜨는 프랜차이즈로는 3개 브랜드가 눈에 띈다.

다양한 칼국수와 곰탕의 결합 '7곡제면소', 다양한 국수와 비빔밥 · 보쌈의 결합 '면장수', 라멘, 쌀국수, 소바 등 다양한 면 요리와 돈가스의 결합 '면식당'.

다만, 면 요리는 대체적으로 객단가가 낮다는 단점이 있다. 회전율이 빠른지, 다른 아이템과 결합해 객단가를 높일 수 있는지 주의해서 판단해야 한다.

한식 주점. 자료: 시선 홈페이지

1위. 한식 주점

'자영업 트렌드 2024'에서 뜨는 창업 아이템 1위로 일식을 선정했다.

그중에서 특히, 일본 현지 느낌을 그대로 살린 이자카야가 큰 인기를 끌었다. 2025년에도 그 인기를 이어갈 수 있을까. 아직까지 이자카야 인기는 사그라들 기미가 보이진 않는다. 하지만 2025년을 기점으로 슬슬 이자카야 인기가 꺾일 것으로 예상된다. 주점은 유행이 빠르게 변하기 때문이다. 게다가 일본 현지 느낌을 그대로 살리기 위해 인테리어가 자극적인 이자카야가 많이 생겼다. 이렇게 자극적인 인테리어는 호기심을 끌기에는 좋지만, 쉽게 질릴 우려가 크다. 애초에 롱런이

자료: 안주가 홈페이지

자료: 부엉이산장 홈페이지

쉽지 않은 구조다. 그렇다면 2025년에는 어떤 주점이 인기를 끌 수 있을까.

2020년 홍콩식 요리 주점에 이어 2023년에는 일본식 요리 주점이 크게 유행을 했다. 하지만 정작 한국식 요리 주점은 잠잠했다.

2025년에는 고급 전통주와 막걸리를 내세운 한식 요리 주점 유행이 시작될 것으로 예상한다. 한국식 요리 주점은 아직 경쟁이 치열하지 않고, 한국식 요리로 보여줄 것이 무궁무진하기 때문이다. 무엇보다도 고급 전통주와 막걸리는 마진이 좋다. 프랜차이즈 사업을 전개하기에 좋은 타이밍이고, 본사와 가맹점 모두 좋은 마진 구조를 짜기 좋다.

지금 눈에 띄는 프랜차이즈로는 '부엉이산장'을 필두로 해서, '우이락' '안주가' 등이 있다. 2025년에는 더 눈에 띄는 한식주점 브랜드가 나타나지 않을까 기대된다.

다만, 한식 주점을 제대로 차리려면 창업 비용이 많이 들 수 있다. 회전이 느리기 때문에 큰 평수가 필요하고, 고급스러운 인테리어도 해야 하기 때문이다. 창업 비용이 넉넉하지 않다면, 딱히 권장하지 않는 아이템이다.

이철주 고수와 1:1 상담 문의는 여기로! »

2025년 초보 자영업자에게 유·불리한 창업 아이템

민강현
식당성공회 대표

외식 경영 24년 외식 전문가.
주방 동선과 인테리어에 특화한 컨설턴트로, 식당 전문 채널 유튜브 '주방대장 민쿡', 네이버 카페 '식당성공회' 운영자, 창업 교육 프로그램 및 대학 강연과 방송 출연 등 생동감 있는 외식업 경력을 살린 활동을 전개 중이다.

오마카세·양식·1인 1조리 메뉴 피하고 면 요리·백반·국밥·두부·솥밥 노려라

2010년에 필자는 약 11평 정도 작은 매장에서 '부뚜막'이라는 김치찌개 식당을 열었다. 음식 만드는 것에 자신이 있고, 맛만 있으면 손님이 올 것이라 믿었다. 매장은 작았어도 2인 테이블 10개 정도 좌석을 만드는 데 인테리어 공사와 장비 구입비로 상당한 돈이 들었다. 메인 메뉴인 김치찌개 가격은 당시 짜장면 가격과 비슷한 3900원. 꽁치, 돼지고기, 참치 김치찌개와 계란프라이를 제공했으며, 반찬은 단무지와 김치였다. 당연히 손님이 줄을 설 것이라 생각했다. 우습게도 처음 오픈했을 때 손님들이 줄을 서서 먹을 정도로 성황을 이뤘다. 일주일 정도 영업을 하면서 성공했다고 생각했다. 하지만 두세 달쯤 지나 손익을 따져보니 오히려 적자가 나고 있었다.

비슷한 가격의 짜장면과 비교해보면 짜장면은 먹는 속도가 빨라 회전이 빠르다. 반면 김치찌개는 끓이는 데 5분 이상 소요되고 아무리 빨리 먹어도 최소 25분이 걸린다. 결국 최소 30분이 식사 시간이다. 당시 직원 두 명에게 각각 월 150만원의 월급을 지급했고, 임대료는 100만원이었다. 식재료 비용은 매출의 약 35%, 기타 비용은 50만원 정도였다. 1인분 3900원짜리 김치찌개는 20개 좌석을 점심에 세 번을 돌려도 매출이 25만원이 되지 못한다. 게다가 점심 이후에는 손님이 없었다. 또 역세권이지만 3900원짜리 메뉴는 혼자 오는 손님이 많았다. 때문에 1인이 2인석에 앉아 식사를 하는 경우가 많아 좌석 회전율도 최대치에 도달하지 못했다. 장사가 잘된다 해도 한 달 매출이 약 700만원 정도였고 손익분기점인 월매출 900만원을 넘지 못했다. 매출 추정을 창업 전에 미리 해봤다면 이 메뉴와 가격으로 이런 식당을 하지 않았을 것이다.

결국 건물 내 인접해 운영하던 초밥집의 확장 주방으로 사용할 수 있게 하는 식으로 6개월 만에 식당을 접었다. 교훈으로 작은 매장에서는 저단가 메뉴를 피해야 한다는 것과 치밀한 매출 계획이 필요하다는 것을 알게 됐다.

이처럼 어느 때 어떤 입지에서 어떤 메뉴를 선정하느냐는 식당이 시작하기 전부터 식당 성패를 가르는 중요한 요소다.

현재 고물가 시대에 접어든 우리나라에서 2025년에 처음 식당을 시작하는 창업자에게 유리하거나 불리한 아이템은 무엇일까.

초보 자영업자는 피해야 할 창업 아이템

먼저 초보 창업자에겐 불리하니 피해야 할 아이템이다.

1. 오마카세

필자는 첫 창업으로 일식집을 했다. 당시 오마카세라는 키워드는 존재하지 않았다. 하지만 그런 유의 식당을 하고 싶어 주방장이 선택해서 음식을 내주는 콘셉트를 선택했다. 오마카세는 주방장에 대한 손님 신뢰가 바탕이 돼야 하는 아이템이다. 주방장이 업에서 얼마나 경력을 쌓았는지, 그에 따른 메뉴의 퀄리티 유지를 얼마나 잘할 수 있는지가 성패를 가른다. 하지만 초보 창업자가 얼마 되지 않은 경력으로 이 업에 뛰어든다면 시작부터 핵심을 벗어나 사업을 시작하는 것이다. 또 오마카세는 다른 식당과 다르게 장인정신으로 업을 이어가야 한다. 그것은 업주를 많은 시험에 들게 한다. 경력이 많은 사람도 그 시험을 통과하지 못해 문을 닫는다. 이처럼 시험을 통과하기 쉽지 않고 통과 못하면 바로 문을 닫는 것이 오마카세다. 또 잘된다 해도 큰돈은 벌 수 없다. 요리에 진심인 사람이 평생 내 뼈와 살을 갈아 오래도록 사랑받는 식당이 되고 싶을 때 하는 식당이 오마카세다.

23년간 운영한 이 초밥집은 오마카세 형

태는 아니며 일식집 형태로 운영 중이지만 실력보다는 열정과 노력으로 만들어진 식당이라고 할 수 있다. 식당이 오래됐다고 아이템이 좋거나 요리 실력이 뛰어나다고는 할 수 없다. 게다가 오마카세는 절대적으로 포장과 배달에 취약하다.

2. 양식

아직까지 국내에 양식으로 눈에 띄게 성공한 아이템이 없다. 왜 그럴까. 양식에 대한 편견과 메뉴 특성상 포장에 취약하기 때문이다. 양식은 회전율이 다른 식당 아이템보다 떨어지고 단가가 비싸다 보니 물리적인 환경 또한 그에 맞춰야 해서 창업 비용이 상당히 많이 들어간다.
소규모 식당에서 이 아이템을 적용한다면 거의 오마카세 정신이 필요하다. 대표 브랜드인 더본코리아 파스타 프랜차이즈가 전국에 가맹점이 많지 않은 이유도 여기에 있다. 고가로 접근하기에는 물리적인 환경에 대한 비용 부담이 크고 저가로 접근하기에는 손님이 그것에 쉽게 설득당하지 않기 때문이다.

3. 말고기 식당

얼마 전에 TV에 개구리를 식재로 사용하는 식당이 방영됐다. 메뉴를 먹는 출연자를 보며 아내와 아이는 맛있게 느끼기보다 그 혐오스러움을 즐기며 TV를 봤다. 필자가 "같이 한번 가볼까"라고 했다가 딸에게 많은 비난을 받았다.
몇 년 전 수원에 위치한 말고기 식당을 우연히 지난 적이 있다. 손님이 한두 팀이 있는 것을 보고 들어가보진 않았지만 현재 그 식당은 검색되지 않는다. 손님이 음식점을 선택하는 기준 1순위는 "익숙한가?"다. 여기서 익숙함이란 '안전함'을 의미한다. 생소한 음식을 취급하는 식당에 대해 사람은 본능적으로 안전하다고 느끼지 않는다. 두세 살쯤 되는 아기들이 처음 보는 곤충이나 동물을 봤을 때 신기함에 다가가기는 하지만 선뜻 곤충을 만지지 못하는 이유와 비슷하다. 본능적으로 새로움에 대한 욕구보다 안전함이 선택 기준에 있어서 훨씬 더 비중이 크다.
초보 창업자가 메뉴를 선택할 때 듣도 보도 못한 새로운 메뉴로 고객에게 어필하기보다는 익숙한 메뉴를 살짝 틀어 익숙하면서도 새로운 메뉴를 선택하는 것이 성공 확률을 높인다. 사실 메뉴나 콘셉트에서만큼은 초보인 내가 '퍼스트 펭귄'이 돼서 큰 리스크를 안고 갈 필요는 없다.

4. 중형 이상 식당

창업 자금이 충분치 않은 초보 창업자 중 자신의 아이템에 확신이 들어 능력치를 초과하는 식당을 하는 경우가 있다. 일반 식당 창업자의 3년 내 폐업률이 80%라면 초보 창업자의 폐업률은 95%가 넘기 때문에 이런 경우 성공할 확률은 1%다. 내가 그 1%의 확률에 들어갈 거라는 생각은 시작부터 버리는 것이 좋다. 첫 식당 창업은 사업을 배우는 시기다. 배움에 너무 많은 투자를 하게 되어 내상이 크면 다음번 도전까지 상당한 시간이 걸리고 성공다운 성공은 먼 이야기가 될 수 있다.

초보 창업자는 반드시 성공할 것이란 믿음보다 안될 수도 있다는 생각으로 항상 플랜B를 준비해야 한다. 그렇게 해야 매장에 쓸데없는 힘이 덜 들어간다. 첫 창업은 돈을 벌려는 욕심보다 뭔가 배워가겠다는 마인드로, 다음번 더 큰 성공을 준비해야 한다.

5. 1인 1조리 메뉴

필자는 파스타 식당을 2년 좀 안 되는 기간 운영한 경험이 있다. 기존 파스타집을 인수해 분위기만 바꿔 파스타집을 운영했다. 초반에는 잘됐지만 그 식당 또한 문을 닫았다.

파스타가 쉬워 보이지만 상당히 어려운 메뉴다. 이 메뉴는 우선 1인 1조리 방식이다. 같은 메뉴로 2인분이 들어와도 1인분씩 조리해야 퀄리티를 유지할 수 있다. 2인분을 동시에 조리하면 조리 시간도 달라지고 어느 정도 졸여야 하는지 아는 상당한 실력이 아니면 제맛을 내기 어렵다. 손님이 갑자기 들이닥치면 불판 개수가 무조건 부족하다. 포장 주문까지 같이 들어오면 매출을 올릴 기회조차 얻지 못한다. 조리 시간도 오래 걸리는 편이고 메뉴 콘셉트상 회전율도 떨어졌다. 이런 메뉴는 매출이 손익분기점에서 맴돌 가능성이 높다.

초보 자영업자도 성공 확률 높은 외식 아이템

그렇다면 초보 사장님도 할 만한 창업 아이템은 무엇이 있을까.

1. 면 요리

면은 어느 지역을 가도 사랑받는 아이템이고 대중적인 아이템이다. 조리 시간이 빨라 1인 1주문이라도 빠르게 조리할 수 있다. 또 면을 오래 하면 할수록 노하우가 쌓이고 자가제면이 가능해 초보 창업자들이 안정적으로 운영할 수 있는 아이템이다.

2010년대 중반에 한창 인기를 끌었던 짬뽕과 짜장, 한 달에 한 번 정도 먹게 되는 칼국수, 다양한 메뉴 형태의 우동 등이면 요리의 대표 사례다. 이는 빠른 조리 시간과 높은 테이블 회전율로 초보 창업자에게 안정적인 아이템이다. 2024년 현재 면 아이템으로는 이렇다 할 차별화된 맛집이 보이지 않는다. 소규모 식당 중 면은 소비자에게 잘 어필할 수 있을 것으로 보인다.

2. 백반

초보 창업자들이 아이템을 선정해달라고 하면 필자는 1순위로 백반 형태를 추천한다. 그 백반이 한식, 중식, 일식 가릴 것 없이 찬이 차려진 정찬 형태라면 손님은 반응할 것이다. 전통 한식 형태 백반은 만들기 어려워 보이는 찬을 내놓는다. 하지만 2025년에는 많은 수의 찬을 제공하는 백반보다는 정갈하면서도 먹을 만한 찬을 제공하는 형태의 백반 한식당이 유행할 것으로 보인다. 간단 조리와 스피드가 중요한 배달 식당 강세가 꺾이면서 이제는 '집밥 같은 밥'을 먹고 싶어 하는 소비자 욕구가 반영되는 식으로 백반 형태 아이템이 등장할 것으로 보인다. 이 메뉴는 도시락 형태로 풀어 배달과 포장 매출을 올릴 수 있는 큰 장점이 있다.

3. 국밥

코로나19 팬데믹 이후 가장 빠른 성장을 한 것이 순대국밥이다. 설렁탕, 육개장을 제치고 현재는 국밥 매장 수로는 압도적이다. 예전보다 국물에 비해 건더기가 많이 제공되는 순대국밥은 수익률이 좋아 급속도로 성장했다.

그러나 같은 매장이 많아지면서 손님은 이제 다른 형태의 국밥을 먹고 싶어 한다. 현재 순대국밥은 매장 수가 급격히 증가했고 수많은 온라인 제품으로 인해 시장은 커졌지만 업체들 수익 구조는 악화 중이다. 하지만 국밥은 언제든 어떤 종류의 국밥 아이템이 인기를 끌 것이냐의 싸움일 뿐이지, 좋은 아이템이다. 포장에 유리하고 온라인 판매에도 큰 장점이 있다. 조리가 빠르고 회전율도 상당히 높아 스피디한 메뉴를 원하는 2030을 겨냥한 또 다른 형태의 국밥이 등장할 것으로 내다본다.

4. 두부

2024년까지도 이렇다 할 두부를 주제로 하는 식당은 없었다. 건강에 대한 관심이 높아지고 고령화가 진행되면서 두부를 주제로 하는 식당이 하나둘씩 늘고 있다. 게다가 장비 발달로 두부 만드는 기계가 콤팩트해졌다. 대중에게 상당히 익숙한 식재료로 본다면 두부는 한 방을 터뜨리기 좋은 아이템이다. 또 두부만큼 초보 창업자가 변주(variation)를 주기 좋은 메뉴가 없다. 두부는 다른 메뉴와 엮어가기 좋고 레시피화가 어렵지 않으며 포장에 유리하다. 온라인에서도 활로를 찾기 쉽다.

두부와 보쌈, 두부가 들어가는 정식, 콩이 주제가 되는 한식, 국밥과 전골 형태 두부 요리 등 살짝 차별화 포인트만 둔다면 스테디셀러 아이템이 될 수 있다고 믿는다. 식자재 가격도 안정적이어서 경쟁이 심한 고깃집보다 독보적인 아이템이 될 수 있다.

5. 솥밥

인덕션의 발달은 개인 솥밥 형태 외식 시장을 빠르게 성장시켰다. 필자도 운영 중인 두 매장 모두 인덕션 솥밥 메뉴를 하고 있는데 반응이 뜨겁다. 인덕션 솥밥의 장점은 개인별로 즉석에서 솥밥을 제공할 수 있다는 장점과 프로세스가 단순해 생각보다 어렵지 않다는 데 있다.

주의할 점은 고가의 시설 비용뿐 아니라 전기 용량이 많이 필요해 대부분 증설이나 승압이 필요하다는 것이다. 또한 프로세스를 잘 짜지 못하면 노동 강도가 높아진다.

6. 생선구이

우리나라는 3면이 바다임에도 불구하고 국내에서 생선은 고기보다 유통 과정이 원활하지 못하다. 생선 또한 균일하지 못한 사이즈로 인해 수입 생선이 많다. 하지만 생선은 육류만큼 좋은 단백질 공급

월매출 2000만원이었던 70평 해장국집(왼쪽)을 필자가 컨설팅해 생선구이집(오른쪽)으로 업종을 변경한 결과, 매출이 세 배 이상 증가했다. 새로운 콘셉트에 맞는 메뉴를 조언하고, 조리 프로세스에 맞춰 주방설계를 전면적으로 재구성한 덕분이다.

자료: 식당성공회

원이다. 세계에서 1인당 수산물 소비량이 일본보다 높은 4위를 기록할 만큼 생선 소비량이 많다. 그럼에도 아직까지 이렇다 할 생선을 주제로 하는 아이템은 보이질 않고 있다. 생선은 포장 메뉴로써 최적이고 온라인에서 판매하기 좋은 아이템이다. 확실한 브랜딩과 유통을 잡는다면 2025년 뜨는 메뉴가 될 수 있다.

그래서 결론은…

고령화와 인구 감소가 먼저 시작된 나라는 일본이다. 우리나라도 비슷한 상황을 겪고 있으며, 외식 소비 형태에서도 일본을 따라가고 있다. 얼마 전 도쿄에서 앞으로 우리나라 외식 시장이 어떻게 변할지 미리 볼 수 있었다. 예전에는 잘 보이지 않던 도시락 식당이 이제는 셀프 계산대를 갖춘 도시락 전문점 형태로 눈에 띄게 많아졌다. 예전에도 도시락이나 반찬 가게는 있었지만, 이제는 더 합리적인 소비를 원하는 소비자 요구가 반영된 것이다.

인구 감소로 인해 외식은 모두가 모여 먹는 외식에서 '꼭 필요한 외식' 형태로 변하고 있다. 이런 도시락 형태를 '그랩앤고(Grab&Go)'라고 한다. '집어서 바로 들고 간다'는 뜻. 1900년대 중반부터 미국에서 사용된 용어다. 이제 우리나라도 외식 개념이 '집 밖에서 하는' 것에서 '집 밖에서 가져오는 것'으로 곧 확장될 것이다.

또한 급속히 발전하는 AI가 모든 사업 기반을 바꾸고 있으며, 급속한 인플레이션 영향으로 가성비를 추구하는 소비 패턴에서 꼭 필요한 것만 구입하는 소비 형태로 변하고 있다. 외식업도 예외는 아니다.

민강현 고수와 1:1 상담 문의는 여기로! >>

고깃집이 무너졌다

양승일
육풍·창심관·백산화로 대표

육풍, 창심관, 백산화로, 샤브밀 대표. 외식업청년리더커뮤니티를 운영 중이며, 한국 최연소 육류 명인이다. 현재까지 총 8개의 직영점을 운영하고 있다. 정량적인 수치에 브랜딩과 마케팅을 더하는 창업 전략을 구사하며, 각종 창업 교육 관련하여 강연을 병행하고 있다. 최근에 '장사천재 양승일' 유튜브 채널을 개시했다. 창업뿐 아니라, 마케팅 회사와 브랜딩 회사를 운영한 경험으로 더 많은 사람들에게 도움을 주고 있다.

과포화된 고깃집…살길은 '점심 회식'
최종 목적지는 '브랜드가 되는 것'

2024년, 고깃집이 완전히 무너졌다. 2023년 매출을 보고 이제 바닥을 찍었나 했지만 지하실이 있었다. 떨어지지 않는 금리로 대출 이자는 높고, 한번 상승한 원자잿값은 떨어지지 않아 물가는 꾸준히 올랐다. 근데 왜 유독 2024년은 '고깃집'이 힘든 해였을까? 여기에는 수많은 이유가 있지만, 필자가 생각하는 결정적인 이유는 세 가지가 있다. 이유를 분석하고, 고깃집 창업에 적용한다면 조금 더 논리적이고 안전한 창업이 가능할 것이라 확신한다.

필자가 생각하기에 현재 고깃집 시장이 어려운 결정적인 이유 세 가지가 있다.

첫째, 고깃집이 너무 많다. 2022년 4월, 사회적 거리두기 완전 해제와 함께 소비자들은 돈을 쓸 곳을 찾아 헤맸다. 코로나 중에 생긴 '한 끼를 먹더라도 제대로 먹자'라는 인식에 거리두기로 억눌려 있던 회식과 보복 소비, 그간 만나지 못했던 친구들과의 모임 등이 동시에 터져 나왔다. 이런 시기에 창업 아이템으로 가장 각광받는 것이 바로 '고깃집'이다.

고깃집은 단가가 높다. 돈을 쓰려고 안달이 나 있는 소비자가 가장 쉽게 접근할 수 있는 단가 높은 외식 아이템이다. 그

탓에 코로나 동안 창업을 미뤄왔던 많은 예비 창업자가 2022~2023년 대거 고깃집 시장으로 뛰어들었다. 이렇게 공급자가 많은 시장에서, 물가와 금리가 상승하고 불경기가 와버렸다. 가뜩이나 공급자가 많아진 상황에서 수요자까지 줄어들었다. 공급 대비 수요가 모자란 시장에서 돈을 벌 수 없는 것은 당연한 이야기다.

둘째, 저녁 위주 식당은 불경기에 약하다. '런치플레이션(Lunchflation)'이라는 말을 들어보셨을 것. 런치플레이션은 점심을 뜻하는 런치(Lunch)와 물가 상승을 의미하는 인플레이션(Inflation)의 합성어다. 물가 상승으로 직장인 점심값 지출이 늘어난 상황을 일컫는 말이다. '디너플레이션'이라는 말은 낯설고, '런치플레이션'이라는 말은 와닿는다. 대부분 소비자는 낮에 일하고 저녁에 쉬는 삶을 산다. 일하는 동안 점심은 꼭 먹어야 한다(물론 거르는 사람도 있겠지만). 그래서 점심값 상승은 직장인에게 치명적이다. 반대로, 저녁은 얼마든지 대체가 가능하다. 가벼운 배달을 시킨다든지, 식재료를 사서 요리를 직접 한다든지, 밀키트를 구매해 집에서 저녁을 먹을 수 있다. 점심 위주 장사를 하는 식당은 런치플레이션으로 호황을 맞았고, 점심과 저녁을 모두 운영하는 식당은 높아진 점심 매출로 어느 정도 리스크 헤지가 가능했으며, 저녁만 운영하는 식당은 치명적인 타격을 입었다. 대부분 매출이 저녁에 일어나는 고깃집 특성상, 불경기를 피해 갈 수가 없었다.

마지막으로, 고깃집은 이익률이 낮다. 현재 고깃집 시장에서 여전히 절대다수는 '구워주는 고깃집'이다. 운영이 잘되는 식당은 인건비가 20~25%, 운영이 잘되지 않는 식당의 경우 인건비가 30~35%도 나온다. 인건비가 이렇게 높은데 재료비가 낮은가, 그것도 아니다. 가격을 잘 받는 돼지고기 위주 식당의 경우 35%, 그렇지 않은 경우는 40%가 훌쩍 넘어버린다. 운영을 잘해도 인건비, 재료비의 합이 60%, 운영이 잘되지 않으면 70~75%도 나온다는 얘기다. 이 수치는 업계에서 가장 높은 편이기 때문에, 자동으로 이익률은 업계에서 가장 낮은 편이 된다.

그동안 고깃집의 낮은 이익률이 그리 문제가 되지 않았던 것은, 기존 고깃집 매출이 다른 업종에 비해 워낙 컸기 때문이다. 높은 매출로 낮은 이익률을 상쇄하여 절대적인 수익은 크게 만들 수 있었다. 물론 잘될 때 얘기다. 하지만 이제 앞선 두 가지 이유에 의해 수익률도 안 좋은데, 매출도 안 나오는 업종이 돼버렸다. 앞으로는 이런 문제를 정확히 인지하고, 문제를 해결하는 쪽으로 방향을 잡은 고깃집만이 창업 시장에서 승리할 수 있다.

다음으로는 현재 고깃집이 어려운 대표적인 세 가지 이유에 대한 해결 방안을 제시하려 한다.

1. 고깃집이 너무 많다
상권은 넓게, 입지는 좁게 보라

너무 많아진 고깃집은 다른 모든 문제보다 우선하는 가장 큰 문제다. 고깃집이 많으니 고객이 계속 분산되고, 매출이 떨어진다. 이런 문제에 대해서는 상권을 더 넓게, 입지는 더 좁게 보라는 의견을 제시하고 싶다. 상권을 더 넓게 보라는 말은 그럼에도 공급이 부족한 곳을 찾아내라는 것이다.

유사한 상권 A, B, C가 있고, A상권에서는 고깃집이 10개, B상권에서는 고깃집이 7개, C상권에서는 고깃집이 4개가 있다고 하자. 예전에는 마케팅적인 경쟁 강도도 따지고, 월세도 따져서 보라고 했을 것이다. 하지만 지금은 해당 조건에서는 무조건 공급자가 부족한 C상권에서 답을 찾으라고 말할 것이다. 물론 상권 분석, 점포 개발이라는 게 이렇게 딱딱 떨어지는 것이 아니라, 복합적인 요소가 많지만, 현시점에서는 수급을 최우선으로 따지라는 말이다. 호황이고 불황이고를 떠나 우리에게 가장 중요한 것은 항상 수요와 공급이다.

이어서 입지는 좁게, 엄격하게 보라는 말을 하고 싶다. 반복해서 말하지만, 현재 고깃집은 수요와 공급이 맞지 않는다. 수요자에 비해 공급자가 압도적으로 많다. 이런 상황에서 필자가 한 가지 확신하는 것이 있다. 한 상권에 수많은 고깃집이 있지만, 브랜드 파워와 상관없이 입지가 좋은 곳은 살아남고 입지가 좋지 않은 곳은 무너질 것이라는 사실이다. 유동인구는 A급지에 가장 많이 흐르고, B급지는 그다음, 몇 번 꺾어야 하는 C급지에는 거의 흐르지 않는다. 이 상태에서 저녁 유동(수요)은 줄고, 유동이 필요한 곳(공급)은 늘었으니, 물이 가장 빠르게 마르는 곳은 원래도 물이 별로 흐르지 않던 C급지일 것이다. 마케팅을 암암리에 하던 시절, C급지에서도 200만~300만원의 마케팅 비용으로 유동을 뒤집어내는 성과를 만들어내기도 했다. 그러나 현재는 마케팅 인플레이션 상황으로 A급지, B급지, C급지 모두 마케팅을 하고 있기 때문에, 그런 흐름을 만들어낼 수 있는 가능성이 현저히 낮다. 시시각각 변하는 마케팅보다, 비교적 변하지 않는 상권과 입지의 힘을 믿어야 하는 상황이다. 따라서 현 시점에서 가장 유리한 창업 방법은, 시간이 지나도 망하지 않을 A급지를 잡는 것이다.

2. 불경기에 약한 고깃집, 점심을 잡아라!

저녁의 높은 매출만 믿고 장사하던 고깃집들은 낭패를 피하지 못했다. 이런 상황을 빠르게 인지한 사장들은 재빠르게 점심 영업에 나섰다. 하지만 결과는 그리 좋지 못했다. 고깃집 점심 메뉴에 한계가 있기 때문이다. 식자재 회전을 생각한다면 김치찌개, 된장찌개, 육회비빔밥이 전부고, 메뉴를 조금 늘린다고 해도 원팩으로 나오는 뚝배기불고기나 갈비탕 정도가 일반적이다. 설사 점심 영업이 잘돼 점심에만 50명의 손님이 방문한다 해도, 기껏해야 50만원의 매출로는 고깃집의 무거운 고정비에 큰 도움을 줄 수 없다. 오히려 고객이 점심에 왔기 때문에 저녁에 방문하지 않는 악순환을 초래할 수도 있다. 이는 원래부터 점심 영업을 하던 고깃집에도 오랜 숙제였다.

이런 상황에서, 필자는 '점심 회식' 키워드를 잡아보라고 말하고 싶다. 필자는 코로나19 팬데믹 때도 매장을 계속 확장했다. 그럴 수 있었던 여러 가지 이유가 있겠지만, 결정적인 요인 중 하나는 '룸식당' 키워드의 발견이었다. '동탄 룸식당' '구디 룸식당' '수원역 룸식당' 등 키워드가 코로나를 등에 업고 수치가 증가하는 것이 눈에 보였다. '이거구나!' 생각이 들었고, 그 키워드를 공략하고, 장악했다.

점심 회식 키워드 우상향 중

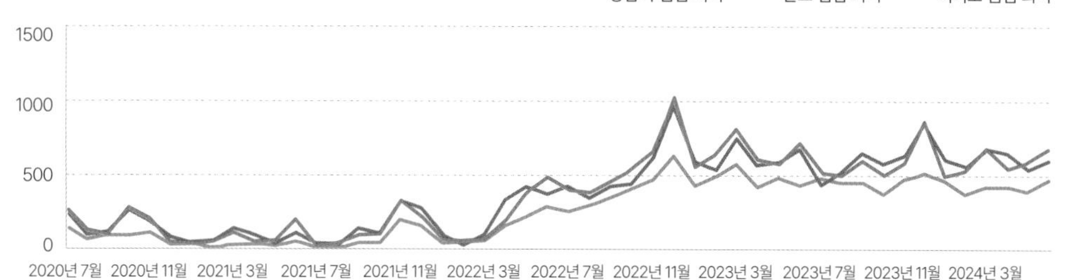

※ 2020년 7월~2024년 6월 기준치.

자료: 블랙키위(네이버 검색량 조회)

당시에는 아무도 그 키워드를 알지 못했고, 신경 쓰지 않았기 때문에 누구도 체험단에게 '룸식당'이라는 단어를 넣어달라는 요청을 하지 않았다. 덕분에 거리두기가 풀릴 때마다 우리 매장은 회식의 1순위가 됐고, 항상 좌석이 모자랐다.

지금도 그런 키워드가 하나 있다. 바로 '점심 회식'이라는 키워드다. 경쟁 강도도 낮고, 아무도 신경 쓰지 않는 좋은 키워드다. 하지만 안타깝게도 상권의 한계가 있다. '점심 회식'이라는 키워드는 직장인 상권이나 복합 상권에서만 활성화된다. 저녁이 활성화되는 집객 상권에서는 '점심 회식'이라는 키워드가 활성화되지 않는다. 하지만 집객 상권은 '점심 회식' 키워드의 문제가 아니라, 애초에 점심 자체의 수요가 없는 경우가 많다. 때문에 이런 상권에 위치한 경우 이 방법은 적절하지 않고, 다른 전략으로 접근하는 게 좋다고 판단한다. 해당 전략을 활용하는 경우 '판교 점심 회식' '여의도 점심 회식' '강남역 점심 회식' 등의 키워드를 검색해보고 노출이 돼 있는 업장을 참고하길 바란다.

3. 고깃집은 이익률이 낮다…
답은 식재료와 인건비에 있다

앞서 고깃집 인건비와 재료비에 대한 이야기를 했다. 잘되는 고깃집의 경우에도 인건비와 재료비가 다른 업종보다 높게 나오고, 그렇지 않은 고깃집은 인건비와 재료비의 합이 다른 업종보다 10% 이상

높게 나온다. 장기적으로 봤을 때, 고깃집을 오랜 기간 운영하려면 첫째, 가격을 계속 올릴 수 있는 브랜드가 돼 이익률을 계속 방어하거나 둘째, 처음부터 재료비를 낮춘 매장을 만들거나 셋째, 구조적으로 인건비를 낮춘 매장을 만들어야 한다.

식당 운영에서 비용이 발생하는 항목은 크게 다섯 가지가 있다. 재료비, 인건비, 월세, 관리비, 마케팅비다. 하지만 재료비와 인건비 비중이 압도적으로 높기 때문에, 결국 시장 평균보다 좋은 매장을 만들기 위해서는 이 두 가지 항목 중 하나를 잡고 들어가야 한다.

두 가지 외에 나머지를 살펴보자.

월세를 줄이면 입지가 나빠지면서 신규 고객 숫자가 줄어든다. 마케팅비를 줄여도 마찬가지로 신규 고객이 줄어든다. 관리비는 일반적으로 매출과 비례하는 카드 수수료, 전기세, 수도세, 가스비 등을 포함하기 때문에 줄이는 것이 거의 불가능하다. 결국 우리는 구조적으로 인건비가 낮은 매장을 만들거나, 재료비가 낮은 매장을 만들고, 장기적으로는 가격을 올릴 수 있는 브랜드를 만들어야 한다.

단기적인 목표로는 인건비와 재료비 합을 55%로 제안하고 싶다. 여러 가지 시나리오를 가정해본 결과, 이보다 더 떨어지면 높은 확률로 만족도가 떨어질 것이고, 결국 가격을 낮춰야 한다. 예를 들어 삼겹살을 1만8000원에 팔고 구워주지 않는다면 재료비와 인건비의 합은 50%가 채 나오지 않지만, 이런 경우는 운영이 매우 어렵다. 조금 더 구체적인 방법을 제시하자면, 돼지고기 전문점은 수입육과 믹스(mix)하는 방법으로, 한우는 시설로 만족도를 높이고 원하는 가격을 받는 방법이 좋다. 수입 소고기는 재료비 변동이 심해 권장하지 않으며, 인건비는 자동화 기기나 로봇 활용을 적극 검토하라고 말하고 싶다. 이렇게 해서 재료비와 인건비 합이 55~60%가 만들어진다면, 다른 업종보다 수익률이 떨어지지 않으면서 고깃집의 근본적인 문제를 해결할 수 있다. 재료비를 낮춘 매장은 2024년 대전에 창업한 '백산화로'를, 인건비를 낮춘 매장은 '달구운바람'을 참고하길 바란다.

위 세 가지 전략을 단기적으로, 중기적으로 적극 활용할 것을 추천한다. '이번만 버티면 되지 않을까'라는 생각을 할 수 있지만, 각각의 문제에 대해서는 근본적으로 해결이 어려워 보인다. 고깃집의 높은 매출을 경험한 창업자는 앞으로도 고깃집 창업을 염두에 둘 것이기 때문에, 고깃집 창업 수요는 줄어들지 않을 것으로 본다. 개인적으로 불경기는 앞으로도 지속될 것이라 보고, 설령 나아진다고 해도, 또다시 찾아올 것이다. 그리고 고깃집의 낮은 수익률은 항상 있어왔던 문제다.

필자가 제시한 적극적인 대처에 대해 "불경기에도 잘되는 식당은 여전히 잘된다"라는 반론을 제기할 수도 있다. 여기에 대한 답을 위해 '몽탄'을 예를 들어 말해보겠다.

몽탄은 월매출 20억원을 올릴 수 있는 매장이다. 몽탄이 6억원, 7억원밖에 팔지 못하는 건, 매장 평수가 작아서, 테이블 숫자가 모자라서 그렇게밖에 팔지 못하는 것이다. 뒤로 13억원의 수요자가 더 버티고 있다. 모든 고깃집이 평균적으로 30% 매출이 감소했다. 몽탄도 30%가 감소했을 것이다. 그럼 20억원에서 30%가 감소해 14억원의 수요가 있다. 그렇기 때문에 매출이 떨어지지 않을 수 있는 것이다.

제시한 세 가지의 문제와 해결 방안에 '브랜드'와 관련된 이야기는 없다. 단기적으로, 중기적으로 전략을 활용하되, 최종 목적지는 '브랜드가 되는 것'에 있어야 한다. 몽탄을 예로 들었듯, 우리 매장의 매출 잠재력(capacity)보다 더 큰 잠재 수요를 가진 브랜드가 돼야 한다. 그래야만 반복해서 찾아오는 불경기를 이겨낼 수 있다.

양승일 고수와 1:1 상담 문의는 여기로! >>

인건비 부담에 '그릴링' 축소 불가피 고깃집은 고비용…원가율 10% 낮춰야

노승욱 창톡 대표

장사 노하우 공유 플랫폼 '창톡' 창업자 겸 대표. 매경이코노미 창업전문기자 12년 근무 후 매일경제신문사 사내벤처로 '창톡'을 설립해서 2023년 3월 분사, 장사고수와 소상공인 간 가교 역할을 하고 있다.

고깃집 창업, 지금 해도 될까

"고기구이는 원시 시대부터 인간이 먹던 거잖아요. 인류의 DNA에 박혀 있으니 전 세계인에게 통할 수밖에요."

태국 방콕에서 한국식 고기 뷔페 매장을 9개점 운영하는 김기탁 K-BBQ 대표의 얘기다. 그래서일까. 고깃집이 넘쳐난다. 자영업자는 과열 경쟁에 죽을 맛이다. 그래도 이 와중에 장사 잘하는 고깃집 고수들이 있다. 이들은 고깃집 창업에 대해 어떤 인사이트를 갖고 있을까. 서울, 경기, 전주, 광주, 부산 등 전국 각지에서 내로라하는 고깃집을 운영 중인 창톡 장사고수 14명에게 고견을 구했다.

"고깃집은 원래 포화·차별화가 관건"

먼저 "현재 고깃집이 포화됐다고 보는가"라는 질문에 9명의 장사고수가 "고깃집은 원래 예전부터 포화였다. 차별화만 잘하면 창업해도 된다"고 답변했다. "고깃집 어려운 게 어제오늘 일이 아니니, 장사가 어렵다면 포화 탓하지 말고 차별화나 경쟁력이 부족한 탓"이라고 해석되는 대목이다.* 장사고수들은 창업 성공률이 상대적으로 매우 높은 편이다. 7개 매장을 한 번도 실패하지 않고 성공한 고수도 있다. 때문에 일반적인 자영업자보다 창업에 대해 낙관적일 수 있다.

"어디나 고깃집은 포화 상태다. 하지만 저가 커피 같은 무분별한 포화 상태는 아니다. 고깃집은 기본적으로 창업 비용도 높고 필요 면적이 크기 때문에 애초에 저가 커피 같은 포화도로 가는 것에는 무리가 있다. 차별화된 포인트가 있고 상권이 뒷받침해준다면 승부를 걸어볼 수 있다. 고깃집은 필요 인력이 다른 요식업보다 많기 때문에 어느 정도 고정적 매출을 기대할 수 있는 메인 상권에서 풍부한 유동인구를 상대하는 것이 좋다. 박리다매식 판매보단 특별한 경험을 줄 수 있는 고부가가치 상품으로 승부를 보는 게 낫다."

강춘근 익선동목장 대표의 생각이다.

"최근 고깃집이 너무 포화돼 위험도가 높아졌으니 창업은 피하는 게 좋다" (3명), "매출은 보수적으로 예상하고, 원가율이나 인건비 잡아놓는 설계가 필요하다" (1명), "고물가 고금리로 인해 대형 무한리필 고깃집이 유행처럼 번지고 있으며 주류 할인 행사도 많이 하고 있다. 소자본 · 초보 창업자의 아이템으로는 현재 추천하지 않는다" (1명) 등의 소수 의견도 존재한다.

"고깃집은 '돼지갈비' 유망" 42.9%

고깃집도 종류가 다양하다. 어떤 메뉴의 고깃집이 유망할까. 복수 응답이었는데도 어느 하나 과반수가 나오지 않을 만큼 의견이 분분했다. 가장 많은 답변은 '돼지갈비'로 6명(42.9%)이 추천했다.

"돼지갈비는 남녀노소 누구나 좋아해 대중성이 보증된 스테디셀러다. 원가, 수익률이 삼겹살 대비 월등해 공간이나 기획만 잘한다면 최고의 아이템이다." (송창열 우백갈비 대표)

이어 '생삼겹살' '냉동삼겹살(냉삼)' '샤브샤브'가 각각 4표(28.6%)씩을 얻어 2위를 차지했다.

"국내산 생삼겹살 가격에 숯불에 구워 판매하는 형태로 수입 소고기나 양갈비 부위가 강점이 있다고 보여진다. 고기가 구워지는 동안 곁들일 수 있는 육회로 사이드 메뉴 구성 역시 객단가를 높이기 좋은 아이템으로 추천한다. 호불호가 적은 생삼겹살은 관리 · 손질과 수급의 편의성은 좋으나 계절(여름휴가 시즌)과 전염병

---

* 장사고수들은 창업 성공률이 상대적으로 매우 높은 편이다. 7개 매장을 한 번도 실패하지 않고 성공한 고수도 있다. 때문에 일반적인 자영업자보다 창업에 대해 낙관적일 수 있음을 유의해야 한다.

고깃집 창업에 유리한 메뉴는?(복수 응답)

단위: %

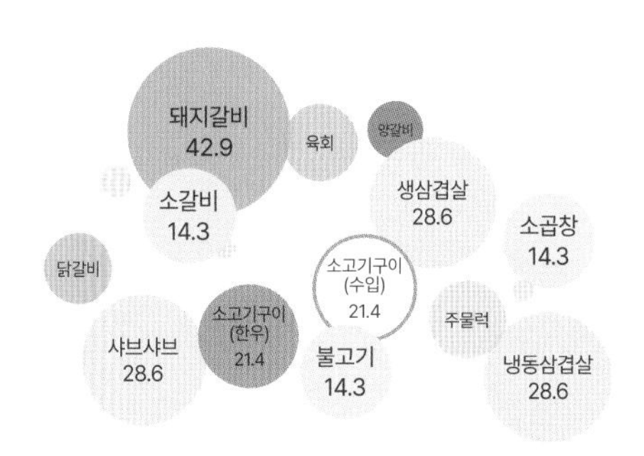

순위	메뉴	선택 비율
1위	돼지갈비	42.9
2위	생삼겹살	28.6
	냉동삼겹살	28.6
	샤브샤브	28.6
3위	소고기구이(한우)	21.4
	소고기구이(수입)	21.4
4위	소갈비	14.3
	소곱창	14.3
	불고기	14.3

(열병) 등에 따라 가격 변동폭이 너무 크다. 의외로 좋은 부위와 그렇지 못한 부위의 맛과 질감 차이가 커서 손실률도 높다. 추가 주문이 발생하지 않으면 마진이 높지 않아 생각처럼 쉽지 않다."

미슐랭 셰프 출신 방기수 깃든 대표의 조언이다.

낙원갈비집 프랜차이즈 대표를 지낸 다점포왕 김규열 대표의 생각은 어떨까.

"수입산 소고기, 소갈비 시장은 돼지고기(삼겹살 등) 메뉴와 판매 가격의 차이가 별로 없기 때문에 고객 입장에서는 둘 중 택1 할 때 소고기를 더 선호하는 경향이 높다. 또 아직은 삼겹살 시장보다 공급처가 부족하고 기존 소고기 부위 메뉴를 변형 작업 후 개발한다면 가격적인 메리트도 좋고 만족도도 올리기 용이하다고 판단한다. 샤브샤브는 원가가 낮아 셀프바에 무게를 두고 인테리어에 힘을 주는 방향이라면 성장하는 시점에 있다고 본다. 이유는 최근 외식 시장이 다른 무엇보다 가격을 중시하는 흐름이기 때문에 고객 주머니 사정이 낮아진 현시점에서는 선호도가 더 높다고 본다."

"고기 구워주는 '풀그릴링' 지속 어려워… '부분 그릴링' 추천"

최근 인건비 부담으로 직원이 테이블마다 붙어 고기를 구워주는 '그릴링' 서비스를 지속하기 어렵다는 의견이 많아지

그릴링을 어떻게 하는 게 좋을까요?(복수 응답)

단위: %

순위	구분	설명	선택 비율
1위	부분셀프	초벌은 주방에서 굽고 나머지는 고객이 굽는다	35.7
2위	풀셀프	인건비 부담이 크니 처음부터 고객이 다 굽는다	28.5
3위	부분그릴링	초벌은 주방에서 굽고 나머지는 직원이 구워준다	21.4
4위	풀그릴링	고객 편의를 위해선 직원이 다 구워준다	14.3

※ 기타 의견
1. 풀셀프로 하고 가격을 줄인다.
2. 첫 판을 구워주면서 굽는 방법을 설명해준다.

※ 그릴링: 직원이 고기를 구워주는 서비스. 일각에서 인건비에 대한 부담을 우려하는 목소리가 높다.

고 있다.

이에 대해 장사고수들은 "초벌은 주방에서 굽거나 손님 앞에서 구워주고, 나머지는 고객이 구워 먹도록 하는 게 좋다"라는 '부분셀프' 방식을 가장 추천했다. 14명 중 5명이 표를 던졌다.

이어 "인건비 부담이 크니 처음부터 고객이 다 구워 먹도록 한다"는 풀셀프 방식 추천이 4명, "초벌은 주방에서 굽고 나머지는 직원이 구워준다"는 부분그릴링 방식이 3명으로 뒤를 이었습니다.

"고객 편의를 위해 직원이 다 구워주는 게 좋다"라는, 기존 '풀그릴링' 서비스 방식은 겨우 2명만 추천했다. 확실히 인건비 부담으로 인해 그릴링 서비스를 축소하고, 셀프 방식을 늘려야 한다는 방향성이 보인다.

우월소곱창과 봉고기를 운영하는 이봉구 대표는 "삼겹살이 완전 프리미엄 콘셉트와 중저가 콘셉트로 양극화되듯, 그릴링도 마찬가지로 풀그릴링과 셀프 방식으로 나뉠 것 같다"고 말했다.

"고깃집 콘셉트에 따라 다르다"는 의견도 있다. 김규열 대표는 "동일한 조건이라면 풀그릴링을 해주는 것이 더 이점이 크기는 하다. 그러나 만일 매장 콘셉트가 레트로나 대포집 같은 분위기라면 그릴링에 대한 고객 기대감이 상대적으로 낮기 때문에 풀그릴링까진 아니지만 50% 정도 그릴링을 해주는 정도로 타협점을 찾을 수 있을 것 같다"고 말했다. 육풍, 창심관, 백산화로를 운영하는 양승일 대표는 "나만의 확실한 전략이 없으면 창업을 보류하고, 유행을 캐치해 빠르게 따라 하는 패스트 팔로어 전략을 추천한다"고 말했다.

"풀그릴링해야 하는 집은 해야 되겠으나 고급 고깃집이 아니라면 부분셀프나 풀셀프가 맞다. 인건비 부담이 크기 때문이다." (이웅렬 전 장남식당 대표), "소고기처럼 비싼 음식은 그릴링해주는 게 맞지만 나머지는 풀셀프로 하는 게 맞다고 본다." (구자호 가음막창 대표) 의견도 참고할 만하다.

"매출 올리기 힘드니 원가율 5~10% 절감 전략 필요"

그렇다면 고깃집 콘셉트는 어떻게 정하고 마케팅은 어떻게 해야 할까.

이봉구 대표는 "신규 고깃집 창업 시에는 사이드 메뉴에 더 힘을 준다든가, 불고기 같은 양념류와의 결합, 냉동 수입 고기를 활용해 판매가를 낮추는 전략 등 기존에 고기에 특별히 힘을 줬던 방식에서 벗어나 다른 형태의 기획이 들어가는 게 좋다"고 조언했다.

다점포왕 김규열 대표는 "매출을 올리기가 쉽지 않은 시점이다. 때문에 매출이 올라가지 않는다는 전제 아래 원가율을 5~10% 절감할 수 있는 전략이 필요하다. 예를 들면 국내산 저가 부위와 기존 부위를 혼용하거나, 국내산 부위와 수입산 부위를 혼용하는 식의 메뉴를 구성한다든지, 메뉴 명칭을 새롭게 네이밍하거나 매장 분위기, 인테리어를 색다르게 한다든지 해서 가격의 가치를 떨어뜨리지 않은 상태에서 원가를 낮추며 창업하는 식"이라고 강조했다.

부산의 권민철 진지한녀석들 대표는 "특정 고기 전문점보다는 여러 고기를 조금씩 다 취급해서 객단가를 높이는 게 좋은 방법인 것 같다"고 말했다.

문래동에서 월화갈비 등 6개 매장을 운영 중인 최성민 비옴 대표는 "상권과 입지에 따른 정확한 페르소나 설정과 가격대 설정, 우리 매장을 사진 한 장으로 표현 가능한 시그니처 개발이 필요하다"고 조언했다.

고깃집 고수설문 · 유튜브 영상 »

창톡
장사고수 리포트 NO.2
우후죽순 고깃집,
지금 창업해도 될까?
고깃집 창업 전망에 대한 장사고수의 인사이트

창톡
불경기로 인한
외식 수요의 급감
많은 고깃집 사장님들이 힘들어하시는 요즘입니다

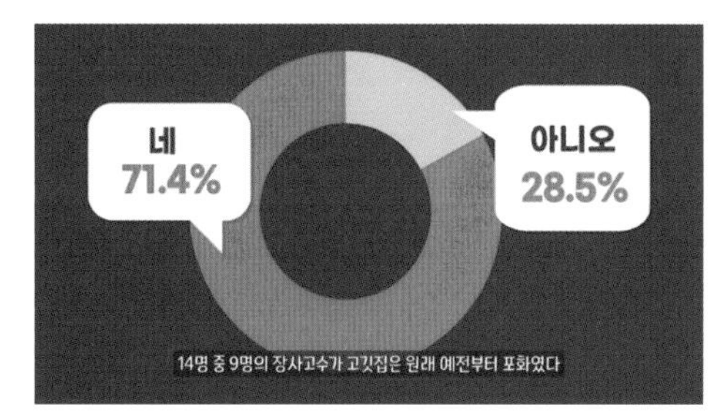
네
71.4%
아니오
28.5%
14명 중 9명의 장사고수가 고깃집은 원래 예전부터 포화였다

"매장 컨디션이 동일한 조건이라면 풀그릴링을 해주는것이 더 이점이 크기 때문
인데 만일 매장의 컨셉이 레트로나 대포집과 같은 분위기라고 한다면
그릴링에 대한 기대감이 고객 입장에서는 낮기 때문에 풀그릴링까진 아니지만
50% 정도 그릴링을 해주는 정도로 타협점을 찾을 수 있을 것 같습니다."

19
85
"삼겹살도 완전 프리미엄 컨셉, 중저가 컨셉으로 나뉘어질것 같습니다.
그릴링도 마찬가지구요."

19
85
"신규 고기집 브랜드 창업시에는 사이드에 더 힘을 준다던가, 불고기와 같은
양념류와의 결합, 냉동 수입 고기를 활용해 판매가를 낮추는 전략 등
기존에 고기에 특별히 힘들줬던 방식들에서 벗어나 다른 형태의 기획이
들어가야 되지 않을까 생각됩니다."

창톡
백산화로
나만의 확실한 전략이 없으면 창업을 보류하고
백산화로 양승일 대표

우리매장을 사진 한 장으로 표현 가능한 시그니처 개발이 필요하다
비움 최성민 대표

샤브샤브 무한리필 창업 붐,
언제까지

강민수
샤브몰 대표

슈퍼스타엔터테인먼트, 샤브샤브 외식 프랜차이즈 샤브몰, 샤브렐라 설립 및 창업주이자 대표(현 샤브몰)로 3년 만에 가맹점 40개를 오픈하였고, 각종 미디어에 출연한 바 있으며 외식업뿐 아니라 다양한 행사 사회자로도 활약하고 있다.

4인 가족 10만원 안 나오는 '가성비 외식템' '시그니처' '사이드' 메뉴로 차별화해야 생존

필자는 샤브샤브 프랜차이즈 브랜드를 2개 만들고, 현재는 물류 유통 사업도 하고 있다. 첫 번째 브랜드는 베트남식 회전레일 콘셉트, 두 번째 브랜드는 무한리필 콘셉트다. 최근 샤브샤브 무한리필 창업 붐이 일고 있다. 샤브샤브 무한리필점의 인기 이유와 장단점, 향후 전망에 대해 의견을 전하고자 한다.

2024년 샤브샤브 무한리필 창업 붐, 이유는 '뛰어난 가성비'

먼저 샤브샤브의 유래부터 알아보자.

샤브샤브는 1952년 오사카의 식당 '스에히로(スエヒロ)'에서 처음 명칭을 붙이며 시작된 것으로 알려진다. 얇게 썬 고기와 채소를 물에 데쳐 간편하게 먹은 것에서 유래했다고. 고기가 얇아진 이유는 고기의 양이 한정돼 있었기 때문에 최대한 많은 사람들이 먹을 수 있는 방법을 고민하다가 고안된 아이디어라고 한다.

이처럼 유서 깊은 음식인 샤브샤브가 왜 갑자기 2024년 창업 시장에서 돌풍을 일으키게 된 것일까. 한마디로 '가성비'가 좋기 때문이다. 코로나19 팬데믹이 끝나면 경기가 좋아질 것으로 기대했지만 오히려 고물가, 고임금, 고금리에 외식업을 포함, 경기가 그 어느 때보다 얼어붙었다. 이런 시기에 '무한리필'이란 가성비 콘셉트가 주목을 받으며 샤브샤브가 다시 인기를 얻고 있는 것으로 풀이된다.

사람들은 보통 많게는 일주일에 한 번, 적게는 한 달에 한두 번 정도 외식을 한다. 가족끼리 외식을 할 때는 가급적 마음껏 다양하게 음식을 즐기며 행복한 시간을 보낼 수 있는 공간과 음식을 찾게 된다. 샤브샤브는 음식 특성상 입구에서부터 밝고 모던한 인테리어, 가족끼리 먹기 좋은 특성의 오붓한 공간, 대리석 위에 놓인 깔끔한 셀프바 등이 특징이다. 다양한 채소, 얇게 썰린 고기, 사이드 메뉴, 입맛을 돋우는 소스, 마무리로 든든한 죽까지 배부르게 먹을 수 있다. 요즘같이 물가가 비싸고 어려운 시기에 이만큼 다양하게 즐길 수 있고 포만감을 주는 메뉴는 많지 않다.

보통 4인 가족이 소고기를 먹으러 가면 10만원은 거뜬히 넘는다. 그래도 가격 부담에 배불리 먹기가 힘들다. 반면 샤브샤브 무한리필의 평균 시장 가격은 약 2만원대여서 4인 가족이 가도 10만원을 넘지 않는 선에서 배불리 먹을 수 있다. 여기에 화려하고 다양한 메뉴는 눈도 즐겁게 한다. 특히 한국인은 '국물 음식'을 좋아한다. 덕분에 샤브샤브는 2024년 가장 핫한 외식 아이템으로 자리 잡을 수 있었다.

2024년 샤브샤브 시장은 한 단계 업그레이드됐다. 기존에는 채소와 샐러드바만 무제한으로 제공됐지만, 요즘은 고기도 무한리필이 되거나, 편백찜 등 사이드 메뉴도 다양해졌다.

무한리필만으로는 '안 남아요'…
편백찜 등 사이드 메뉴 개발 필수

"무한리필로 팔면 남아요?"라는 말을 많이 듣는다.

가성비가 손님에게는 좋지만 점주 입장에선 그만큼 마진율이 낮을 수 있다. 그래서 샤브샤브도 무한리필이란 무기 하나만으로는 경쟁하기 힘들다. 술을 많이 팔거나 사이드 메뉴 또는 고가 메뉴로 평균 테이블 단가를 올려야 안정적인 수익을 기대할 수 있다. 이를 위해 필자가 운영하고 있는 매장에서는 주류를 할인해 고객 유입을 늘린 뒤, 하이볼이나 편백찜 같은 고품질 사이드 메뉴를 통해 테이블 단가를 올리고 있다.

특히, 샤브몰은 샤브 고기와 채소는 물론, 편백찜도 국내 최초로 무한리필을 해드리고 있다. '편백찜 무한리필(1인분 2만5000원)'은 '소고기 무한리필(1인분 2만원)'보다 5000원이 더 비싸지만, 가족

단위 고객이 가장 많이 찾는 메뉴로 자리 잡았다. 편백찜 메뉴에 시그니처 메뉴인 '화산샤브'를 추가, 편백찜을 이용하는 고객에게만 화산샤브가 제공되기 때문이다.

이런 노력 덕분에 필자가 운영하는 매장의 평균 테이블 단가는 계속 상승하고 있다. 2021년 창업한 베트남식 회전레일 콘셉트 매장의 경우는 3만원이었지만, 샤브샤브 본질에 집중해 리브랜딩한 샤브몰은 2023년 6만원을 기록하고, 2024년에는 6만5000원을 훌쩍 넘었다.

샤브샤브 창업의 장점: 조리 간편하고 영업 시간 짧아 '쉬운 운영'

샤브샤브의 장단점은 다음과 같다.

먼저 장점은 첫째, 조리가 간편하다. 샤브샤브는 특별한 레시피가 담긴 조리가 아닌 간편 조리다. 물론 채소 손질 등에 손이 많이 갈 수 있지만, 요즘은 좋은 기계가 많아서 단호박같이 두꺼운 채소도 쉽게 썰 수 있다. 하지만 필자가 운영하는 매장에선 손수 채칼로 썬다. 이유는 기계보다 얇게 썰어 좋은 식감을 내기 위해서다.

둘째, 직원의 업무 난도가 낮다. 샤브샤브는 특별한 기술이 필요 없기 때문에 간단한 직원 교육만으로도 초보 사장도 충분히 운영 가능하다. 업무 난도가 높지 않기 때문에 오래 일할 수 있게 환경 조성만 잘해준다면 직원 업무 만족도도 꽤 높은 편이다. 필자가 3년간 풀오토로 운영 중인 연매출 10억원 직영 매장도 대부분 직원 나이는 고등학생과 20대다.

셋째, 테이블 단가가 높아 고매출 달성에 용이하다. 샤브샤브는 무한리필 브랜드를 만들고 나서 사실 매출이 더 폭발적으로 발생한 것을 알게 됐다. 샤브샤브는 외식업이기 때문에 둘이서도 오지만 가족끼리 또는 직장인 회식 모임으로 많이 찾기 때문이다. 필자의 직영점, 가맹점 데이터를 봐도 가족 단위 고객이 굉장히 많다. 그래서 필자는 사장님들이 매장에서의 업무도 중요하지만, 그 외적으로 신규 고객을 유입할 수 있는 마케팅, 광고 등에 더 신경을 쓸 수 있어야 한다고 강조한다.

샤브샤브 창업의 단점: 창업 비용 높고 차별화 어려워

샤브샤브 창업의 단점으로는 비교적 높은 창업 비용과 메뉴 차별화가 어려운 점을 들 수 있다.

샤브샤브는 깔끔한 곳에서 신선한 채소와 고기를 먹을 수 있다는 '신선함'과 '건강함'이 강점이다. 때문에 인테리어 비용

샤브몰 가맹점 업종 변경 사례

가맹점	매장 규모	기존 아이템	업종 변경 공사 포인트	추가 투자금
양주점	실내 40평, 실외 300평	애견카페	마당에 텐트를 다 걷어내고 300평을 주차장으로 만듦	3000만원
광진점	60평	파스타	기존 복잡한 구조의 틀을 파티션으로 나누고, 야외 바비큐 구이와 샤브샤브 매장을 컬래버	5000만원
제주점	90평	김치찜	주말 돌잔치를 활용해 고객에게 샤브샤브 무한리필 제공	6000만원

이 타 업종에 비해 상대적으로 높은 경향이 있다.

단, 반드시 고급 인테리어를 해야 성공한다는 법은 없다. 인테리어에 다소 힘을 빼도, 콘셉트가 명확해 차별화만 잘된다면 얼마든지 손님을 끌어모을 수 있다.

필자가 강원도 원주에서 운영하는 직영점 샤브몰 원주본점을 예로 들어보겠다. 필자는 첫 번째 브랜드를 만들 때 인테리어를 포함해 총 2억원가량을 창업 비용으로 쏟아부었다. 하지만 두 번째 브랜드(샤브몰)를 만들 때는 같은 자리에서 1억원가량 투입된 인테리어를 모두 다 부수고 다시 리모델링하는 데만 약 4000만원을 투자했다. 그리고 매출은 전보다 두 배가량 더 높아졌다. 즉, 인테리어가 장사의 전부는 아니라는 얘기다.

이를 경험하고 나서 필자는 아이템을 잘못 선정한 사장님들이 업종 변경을 할 때 투자금을 최소화해서 다시 장사를 시작하도록 돕고 있다.

이렇게 인테리어 투자를 최소화해 업종 변경으로 재창업한 가맹점 중에 기존보다 매출이 떨어진 곳은 단 한 곳도 없다. 어떤 매장은 일매출 30만원도 안 나오던 매장이 300만원을 팔기도 한다. 즉, 샤브샤브를 창업할 때 꼭 고급 인테리어를 할 필요는 없다는 얘기다.

샤브샤브는 특별한 조리법이 없어 메뉴 차별화가 어렵다는 점도 주의해야 한다. 우리 가게만의 필살기, '시그니처 메뉴'를 꼭 만들어서 극복해야 한다.

생각해보라. 사람들이 외식을 할 때 주메뉴 사진을 많이 찍는다. 반면 샤브샤브는 대부분 화려한 색감의 채소나 사이드 메뉴가 플레이팅된 사진을 찍을 뿐, 정작 주메뉴인 샤브샤브 사진은 잘 찍지 않는다. 샤브샤브는 어디나 비슷해 이것만으

필자가 개발한 시그니처 메뉴 '화산샤브'.

로는 차별화가 안 되기 때문이다. 실제로 샤브샤브 브랜드 중 시그니처 메뉴가 있는 곳은 생각보다 많지 않다. 필자는 이를 간파해 샤브몰의 시그니처 메뉴인 '화산샤브'를 만들었고, 차별화에 성공했다. 물론 이 과정에서 시행착오도 있었다. 필자가 만든 첫 번째 브랜드는 회전초밥 레일을 운영해 샤브샤브를 같이 먹을 수 있는 콘셉트로 운영했지만 실패했다. 장사가 안되진 않았다. 단, 오토 운영이 안된다는 측면에서 실패였다.

회전레일 위에 채소가 돌아다니는 시스템은 나름 획기적이었다. 그러나 회전레일 위에 돌아다니는 채소는 신선함을 곧 잃어버리기 때문에 손이 많이 갔다. 매장에 고객이 줄을 서게 되면 회전레일만 담당하는 직원을 따로 둬야 할 정도여서 인건비가 많이 들었다. 또한, 고품질의 음식을 회전레일 위에 올리려면 그만큼 식자재 원가율이 높아져 순이익이 낮아졌다. 이런 단점을 보완하기 위해 많은 시도와 고민을 했고 결국 리브랜딩을 선택했다.

베트남 노포에서 깨달은 '콘셉트'의 중요성

간혹 '맛집'이라고 미디어에 나온 곳들을 가보면 허름한 인테리어에 테이블 좌석도 다닥다닥 붙어서 칸막이도 없이, 때로는 바닥에서 식사를 하는 경험을 종종 하곤 한다. 그리고 베트남, 태국 등 동남아 여행을 가보면 길가(길바닥)에서 목욕탕 의자와 작은 테이블 하나만 놓고도 장사가 잘되는 경우도 종종 봤다. 여행 가이드인 필자의 친구는 필자를 이곳에 데려

베트남식 회전레일을 적용한 기존 샤브샤브 브랜드. 기계가 고장 나면 영업을 못할 때가 많았다. 기대하고 온 고객들이 다시 돌아가는 경우가 종종 있게 되자, 가격을 낮춰도 불만족스러운 리뷰가 많았다. 새삼 콘셉트의 중요성을 알 수 있는 대목이다.

오고 싶다고 이야기하며 로컬 맛집을 소개해줬다.

"아니, 이런 곳에서 밥을 먹으려고 다 이렇게들 찾아온다고?"

서 있기만 해도 땀이 주륵주륵 나는 베트남 다낭의 그 더운 날씨는 한 번쯤 가본 사람이라면 알 것이다.

우리가 방문한 시간은 베트남 시간으로 저녁 8시경이었다. 줄을 서서 기다렸다 들어가서 식사를 다 마치고 나왔을 때는 저녁 9시였는데도 여전히 오토바이를 타고 찾아오는 현지 사람이 적잖았다. 홀뿐 아니라 야외에 있는 수많은 테이블도 만석이었다. 마치 코로나19 팬데믹 전에 활황이었던 우리나라 동대문 야시장을 보는 것 같았다.

우리 일행 3명은 그곳에서 모든 메뉴를 다 주문해봤다. 딤섬 종류만 10가지 넘게 시켜 배불리 먹었는데도 단 6만원밖에 안 나왔다. 이 여행으로 필자는 많은 영감을 얻었고, 이를 기회로 만들게 됐다. 이것이 바로 '콘셉트의 힘'이다.

베트남 여행 경험을 바탕으로 특색 있는 메뉴를 찾기 시작한 결과, 화산샤브를 만들게 됐다. 드라이아이스를 통해 화산 형태로 고기를 만들어 나간다. 손님들이 신기해하며 사진을 찍을 수 있는 콘텐츠를 만들었더니 매출이 폭발적으로 올랐다. 그리고 가맹 사업에도 많이 도움이 되고 있다.

'허세'는 '허점'이 된다& 잘될수록 마케팅은 계속해야

끝으로 마케팅의 중요성에 대해 강조하고 싶다.

샤브샤브뿐 아니라 어떤 식당이든 지속적으로 신규 고객 유입을 위한 마케팅과 단골 관리를 하지 않으면 금세 매출이 떨어질 수 있다. 마케팅은 '장사의 절반'에 해당한다 해도 과언이 아니다. 여건이 아무리 좋아도 홍보를 하지 않는 매장과 홍보를 하고 있는 매장의 차이는 상권, 입지 그 이상의 차이를 자아낸다. 전주 비빔밥, 부산 돼지국밥 같은 지역의 특색 있는 음식을 파는 매장 중에서도 유명한 곳은 따로 있다. 이런 곳들은 대개 찐맛집일 수도 있지만, 마케팅을 잘해서일 수도 있다. 하지만 의외로 장사가 안되는 가게일수록 매장 관리, 운영 시간 엄수, 그리고 마케팅을 제대로 안 하는 경우가 많다. 필자도 잘되던 매장을 무관심하게 내버려두니 매출이 하루 200만원에서 20만원까지 떨어지는 경험을 한 적이 있다. 장사가 잘되기 시작하며 나도 모르게 생긴 '허세'가 '허점'이 된 탓이었다.

'얼마의 자본으로 창업할 수 있는지' '내가 가진 자본 중 어느 정도만 투자를 할 것인지' '내 주변 중 장사로 가장 잘되고 있는 사람이 누가 있는지' '내 앞에 있는 사람이 나에게 듣기 좋은 소리만 하고 있는 건 아닌지' 등 항상 신중했던 필자였다. 그런데 장사가 잘될수록, 또는 필자의 컨설팅이 성공할수록 처음 모습은 온데간데없어졌고, 나는 잘될 거란 믿음과 자신감으로 충만해졌다. 장사로 망해보기 전까지는 말이다. 이 기억을 잊고 살다가도 새로운 상담을 할 때면 다시 되뇌며 마음에 새긴다.

2025년에도 불황이 이어지며 샤브샤브 시장은 계속 성장할 것으로 본다. 2024년에 우후죽순 생겨난 브랜드 중 차별화에 성공한 브랜드 위주로 옥석 가리기가 진행될 것이다. 예비 창업자라면 샤브샤브 창업의 장단점을 꼼꼼하게 분석해 롱런할 수 있는 브랜드를 잘 선택하기 바란다.

강민수 고수와 1:1 상담 문의는 여기로! >>

양극화되는
카페 트렌드

황수연
숙명여대 외식경영학과 겸임교수

숙명여대 르 꼬르동 블루 겸임교수로 12년간 재직 중이며 브랜딩, 메뉴 개발, 마케팅, QSC 지표 개발, 미스터리쇼퍼 과정, 컨세션, 외식 산업 관련 리서치 등 다양한 외식 산업 분야에서 활동하고 있다.

가격·당도 양극화되고 '대체 우유' 확산
우체국·개척시대…'콘셉트 카페' 주목

통계청이 2024년 6월 발간한 '서비스업 조사 보고서'에 따르면 전국 커피 전문점 수가 2022년 말 기준 10만개를 넘어선 것으로 나타났다. 커피 전문점 운영에 특별한 기술을 필요로 하지 않고 비교적 소규모 자본으로 창업이 가능하기 때문으로 분석된다. 커피 프랜차이즈 매장도 크게 늘었다. 공정거래위원회의 2023년 가맹 사업 현황 통계에 따르면 2022년 기준 커피 프랜차이즈 브랜드 수는 886개로 치킨 프랜차이즈 브랜드(669개)보다 200개 넘게 많은 것으로 조사됐다. 저가 커피 프랜차이즈 브랜드는 5285개로 전년 대비 37.3%(1436개) 급증했다. 이쯤 되면 대한민국이 아시아 최대 커피 공화국이라 해도 과언이 아닐 듯하다.

헬시 플레저 트렌드의 한 부분인 디카페인 커피와 대체 커피 시장은 지속적으로 성장하고 있다. 과거와 비교해 계속 진행 중이거나 새롭게 관찰되는 4가지 트렌드를 전하고자 한다.

가격 양극화

아메리카노 한 잔 1200원 vs 6500원
최고 48만원 바샤커피 '화제'

고물가 속 대용량 저가 커피 전문점이 인

기를 끌고 있다. 불황에 따른 가성비 트렌드 강화, 포장(take-out) 위주 판매로 소자본 창업 가능, 전용 앱과 외부 키오스크를 통한 주문으로 사용자 편의 증대, 손흥민 등 스타 마케팅 효과 등이 주요인으로 꼽힌다.

한편에서는 해외 유명 고가 스페셜티 브랜드도 속속 한국에 상륙하고 있다. '인텔리젠시아' '바샤커피' '푸글렌' '피츠커피' 등이 대표 사례다. 특히, '커피계의 에르메스'라 불리는 바샤커피는 커피 한 잔 가격이 최저가는 골드팟 350*ml* 기준 1만 6000원, 최고가는 '파라이소 골드'로 350*ml*에 48만원에 달해 화제가 됐다. 여기에 '테라로사' '모모스커피' 등 한국의 토종 스페셜티 커피 브랜드도 지속 성장하고 있다.

이처럼 저가 커피와 스페셜티 커피 브랜드가 각각 약진하며 2025년 커피 전문점 시장은 가격 양극화 현상이 더욱 강화될 것으로 본다. 바샤커피는 논외로 하더라도, 아메리카노 기준으로 1200원(매머드커피)부터 6500원(빈브라더스)에 이르기까지 최대 5배 넘는 가격 차이가 존재하는 양극화 현상이 이어질 전망이다.

당(糖) 양극화

'대체당'으로 저당·제로슈거 vs 아샤추·아망추로 '고당' 열풍

커피 전문점들의 메뉴 라인업에서 단맛의 정도인 '당'의 양극화가 심화되고 있다. 당 함유량을 낮추거나 무설탕으로 만든 저당 및 제로 음료는 2023년부터 지속 확산되고 있다. 메가, 컴포즈, 더벤티 등 커피 프랜차이즈들은 에리스리톨, 스테비아, 자일리톨 등 대체당을 사용한 음료를 내놨다. 디저트39는 프랜차이즈 업계 최초로 설탕 대신 말티톨 액상을 대체당으로 사용해 당류 없는 티라미수를 개발해 선보였다.

반면, 최근 인기를 끌고 있는 '아샷추'는 정반대 시장을 타기팅하고 있다. 아샷추

대체당을 통한 저당, 제로슈거 열풍이 이는 한편으로 아샷추, 아망추 등 고당 음료 열풍도 만만찮다.

는 '아이스티 샷 추가'의 줄임말로, 복숭아, 레몬 등 과일 맛 아이스티에 에스프레소 샷을 추가한 음료다. 2018년 SNS를 중심으로 레시피가 공유되기 시작하면서 MZ세대 중심으로 관심이 집중됐다. 이에 따라 커피 프랜차이즈 브랜드들은 여름용 신메뉴로 아샷추를 경쟁적으로 내놨다. 빽다방은 '아망추(아이스티에 망고 추가)', 이디야는 아샷추와 아망추, 뚜레쥬르는 아샷추를 대용량으로 선보였다. 아망추의 당도(당 함유량 49g)는 기본 아이스티(당 함유량 39g)보다 높다. 세계보건기구(WHO)에서 권고하는 가공식품을 통한 당류 섭취량은 2000kal 기준 50g이다. 아망추 한 잔만 마셔도 권장량을 채울 만큼 고당도인 셈이다.

'대체 커피' 이어 '대체 우유' 옵션 증가

유당불내증·비건·가치 소비 타기팅·추가금 책정은 논란 여지

유로모니터에 따르면 국내 대체 우유 시장 규모는 2021년 6942억원에서 2026년 1조원으로 성장할 전망이다. 높은 유당불내증 환자 비율, 비건 열풍, 가치 소비 중시 등으로 대체 우유를 찾는 국내 소비자가 늘어나면서 커피 전문점도 대체 우유에 눈을 돌리고 있다. 대형 커피 프랜차이즈부터 개인 카페까지 대체 우유 옵션을 추가하는 추세다.

많은 카페가 식물성 대체 우유 서비스를 제공하고 있지만 일정 금액을 추가해야 한다. 스타벅스와 투썸플레이스는 두유(무료)와 오트 음료(추가금 600원)를 제공한다. 커피빈, 메가MGC커피, 빽다방

등은 500원 추가 시 두유로 바꿔주는 옵션이 있다.

일각에서는 '대체 우유에 추가금을 책정하는 것이 맞냐'는 비판이 일고 있다. 2022년 영국과 프랑스에선 스타벅스 전 매장에서 대체 우유에 관한 추가금을 폐지했다. 독일은 2023년 대체 우유 추가금 제도를 폐지했다. 하지만 우리나라는 대체 우유 추가금에 대한 소비자 거부 반응이 아직 크지 않은 상황이다. 자영업자에게는 대체 우유 추가금이 부가 수익을 올릴 수 있는 기회기도 하다.

콘셉트가 있는 '체험 공간'으로 진화

편지 쓰면 부쳐주는 '우체국 카페'부터 '미국 개척시대 카페'까지

카페는 더 이상 커피와 디저트만을 목적으로 가는 공간이 아니다. 다양한 개성을 담은 콘셉트의 메뉴와 인테리어로 차별점을 만들어내고 있다. 카페 공간에서 보내는 시간과 경험 그 자체가 하나의 상품으로 소비되는 추세다.

콘셉트가 명확한 차별화된 공간은 여전히 인증샷을 찍거나 숏폼 영상으로 틱톡, 릴스, 쇼츠 등에 공유되고 있다. SNS를 통해 자연스럽게 홍보가 되고 있는 것이다. 콘텐츠를 담은 커피 전문점 사례를 몇 개 살펴보면 다음과 같다.

옛 유럽 우체국 콘셉트의 '메일룸 신당'

주문할 때 주문지에 메뉴명을 적어 내면 번호가 적힌 열쇠를 받을 수 있다. 이 열쇠로 서랍을 열고 주문한 메뉴를 받을 수 있다. 매장에서 판매하는 편지지와 우표

서울 신당동에 위치한 콘셉트형 에스프레소바 '메일룸 신당'.

를 구매해 편지를 쓰고 편지함에 넣으면 한 달에 한 번 직접 부쳐준다. 색 바랜 벽지와 손때 묻은 소품까지 예스러움을 더한 것이 매력이다.

미국 개척시대로의 여행 '맨홀커피 웨스턴'

맨홀 뚜껑을 통해 또 다른 세계로 간다는 의미로 브랜딩한 맨홀커피 웨스턴은 1895년경 미국 개척시대를 느껴볼 수 있게 꾸민 공간이다. 폐자재를 업사이클링한 사용감 있는 가구와 소품도 한층 공간의 정체성을 느끼게 해준다.

콘셉트형 카페 창업에 관심 있다면 이런 사례들을 살펴보고 벤치마킹해볼 만하다. 단, 무작정 따라 하기보다는 참고해서 우리 가게만의 개성과 방향성을 보여주는 것이 중요하다.

황수연 고수와 1:1 상담 문의는 여기로! >>

불황에 잘나가는 저가 커피 "본사만 배불린다"…점주는 울상?

나건웅
매경이코노미 기자

2015년 매경이코노미 입사 후 유통·핀테크·스타트업 등 분야 취재. 2016년부터는 국내 프랜차이즈 브랜드 대상으로 매년 다점포율을 조사하는 등 자영업 시장에 비중을 두고 취재 중. '부의 시선' '자영업 뉴패러다임에 대비하라' '포스트 코로나 신상권 지도' 등 저작 다수.

고물가·불황 장기화에 수요 계속 급증
브랜드 차별점·충성도 없어…입지가 전부

2024년 커피 프랜차이즈 업계를 관통하는 키워드는 역시 '가성비'였다. 저가 커피 브랜드들이 전체 시장을 집어삼킬 만큼 급성장했다. 업계 1위 메가커피는 3000호점 돌파에 성공했고 컴포즈커피도 2500호점을 넘어섰다.

2025년에도 저가 커피 강세는 계속될 전망이다. 고물가와 불황이 장기화되면서 크고 저렴한 가성비 커피를 찾는 수요가 여전히 강세다. 다만 매장 수 급증은 자영업자에겐 경쟁 강도 상승이란 '적신호'여서 주의가 필요하다.

저가 커피, 얼마나 대세길래

메가 3000점 돌파…
컴포즈는 4700억에 매각

저가 커피는 '초저가 대용량' 커피를 앞세운 브랜드를 말한다. 보통 아메리카노를 2000원 이하로 판매할 경우 저가 커피 브랜드로 본다. 메가커피 · 컴포즈커피 · 빽다방이 '저가 커피 3대장'으로 분류된다. 이 밖에 더벤티, 매머드커피, 그리고 2024년 9월 업계 최초로 1000원짜리 '천메리카노'를 선보인 감성커피도 있다.

저가 커피 성장세는 숫자로 확인된다. 점포 수는 물론, 본사 매출과 영업이익까지

고공비행을 이어가고 있다.

저가 커피 업계 1위는 '메가커피'다. 2024년 5월 국내 저가 커피 브랜드 최초로 가맹점 3000호점을 돌파했다. 2014년 서울 홍대 1호점을 낸 지 딱 10년 만이다. 메가커피를 운영하는 앤하우스의 2023년 매출은 약 3684억원으로 전년(1478억원)보다 두 배 이상 급증했다. 같은 기간 영업이익도 309억원에서 693억원으로 두 배 넘게 늘었다. 매출 · 영업이익 모든 면에서 국내 커피 전문점 1위(점포 수 기준) 브랜드 이디야커피를 역전했다. 2023년 이디야커피 매출은 2755억원, 영업이익은 82억원이었다.

2위 컴포즈커피도 메가커피와 비슷한 행보를 보인다. 2014년 1호점을 연 컴포즈커피는 2021년 1280호점까지 급증하더니 2023년에는 2300호점, 2024년 3월에는 10년 만에 2500호점을 달성했다. 2023년 매출은 889억원, 영업이익 367억원으로 전년 대비 각각 20.5%, 47% 증가했다. 2021년부터 운영한 컴포즈커피 자체 앱 가입자 수도 급증했다. 2021년 300만명에서 2023년 1000만명을 돌파, 현재는 회원 수가 1200만명에 달한다.

7월에는 커피를 넘어 국내 외식 시장 전

저가 커피 브랜드 점포가 급증하면서 시장에서는 '포화' 논란까지 인다. 사진은 구로 지식산업단지 일대에 모여 있는 저가 커피 프랜차이즈 가게 모습.
윤관식 기자

체에서도 손꼽힐 만한 초거대 딜로 관심을 모았다. 필리핀 식품 대기업 졸리비가 국내 사모펀드와 손잡고 약 4700억원에 컴포즈커피를 인수했다. 최대주주에 오른 졸리비는 동남아에서는 맥도날드를 웃도는 시장점유율을 지닌 회사다. 글로벌 인프라를 바탕으로 컴포즈커피의 글로벌 확장을 노린다.

저가 커피 원조 격이라 할 수 있는 3위 빽다방도 여전히 성장세다. 빽다방 점포 수는 2022년 말 1231개에서 2024년 3월 말 기준 1514개로 1년 새 283개가 늘었다. 20년이 다 돼가는 브랜드지만 최근 저가 커피 열풍에 힘입어 창업 수요가 꾸준하다. 2023년 가맹 사업 통계에 따르면, 2023년 신규 점포 수가 많은 커피 브랜드 1~3위는 컴포즈커피(626개), 메가커피(572개), 빽다방(278개)이었다.

더벤티는 2024년 가맹점 1400호점을 넘어섰다. 2021년 말(756개점)과 비교하면 3년이 채 안 되는 시간 동안 점포 수를 두 배 가까이 늘렸다. 매머드익스프레스 점포 수는 2021년 297개에서 2023년 632개로, 같은 기간 본사 매출은 315억원에서 668억원까지 두 배 넘게 커졌다.

저가 커피 인기, 오래 지속될 이유

'포장족' '오피스족' '남성 고객' 증가

저가 커피의 뜨거운 인기는 한동안 계속될 것으로 보인다.

첫째, 불황이 지속되면서 커피 소비 수요가 양극화됐다. 스타벅스를 필두로 한 프리미엄 커피, 그리고 저가 커피 시장으로 양분이다. 커피 맛을 추구하거나, 아니면 맛보다는 쾌적한 공간을 원할 때는 프리미엄 매장을 찾는다. 그렇지 않은 대부분의 경우에는 값싼 저가 커피를 찾는 게 고착됐다.

저가 커피가 급성장하는 가운데 이디야커피나 탐앤탐스 같은 중저가 커피 브랜드 실적이 대폭 감소한 것이 그 방증이다. 2023년 이디야커피는 감사보고서 공개를 시작한 2012년 이후 처음으로 매출이 역성장했다. 영업이익은 82억원에 그쳤다. 이디야커피 영업이익이 100억원 아래로 내려간 것은 2013년 이후 10년 만이다. 탐앤탐스는 2020년부터 4년 연속 영업손실을 기록 중이다. 한 커피 전문점 브랜드 영업팀 관계자는 "커피를 하루에 2~3잔씩 마시는 이들이 생겨나는 등 평균 소비 자체가 늘어나면서 한 잔에 3000~4000원 하는 커피는 부담스럽게 됐다. 특히 맛이나 취향보다는 가격을 중요시 여기는 남성 소비층 커피 소비량 증

가가 저가 커피 성장세를 이끌었다"고 분석했다.

둘째, 커피를 포장해 가져가는 '테이크아웃 판매' 증가다. 최근 들어 저가 커피도 점포 면적이 커지는 경향이 엿보이기는 하지만, 점포 수를 급격히 늘린 지난 몇 년간은 테이크아웃 전문점을 앞세워 규모를 키웠다. 매장 면적이 상대적으로 작고 인건비 부담도 상대적으로 덜한 덕분에 예비 창업자 수요가 저가 커피로 쏠렸다. "코로나 팬데믹 기간 동안 늘어난 공실을 저가 커피 브랜드가 싹쓸이했다"는 말까지 나온다.

메가커피 2개점을 비롯해 프랜차이즈 전문점 10개 이상을 운영하고 있는 양덕우 스토어디 대표는 "저가 커피는 특성상 반경 상권이 굉장히 좁다. 특히 출근길 집이나 사무실 근처 매장에 잠깐 들러 빠르게 테이크아웃 커피를 가져가길 원하는 수요가 대부분이다. 매장 밖으로 자연히 줄을 서게 되는 형태도 마케팅 면에서 큰 도움이 된다"고 설명했다.

셋째, 공격적인 마케팅이다. '값이 싸서 간다'는 입소문에 의존하는 기존 마케팅을 벗어났다. 인지도가 높은 모델을 고용해 브랜드 알리기에 열을 가한다. 실제로 메가커피와 컴포즈커피는 스타 마케팅 도입 이후 사세가 급격히 커지는 중이다. 메가커피는 2022년부터 세계적인 축구 선수 손흥민을 메인 모델로 내세우고 있다. 컴포즈커피는 2023년부터 BTS 뷔를 모델로 발탁, 기용 중이다. 효과는 폭발적이다. 메가커피는 손흥민이 모델로 나선 2022년 이후 점포 수가 1000개가량 늘었다. 컴포즈커피 역시 뷔 효과를 톡톡히 누리고 있다. 광고 모델 발탁 일주일 만에 모바일 앱 가입자 수가 200만명 이상 증가했다. 광고 영상 유튜브 조회 수가 1000만회를 돌파하기도 했다. 한 커피 업계 관계자는 "저가 커피 브랜드마다 차별화할 수 있는 포인트가 별로 없다 보니 스타 마케팅이 중요한 카드로 떠올랐다"고 설명했다.

저가 커피 둘러싼 논란

1500원 커피 팔아 영업이익률 40%?

저가 커피 브랜드들이 승승장구하고 있는 건 맞지만 좋은 소식만 들려오는 것은 아니다. 본사 리스크는 프랜차이즈 예비 창업자가 꼭 알아야 할 정보다.

가장 먼저 지적받는 점은 1500원짜리 저렴한 커피를 판매하는 브랜드 본사의 영업이익률이 지나치게 높다는 것. 저가 커피는 '이익률이 낮다'는 인식이 강하다. 워낙 저렴한 가격에 커피를 판매해서다. 저가 커피 브랜드들이 대외적으로 내세우는 전략도 '박리다매'다. 고객을 위해 싸게 팔고 대신 본사 이익을 최소화한다는 이미지를 심는다.

그런데 장부를 열어보면 이야기가 달라진다. 2023년 실적 기준 메가커피의 영업이익률은 18%, 컴포즈커피의 영업이익률은 41%, 더벤티의 영업이익률은 14%에 달한다. 커피 브랜드 중 가장 매출이 높은 스타벅스의 영업이익률이 6.5% 수준이다. 저렴한 커피를 파는 회사가 프리미엄 커피 브랜드보다 더 높은 이익률을 거둔 것. 40%대 영업이익률은 IT 업계에도 흔치 않은 수치다.

반대로 점주 마진은 박하다. 저가 커피 원가율은 38~40% 수준으로 식음료 업계에서도 가장 높은 편에 속한다. 가격이 워낙 저렴하니 자연스러운 결과다. 체감 마진은 더 낮다. 객단가가 낮아 매출 자체가 적다 보니 임대료와 전기세 등 각종 비용의 전체 매출 대비 비중이 클 수밖에 없다. 저가 커피 A브랜드를 운영하는 한 자영업자는 "워낙 싼값에 커피를 팔기 때문에 마진이 낮다. 뼈 빠지게 하루 수십 잔씩 팔아도 남는 돈이 월 200만~300만원 정도다. 인건비도 못 챙기는 수준이다. 점주 이익은 이렇게 박한데 높은 본사 영업이익률을 보고 있노라면 분노가 치민다"고 말했다.

점주에 부담을 전가한다는 비판에서도 자유롭지 못하다. 가맹본부는 매장 수만 늘어나면 매출과 이익이 자연스레 늘어나는 구조다. '박리다매'로 인한 비용 부담은 점주가 진다. 메가커피의 경우 가맹점주 평균 매출과 면적당 평균 매출이 꾸준히 늘고 있지만 매장별 순이익은 낮다. 원가 부담이 높고 마진율이 낮은 탓이다. 컴포즈커피는 오히려 면적당 평균 매출이 해마다 감소하고 있다. 2020년 1815만원에서 2022년 1721만원으로 줄었다. 면적당 평균 매출은 해당 매장이 얼마나 효율적으로 장사를 하는지 보여주는 지표다.

'광고비 전가' 논란까지 인다. 일부 브랜드는 모델 계약비 등 광고비를 점주에게 부담할 것을 요구하면서 점주들로부터 강한 항의를 받기도 했다. 컴포즈커피는 뷔를 모델로 발탁하면서, 광고 집행 예상 비용 60억원 중 40억원을 본사가, 20억원을 가맹점주가 분담토록 했다. 가맹점들은 점포당 월 7만2000원씩, 12개월간 총 86만원을 내야 했다. 만약 유리창에 붙이는 광고 스티커까지 선택하면 추가 광고 비용까지 내야 하는 것으로 알려졌다. 일부 점주들이 "부담스럽다"며 강력히 반발했고, 이들을 설득하느라 컴포즈커피는 진땀을 흘려야만 했다.

메가커피는 2022년 손흥민 선수를 모델로 기용하면서 쓴 광고비 일부를 가맹점주에게 부당 전가했다는 의혹을 받고 있다. 가맹점주 50% 이상 동의를 받은 사항으로 위법은 아니었지만 "점주 돈으로 기업가치를 높인다"는 비판이 일었다.

저가 커피 지금 창업해도 될까

박한 마진, 적은 매출… 임대료 부담 고려를

예비 창업자 입장에서 궁금한 점은 '지금 창업해도 될까'다. 저가 커피 시장이 급성장하고는 있다지만 포화 시장 아니냐는 우려도 동시에 나온다. 일례로 서울 구로에 위치한 한 지식산업센터 1층에는 4개 저가 커피 브랜드 매장이 줄지어 들어서 있다. 편의점처럼 매장 간 출점 거리를 제한하는 자율 규약이 있는 것도 아니다.

업계 관계자와 전문가들은 저가 커피 창업 시 주의를 기울여야 한다고 당부한다. 포화 우려와 별개로 남길 수 있는 수익이 많지 않다는 점에서다.

생각보다 비싼 창업 비용이 제일 문제다. 가맹본사가 말하는 초기 창업 비용이 여타 커피 브랜드 대비 상대적으로 저렴한 것은 맞다. 하지만 점주가 내야 할 임대료와 보증금, 권리금을 다 따지면 그렇게 싸지만도 않다는 얘기가 나온다.

양덕우 대표는 "저가 커피 매장은 입지가 전부다. 브랜드마다 차별점과 충성도가 없는 전형적인 저관여 업종이다. 가격이 비슷하다 보니 브랜드 따질 것 없이 최대한 가까운 매장을 우선 방문한다는 얘기다. 입지 선택 시 유동인구가 최우선 고려 사항인데 이런 곳은 당연히 임대료와 보증금이 비싸다. 최근 들어갈 만한 입지에 저가 커피 매장이 대부분 생기면서 임대료가 더 오를 수밖에 없다"고 설명했다.

한 커피 전문점 브랜드 관계자는 "오피스와 대학 상권을 가장 선호하지만 이제는 좋은 입지가 많이 줄었다. 이디야커피나 여타 커피 브랜드와 저가 커피는 서로 적합한 입지가 달라 타 브랜드 폐점 수요를 흡수하기도 어려운 상황이다"라고 설명했다.

인력 운용도 쉽지 않다. 저가 커피는 특성상 가장 바쁜 피크타임이 명확하다. 출근 · 등교 시간대와 맞물린 아침, 그리고 점심시간 직후 시간대다. 짧은 피크타임 동안 주문을 처리하기 위해서는 일하는 직원이 3~4명 정도 필요하다. 하지만 그 밖의 시간대에는 2명, 손님이 적은 시간에는 1명으로도 운영이 가능하다. 직원 시간표를 꼼꼼히 관리하지 않으면 유휴 인력이 발생하고 그만큼 인건비 부담이 커진다. 익명을 요구한 한 커피 업계 관계자는 "저가 커피는 월 2000만~3000만원 정도 매출로는 도저히 수지타산이 안 맞는다. 적게 팔아 조금 남긴다는 마인드로 창업을 했다가는 큰 손해를 볼 수 있는 구조다. 힘들고 비용이 좀 더 들더라도 무조건 고매출 점포를 목표로 해야 그나마 수익이 남는데, 이때 인건비 등 비용 계산을 꼼꼼히 해야 한다"고 강조했다.

디저트는
'헬시 플레저'

이은성
신바드·대하디저트 대표

10년 차 디저트 유통 플랫폼 하이푸디를 통해 전국 11만개 카페 중 10%를 유통하고 있으며 호텔, 마켓컬리, 쿠팡, 백화점 등 다양한 경로로 디저트를 공급하고 있다. 자사 HACCP 인증 베이킹센터를 통해 비건 및 글루텐프리 구움과자와 쿠키류를 양평에서 생산, 유통하는 이은성 대표는, 해외 27개국의 수출 경력이 있으며, 카페와 베이커리 창업에 필요한 전반적인 솔루션과 컨설팅 활동을 펼치고 있고, 서울대 경영전문석사(EMBA) 졸업을 앞두고 있다.

MZ세대 웰니스 열풍에 건강한 '할매니얼 디저트' 인기 지속

'자영업 트렌드 2024'에서 필자는 제과업계의 '제로(0)' 열풍, 글루텐프리, 친환경 패키지 등을 언급했다. 실제로 2024년에는 디저트뿐만 아니라 음료 시장에서도 '설탕 제로'를 내세운 제품들이 큰 인기를 끌었다. 미용과 건강을 위해 소비자들이 식품의 원료에 관심을 갖는 것은 이제 시작일 뿐이다. 앞으로 더 많은 제품으로 확산될 것이다. 과거에는 디저트를 '길티 플레저(Guilty Pleasure)'로 여겼다면, 이제는 '헬시 플레저(Healthy Pleasure)'로 인식하며 디저트 시장에 건강한 바람이 더욱 거세질 전망이다.

2024년 디저트·음료 업계를 강타한 '제로 열풍'은 2025년에도 계속될 전망이다.

수년 전만 해도 비건(Vegan · 채식) 음식은 별로 인기가 없었다. "비건은 맛이 없다" "한국에는 진짜 비건(채식주의자)은 거의 없다"고 할 만큼 채식에 대한 부정

적 인식이 업계에도 팽배했다. 하지만 롯데웰푸드와 대형 식품 기업들이 제로슈거와 같은 헬시 플레저 제품을 적극 출시하며 시장을 주도, 대중들의 인식도 빠르게 변화하고 있다.
이는 대기업의 영향력이기도 하지만, 'SNS 친화적인', 즉 인스타그래머블한 디저트가 다양한 형태로 발전한 덕분이기도 하다. 디저트를 유통하고, 운영하는 매장이나 기업 입장에서는 사진으로 공유하기 좋은 디저트, 매장 방문을 유도하는 예쁜 디저트를 계속 만들고 연구해야 한다.

웰니스 열풍에 건강한 '할매니얼 디저트' 인기

이런 흐름에 발맞춰 카페 업계도 '웰니스 카페(Wellness Cafe)'가 주목받을 것으로 본다. 건강한 재료를 사용, 눈과 입이 즐거운 다양한 음료와 디저트 메뉴를 제공하는 카페다. 5년 전만 해도 거부 반응이 있었던 식물성 비건 디저트 메뉴들도 최근에는 속속 안정적으로 메뉴화되어 일반 매장에 자리 잡고 있다.
한국 전통 디저트와 외국 디저트를 결합한 퓨전 디저트도 큰 인기를 끌고 있다. 이들은 독특한 맛과 비주얼로 소비자들의 호기심을 자극하며 새로운 트렌드를

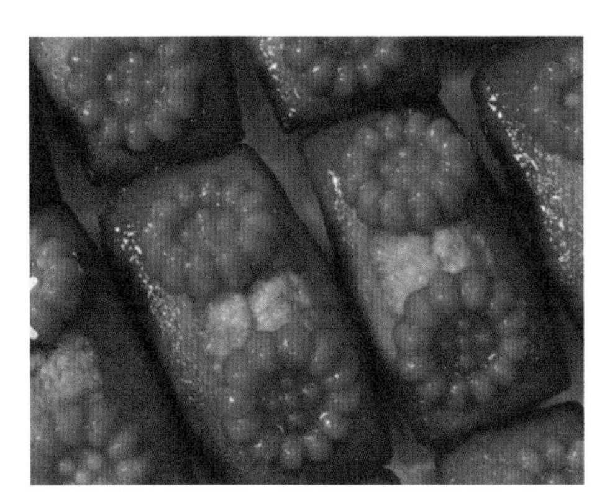

2024년 디저트 업계를 휩쓴 '약과 휘낭시에'.

만들어가고 있다. 약과와 휘낭시에를 결합해 레트로 스타일의 디저트를 선보이는 식이다. 당사가 유통하는 휘낭시에류에서도 고구마, 흑임자 같은 '할매니얼' 한 디저트 판매고가 많이 상승했다.

특히, 할매니얼 디저트는 독특하고 차별화된 경험을 추구하는 MZ세대에게 특별한 맛과 질감을 제공해 매력적으로 다가간다. 또한 전통 디저트는 종종 천연 재료와 전통적인 조리법을 사용해 만들기 때문에, 인공 첨가물과 보존제를 최소화하는 경향이 있다. 이는 웰니스 트렌드와 맞물려 더욱 인기를 끌어올리고 있다.

2025년 대한민국의 디저트 트렌드는 건강과 웰니스를 중심으로 계속 발전할 것으로 예상한다. 헬시 플레저, 장 건강 디저트, SNS 친화적인 비주얼 디저트, 로컬푸드 활용, 웰니스 디저트 카페, 그리

우리밀 병아리콩 통밀 크래커. 친환경 종이 포장재 사용 등 웰니스 트렌드를 저격해 인기를 끌었다.

고 창의성이 돋보이는 퓨전 디저트가 주요 트렌드로 자리 잡을 전망이다. 이는 소비자들이 건강과 지속 가능성에 대한 관심이 높아지는 사회적 흐름을 반영한 결과다.

이은성 고수와 1:1 상담 문의는 여기로! »

'월세 48만원' 소자본 창업해 확장 이전 사업계획서 미리 쓰고 '단골 마케팅' 필수

김정현 원즈커피 대표

월 200만원으로 시작해 2년 만에 6000만원 매출로 카페 창업 경영 전문가, 원즈커피 대표다. 학창시절부터 14년간 커피에 매달려 커피를 경험하고 현재는 카페 운영 교육, 원두 납품, 개인 매장 운영, 프랜차이즈 부대표 일을 하고 있다.

월매출 4000만원 카페 창업 노하우

필자는 서울 구의동에서 '원즈커피' 카페를 운영 중이다. 단돈 3000만원으로 카페를 창업, C급 상권에서 확장 이전을 거쳐 2년 만에 월매출 4000만원을 넘겼다. 유튜브 채널 '카페창업, 커친놈'을 운영하며 '카페다마고치 프로젝트'를 통해 디테일한 카페 운영 노하우를 전하고 있다. 이 글에선 고물가 시대 치열한 경쟁, 그 속에서 고군분투 중인 카페 점주와 예비 창업자를 위해 효율적인 카페 운영 노하우를 전하고자 한다.

창업 전, 카페 사업계획서 썼나요?

초보 창업자들이 하는 가장 큰 실수는 '카페 자리부터 구하는 것'이다. 그렇게 렌트프리 기간이 시작되고 한 달 만에 준비해서 섣부르게 창업해버린다.

이런 잘못된 판단으로 차린 카페들의 80%는 아쉽게도 돈도 못 벌고 버티기만 하는 좀비 가게가 된다. 그렇지 않은 경우들도 있지만 대부분 그렇다. 카페의 성공 여부는 보통 3개월 안에 결과가 나온다. 이때 가장 많은 손님이 오기 때문이다. 경험도, 자본도 없이 밀어붙이기만

해서는 손님의 재방문을 이끌어낼 수 없다. 대부분 이렇게 준비 없이 시작하다 보니 가장 중요한 오픈 후 3개월의 '골든타임'을 버리게 된다. 대표가 전문성도 없고, 다른 가게와 차별화되는 서비스도 없이, 그저 '물장사가 많이 남겠거니' 하고 들어온 경우들이다.

창업 전 우리 카페의 본질을 파악하는 것은 물론 상권, 마케팅, 굿즈 상품, 객단가 등 모든 것들에 대해서 사업계획서를 작성해볼 것을 강력히 권한다. 미리 작성해보면 우리 가게의 부족한 부분과 보완할 점을 발견할 수 있다. 우리 카페의 본질과 경쟁력이 무엇인지 파악하고, 그것을 계속해서 보완하고 브랜딩해야 살아남을 수 있다. 그리고 이런 과정을 즐길 수 있는 사람이 창업을 해야 한다. 그렇지 않다면 버티기 힘들 것이다.

오픈 후 1년은 퍼줘라, 단골 확보를 위해

카페 창업 비용은 평균적으로 1억원 이하로 비교적 소자본 창업 아이템이다. 투자 비용이 적어 입지가 좋은 곳에 들어가기 힘드니 시야에도 잘 안 들어올 것이다. 그럼 '신규 유입' 자체가 낮을 터. 어렵게 찾아온 손님이 다음에도 조금 더 걸어와서 재방문하게 하려면, 고객에게 혜택을 돌려주는 재투자가 반드시 필요하다.

카페는 순이익이 보통 매출의 25% 안팎, 많아야 30% 안팎 남는다. 그러나 창업 초기, 즉 오픈하고 약 1년간은 마진을 10%만 남기고 다 퍼준다고 생각하고 단골손님을 만들기 위해 적극적으로 마케팅을 하는 것이 좋다.

소자본 창업 후 확장 이전하라

필자의 첫 가게 자본금은 3000만원이었다. 6년 가까이 회사를 다니고 받은 퇴직금, 일하면서 모아둔 돈의 조금이었다. 대출을 받았다면 더 좋은 입지에서 크게 창업할 수 있었겠지만, 첫 창업은 보증금과 월세가 저렴한 소자본 창업을 추구했다. 일단은 최소 자본으로 시작해서 소비자에게 매출로 인정을 먼저 받고 난 뒤 확장을 하는 것이 바람직한 순서라고 생각한다.

첫 가게는 아직 사장으로서 노하우가 부족하기 때문에 리스크를 가장 적게 해서 '오직 내가 가진 본질로, 내 아이템으로' 소비자 반응부터 확인하는 것이 중요하다. 불필요한 비용 지출은 최대한 줄이자. 필자는 차후 2년이 지나도 가격이 크게 떨어지지 않을, 재산적 가치가 있는 중고 기계를 구매하고, 사장이 직접 구상하고 인력도 모집해서 '반(半)셀프 인테리어'를 했다.

카페가 잘되면 하나를 더 운영하려 할 수 있다. 하지만 필자는 더 좋은 입지로 확장 이전하는 전략을 추천한다. 이를 위해선 적어도 2년 전부터 미리 준비하는 것이 좋다. 예상되는 소요 자금을 계산해서 대출 등 자금 조달 방법을 생각한 뒤 매달 얼마씩 적립해야 한다. 첫 입지를 잘 구했다면 확장 이전 시 가게를 양도하면서 권리금을 받을 수도 있다. 또한 매출이 높아지면 신용도 올라가니 신용보증재단에서도 더 많은 대출을 받을 수 있다. 이렇게 안전하게 확장을 할 수 있다.

필자도 처음 창업한 자리에서 도보로 3분 거리에 30평 매장으로 확장 이전했다. 기존 입지와 가깝다 보니 창업 후 2년간 모인 배달 손님들도 그대로 새로운 매장으로 따라오게 됐다. 또한 포인트 적립 서비스로 모은 고객 DB를 통해 매장 확장 이전 소식을 전달, 하루 매출 210만원이라는 성대한 '오픈발'을 치뤘다.

단, 확장 이전을 하려면 적어도 월매출이 2000만~3000만원은 넘어야 한다. 평수나 입지에 따라 다소 차이는 있지만, A급 입지가 아닌 곳에서도 이 정도 매출은 나와야 소비자의 마음을 얻었다고 할 수 있다.

너무 싼 입지는 위험&
유동인구 日 1000명은 있어야

물론 필자도 첫 창업은 완벽하지 않았다. 아무리 소자본 창업이라지만 돌아보면 정말 없어도 너무 없이 시작했다. 너무 저렴한 월세만 찾고, 보증금도 500만원 이하 가게만 찾았다. 필자 역시 초보였고, 누구 하나 알려주는 사람이 없었다. 그래서 직접 부딪치며 배우느라 많이 돌아와야 했다. 이 글을 읽는 독자 여러분은 그러지 않길 바란다.

월세는 각 상권, 입지마다 건물의 시세나, 가치에 따라 매겨지는 것이다. 즉, 보증금과 월세가 너무 낮으면 유동인구가 적어 상권이 거의 형성돼 있지 않다는 얘기다. 그럼에도 월세가 너무 저렴한 매장에 들어가는 것은 한마디로 '돈을 덜 벌겠다'는 얘기나 다름없다.

상권과 입지를 잘 분석하면 창업하기 전에 이미 우리 가게를 방문할 수 있는 최대 인원을 가늠할 수 있다. 이건 주변의 카페나 음식점 등 경쟁 업체를 보면 알 수 있다.

지금까지 필자의 경험으로 보건대, 1㎞ 반경 내 주거인구, 직장인인구가 각 4만명은 있는 곳이 좋다. 매장 앞을 지나가는 유동인구는 일평균 1000명 정도는 있어야 한다. 유동인구의 동선도 잘 봐야

윈즈커피 확장 전(왼쪽)과 후 매장 모습.

한다. 관공서, 시청, 시장, 마트, 먹자골목 등 방문의 목적이 있는 곳이 동선에 있는지를 봐야 한다.

이런 곳은 대체로 보증금 3000만원, 월세 200만원이 넘는다. 필자의 첫 가게가 보증금 500만원, 월세 48만원이었다. 위 조건에 맞는 입지로 매장을 확장 이전하니 정확히 객수가 5배는 더 나오더라. 카페 매출이 올라가려면 우리 가게를 재방문해주는 손님이 많아야 하고, 그러려면 입지가 어느 정도는 좋아야 한다.

물론 입지가 다소 안 좋더라도 우리 매장의 본질이 좋다면 계속해서 재방문이 생길 것이다. 하지만 안 좋은 입지에서 목표 매출을 달성하는 데 2년이 걸렸다면, 처음부터 객수가 많은 곳에서 시작하면 3개월 만에 달성할 수 있다.

카페는 레드오션? 오히려 좋아!

2024년 현재 대한민국 카페 시장은 엄청나게 과포화돼 있다. 그런데 포화된 레드오션 시장이라 해서 무조건 안 좋은 것은 아니다. 필자는 오히려 좋은 점도 있다고 생각한다. 준비 없이 시작하는 사람들이 그만큼 많기 때문에 차별화만 잘하면 그 안에서 더 빛날 수 있기 때문이다. 카페가 물론 쉬운 시장은 아니지만, 성공할 사람은 결국 다 성공한다. 카페 창업을 준비 중이라면 이 글을 창업 전 꼭 한 번 더 보기를 바란다. 여러분의 시간을 아껴줄 것이다.

김정현 고수와 1:1 상담 문의는 여기로! »

| CASE STUDY |

가맹점 월평균 매출 4000만원 백억커피

레드오션 저가 커피 시장에서 '배달형 시네마카페 콘셉트'로 차별화 성공

최승윤 오가다 대표

2009년, 만 25세의 나이로 최초의 전통차 프랜차이즈 'cafe오가다' 창업 후 직/가맹사업, 온라인커머스, 해외 프랜차이즈 사업 등의 다양한 유통 분야에서 경영 활동을 해온 전략가형 사업가. 2022년부터는 최초의 시네마 카페 '백억커피'를 론칭하여 제2의 전성기를 구가 중.

147개.
저가 커피 프랜차이즈 '백억커피'의 매장 수다(2024년 7월 말 기준). 점포당 월평균 매출은 3970만원(부가세 포함, 2023년 정보공개서 기준)을 달성, 저가 커피 시장에서 최상위권을 기록 중이다. 극도로 포화된 저가 커피 시장에서 백억커피는 어떻게 빠른 성장을 이뤄냈을까.

'국내 커피 시장 포화, 레드오션 심화'.
필자가 현재 회사를 창업했던, 2009년에 본 언론 기사 헤드라인이다. 14년이 지난 지금까지도, 아이러니하게 '커피 시장 포화'라는 문구는 여전히 흔하게 언급된다. 각종 통계를 봐도 국내 커피 시장은 2010년대부터 현재까지 성장세가 꺾인 적이 단 한 번도 없었다. 물론, 시장이 커지는 속도 이상으로 시장 참여자 수도 빠르게 늘어났다. 또한, 소비자 취향이 극도로 세분화됐으며, 대체적으로 입맛이 고급화되고 까다로워지는 추세다. 때문에 한국 커피 시장은 어지간한 경쟁력 없이는 결코 쉽게 성공할 수 없다.
그런데 규모의 성장과 상관없이, 그 경

쟁 구조 측면에서는 전통적인 형태(예컨대 가격, 품질, 맛에서의 경쟁 우위 혹은 약간의 차별화)에서 크게 달라지지 않던 업계 흐름에서 코로나19 팬데믹으로 인해 엄청난 특이점이 생겨났다. 다른 음식처럼 커피도 매장에서 집으로 배달시켜 먹는, '배달 커피 시장'의 급성장이다. 아무리 홈 카페 상품이 발전했다 해도, 고가 상업용 에스프레소 머신으로 내려 먹는 고품질 커피에 익숙해진 대다수 소비층 입맛을 만족시키기에는 역부족이었으리라. 백억커피를 운영하는 ㈜오가다는 팬데믹이 가장 극심했던 2021년, 위와 같은 커피 시장 변화와 이에 따른 시장의 기회에 주목해 브랜드 개발에 착수했다.

커피의 본질부터 시작된 이름, 백억커피

커피 맛을 결정하는 요인은 크게 3가지로 나눌 수 있다.

첫째, 어떤 원두를 사용할 것인가. 둘째, 단일(또는 블렌딩된) 원두 풍미를 살리기 위해 어떻게 로스팅을 할 것인가. 마지막으로 앞 단계에서 준비한 로스팅된 원두를 어떤 에스프레소 기계(혹은 드립 기구 등)를 사용해 어떤 분위기(미각 · 청각 · 후각 · 시각 · 촉각 등 모든 오감을 포함)로 제공할 것인가, 즉 '소비자 접점' 단계다. 커피 브랜드 개발에 앞서 커피 공부를 처음부터 다시 시작하면서 깨달은 것이 있었다. 모든 과정이 다 중요하다지만 그중에서 고객이 느끼는 커피 맛에 가장 큰 영향을 미치는 것은 가장 마지막 단계라는 사실이다. 그 생각은, 카페 브랜드명을 정함에서도, '고객이 듣기만 해도 기분 좋은 카페 이름'이면 충분하다는 생각으로 이어졌다.

그즈음 읽은 신문 기사에서 2030세대가 부자라고 생각하는 자산의 기준은 '100억원'이라는 기사가 떠올랐다. 듣기만 해도 기분이 좋아지는 단어, 비록 합리적인 가격의 저가 커피지만 마시면서 긍정적인 꿈을 꾸고 힘을 낼 수 있는 네이밍(naming), 바로 '백억'이었다. 백억커피라는 이름은 그렇게 커피 맛의 본질에 관해 연구하고 고민하다가 떠올랐다.

사실 필자는 개인적으로 강한 신맛의 커피를 선호한다. 그러나 고객 관점에서 개인 취향은 철저히 배제하고, 한국인 대다수가 좋아하는 커피 맛에 관해 연구하고 분석한 결과를 반영해 원두와 로스팅 강도를 정했다. 그 결과 필자 개인 취향과는 정반대로, 숭늉같이 아주 구수한 맛을 내면서 끝맛이 감칠맛이 도는 에스프레소 샷으로 개발이 진행됐다.

그리고 감칠맛을 더하기 위해 원두를 섭씨 0도 이하에서 숙성하는 이른바 '빙온

숙성공법'을 통해 백억커피가 추구하는 원두 맛을 더욱 완벽히 구현했다. 또한, 아메리카노뿐 아니라 카페라테로 만들었을 때 더욱 고소하고 감칠맛 나는 풍미가 살아날 수 있도록 원두 배합비와 추출량 등을 끝까지 조율해 완성했다.

입체적이고 정교하게 이뤄진 브랜드 설계

모든 브랜드 기획은 소비자 니즈로부터 시작해야 하는 법. 커피를 배달로 소구하는 주요 소비층에 대한 분석부터 착수했다. 그리고 새로운 커피 브랜드의 페르소나는 혼자 사는 1인 가구, 그중에서도 넷플릭스 등 OTT로 콘텐츠를 소비하는 시간이 매우 길며, 낮뿐 아니라 밤에도 커피를 배달시켜 먹는 자유분방한 라이프스타일을 가진 20 · 30세대 일원으로 설정했다. 그리고 메뉴 구성은 물론이고, 공간디자인, 네이밍, 상권과 입지까지도 명확하게 설정된 페르소나에 맞춰 일사천리로 의사 결정할 수 있었다.

프랜차이즈 회사가 브랜드를 설계하는 데 있어서 소비자 니즈를 충족시키는 것만큼이나 중요한 것이 있다. 가맹점주 입장에서의 운영 편의성과 수익 모델이다. '소비자의 니즈'와 '가맹점주의 니즈'를 동시에 충족하는 브랜드 설계를 위해서는 'A를 완료한 뒤, B를 완료한다'라는 식의 순차적 진행보다는 A와 B를 동시에 입체적으로 진행하면서 퍼즐을 맞추듯이 진행하는 것이 중요하다고 생각한다(필자는 이것을 입체적인 설계라고 부른다). 예컨대, 1. 네이밍을 정하고, 2. 간판을 디자인하고, 3. 가맹점주에게 공급할 간판

시네마카페 콘셉트로
차별화에 성공한 백억커피 메뉴.

가격을 정하는 전통적인 방식이 아니라, '페르소나에 맞는 네이밍과 디자인 코드를 추구하면서도, 가맹점주의 초기 창업 비용을 낮춰줄 수 있는 간판 자재 등에 대한 아이디어를 동시에 기획하는 것'이다. 실제 이런 방식으로 '백억커피'의 전면 간판을 디자인한 결과, 점주 공급가는 일반적인 커피 프랜차이즈의 그것에 비해 절반도 안 되지만 월등한 가시성을 자랑함과 동시에 꼭 맞는 브랜드 정체성을 구현해냈다.

메뉴 구성, 냉장 · 냉동 · 상온 적재 공간 크기, 주방 동선과 고객 이동 동선을 설계함에서도 입체적인 설계가 매우 중요하다. 2021년 브랜드 기획 당시 배달 커피 시장에는 와플 메뉴가 대세를 이루고 있었다. 하지만 백억커피는 와플을 과감하게 메뉴에서 빼고 대신 팝콘과 버터구이 오징어 등 주요 고객의 라이프스타일과 니즈(집에서도 영화관에서처럼 OTT 콘텐츠를 소비하면서, 그에 걸맞은 메뉴를 배달시켜주는 곳은 없었음)에 맞춘

메뉴 등을 출시했다. 메뉴를 조리하는 주방 동선과 저장 공간 등도 한꺼번에 설계했다.

입체적이고 정교하게 브랜드 전체를 설계하는 것을 강조했지만, 오히려 완고하게 순차적으로 의사 결정하기로 한 분야가 있다. 바로 1호점이 성공한 후 순차적으로 가맹점을 전개하겠다는 고집이다. 1호점이 압도적인 성과(월세 100만원대 매장에서 월매출 5000만원 돌파)를 내지 않는다면, 극단적으로 사업의 프랜차이즈화를 일절 중단하겠다고 결심했다. 2022년 3월, 서울 강서구 화곡동 까치산역 근처에 1호점을 오픈했고, 결과는 대성공이었다. 매장을 연 지 두 달 만에 월매출 목표를 달성했다. 우리는 그제야 가맹 시스템을 소개하는 백억커피 홈페이지를 디자인하기 시작했다(물론 이 작업 역시 앞서 명확히 정해놓은 브랜드 페르소나가 있었기에 일사천리로 진행될 수 있었다).

브랜드 영토 확장의 든든한 동반자 '다점포 점주'와 '직원 점주'

우리는 1호점 성공 이후 즉시 1호점과 인구통계학적으로 유사한 상권을 서울 내 30개 지역으로 구분했다. 이 섹터들을 우선 출점 타깃 지역으로 설정하고 동시다발적으로 부동산 점포 개발 작업에 착수했다. 또한, 각 타깃 지역마다 최대한 적합도가 맞는, 소위 궁합이 맞는 예비 점주를 유치하기 위해 노력했다. 가령 오랫동안 화곡동 일대에서 장사를 해온 지인 사장님은 '발산역점'을 출점했다. 동대문 패션 시장 생리를 잘 알고 있는 의류 플랫폼 회사 출신 지인분이 '신당점'을 출점했다. 그리하여 1호점 성공 방정식을 말 그대로 '복붙'하다시피 한 25개의 가맹점 매장을 브랜드 출범 첫해 하반기에 오픈 완료했다.

2022년 말 기준, 오픈한 25개 매장 중 다점포 점주는 11개로 업계에서 기록적인 첫해 연도의 다점포 비율을 기록했다. 2023년 말에는 103개 중 24개가 다점포로 운영되는 매장이었다. 프랜차이즈 브랜드의 사업성을 전망하는 데 매우 중요한 지표로서 자리매김한 다점포율은, 사실 높을수록 프랜차이즈 본사 입장에서는 운영 노력과 비용이 절감되는 효과가 있다. 특히 브랜드 론칭 초창기에 다점포율이 높으면, 그만큼 절감된 기존 점주에 대한 관리 역량을 신규 가맹점주의 교육이나 성공 가능성을 높이는 데 집중할 수 있어서 더욱 유의미한 효과를 발휘한다.

2024년 7월 말 기준 백억커피 본사 정직원이 가맹계약을 통해 가맹점주가 돼 가

맹점을 직접 운영하는 매장은 총 3개다. 브랜드 내부 정보를 누구보다 많이 알고 있는 본사 직원이 직접 가맹점을 차리고 싶은 프랜차이즈 브랜드라면 충분히 매력적인 가맹 사업 구조가 구현되고 있다는 방증일 것이다. 자화자찬을 하려고 이 얘기를 꺼낸 것은 아니다. 강조하고 싶은 것은, '좋은 프랜차이즈 브랜드기 때문에 본사 직원이 가맹점주가 됐다'는 것이 아니라, 반대로 '본사 직원이 가맹점주가 되면 우수한 프랜차이즈 본사가 되는 데 좋다'는 사실이다. 작게는 신제품 출시에 대한 아이디어의 빠른 수용에서부터 크게는 소비자 가격과 점주 공급가 등 가격 정책에 이르기까지 자연스럽게, 더 균형적인 의사 결정을 하게 된다.

프랜차이즈 브랜드는 어느 시점을 기점으로 미완성되고 완성되는 것이 아니다. 브랜드를 둘러싼 외부 요인은 끝없이 변화하고 요동치므로 그에 맞춰 완성을 추구해나가는 과정이 있을 뿐이다. 배달의민족으로 대표되는 배달 앱 수수료나 노출 정책 이슈만 보더라도 잠깐 한두 달 한눈팔면 완전히 바뀌어 있을 때가 있다. 원가율, 물류비, 배달 플랫폼 수수료와 최소주문금액, 판매 가격 등을 결정하는 일은 결코 '완수'란 있을 수 없는 끝없는 과제다. 다양한 변수에 대응해가며, 소비자가 지급할 수 있는 최적의 메뉴 가격과 퀄리티, 그리고 실제 운영하는 가맹점주의 마진을 고려해 매우 섬세하게 설정하고 조정해나가야 한다. 그 과정에서 다점포 점주들과 직원 점주로부터 얻는 생생한 정보와 의견들은, 프랜차이즈 브랜드의 행보에 나침반과 같은 역할을 해줄 때가 많다.

최초의 시네마카페 브랜드, 그리고 '반발 빠른' 신제품 출시

백억커피 1호점과 함께 시작한 시네마 메뉴는 백억커피만의 시그니처 메뉴다. 영화관에 가면 강렬한 팝콘 냄새가 영화보다 먼저 손님을 맞이해준다. 코로나19가 완화돼 영화관 취식이 처음 허용된 첫날, 한 멀티플렉스 영화관의 팝콘 매출이 2배로 뛰었다는 기사가 나왔다. 이는 영화를 보며 팝콘을 먹는 것이 하나의 문화로 자리 잡았음을 알려주는 방증이다. 최근에는 OTT도 하나의 영상 문화로 자리매김하면서 집에서 OTT를 통해 영화를 보는 사람이 늘어났다. 메조미디어에서 발행한 '2024 OTT 업종 분석 리포트'에 따르면, 국내 TOP5 OTT 순이용자 수는 2023년 2930만명으로 2022년 2488만명에서 18% 증가했다. 연령대 또한 2030세대가 가장 많이 이용한다. 앞으로도 OTT 시장의 규모는 계속 성장할 것으로 예상한다. 집에서 캐러멜 팝콘을 먹으며 OTT로 영화나 시리즈를 본다면 집에서 팝콘을 보며 영화를 보는 문화를 백억커피가 만들 수 있으리라 생각했고, 저가 커피 시장 내에서 백억커피만의 차별점으로 활용했다.

기획 단계에서 캐러멜 팝콘을 매장에서 손쉽게 제공하기 위해 원팩 시스템도 고려했으나 매장에서 바로 만들어내는 팝콘의 맛과 퀄리티에 미치지 못했다. 결정적으로 영화관에 들어갔을 때 맡았던 달콤하고 고소한 팝콘의 냄새를 재현할 수 없었다. 결국, 다소 번거롭더라도 매장에서 직접 캐러멜 팝콘을 만들어 제공하고 영화관에서 먹던 것보다 캐러멜이 더 묻도록 레시피를 개발했다. 결과는 대성공. 매장을 개점하면 캐러멜 팝콘부터 만들어 주변에 지나가는 사람에게 캐러멜 팝콘 냄새로 바이럴이 됐다. 매장에서 음료를 주문하며 서비스 팝콘을 제공해 백억커피 하면 캐러멜 팝콘이라는 각인을 심었다. 캐러멜 팝콘은 2024년 5월 기준 누적 판매량 90만통을 돌파하며, 백억커피의 상징 같은 메뉴가 됐다.

백억커피의 시네마 메뉴는 캐러멜 팝콘

외에도 버터구이 오징어, 칠리치즈 나초, 플레인 핫도그 등 영화관 선호 메뉴를 카페로 모두 가져왔다. 브랜드명을 따서 만든 시네마 메뉴 세트인 일억 부자 세트, 십억 부자 세트, 백억 부자 세트로 시네마 메뉴를 다양하게 조합해 배달 플랫폼에서 또한 시네마 메뉴가 자연스럽게 인식될 수 있도록 하고 있다.

그런데 배달 커피 시장은 트렌드 변화가 훨씬 더 빠르다. 새로운 브랜드의 진출이 활발하고 소비자도 새로운 것에 대한 니즈가 과거 오프라인 매장 때보다 강렬하다. 과거 오프라인을 기반으로 한 카페 사업은 시즌이나 이벤트 기간 동안 한시적 메뉴를 내놓고 메인 메뉴에 대한 리뉴얼 주기가 길어도 소비자는 새로움을 느낄 수 있었다. 하지만 작은 스마트폰 화면 속에서 다양한 브랜드가 한꺼번에 노출되는 시대에서는 늘 새로움을 추구해야 한다.

백억커피는 70여종 음료 메뉴와 30여종 푸드 메뉴 수준을 유지하고 있다. 그런데도 소비자 반응을 분석해 매월 새로운 메뉴를 선보인다. 2024년도만 해도 7월까지 21개의 새로운 메뉴를 내놨다. 매월 3개꼴로 새로운 메뉴를 만들어내고 있는 셈이다.

2024년 1월에는 1리터 아메리카노인 '백억카노'를 출시하고 디카페인 원두를 도입해 백억커피 블렌딩, 디카페인 블렌딩, 콜드브루까지 3종의 커피 종류를 선택할 수 있게 해 소비자의 다양한 취향을 존중하는 업데이트를 단행했다. 6월에는 상큼한 자두를 이용한 자두 스무디, 자두 에이드를 출시해 부족한 과일 음료를 보강하고 7월에는 아샷추, 아망추, 아콜추 등을 추가해 소비 열풍이 불고 있는 아이스티를 이용한 베리에이션 메뉴를 추가했다. 음료뿐 아니라 분식, 야식, 베이커리, 디저트 등 모든 카테고리에서 새로운 메뉴를 출시해 브랜드의 신선함을 유지하고 있다.

2025 편의점 시장 5가지 이슈

김진우
제스트리테일 대표

편의점 점포 개발 20년 경력, 롯데그룹 공채 56기로 GS리테일 편의점사업부 점포개발팀을 거쳐 홈플러스익스프레스 프랜차이즈점포개발팀 파트장 이력을 살려 현재 제스트리테일에서 대표로 활동 중이며, 편의점 관련 강연, 편의점 창업, 수익형 부동산 투자 관련 강연, 현 네이버 카페 '편의점 통합카페' 운영자 등으로 활동 중이다.

점포 양극화·본부 성장 둔화에 일부 점포 '빨간불'
편의점 창업하려면 정확한 채산성 검토부터

우리나라 편의점 시장 현실은 숫자만 봐도 처참하기 그지없다. 편의점 한 곳당 배후인구 수를 보면, 편의점 왕국이라는 일본은 약 2100명, 그나마 편의점이 많다는 대만이 약 1700명인 데 반해, 대한민국은 약 900명에 불과하다. 평균만으로 전체 시장을 판단하는 건 섣부를 수 있겠지만, 수도권 과밀 현상을 감안해도 지나치게 포화된 수준이다.

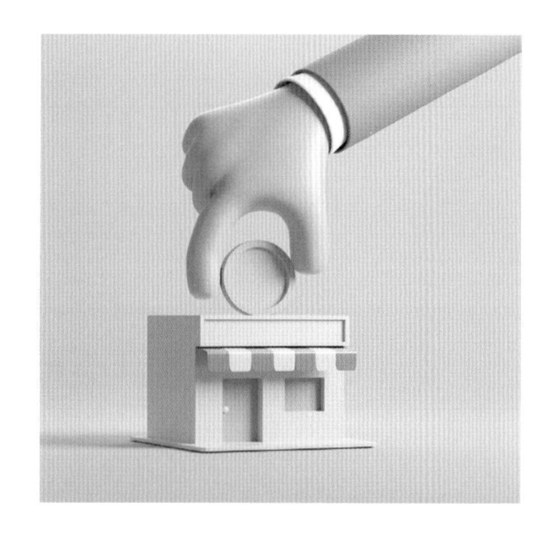

과연 이런 시장 상황에서 편의점 창업을 해도 되는 것일까. 필자는 편의점 본사 직원 10년, 퇴사 후 편의점 사업 전개 10년 등 지난 20년간의 경험을 토대로 팩트에 기반한 몇 가지 사실과 조언들을 전해드리고자 한다.

주요 국가별 편의점 및 인구수

	한국	일본	대만
인구수	5132만명	1억2500만명	2300만명
편의점 수	5만5000개	5만8000개	1만3700개
편의점 한 개당 인구수	933명	2157명	1720명

경쟁이 압도적으로 치열한 한국 편의점

※ 2023년도 기준.

자료: 대만 통계처

① 점포 간 양극화

편의점 점포 간 수익 구조는 우측 표와 같은 분포를 지닌다. 가로축은 매출과 매익률, 세로축은 수익성을 나타낸다. 수익성 분포도는 확연하게 2차방정식의 곡선을 그린다.

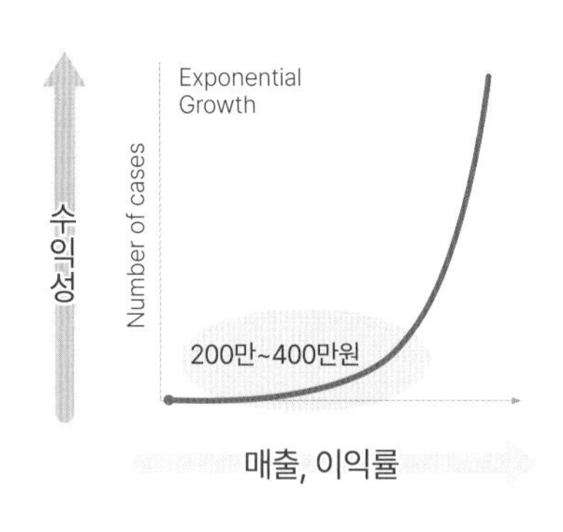

그래프에서 보듯, 대부분 점포의 월수익은 200만~400만원 사이에 분포한다. 경영주 근무 시간을 감안했을 경우 최저시급에 미치지 못하는 수익을 가져가는 점포도 상당수 있다. 반대로 가로축의 최우측, 세로축의 최상층에 분포한 고매출, 고이익률(보통 순매출 기준 일 300만 원 이상, 이익률 30% 이상) 점포는 경영주가 직접 근무하지 않고서도 위에 언급한 대부분 경영주보다 훨씬 많은 수익을 가져간다. 이들은 점포 개발에 대한 탁월한 노하우는 물론, 점포당 현금 2억~3억 원 이상 시드머니로 무장한 공격적인 투자 마인드를 갖췄다. 즉, 업계 최고 전문가들과 타고난 사업가들이 편의점 시장을 잠식해가고 있으며, 한편에서는 안타깝게도 투자 마인드를 갖추지 못한 일반 경영주가 배제되고 있는 현실이다.

이런 양극화 현상은 2025년 편의점 시장에서도 고착화될 가능성이 높다. 경기도권 대규모 택지지구 등 많은 경영주가 눈독 들이고 있는 알짜 점포를 갖기 위해서는 그에 상응하는 경험 위주의 공부가 절실히 필요하다.

또한 많이들 알고 있다시피, 고매출, 고매익률 점주임차 점포는 재계약 시 현재보다 더 나은 조건을 받을 확률이 매우 높다. 반대로 그 이하 점포는 점주임차라 하더라도 현재 조건에서 인하될 수 있으며, 고매출 점포의 기준치는 물가 상승에 따라 점차 높아지고 있다. 게다가 고매출, 고매익률 점포라 해도 본부임차라면, 재계약 시 조건이 대폭 인하될 가능성이 매우 높다는 것도 양극화에 불을 지피는 요인이다.

② 본부 성장 둔화에 가맹점 지원 축소 우려

CU와 GS25의 2024년 상반기 신규점 오픈 목표 달성 결과만 봤을 때, 확실히 그전과는 다른 양상이 포착된다. 먼저 서울 점포 개발팀은 대부분 목표 달성에 어려움을 겪고 있다. 그나마 인천, 경기 점포 개발팀 선방으로 전체 목표는 근접하겠으나, 2025년부터는 목표치를 낮출 필요가 있다는 것이 업계 현직자들 중론이다. 실례로 서울 25개구 중 대부분의 50m 담배유예권이 2024년 하반기에 일몰될 예정이라, 서울 시내 정상적인 고매출 점포 오픈이 급격히 감소될 전망이다. 그나마 덜 포화된 경기도권 신규 택지지구는 본부와 선수들 간 각축장이 될 것이 명약관화하다.

이런 현상을 단순 본사들 간의 신규점 출점 경쟁으로만 치부해선 안 된다. 현재 점포를 운영하는 경영주와도 관련이 있다. 왜냐하면, 상장된 기업의 성장성이 둔화되면 다음 차례는 기존점에 대한 지원 축소로 이어질 것이 뻔하기 때문이다. 특히나 본부에서 임차권을 갖고 있는 본부임차 점포의 재계약 조건은 줄줄이 하향 조정될 것이다. 점주임차 점포라 하더라도 지역 내 완벽한 고매출 점포가 아니라면, 그 또한 재계약 시 조건이 악화될 확률이 높아 보인다.
본사가 재무적 리스크를 안고 있는 세븐일레븐과 이마트24의 신규점 출점 시장에서의 1보 후퇴도 위태로운 대목이다. 당장 예비 경영주의 브랜드 선택 기회가 줄어들고, 기존점 재계약 시장에서는 본사 간 경쟁을 둔화시켜 경영주가 더 좋은 조건으로 재계약하기 어려워질 수 있다. 이처럼 본사 성장 둔화는 경영주에게도 나비 효과처럼 부정적인 영향을 줄 수밖에 없다.

③ 갈수록 힘들어지는 대규모 신축 아파트 상가 출점

필자는 2018년 송파구에 위치한 헬리오시티(총 9510세대)에서 신축 상가 담배 뽑기에 참전한 바 있다. 총 30여개 상가를 두고 CU와 거의 1대1 구도로 경쟁을 했다. 결론부터 얘기하면, 다시는 하고 싶지 않을 만큼 힘든 경험이었다.
조합원이나 분양주를 섭외하는 과정도 난해하거니와, 계약 조건을 두고 일일이 호실(집합건물)마다 조율해야 하는 등 준비 과정이 너무나 골치 아팠다. 담배 추첨이 끝난 이후에도 인근 부동산의 도 넘는 수수료 요구, 각 사 개발 담당들과 부동산의 필자에 대한 온갖 흑색선전이 잇따랐다. 계약할 마음도 없으면서 담배권만 취득하기 위해 참전했다는 둥, 담배권 취득을 위해 소유주를 기망했다는 둥…. 억울한 말에 밤잠을 설쳤던 기억이 선명하다. 이후로는 가급적 신축 아파트 담배 추첨에는 도전하지 않고 있다.
그 이유는 다음과 같다.
첫째, 상가 소유주(조합원, 분양주)들 요구 조건이 날이 갈수록 까다로워지고 있다. 당시만 해도 담배권 미취득 시에는 계약금을 돌려주는 원인무효특약을 넣는 경우가 많았다. 현재는 거의 유명무실해지고 있어 단순히 담배 추첨에서 간만 보려고 해도 일단 계약금 전액을 날릴 각오를 해야 하는 것이 현실이다. 이 사실은 소유주도 인근 부동산을 통해 많이들 알고 있다.
둘째, 조금만 고매출이 예상되는 입지라면 생각지도 못한 많은 경쟁자와 조우해야 한다. 인터넷 지도 대중화로 인해 책상에 앉아서도 충분히 대규모 신축 우량 점포를 어느 정도 구분해낼 수 있게 됐기 때문이다. 필자가 현직일 때는 아날로그 종이 지도를 들고 일일이 걸어 다니며 물건을 탐색했다. 그로 인해 발품을 많이 팔면 좋은 물건을 얻을 수 있었다. 하지만 요즘은 그런 방식이 잘 통하지 않는다.

셋째, 신축 상가 담배 추첨에서 국가유공자, 장애인의 담배취득 우선권은 더 이상 우선권이 아니라 기본 조건이 됐다. 불특정 다수 우선권자들과의 동업 계약 후 담배 추첨에 임한다는 게 말처럼 그렇게 단순하지만은 않다. 또 다른 많은 사람과 엮이게 되는 피로감이 만만치 않다.

넷째, 시행사나 분양대행사에서도 소위 1입지 상가에서의 고매출 편의점의 파괴력을 인지했다. 상가 공급자인 이들이 공급 전에 사전 작업을 해서 분양가를 높게 책정한다든가, 분양 시점에 특수관계인에게 수의계약 형태로 넘겨버리는 등 고분양가 이슈를 지속적으로 불러오고 있다. 이는 고스란히 월세 인상으로 이어진다.

마지막으로, 날고 기는 '선수'들이 이 시장에 넘쳐난다. 필자보다 10년 후배뻘 경쟁자들이 서슬 퍼런 현장감을 앞세워 언제나 고매출 신축 상가를 눈여겨보고 있다. 이들의 실행력을 따라가기란 필자를 포함, 일반 경영주는 쉽지 않다. 그래서 필자도 이제 신규점 출점에선 사실상 은퇴를 했다고 생각하고 있다. 굳이 해야 한다면 이 선수들에게 많은 수수료를 주고 오픈하는 것이 새로운 고매출 점포의 오픈 공식이 됐다(물론, 그렇게 해도 매출은 뚜껑을 열어봐야 안다).

또한, 필자가 마지막 직장 생활을 했던 SSM(기업형 슈퍼마켓)이 가맹 사업을 지속하고 있다. 과거 대비 본부 손익분기점(BEP) 기준을 한층 떨어뜨린 수익 구조로서, 최근 대규모 신축 아파트에 공격적으로 출점하고 있다. 2024년 하반기에는 이마트에브리데이(EED)도 본격적으로 SSM 가맹 사업에 뛰어들 것으로 알려진다. 이젠 편의점 신규 오픈에 SSM 오픈 및 심의 기준까지 꿰고 있어야 하는 상황이라, 여러모로 만만치 않은 정보력을 요하고 있다.

④ 끝없이 지속될 상권 최적화·통폐합(B&S)

필자는 2019년 일매출 70만원으로 시작해 2023년 B&S를 통해 점포 이동 및 확장을 한 후 현재는 일매출 600만원대(담배구성비 10%대)인 점포를 보유하고 있다. 이곳은 아직도 상권 개발과 매출의 상방이 열려 있는, 보기만 해도 흐뭇해지는 점포다. 이런 마법 같은 수치가 하루아침에 이뤄진 것이 아니다. 상권이 형성되기 수년 전부터 선입점해 1~2년간 저매출 상태를 견딘 뒤, 상권이 무르익은 시점에 상권 최적화를 통해 빛을 본 사례다.

많은 이가 신규점 오픈이라 하면 '인근에 아무것도 없던 상가에 완전히 새로운 점포가 오픈하는 것'으로 생각한다. 하지만 2023년부터 2024년까지 서울 시내 신규점 오픈에서 가장 큰 비중을 차지하고 있는 것은 상권 최적화와 B&S다.

상권 최적화와 B&S(Build and Scrap · 상권 통폐합)는 무엇인가. 한마디로 매출이 부진한 점포를 기존 상권 내에서 이동 또는 확장해 보다 나은 우량점으로 만드는 출점 기법이다. 매출 데이터가 모두 나와 있는 기존점을 옮기는 것이어서 신규점이지만 예상 매출 적중률이 매우 높고 예측 가능한, '비교적 안전한 신규점 오픈'을 뜻한다.

글로만 봐서는 너무나 매력적인 출점 방법으로 느껴진다. 그러나 이 출점 방식에는 몇 가지 위험 요인이 숨어 있다.

첫째, 단수 및 복수의 기존점을 이동 또는 폐점해서 진행해야 하기에 기존에 운영하던 경영주가 신규점 운영권에 대한 우선권을 갖는다. 물론 상권 통폐합 주체가 기존 경영주라면 여러 가지 조건 협의 등이 가능할 수 있다. 하지만 대부분 상권 통폐합은 본부가 주체가 돼 진행된다. 때문에 가맹 조건도 본부에서 일방적으로 조정할 가능성이 있다.

둘째, 상권 통폐합은 주로 더 나은 입지로 이동하는 것이기 때문에 대부분 임차비용(임차료, 권리금) 부담이 늘어난다. 늘어나는 매출과 이익률 대비 임차료 인상분을 감안해 정확한 채산성 검토를 해야 하지만 애석하게도 많은 경영주들은 오로지 비용 줄이기에만 매몰, 더 나은 의사 결정에 애를 먹게 된다. 평소에 상권 공부와 채산성 이해가 돼 있어야 하는 이유다.

셋째, 상권 최적화와 B&S도 결국 확정 사실이 아닌 만큼 '예측'을 해내야 한다. 너무나 원론적이고 당연한 얘기지만, 제 아무리 더 나은 입지로 이동한다 해도 하늘이 아니면 정확한 수치를 예측해낼 수는 없다. 결국 성패는 그 상권에 대한 이해도가 얼마나 높은지에 달렸다.

넷째, 상권 최적화에 성공하려면 내가 먼저 그 상권에 진입해 있어야 한다. 우리나라 편의점 시장만의 특징인 '편의점 자율규약'으로 인해 여러 가지 오픈의 제약이 있지만, 이를 잘 이용한다면 생각지 못한 기회를 얻을 수 있다고 필자는 확신한다.

⑤ 온통 가짜 정보에 사기꾼이다

전 세계에서 가장 낮은 편의점당 배후인구 밀도를 갖고 있는 대한민국의 이면에는 당연히, 수많은 '부진점'이 있다. 이 부진점 임차권을 본부가 갖고 있다면, 대기업 본부들이 책임을 지는 것이겠지만 상황은 정반대다. '점주임차가 좋다'라는 말만 믿고 호기롭게 직접 임차에 도전했다, 생각지 않은 저매출을 겪게 된 경영주가 적잖다. 이들은 지금도 여기저기 검증되지 않은 커뮤니티와 컨설팅을 통해 악성 매물을 쏟아내고 있다.

필자도 지난 10년간 양도양수와 폐점을 10여건 진행해봤지만, 오픈보다 몇 배로 힘든 것이 엑시트(EXIT)다. 그래도 내가 살겠다고 멋모르는 초보 예비 점주에게 폭탄 돌리기를 해본 적은 단 한 번도 없다. 이는 최근 유튜버 사이에서도 불거진 본인의 전세보증금을 돌려받기 위해 또 다른 전세사기 피해자를 구하고 있는 상황과 크게 다르지 않다. 그 점포에서 어떻게든 탈출하고 싶은 마음은 십분 이해하나, '역권리'라든가, 일매출과 수익을 크게 부풀려 권리금을 붙여놓은 물건들을 독자들은 부디 주의하기 바란다. 특히 이런 물건의 내막을 잘 알면서도 수수료에만 눈이 멀어 사이트나 각종 카페 등에 버젓이 올려놓는 일부 세력도 책임이 매우 크다.

필자가 현직에 종사할 때부터 따르던 부동산 대표가 남긴 명언이 있다.

"부동산업이나 컨설팅업은 본인이 궁핍하면 사기를 칠 수밖에 없는 업이다. 본인이 부자가 아니라면 떳떳하고 정직하게 중개하기 어렵고, 본인의 곳간이 차 있지 않다면 절대 하지 말아야 하는 업이 바로 부동산업이다."

모든 부동산 업체가 그런 것은 아니겠지만, 진지하게 생각해볼 필요가 있는 말이다. 현직을 떠난 지 10년이 지난 오늘까지도 뼛속까지 새기고 새겨 참고하고 있다. 퇴사 후 본격적으로 사업에 뛰어든 지난 10여년 동안 위 사항에서 예외인 이를 불행히도 거의 보지 못했다.

김진우 고수와 1:1 상담 문의는 여기로! »

〈CU·GS25〉

고래 싸움에 새우 등 터진 세븐·이마트24 '우량점 영입' 못하고 현상 유지 급급

나건웅 매경이코노미 기자

2015년 매경이코노미 입사 후 유통·핀테크·스타트업 등 분야 취재. 2016년부터는 국내 프랜차이즈 브랜드 대상으로 매년 다점포율을 조사하는 등 자영업 시장에 비중을 두고 취재 중. '부의 시선' '자영업 뉴패러다임에 대비하라' '포스트 코로나 신상권 지도' 등 저작 다수.

2024년 국내 편의점 업계 '양강 구도'는 점점 더 확고해지고 있다. CU와 GS25가 업계 1위 자리를 놓고 치열한 점포 수·매출 경쟁을 이어가는 중이다. 이 와중에 곤란한 건 세븐일레븐과 이마트24다. 가뜩이나 어려운 경영 환경에 '빅2'로 가맹 쏠림까지 나타나며 사업 확장은커녕 역성장 위기를 맞고 있다. CU와 GS25 그늘에 가려진 세븐일레븐, 이마트24의 현주소를 짚어본다.

편의점 양강 구도에 우는 세븐·이마트24

매출, 이익, 점포 수 '역성장' 위기

편의점 양강 구도에 업계 3·4위 세븐일레븐과 이마트24는 위기에 직면했다.

세븐일레븐(코리아세븐)은 2024년 상반기에만 영업손실 441억원을 기록했다. 반기 만에 2023년 한 해 영업손실(551억원)과 가까워진 상태다. 한 편의점 업계 관계자는 "미니스톱 통합 작업으로 비용이 늘어나며 적자폭이 커진 것은 이해가 간다. 의아한 건 매출이 줄었다는 점이다. 편의점 본사는 점포가 늘면 자연히

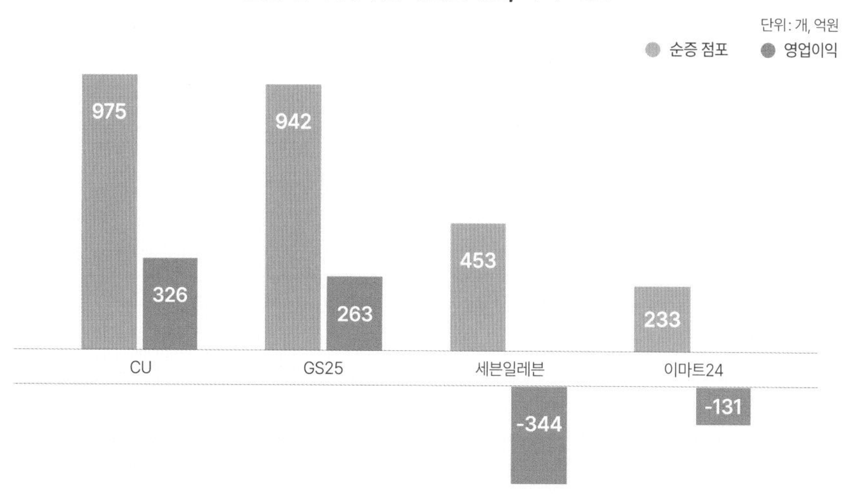

※ 영업이익은 2024년 1분기, 점포 수는 전년 대비 2023년 기준

자료: 금감원 전자공시, 공정거래조정원

매출도 증가하는 구조다. 매출이 뒷걸음질했다는 건 심각한 신호"라고 설명했다. 편의점 4사 중 전년 대비 상반기 매출이 감소한 곳은 세븐일레븐이 유일하다.

이마트24도 2024년 상반기 영업손실이 2584억원에 달한다. 2분기 매출액은 5654억원으로 전년 동기 대비 1.6% 줄었고, 영업손실 27억원으로 적자전환했다. 이마트24는 2014년 출범 이후 2022년을 제외하고 매년 적자를 내고 있다.

편의점에서 가장 중요한 지표 중 하나인 '점포 수'에서도 두 회사는 지지부진 행보를 이어가고 있다. 이마트24의 2024년 2분기 기준 점포 수는 6473개로 전년 동기(6642개) 대비 2.5% 감소했다. 출점 109개, 폐점 241개로 폐점 수가 더 많다.

세븐일레븐은 2023년 기준 점포 수가 전년 대비 453개 늘었다. 하지만 '미니스톱 인수 효과'를 감안하면 기대에 못 미치는 수치다. 세븐일레븐은 2024년 4월, 미니스톱 매장 간판을 세븐일레븐으로 바꿔 다는 브랜드 통합 작업을 약 2년에 걸쳐 완료했다. 인수 직전 해인 2021년 말 기준 미니스톱 점포 수는 2568개였다. 하지만 2021년 대비 지난해 세븐일레븐 점포 수는 2096개 증가하는 데 그쳤다.

세븐·이마트 위기 이유는

적자 탓 출점 한계…모기업 리스크도

편의점 업계는 "수치로 보이는 것보다 세븐일레븐과 이마트24 상황이 더 심각하다"고 입을 모은다. 빅2 경쟁이 치열해지는 가운데 그들과 점포 수 덩치 싸움에서 밀릴 수밖에 없다는 분석이 지배적이다. 세븐일레븐 내부에서는 "2024년은 점포 수 유지만 해도 선방"이라는 말까지 나올 정도다. 이마트24는 마이너스 점포 수가 기정사실화되고 있다. 서울에서 편의점을 운영하는 한 점주는 "상품 경쟁력에서 차이가 난다. CU · GS25와 달리 세븐일레븐과 이마트24는 딱 떠오르는 히트 상품이 없다. 최신 트렌드를 주도하지 못하고 있다는 느낌을 받을 때가 많다"고 말했다.

본사 적자도 걸림돌이다. 최우선 과제가 '수익 개선'이다 보니 공격적으로 점포를 확장할 여력이 부족할 수밖에 없다. 특히 영업 경쟁이 치열한 기존 고매출 점포 계약을 따내기가 쉽지 않다.

편의점 9개를 운영 중인 심규덕 SS컴퍼니 대표는 "편의점 본사들은 우량 점포를 끌어오기 위한 경쟁이 치열하다. 점주 몫으로 챙길 수 있는 총이익 비율을 늘려주거나 오픈 비용을 지원해주는 등 출혈을 감수할 정도다. 그런데 세븐일레븐과 이마트24는 이런 '쩐의 전쟁'을 감당하기 어려운 상황에 놓였다"고 짚었다.

한 편의점 업계 관계자는 "이마트24 상황이 더 어려울 것으로 본다. 본부임차 점포 비중이 높은 세븐일레븐과 달리 후발 주자로 급하게 덩치를 키운 이마트24는 대부분 점주임차다. 브랜드 이탈이 늘어날 가능성도 그만큼 더 큰 구조다"라고 전했다.

모기업 재무 리스크도 여기 한몫한다. 롯데그룹(세븐일레븐)과 신세계그룹(이마트24) 모두 건설 계열사인 롯데건설과 신세계건설 부동산 프로젝트파이낸싱(PF) 부실 등 이유로 현금 유동성과 재무건전성 관리에 어려움을 겪고 있다. 한 유통 업계 관계자는 "편의점은 냉정히 말해 그룹 입장에서 핵심 계열사가 아니다 보니 지원 여력이 더 없을 것"이라고 설명했다.

업계에서는 대표를 비롯한 고위 임원급이 가맹 사업 이해도가 부족하다는 점을 한계로 꼽기도 한다. 롯데와 신세계 모두 그룹 차원에서 인사를 내다 보니 생기는 문제다. 2023년 말 대표로 취임한 김홍철 세븐일레븐 대표는 롯데그룹 경영 개선과 관련해 오랜 경력을 쌓았지만 가맹 사업 경험은 거의 없다. 2023년 9월 이마트 · 이마트에브리데이 · 이마트24 통합

7-ELEVEn

emart24

대표로 선임된 한채양 대표 역시 '전략통'으로 분류되지만, 편의점 경험 부족이라는 지적에서 자유롭지 못하다. 한 유통업계 관계자는 "가맹 사업을 제대로 이해하기 위해서는 최소 2년 정도가 필요하다. 세븐일레븐과 이마트24는 '이제 좀 적응하나' 싶으면 그룹 인사가 나면서 대표나 임원이 바뀌기 일쑤"라고 꼬집었다. 여러모로 양 사 경영 환경이 어려운 것은 사실이다. 두 업체 모두 2024년은 점포 수 늘리기보다는 '내실 다지기'에 초점을 맞춘다는 입장이다.

미니스톱 통합 작업을 완료한 세븐일레븐은 시너지 창출에 집중한다는 계획이다. 무작정 점포 확장보다는 고매출 우량 점포 · 입지 중심의 신규 출점 그리고 리뉴얼 확대로 기존점 경쟁력을 높인다는 방침을 세웠다. 글로벌 세븐일레븐 네트워킹을 활용한 해외 인기 상품 소싱도 확대한다는 계획이다.

이마트24도 이마트와 통합 시너지를 노린다. 이마트 PB인 '노브랜드'가 중심에 있다. 이마트24는 2024년 초부터 500여 개 노브랜드 상품을 도입하며 사업성을 테스트해왔다. 2024년 4월부터는 노브랜드 상품을 판매하는 신규 점포를 대상으로 새로운 가맹 사업 모델도 도입했다. 점주가 기존 월회비를 내는 방식에서, 점주와 본사가 이익을 71 대 29로 배분하는 정률제로 전환이다. 이마트24 관계자는 "이색 상품 개발에도 집중하고 있다. 2024년에는 특히 김밥 상품군을 강화해 '이마트24=김밥 맛집' 이미지를 구축하려고 노력 중이다"라고 말했다.

온라인 쇼핑 채널별 노출 전략 A to Z

조호연
그린에그 대표

스마트스토어 운영 대행 서비스 '그린에그' 창업자 겸 대표다. 15년간의 온·오프라인 유통 경험을 바탕으로 그린에그를 설립하여, 현재 20여개의 세계적인 브랜드부터 소상공인 브랜드까지 동시에 서비스를 제공하고 있다.

상세페이지·상품성보다 '노출'이 중요
쿠팡 vs 스마트스토어 택일해 '숏핑'하라

필자는 2020년 1월 브랜드 MD를 그만두고 혼자서 스마트스토어를 시작해 3개월 만에 월매출 1억원을 달성했다. 그리고 현재는 자사 브랜드 운영뿐 아니라 스마트스토어 전문 운영 대행 회사인 그린에그를 설립, 수많은 팀원과 누적 100개 이상 브랜드에 서비스를 진행했다. 현재도 세계적인 대기업부터 작지만 강한 브랜드 20개 이상에 대한 마케팅을 동시에 진행하고 있다.

이 글에서는 5가지 주제를 통해 2024년 온라인 쇼핑 창업 트렌드를 진단하고, 2025년 트렌드를 예측하며, 지금까지 필자가 겪었던 이커머스 시장에 대한 솔직한 이야기를 전하려 한다.

쿠팡 vs 네이버 스마트스토어, 어디서 팔까?

필자가 스마트스토어를 시작한 2020년

네이버 스마트스토어가 제공하는 다양한 데이터. 자료: 네이버

까지는 네이버가 이커머스 시장 부동의 1위였다. 하지만 이듬해인 2021년, 드디어 로켓배송과 나스닥 상장까지 한 쿠팡이 네이버를 제치고 이커머스 시장 대장주로 올라섰다. 위기의식을 느낀 네이버는 뒤늦게 '오늘도착' 시스템을 구축하고 쿠팡의 개인 맞춤형 노출 로직에 대응하며, '네이버 FOR YOU'*라는 AI 기술(사용자에 따른 맞춤형 아이템을 추천해주는 기

네이버 도착보장. 자료: 네이버

* 네이버 AI 기술 기반으로 사용자에 따른 맞춤형 아이템을 추천해 주는 기능(탭).

네이버 판매자센터 대시보드. 자료: 네이버

술) 기반 서비스를 시작했다. 그러나 아직 시장점유율 측면에서 쿠팡을 따라잡기에는 역부족으로 보인다.

이커머스를 시작하는 셀러는 스마트스토어보다 쿠팡에 집중하는 것이 좋을까. 이를 위해 두 플랫폼의 특징과 장단점을 하나씩 비교해보자.

먼저 스마트스토어부터 살펴보자. 네이버는 판매자에게 쉬운 인터페이스(사용자 환경)와 수많은 데이터를 제공해주고, 우리가 설정하는 값에 따라 매출을 만드는 구조다. 즉, 관리자의 운영 노하우에 따른 자유도가 훨씬 높다.

네이버 쇼핑의 노출 로직을 공부하고 네이버 광고까지 어느 정도 숙련이 된다면, 추후 만들어낼 네이버 쇼핑의 상위 노출과 효율적인 광고 운영을 통해 미래에 진짜 돈을 벌어다주는 온라인 마켓은 결국 네이버가 될 가능성이 높다. 하지만 오랜 기간의 학습과 경험치가 필요하다.

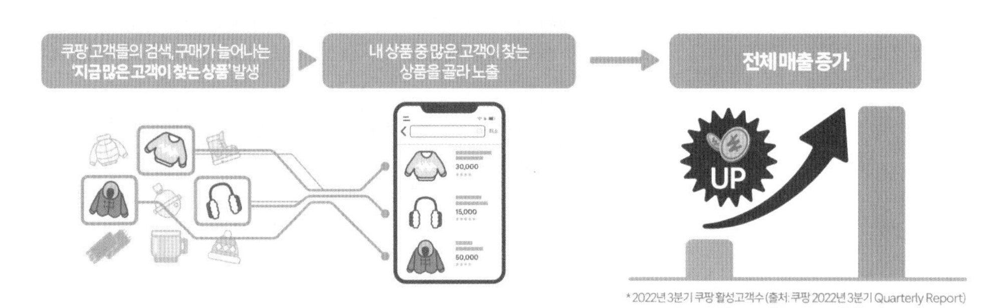

쿠팡 스마트 AI 광고. 자료: 쿠팡

쿠팡은 스마트 AI 광고와 로켓배송 계약을 통해, 그리고 자체 시스템을 통해 '우리가 알아서 매출을 만들어주겠다'는 부분이 네이버 스마트스토어와 큰 차이점이다.

하지만 쿠팡도 치명적인 단점이 있다. 추후 겪게 될 로켓배송 관리와 상대적으로 높은 카테고리 수수료, 그리고 가장 큰 단점인 네이버보다 '느린 정산'이다. 이 점을 간과했다가는 자칫 운영 자금 흐름에 애를 먹을 수 있으니 주의해야 한다.

쿠팡 로켓배송. 자료: 쿠팡

자본 적고 학습 역량 뛰어나면 스마트스토어부터

자본금이 적고, 학습 역량이 있는 소상공인이라면 먼저 스마트스토어 운영에 도전해볼 것을 추천한다. 직접 노출 관리를 하며 경험적 노하우를 쌓고, 자본금이 확보된 이후에 쿠팡을 추가로 운영하는 것이 좋다. 반면, 자본금이 많아서 느린 정산에 대응할 수 있고, 온라인 운영에 대한 학습이 어려운 소상공인이라면, 운영 난도가 낮은 쿠팡에서 바로 시작하는 것

주요 플랫폼 이커머스 판매자 대상 정산 주기

자료: 각 사

을 추천한다. 쿠팡에서 먼저 브랜드 인지도를 쌓은 뒤 스마트스토어로 넘어가는 것도 방법이다.

알리·테무 등장, 개인 셀러 대응 전략은?

2024년 이커머스 시장 최고 이슈 중 하나는 알리익스프레스(이하 '알리')와 테무의 등장이다. 이들은 2023년 하반기부터 한국 시장에 진출, 고객이 실제로 앱을 활용한다는 지표인 월간 활성 사용자(MAU) 수가 알리는 한때 2위, 테무는 4위에 오르며 빠르게 성장했다. 이런 흐름은 한국뿐 아니라 전 세계적으로 유사하다.

알리와 테무의 장점은 확실하다. 다양하고 재미있는 초저가 제품, 무료 배송 · 반품 등으로 고객을 매혹시킨다. 그러나 단점도 뚜렷하다. 국내 사용자에게 친숙하지 않은 늦은 배송, 상품의 유해물질, 가품 논란, 불법 유통 · 부당 광고 등 부정적 이슈가 적잖다. 이 때문에 아직 국내에 안정적으로 자리 잡았다고 보기는 어렵다.

2019년 온라인 창업 열풍이 불었을 때, 셀러 사이에서는 알리바바, 1688 등 중국 B2B 사이트는 '셀러들끼리만 공유하는,

한국인이 가장 많이 사용한 종합몰 앱

단위: 만명

	앱이름	사용자 수	작년 동월 대비
1	쿠팡	3010	+57
2	알리익스프레스	818	+463
3	11번가	736	-208
4	테무	581 *2023년 7월 한국 출시	+581
5	G마켓	553	-102
6	티몬	361	-61
7	위메프	320	-116
8	GS SHOP	314	-5

※ 한국인 Android+iOS 앱 사용자 추정, 2024년 2월

자료: 와이즈앱·리테일·굿즈

저렴하게 물건을 살 수 있는 소중한 제품 소싱 플랫폼'이었다. 하지만 알리, 테무로 인해 중국에서 대량으로 물건을 사 와서 국내 이커머스 시장에 셀러나 브랜드들이 마진을 붙여 판매하는 방식은 경쟁력을 많이 잃어버린 상황이다. 즉, 이런 변화에 대응하며 개별적인 브랜딩과 중

국 플랫폼에서 취급할 수 없는 식품이나 경쟁력 있는 카테고리를 보는 시야가 더욱더 필요해진 시점이다.

2025년 알리, 테무가 쿠팡과 네이버를 넘어설까

이커머스에 도전하는 소상공인은 알리와 테무에 어떻게 대응해야 할까.
결론부터 얘기하면, 큰 변수가 없다면 쿠팡과 네이버는 2025년에도 국내 이커머스 시장의 쌍두마차 역할을 할 것으로 보인다. 쿠팡 로켓배송과 고객 편의 시스템, 그리고 네이버만의 멤버십과 포털 점유율이 여전히 강력하기 때문이다.
물론 알리, 테무가 더 공격적인 마케팅을 통해 국내 이커머스 시장을 더 잠식할 가능성도 있다. 그러나 알리, 테무가 강세를 보이는 분야는 사무용품, 문구용품, 패션잡화, 의류 등 일부 카테고리에 그친다. 그마저도 완전히 시장을 장악했다고 보기 어려운 수준이어서 국내 시장점유율을 논하기에는 힘이 부족해 보인다.

티몬·위메프 정산 지연 사태에 '군소 오픈마켓주의보'

이커머스 시장의 고질적 문제가 드디어 터졌다. 셀러에게 판매 대금 정산 주기가 지나치게 길었던 일부 쇼핑몰의 위험 요소가 '티메프 사태'로 결국 수면 위로 드러났다. 큐텐이 판매 대금을 프로모션 등에 전용했다는 논란이 일며, 이제 상당수 온라인 쇼핑 플랫폼은 셀러는 물론, 소비자에게도 신뢰를 잃어버린 상황이다.
정산 지연에 대한 우려 탓에 앞으로 셀러들은 네이버, 쿠팡 같은 대형 플랫폼에서 판매 활동을 강화할 것으로 보인다. 그중에서도 가장 큰 수혜는 네이버의 차지일 것으로 예상한다. 네이버는 2020년부터 이미 빠른정산 서비스를 진행, 소상공인의 자금 흐름에 안정성을 제공해왔다. 쿠팡 또한 상품을 직매입하는 형태로 로켓배송 시스템을 구축했기에 정산에 대한 걱정을 덜었다.
이처럼 '정산 안정성'이 이커머스의 주요 이슈로 떠오르며 다른 군소 오픈마켓은 셀러 모집이 더욱 어려워질 전망이다. 셀러 입장에서는 수많은 오픈마켓에 입점, 관리하기보다는 그 시간과 열정을 SNS 마케팅이나, 인플루언서 협찬, 공구(공동구매) 등에 쏟는 것이 더 유리해 보인다.

2025년 이커머스는 '숏핑(숏폼+쇼핑)'이 대세

숏폼은 인스타의 '릴스', 유튜브의 '쇼츠', 틱톡 등은 넷플릭스와 티빙과 같은 OTT 플랫폼보다 1인당 평균 사용 시간을 훨씬 뛰어넘는 상황이다.

주요 플랫폼들은 숏폼 중심으로 개편을 진행하고 있다. 대표적으로 네이버 숏클립이나, 11번가 플레이 등이다. 삼양식품 불닭볶음면은 한국, 중국, 아시아에서 SNS 숏폼 챌린지를 운영해 틱톡과 릴스 채널을 활용한 #BornTobeSpicy 챌린지로 10만명에 가까운 소비자들이 참여했고 총 조회 수 7억뷰를 달성하며 불닭만의 숏폼 챌린지 놀이 문화를 조성하기도 했다. (출처 : 현대경제신문)

소상공인에게 이제 인스타그램 관리는 필수가 됐다. 유튜브 채널 또한 여력이 된다면, 함께 운영하는 것이 좋다. 물론 운영 대행 업체에 맡겨서 하기보다, 자체적으로 학습하면서 직접 운영하는 것을 추천한다.

TIP

처음 시작할 때는 누구나 막막해한다. '어떻게 영상을 찍지?' '어떤 콘텐츠를 해야 할까?' 고민이 많을 것이다. 가장 좋은 방법은 바로 '벤치마킹'이다. 업계에서 이미 잘하고 있는 업체 2~3개만 열심히 분석해보라. 그런 숏폼 영상을 참고해서 콘텐츠를 기획, 제작한다면 실패할 확률은 크게 줄어든다.

상품성, 상세페이지보다 '노출'에 집중하라

이커머스를 처음 시작하는 셀러가 매출을 올리기 위해 가장 중요시해야 하는 것은 무엇일까. 이 질문에 대체로 가장 많이 나오는 답은 '좋은 상품'이다. 다음으로는 '좋은 상세페이지'를 많이 꼽는다. 하지만 초반에 매출을 만들어내는 데에 있어 상품성과 상세페이지는 절대 중요하지 않다.

먼저 상품성을 중요시하는 온라인 셀러를 위해 예시를 들어 설명을 해보겠다.

〈버전 1〉

강원도 인적이 드문 시골에서 한 청년이 수제 소시지로 만든 핫도그를 2000원에 판매하며 장사를 시작했다. 당연히 그 지역은 유동인구가 거의 없기에 장사가 될 리 없었다. 이후 상권의 중요성을 깨달은 청년은 지인 도움을 받아 유동인구가 많은 서울 성수동 한복판에서 핫도그를 판매하게 됐다. 하지만 과거 자본금을 낭비한 청년은 좋은 상품성을 포기하고 기성품 핫도그를 그대로 2000원에 판매했다. 이 청년의 판매량은 어떻게 됐을까. 강원도 시골에서 판매했을 때보다 100배 이상 매출을 만들었다.

여기서 우리는 무엇을 배울 수 있을까. 유동인구가 많은 상권이 중요하다는 것은 누구나 안다. 핵심은, 상품의 '노출'이 확보되면 상품성은 '적정 수준'이면 충분하다는 것. 상품 품질이 떨어지고 가격도 그대로였지만, 판매량은 훨씬 많아졌다는 것이 핵심이다.

이 내용을 온라인으로 적용해서 생각해보자. 네이버 쇼핑에서 '여성 니트'를 검색하면, 가장 위에 뜨는 랭킹 1위 상품이 우리나라에서 가장 예쁘고 퀄리티가 좋은 여성 니트일까. 당연히 아닐 것이다. 더 좋은 소재, 더 좋은 마감, 더 멋진 핏을 갖고 있는 니트가 하단 페이지에 분명 많다. 하지만 판매량은 압도적으로 1페이지 최상단에 노출된 니트가 가장 많을 것이다.

즉, 우리는 '히트 상품을 만들겠다'라는 '상품 중심적' 생각을 해선 안 된다. 우리 상품페이지를 '노출'이 많이 되는 최상단으로 끌어올려야 한다는, '공간 중심적' 생각을 해야 한다. 좋은 상품성이 직접적으로 매출과 연결되지 않는다는 것을 알아야 한다. 쉽게 말해 상품 노출을 만들어낼 수 있는 환경을 구축했다는 것이 바로 매출과 연결되는 요소다.

〈버전 2〉

만일 누군가 한국에서 가장 맛있는 떡볶이를 개발했다. 그리고 그 떡볶이를 단순히 스마트스토어에 상품 등록만 했다. 과연 많이 팔렸을까. 절대 그렇게 될 수 없다. 100명 중 90명이 인정하는 맛있는 떡볶이를 만들어도 해당 상품이 네이버 쇼핑 페이지 상단에 노출이 되지 않으면 판매가 잘되기 어렵다.

이번에는 반대로 생각해보자. 네이버 쇼핑 1페이지 최상단에 있는 떡볶이가 우리나라에서 가장 맛있는 떡볶이일까. 당연히 아닐 것이다. 더 맛있고, 좋은 재료로 만든 식품이 하단 페이지에 분명 많다. 좋은 상품성은 직접적으로 매출과 연결되지 않는다.

TIP

SNS에서 충동적으로 물건을 구매했던 사람들은 실제로 제품을 받고 실망하는 경우가 매우 많다. SNS에서 많은 마케팅비를 들여 노출을 많이 시키고도 마진을 극대화하려면 상품은 원가가 저렴한 질 낮은 상품이어야 하기 때문이다. 즉, 유통 구조상 SNS에서 마케팅을 많이 하는 제품은 품질이 좋을 확률이 낮다. 반면 좋은 상품은 원가율이 높아 마케팅비를 많이 쓸 수 없어, 온라인 쇼핑 페이지 어딘가에 꼭꼭 숨어 있을 확률이 높다. 물론 대기업이나 일정 수준 규모가 커진 기업의 경우에는 충성 고객 확보를 위한 상품성 강화를 할 수 있다는 것을 놓쳐선 안 된다.

이번에는 상세페이지가 중요하다고 생각

하는 이들을 위해 예를 들어보겠다.

온라인 매출이 고민이던 소상공인이 SNS 광고를 보고 디자인 전문 업체에 맡겨 500만원의 비용을 들여 퀄리티 높은 상세페이지를 제작했다. 과연 이제 상품 매출이 오를까. 해당 페이지에 하루 10명 정도만 들어오는 상황에서는 상세페이지만 변경됐다고 하루에 100개의 상품이 판매될 가능성은 제로(0)에 가깝다. 잘 만들어지고 매력적인 상세페이지는 구매 전환율, 즉 고객이 구매할 확률에 영향을 줄 수는 있지만, 근본적으로 고객 유입을 만드는 요소가 아니기 때문이다. 상세페이지는 상품 노출과 유입이 확보되지 않으면 아예 의미가 없다.

TIP

상세페이지는 매출을 만들기 위한 충분한 고객 유입이 확보된 상황에서 비로소 힘이 발휘된다. 즉, 상세페이지에 시간과 정성 또는 비용을 쓰는 '타이밍'이 중요하다. 적어도 해당 페이지에 500명에서 1000명 정도 유입된 이후에 상세페이지를 개선하는 것을 추천한다.

그렇다면 이커머스에서 매출을 극대화하기 위해 가장 중요한 것은 무엇일까.

당연하게도 '노출'이다. 오프라인 마켓에

MD가 생각하는 신규 온라인 사업 운영 시 6가지 요소의 중요도

요소	중요도
☑ 섬네일	★★★
☑ 상세페이지	★★
☑ 상품성	★
☑ 노출	★★★★★★★★
☑ 배송 기간	★
☑ 고객 서비스	★

서 상권의 중요성이 지배적이듯, 온라인 또한 상품의 노출에 모든 것을 걸어야 한다. 오프라인 사업에서 가게로 방문하는 고객 방문이 중요한 것처럼, 온라인에서는 고객을 끌고 올 섬네일이 중요하다.

이커머스 창업에 성공하기 위해서는 위 내용을 숙지하고, '생각의 뼈대', 즉 마인드를 바꿔야 한다. 어떤 것이 중요한 것인지 알아야 행동 방향성이 바뀔 수 있다. 우선순위를 모르고 열정만 앞세워 상품성만 신경 쓰다 온라인 채널에 노출 한 번 제대로 하지 못하거나, 과재고로 리스크만 키우거나, 상세페이지만 오랜 기간 열심히 만들다 노출이 되지 않아 시간과 자원만 낭비하는 상황을 만들어선 절대 안 된다.

스마트스토어, 쿠팡 그리고 오픈마켓의 채널별 노출 전략

노출에 대한 중요성을 이해했다면, 우리나라 이커머스 주요 채널별 노출 전략에 대해 알아보자. 먼저 수많은 이커머스 채널이 있기에, 특징에 따라 크게 3가지로 분류해서 설명하겠다. 기타 오픈마켓, 쿠팡, 그리고 네이버 스마트스토어다.

① 기타 오픈마켓 노출 전략 : MD와 미팅부터 잡아라

기타 오픈마켓은 흔히 알고 있는 'G마켓' '11번가' '롯데온', 그리고 '오늘의집'도 포함된다. 이런 채널의 노출 전략은 꽤 단순한 구조를 갖고 있다.

내가 입점한 카테고리 MD와의 관계가 내 상품의 노출을 결정하고, 그것이 바로 우리 브랜드의 매출이 된다. 오픈마켓에서 진행하는 다양한 프로모션 중 노출할 상품을 선정하는 것이 바로 해당 채널 MD기 때문이다.

따라서 신규로 입점하는 상황에서 가장 먼저 해야 할 일은 MD와의 미팅을 잡는 것이다. 채널별로 상이한 부분은 있지만, 입점하면 채널에서는 프로모션 진행 여부를 알려주는 메일을 보내준다. 그 메일을 통해 MD에게 매출을 활성화하고 싶다고 미팅을 요청하는 메일을 보내면 된다.

G마켓과 11번가 메인 프로모션 화면.

대다수 MD들은 적극적인 브랜드와 협업하는 것을 좋아하기 때문에 미팅 잡는 것은 어려운 일은 아니다. 간혹 업체 규모가 작아 미팅을 회피하는 MD가 있을 수 있다. 이때, 메일에 브랜드를 소개하는 PDF를 간단하게나마 만들어서 보내는 것도 좋은 방법이 될 수 있다.

미팅을 1번이라도 진행하게 되면, 절반 이상은 성공한 것이다. 미팅을 통해 해당 오픈마켓만의 노출이 잘되는 프로모션 진행 팁을 얻을 수 있다. 또한 '얼굴도장'을 한 번이라도 찍게 되면 채널 MD들은 미팅한 브랜드 상품에 대한 노출을 강화, 매출 성장을 도와줄 것이다.

TIP

채널 MD와 미팅 시 해당 채널을 위한 단독 상품이나 단독 프로모션과 증정을 제안하는 것이 좋다. 모든 채널 MD는 해당 브랜드가 자신의 채널을 위해서만 최저가를 맞춰주거나, 단독 상품을 제안해주는 것을 매우 중요시한다. 그런 행동만으로도 브랜드들에 많은 노출을 만들기 위해 노력해주는 경우가 많다.

② 쿠팡 상품 노출 전략 : '스마트 AI 광고'로 검색 태그 활용

쿠팡은 신규 셀러가 접근하기 가장 쉬운 채널 중 하나다. 처음 시작하는 셀러는 상품 노출이나 전문화된 광고 운영에 보통 큰 어려움을 겪기 마련인데, 쿠팡은 신규 셀러에게 '스마트 AI 광고'라는 프로그램을 통해 상품 노출의 고민을 덜어준다.

우리가 구매자 입장에서 쿠팡 앱을 사용할 때를 생각해보라. 개별 사용자 맞춤형으로 수많은 광고가 노출되고 재구매를 유도하는 배너가 뜨며, 내가 검색했던 이력에 따라 상품이 지독하게 따라다니는 노출 시스템을 갖고 있다. 이런 광고를 통한 상품 노출을 전문가 도움 없이, 손쉽게 세팅할 수 있게 만든 프로그램이 바로 쿠팡의 스마트 AI 광고다.

네이버 광고 · 마케팅 강사이자 온라인 쇼핑 전문가인 필자는 네이버를 포함한 기타 채널에서는 모두 전문화된 수동 세팅값을 통해 광고를 운영한다. 그러나 쿠팡의 경우에는 스마트 AI 광고를 통해 매출을 만들고 있다. 그만큼 프로그램이 고도화돼 있다.

쿠팡의 핵심적인 상품 노출 노하우를 공개하겠다. 바로 쿠팡의 '검색 태그 활용'이다.

이 부분을 정확히 이해하는 것이 중요하다. 네이버 스마트스토어를 예로 들면, 검색 기반 사용자에게 상품을 노출시키기 위해서는, 노출 기반이 되는 상품명 제작과 속성값 입력이 아주 중요하다. 그런데 이 부분들이 모두 공개된 쇼핑 웹페이지에 노출되기 때문에, 상표권이나 표시-광고법 등 규제가 매우 많다.

하지만 쿠팡 검색 태그는 공개된 웹페이지에 노출되지 않고, 상품 내부에 입력값만을 추가한다. 따라서 네이버보다 더 제약 없이 키워드 입력이 가능하다. 이를 통해 훨씬 더 자유롭고 폭넓은 상품 노출이 가능해진다. 키워드를 공부했던 셀러라면, 이 노하우가 얼마나 엄청난 것인지 알 수 있을 테다.

쿠팡은 이렇게 스마트 AI 광고 활용과 검

색 태그의 적극적인 활용만으로 상품 노출을 극대화할 수 있는 신규 셀러에게 가장 유리한 채널이다.

③ 네이버 스마트스토어 상품 노출 전략

네이버 상품 노출의 첫 번째 핵심은 바로 '상품명'이다. 상품명은 어떻게 만들어야 할까. 네이버 스마트스토어는 타 채널보다 검색을 기반으로 한 매출 비중이 매우 높기 때문에, 고객이 검색한 검색어에 내 상품이 노출되는 것이 정말 중요하다.

'미니 행거'를 예시로 들어보자. 상품명을 단순히 '미니 행거'라고 짓는 것과 '인테리어 스탠드 튼튼한 원목 미니 행거'라고 짓는 것은 어떤 차이를 만들어낼까.

위 그림은 각 키워드별 월간 검색량을 보여준다. 즉 미니 행거라는 상품명을 넣으면 최대 노출량이 17만건이고, 반대로 긴 상품명을 넣으면 총 59만건 이상 최대 노출량을 확보할 수 있다.

네이버는 최근 지속적으로 노출 로직을 변경, 수많은 셀러가 상품명 제작에 어려움을 겪고 있다. 그러나 두 가지 규칙만큼은 꼭 지키면서 제작하는 것이 좋다. 연관성이 충분한 키워드를 꼭 포함시키고, 너무 많은 키워드보다는 49자 이내로 키워드를 조합시키는 선에서 상품명을 만드는 것이다.

두 번째 핵심은 바로 속성값 입력이다. 네이버 상품 등록할 때, 상품 속성값을 입력하는 칸이 있다. 예를 들면, 재질이 플라스틱인지, 고무인지 또는 용량이 100g인지, 200g인지 넣는 칸이다. 네이버 쇼핑은 이런 속성값까지 고려한 검색 결과를 보여주기 때문에, 상품 노출에 엄청난 혜택을 얻게 된다. 따라서 속성칸 입력은 꼭 꼼꼼하게 실행해야 한다.

조호연 고수와 1:1 상담 문의는 여기로! »

무인 매장 창업의 허와 실

용선영
러스 대표

2021년 무인 문구점 브랜드 문구방구 시작으로 1년 만에 전국 100여개 지점을 내며, 23년 무인 키즈카페 꿀잼키즈룸 브랜드를 만들어 1년 만에 100호점 지점을 오픈, 2024년 무인 셀프 목욕 멍시원을 론칭하였다. 무인 창업가로 무인 창업에 막막해하는 사람들에게 새로운 방향과 용기를 제시하고 성공 노하우를 전하고자 다수 강의를 진행하고 있다.

문구·애견 목욕·키즈룸·골프·탁구·테니스…
기술 진화에 확대일로…'사장님 온기' 느껴져야

회사원 A씨는 종종 야근을 한다. 늦은 시간 귀가해 밀린 집안일을 하는데, 빨래할 때면 층간 소음 문제로 신경이 쓰인다. 주로 주말을 이용해 빨래를 하지만 빨랫감 속에 꼭 입고 싶은 옷이 있거나, 당장 쓸 수건이 없을 때도 있다. 그럴 때 A씨는 오피스텔 1층에 생긴 무인(無人) 빨래방을 이용한다. 24시간 운영되니 어느 시간대나 자유롭게 이용할 수 있다.

최근 A씨는 이런 상황을 종종 즐긴다. 빨래방 옆에 무인 문구점이 생겼기 때문이다. 귀여운 문구용품을 구경하고 구매하는 것을 좋아하는 A씨는 세탁기에 빨래를 넣어놓고 무인 문구점을 방문해 시간을 보낸다. 소소한 물품을 구경하다 보면 시간이 금방 지나간다. 가끔 사고 싶은 물건이 생겨 지갑을 열지만, 문구기 때문에 큰 지출도 아니다. 오히려 스트레스 해소에 도움을 준다고. 만일 문구점에 주인이 있었다면, 눈치를 보고 5분 이내에 나왔을 것이다. 무인 매장이어서 오히려 편하게 오랜 시간 천천히 구경하며 시간을 보낼 수 있다는 전언이다.

무인 문구점 건너편에는 또 무인 반찬 매장이 있다. 때때로 할인하는 반찬들이 있어, 좋아하는 반찬을 싼 가격에 구입하는

운 좋은 일도 왕왕 생긴다. 가끔 피곤하면, 인근에 있는 무인 카페에 들러 커피를 마신다. 이 동네는 9시면 대부분 카페가 문을 닫기 때문에 카페 커피를 마시고 싶어도 방법이 없었다. 그러나 무인 카페가 생긴 이후로, 맛있는 커피를 비교적 저렴한 가격에 사 먹을 수 있다. 양손에 좋아하는 것들로 가득 채우고, 빨래방으로 돌아가면 빨래는 이미 끝나 있다. 빨래에서 풍기는 섬유유연제 향기를 맡으며 세탁기에서 빨래를 꺼내다 보면 오늘 하루도 충실히 살아낸 기분이다.

회사원 A씨의 퇴근 후 일상은 더 이상 낯설지 않다. 무인 매장은 이제 우리 일상에 깊이 스며들고 있다. 매장에 들어갔을 때 점주나 직원 없이 나 홀로 머물며 보내는 시간이 편하게 느껴지기도 한다.

무인 매장이 대중화되며 업종도 다양해지고 있다. 빨래방을 비롯해 카페, 반찬가게, 문구점 외에도 아이스크림 가게, 노래방, 스터디카페, 키즈룸, 애견 목욕카페, 최근에는 골프장, 탁구장, 테니스장 등 스포츠도 무인 매장이 생겨나는 등 갈수록 확산되고 있다.

'비대면'에 익숙해진 사람들에게 무인 매장이 매력적인 소비처로 떠오르자, 창업 시장에서도 무인 매장 창업이 각광받고 있다.

인건비 걱정 없어 소자본 투잡 아이템 '각광'

무인 매장의 장점은 여러 가지다. 유인 매장에 비해 비교적 소자본으로 창업할 수 있고, 인건비가 거의 안 들어 운영비가 저렴하다. 또한 매장 관리를 여유 시간에 유연하게 할 수 있다는 '시간적 자유'로 인해 직장인의 '투잡' 아이템으로도 인기가 높다.

실제로 무인 매장 점주들은 자신의 생활 패턴에 맞춰 적절히 매장 운영을 하고 있다. 일례로, 직장인인 B사장은 출근 전 한 시간 일찍 매장에 도착해 점검과 관리를 한다. C사장은 육아를 마친 후 아이들이 잠든 밤 10시에 매장을 관리하러 간다. D사장은 주 3회 아르바이트를 고용하고, 나머지 주 4일은 본인이 직접 매장에 나가서 관리한다. E사장은 본인 수익을 줄여 무인 매장 관리 전문 업체를 고용, 매장 운영을 맡긴다. 이처럼 본인 생활 패턴에 맞춰 효율적으로 운영할 수 있다는 점은 분명 무인 매장의 장점이다.

그런데 무인 매장 창업 상담을 하다 보면 이런 장점만 바라보고 "매장 하나 잘되면 두 개 더 하려고요"라는, 기대에 부푼 말을 종종 듣게 된다. 솔직히 말하면, 이런 말에 대해 필자는 냉소적인 시각을 갖고 있다. 이렇게 무인 매장 창업을 쉽게 보고 접근하는 것은 그 자체로 위험 신호다. 현장에서 막상 무인 매장을 운영해보면 생각보다 쉬운 일이 아니기 때문이다.

무인 매장 성공하려면…
고객 동선 체크하고 인기 제품 비치

무인 매장을 운영하는 것은 생각보다 복잡하고, 많은 관리와 세심한 주의가 필요하다. 단순히 기술적으로 자동화된 무인 시스템을 설치한다고 해서 되는 것이 아니다. 실은 무인 매장 하나를 잘 운영하는 것도 만만치 않은 일이다. 사람 손길이 생각보다 많이 필요하다.

무인 매장을 성공적으로 운영하는 사장님들은 매장 관리를 철저히 한다. 물건이 비어 보이지 않도록 재고를 수시로 체크하고, 진열을 항상 깨끗하게 유지하며, 진열 위치를 주기적으로 바꿔 고객 관심을 끌기 위해 부단히 노력한다. 이처럼 끊임없이 매장을 살피고 관리하며 개선해야 매출이 안정적으로 유지될 수 있다.

반면, 폐업하거나 실패하는 무인 매장 사장의 경우는 오픈 준비 과정부터 다르다. 무인 매장이라고 해서 개업일에도 매장에 직접 나오지 않는 경우가 많다. 투자금 회수에만 신경 쓰느라 재고가 부족해도 추가로 사놓지 않는 경우가 빈번하다. 이런 상황이 반복되면 고객은 관리 소홀을 체감하고 발길을 끊기 시작한다. 이럴 때 인근에 경쟁 업체가 들어서면 그나마 있던 고객도 뺏기고 폐업 위기에 직면한다.

결국, 무인 매장이 망하는 이유는 사장이 매장 운영과 관리를 단순히 자동화된 시스템에만 의존하기 때문이다. 무인 시스템이 모든 문제를 해결해주지는 않는다. 성공적으로 무인 매장을 운영하려면 지속적인 관리와 관심, 그리고 끊임없는 재투자가 필요하다. 무인 창업을 한다고 해서 손이 가지 않는 것이 아니라, 오히려 적극적인 관리와 유연한 운영이 필요하다. 아무리 좋은 입지에 매장을 내도, 매장 관리가 제대로 이뤄지지 않으면 실패할 수밖에 없다. 이 점을 명확히 이해하고, 실질적인 운영과 관리에 대한 철저한 계획을 수립한 뒤에 무인 매장 창업에 임해야 한다.

'도난' '보안'은 무인 창업의 숙제

무인 창업을 염두에 둔 분들이 가장 많이 물어보는 질문 중 하나는 도난과 보안에 대한 우려다. 무인 매장에는 직원이 상주하지 않기 때문에 유인 매장에 비해 도난이 발생할 위험이 큰 것이 사실이다.

그렇다고 이를 막기 위해 점주가 매장을 지키고 있을 수만은 없다. 도난 방지를 위해 CCTV 등 보안 시스템을 늘 가동하고, 유사시 CCTV를 보며 사후 처리

무인 문방구.

를 하는 것 외에는 도난을 방지할 수 있는 확실한 방법은 없다. 이로 인한 문제가 일부 발생할 수 있다는 점은 감안해야 한다.

무인 매장일수록 '사장님의 온기' 느껴져야

무인 매장일수록 매장 내에서 '사장님의 온기'가 늘 묻어나야 한다. 매장을 꾸준히 관리하는 사장님 손길이 곳곳에서 느껴져야 비로소 고객 발길을 잡을 수 있다. 필자가 운영하는 '문구방구' 가맹점주 중 "매장 매대가 비어 있는 것은 고객에 대한 예의가 아니다"라며, 늘 매장을 꼼꼼히 관리하는 분이 있다. 이 점주

무인 키즈룸.

는 또 다른 점주가 어떤 제품을 많이 구매하는지, 고객은 매장의 어느 위치에 많이 머물러 있는지를 늘 체크한다고 한다. 고객이 찾는 상품이 내 매장에 없는 경우가 많아지면 그 고객은 내 매장을 찾는 빈도가 줄어든다. 무인 매장도 결국 사람을 상대하는 일이므로, 고객 요구를 알고자 하는 노력을 게을리하면 안 된다. 고객 동선을 체크해서, 유행하는 제품은 눈에 잘 띄는 곳에 비치하는 정성도 매출을 늘리는 포인트다. 이런 노력이 차곡차곡 쌓여야만 고객의 지속적인 재방문과 소비를 유도할 수 있다.

점주가 매장에 직접 시간을 쓸 수 없는 상황이라면, '전문 관리 업체'를 고용하는 방법도 있다. 전문 업체를 통해 매장을 관리하면, 사업주는 매장 운영 부담을 줄이면서 안정적인 수익을 얻을 수 있다. 현재 무인 매장 프랜차이즈 중 본사가 매장 관리를 대신해주는 모델이 증가하고 있다. 3년 전 코로나19 팬데믹으로 인해 취업이 어려웠던 시기에는 주부들이 무인 창업에 많이 도전했지만, 요즘은 직장인과 이미 무인 창업을 경험한 이들이 더

국내 무인 매장 시장 규모

국내 1만4000여개의 무인 매장 운영 중

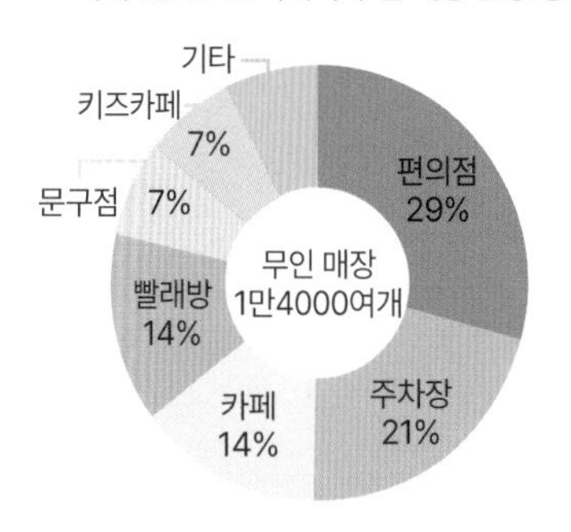

전국 만 19~59세 성인 남녀 1000명 대상

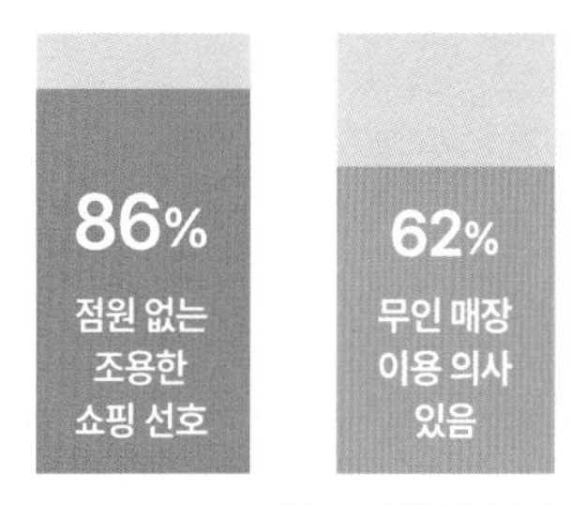

자료: 엠브레인 트렌드모니터, OECD

편의점 4사 무인 매장 수 추이

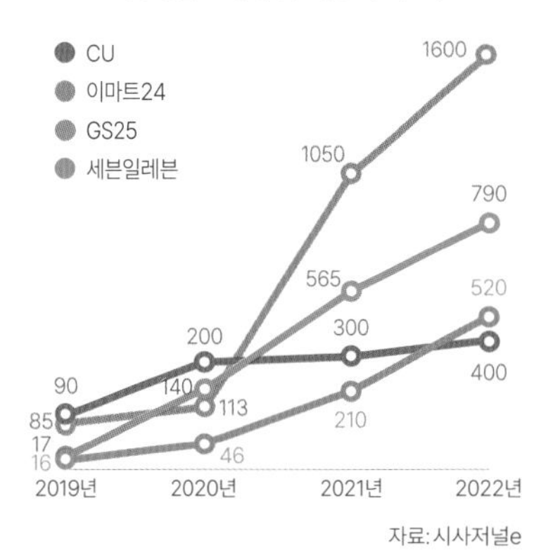

자료: 시사저널e

욱 관심을 보이고 있다. 앞으로도 무인 매장 관리 전문 회사나 관리 대행 시스템에 대한 수요는 계속해서 증가할 것으로 예상된다.

기술 진화에 수요 증가…
무인 매장 계속 늘어날 것

불과 7년 전, 무인 아이스크림 가게가 처음 등장했을 때 소비자 반응은 냉담했다. 많은 사람이 "가게에는 사장이 있어야지, 저게 무슨 가게냐"라는 반응을 보였다. 그러나 지금은 무인 매장이 동네 곳곳에 자리 잡았다.

4년 전 등장한 무인 문구점도 비슷하다. 처음에는 많은 사람이 "아이를 도둑으로 만드는 것 아니냐"며 우려했다. 하지만 지금은 무인 문구점이 워킹맘에게 큰 도움이 되는 서비스로 자리 잡았다. 24시간 운영되는 문구점 덕분에 자녀의 학교 준비물이나 비상 상황에 필요한 문구류를 쉽게 구입할 수 있게 된 덕분이다. 특히, 아이들과 함께 쇼핑할 수 있는 편리함은 큰 장점으로 다가온다.

이런 변화는 고객들이 무인 매장 시스템에 점점 더 익숙해지고 있음을 보여준다. 바로 옆에 사람이 있는 매장이 있어도 오히려 무인 매장을 찾을 만큼 선호도가 높아졌다.

무인 애견 목욕 카페.

무인 매장은 '숍인숍' 형태로도 운영할 수 있다. 가령 무인 문구점을 운영하는 경우, 매장 내에 스마트폰 사진 인화 기계를 둔다거나, 솜사탕 기계 등을 비치해 놓는 등 어울리는 여러 업종을 함께 운영할 수 있다. 소비자가 즐길 수 있는 여러 가지 아이템이 한 매장에 있는 것이다. 무인 매장이 붐빌수록 가게 앞을 지나가는 다른 소비자가 매장 안으로 발걸음을 돌릴 가능성도 높아진다. 이 경우 무인 매장은 소비자에게 일상의 환기를 주는 재밌는 이벤트장이 될 수도 있다.

앞으로 무인 매장은 계속해서 업그레이드되고 혁신을 거듭할 것이다. 무인 시스템의 기술적 발전과 함께 더 많은 업종에서 무인 매장이 도입될 것으로 예상된다. 예를 들어, 스마트 물류와 AI 기반 고객 서비스가 결합된 무인 매장은 고객 경험을 더욱 향상시키고, 매장 운영의 효율성을 극대화할 것이다. 또한, 모바일 앱과 연동된 서비스를 통해 고객이 언제 어디서나 손쉽게 쇼핑할 수 있는 환경이 조성될 것이다. 무인 매장의 기술적 진화와 사회적 수요 증가가 맞물리면서, 무인 창업은 미래의 상업 환경에서 중요한 역할을 계속해나갈 것으로 기대한다.

용선영 고수와 1:1 상담 문의는 여기로! »

대세로 급부상한
요거트 아이스크림 괜찮을까

나건웅
매경이코노미 기자

2015년 매경이코노미 입사 후 유통·핀테크·스타트업 등 분야 취재. 2016년부터는 국내 프랜차이즈 브랜드 대상으로 매년 다점포율을 조사하는 등 자영업 시장에 비중을 두고 취재 중. '부의 시선' '자영업 뉴패러다임에 대비하라' '포스트 코로나 신상권 지도' 등 저작 다수.

배달 검색 휩쓴 '요아정'… 제2의 탕후루되면 어쩌나…

서울 왕십리 근처에 사는 직장인 김주현 씨는 퇴근길 '요거트 아이스크림' 매장에 들르는 것이 버릇이 됐다. 시원한 에어컨을 틀어놓고 포장해온 아이스크림을 퍼먹는 게 일상 중 몇 안 되는 행복이다. 평소 즐겨 보던 유튜버 콘텐츠 먹방을 보고 따라 주문한 것이 계기가 됐다. 비싼 가격이 다소 부담되지만 저녁을 거르고 아이스크림을 먹을 정도로 푹 빠졌다. 김 씨는 "생과일, 벌집, 그래놀라, 치즈 등 요거트 아이스크림에 얹어 먹는 토핑 조합이 워낙 다양하다 보니 매번 새롭게 먹는 재미가 있다"며 "맛도 맛이지만 다른 디저트보다 상대적으로 더 건강하지 않을까 하는 생각에 자주 사 먹는 편"이라고 말했다.

한국 디저트 시장 트렌드가 또 한 번 요동친다. 2023년이 탕후루의 해였다면 2024년은 '요거트 아이스크림'이다. 요거트 아이스크림에 생과일, 과자, 벌집, 케이크 등 여러 가지 토핑을 곁들여 먹는 디저트가 젊은 세대 사이에서 대세로 자리 잡았다. 얼핏 '요거프레소'로 대표 되는 과거 제품과 크게 다를 바 없어 보이지만 최근 반응은 폭발적이다. 갖가지 토핑이 만들어내는 알록달록한 색감과 함

요거트 아이스크림 인기 비결 중 하나는 다채로운 토핑이다. 생과일, 벌집, 과자, 케이크 등 다양한 조합을 통해 자신만의 레시피로 만들어 먹을 수 있다.

요아정 홈페이지 갈무리

께, 자기만의 토핑 레시피로 인증샷을 찍는 문화가 SNS를 중심으로 인기를 끌면서다. 창업 시장 관심도 뜨겁다. 한 브랜드는 2024년 상반기 6개월 동안에만 매장 수를 200개 가까이 늘렸을 정도다.

'요아정'이 대체 뭔데

올해만 200개↑… 대기표 뽑아야 창업

요거트 아이스크림 열풍 한가운데 '요아정' 브랜드가 있다. 2021년 가맹 사업을 시작한 디저트 브랜드 '요거트 아이스크림의 정석'을 줄인 표현이다. 요새는 토핑을 곁들인 요거트 아이스크림 '고유명사'처럼 쓰일 정도다.

최근 배달 앱을 자주 이용한다면 한 번쯤 봤을 법한 이름이다. 시간대 · 요일 · 날씨를 불문하고 요아정은 배달의민족이나 쿠팡이츠 같은 배달 앱 인기 검색 순위표 최상단을 놓치지 않고 있다. 비슷한 요거트 브랜드에서는 검색 효과를 노리기 위해 '요아정말 맛있는' 같은 키워드를 넣는 '꼼수'까지 쓸 정도다.

요아정 인기는 유튜브 영향이 크다. 가수 강민경과 인기 유튜버 입짧은햇님 등이 자기만의 레시피로 요아정을 주문해 먹는 모습이 화제를 모으며 입소문을 탔다. 요아정을 키워드로 만든 영상 조회 수가 잘 나온다는 사실을 인지한 다른 유튜버가 너도나도 요아정 먹방을 찍으며 인기가 확대 재생산 중이다. 매출도 크게 뛰었다. 시장조사 업체 마크로밀 엠브레인 구매 빅데이터에 따르면 2024년 7월 기준 요아정 구매액은 전월(6월)과 비교해 1569.9% 신장률을 기록했다.

인기 급증에 힘입어 요아정은 '엑시트'에 성공하기도 했다. 2024년 7월 '아라치치킨'을 운영하는 대구 소재 식품 회사 삼화식품이 트릴리언즈 지분 100%를 400억원에 인수했다.

매장 증가세도 심상치 않다. 2021년 99개였던 요아정 가맹점은 지난해 166개로 늘었다. 홀에 기반한 오프라인 매장을 운영하는 '카페요아정' 역시 지난해 점포가 15개다. 요즘 창업 열풍은 더 뜨겁다. 올해 6월 기준 전국 요아정 매장은 350개, 9월에는 470개까지 늘어났다. 2024년 들어서만 300개 가까운 점포가 문을 열었다는 얘기다. 요아정 운영사 트릴리언즈는 홈페이지를 통해 "가맹 문의로 현재 업무가 마비됐다"며 "홈페이지로 가맹 문의를 작성해주면 순차적으로 전화를 주겠다"고 공지했을 정도다. 전화번호도 비공개로 바꿨고 실제 연락이 닿지 않았다. 요아정 창업자들로부터 대신 분위기를 전해 들을 수 있었다. 서울에서 요아정을 운영 중인 한 자영업자는 "예전에는 배달 · 포장 전문점이나 숍인숍으로도 창업이 가능했지만 이제는 달라졌다. 홀을 갖춘 오프라인 운영을 조건으로 매장을 여는 모습"이라며 "나도 점주지만 요즘에는 본사 직원과도 제대로 연락이 안 될 정도"라고 설명했다.

요아정과 비슷한 아이템을 운영하는 브랜드도 계속 늘어나는 중이다. 2024년 점포를 180개까지 늘린 요거트월드를 비롯해 요거트퍼플, 요고 프로즌 요거트, 달롱도르 요거트 아이스크림 등이다.

높은 객단가…비교적 큰 마진
"일매출 500만원" 인증하기도

요거트 아이스크림이 늘어나는 것은 소비자 수요가 많아져서 뿐 아니다. "자영업자 입장에서도 여러모로 장점이 많다"는 게 업계 관계자 설명이다.

일단 운영이 편하다. 홀 매장을 운영하는 점포도 있지만, 현재 매출 대부분은 배달 · 포장에서 나온다. 점주는 미리 아이스크림을 짜놓은 배달 용기를 냉동고에 넣어놨다가, 주문이 들어오면 거기 맞춰 토핑만 얹어내면 끝이다.

객단가가 높다는 점도 업주 입장에선 만족스럽다. 생과일, 벌집, 케이크 등 고가 토핑을 추가하면 1인분 기준 가격이 2만원을 금방 넘어간다. 최근 배달 앱 플랫폼이 정률제 수수료를 도입하며 다소 퇴색되기는 했지만, 한 번 배달 시 주문 금액이 클수록 업주 마진도 늘어난다.

배달 · 포장이 주력이다 보니 임대료 부담도 상대적으로 적다. 서울에서 요아정을 운영하는 또 다른 점주는 "오피스 · 학교 · 유흥 상권 등 입지에 따라 조금씩 다르기는 하지만 기본적으로 점심 · 저녁 가리지 않고 꾸준히 배달 콜이 들어오는 편"이라며 "본사에서도 역 근처 등 메인 입지에서 조금 떨어진 지역에 창업을 권한다"고 설명했다.

하지만 뭐니 뭐니 해도 가장 큰 매력은 '매출'이다. 요아정이 제출한 정보공개서에 따르면 지난해 서울 점포 기준 월평균 매출이 2000만원이 넘는다. 업계에 따르면 요아정 외에도 월매출 5000만원이 넘는 고매출 점포가 여럿이다. 한 유튜브 방송에서는 "일매출 500만원"이라고 밝힌 점주가 등장해 화제를 모으기도 했다.

순수익도 큰 편이다. 탕후루 같은 여타 디저트 대비 객단가가 워낙 높은 덕분에 원가율 대비 마진이 좋다. 브랜드와 점포, 배달 매출 비중, 운영 시간에 따라 조금씩 다르지만 점주 출근 없이 매장을 '풀오토'로 운영해도 평균 마진율이 30% 정도 된다는 것이 본사 측 설명이다.

창업 비용도 높지 않다. 보증금 제외 기준 5000만원 정도면 배달 · 포장 전문점을 낼 수 있다. 테이블 2~3개를 포함한 오프라인 매장 창업 시 인테리어 비용을 포함해 약 1억원이 필요하다.

아이스크림에 토핑만 얹으면 끝

너무 낮은 진입장벽… 유행은 끝난다

요거트 아이스크림 창업이 현재 '핫'하다는 사실에는 이견이 없다. 중요한 건 앞으로다. 국내 디저트 트렌드가 워낙 빨리 바뀌기 때문이다. '유행이 클수록 쇠퇴도 빠르다'는 그간의 공식은 요거트 아이스크림에도 유효하다. 2023년 전국에 돌풍을 일으켰던 '탕후루'도 최근 줄폐업이 이어지고 있다. 2024년(9월 기준) 폐업한 탕후루 가게 수는 190개로 전년 72개에서 두 배 이상 증가한 것으로 집계됐다.

요거트 아이스크림이 자칫 '제2의 탕후루'가 될 수 있다는 의견이 힘을 얻는다. 공통점이 많다. 화려한 비주얼로 20대 젊은 층을 중심으로 인기를 얻었다는 점, 브랜드와 매장 수가 단기간에 급격히 늘

가장 많이
검색하고 있어요
07.01 20:00 기준

1 요아정
2 지코바
3 설빙
4 빙수
5 배스킨라빈스
6 요거트
7 김치찜
8 요거트아이스크림
9 아이스크림
10 팥빙수

요거트 아이스크림에 대한 관심은 배달 앱 검색 순위에서도 살펴볼 수 있다. 1위 요아정을 비롯해 '요거트' '요거트아이스크림' 같은 키워드도 늘 검색 상위에 랭크된다.

배달의민족 갈무리

어나고 있다는 점 등이다.

익명을 요구한 한 프랜차이즈 업계 관계자는 "본사 입장에서는 매장을 빠르게 늘릴 수 있는 적기다. 탕후루 열풍이 식으면서 그 자리를 다른 아이템으로 채우고자 하는 수요가 워낙 큰 상황"이라며 "업종 전환 시 지원금을 얹어주는 브랜드도 있다. 일단 매장을 늘리고 보자는 식의 태도가 우려스럽다"고 꼬집었다.

진입장벽이 워낙 낮다는 것도 탕후루와 비슷한 점이다. 매장 운영과 제조가 쉽다는 건 그만큼 누구나 쉽게 따라 할 수 있다는 얘기다.

점포 수가 기하급수적으로 늘어나고 있는 현 상황에 비춰보면 앞으로 매출이 급감할 수 있다. 벌써 여타 커피 전문점 브랜드에서 비슷한 제품을 내놓고 있다. 상대적으로 값이 비싼 토핑은, 마트에서 따로 구입해 먹는 분위기도 확산 중이다. 대왕카스테라, 생과일주스, 탕후루 등 한 시대를 풍미했던 여러 디저트처럼 반짝하고 사라지는 트렌드가 될 수 있다.

이철주 크리에이티브스푼 대표는 "탕후루 폐업 매장에서 대체하기 워낙 좋은 아이템이라 최근 수요가 급증하고 있지만, 요즘처럼 점포가 우후죽순 늘어나면 매출 급감은 불 보듯 뻔하다"며 "1년 내 권리금을 회수하는 식으로 치고 빠질 생각이라면 모를까 꾸준한 매출을 원한다면 리스크가 꽤 있는 아이템"이라며 우려했다.

배민 수수료 인상에 어떻게 대응할까

노승욱 창톡 대표

장사 노하우 공유 플랫폼 '창톡' 창업자 겸 대표. 매경이코노미 창업전문기자 12년 근무 후 매일경제신문사 사내벤처로 '창톡'을 설립해서 2023년 3월 분사, 장사고수와 소상공인 간 가교 역할을 하고 있다.

'배달'이란 영업 채널 포기할 순 없어 "소비자에게 부담 전가 불가피" 54%

2024년 자영업 시장 가장 큰 뉴스 중 하나는 배달의민족의 배달 주문중개 수수료 인상이다. 이번 정책 변화로 배달로 월매출 1500만원을 올리던 가게는 수수료 부담이 월 50만원, 연 600만원가량 증가하게 됐다. 배민이 배달비 지원 등 일부 지원책을 내놨지만, 수수료 인상분에 크게 못 미치고 언제 지원이 중단될지 모른다는 점에서 안심할 수 없다.

상황이 이렇자 "이제 배달 장사를 해도 정말 남는 게 없어졌다"라는 하소연이 곳곳에서 흘러나온다. 홀 판매 가격과 배달 가격이 다른 '이중가격제' 확산도 가속화되는 모양새다.

해법은 없을까.

창톡의 배달 전문 장사고수* 13명에게 배달 앱 수수료 인상에 대한 대응 전략을 물었다.

* 월매출 5000만원 이상 장사고수 중 배달 매출 비중이 30% 이상인 '현직 배달 전문 장사고수'.

**"배달 장사 계속하되,
홀 비중 늘리고 가격 인상 불가피"**

먼저, 배달 판매 수익성이 급감한 상황에서 배달 장사를 과연 계속해야 하는지, 한다면 어떻게 수익성을 유지할 수 있을지 물었다.

결론부터 얘기하면 13명 중 1명을 제외한 12명이 "그래도 배달 장사는 계속해야 한다"고 응답했다. 소비자가 이미 배달에 익숙해져 포기할 수 없는 영업 채널이라는 이유에서다. 다만 배달 매출 비중을 줄이고 홀 매출 비중을 높이는 전략이 바람직하다고 강조했다.

"배달은 유지하되, 수익성을 위해 배달료나 가격을 인상해 소비자에게 부담을 전가해야 한다" (6명), "홀 중심으로 운영하고 배달비 수수료를 음식 가격에 녹여 운영해야 한다" (1명) 등 소비자에 대한 가격 인상이 불가피하다(약 54%)는 의견이 주를 이뤘다.

"배달은 유지하되, 가격 인상은 자제하고 최대한 박리다매를 하는 것이 유리하다"는 소수 의견은 3명이다. 이어 "남는 게 거의 없으니 배달 장사를 접고 홀 장사에 집중하는 게 낫다" "배달 장사를 접을 수는 없다고 생각한다. 정답은 없지만 매장에 따라 현명한 방안을 스스로 찾아야 한다"라고 답한 고수가 각각 1명씩 있었다.

배달에 '유리한' 메뉴는?(복수 응답)

단위: %

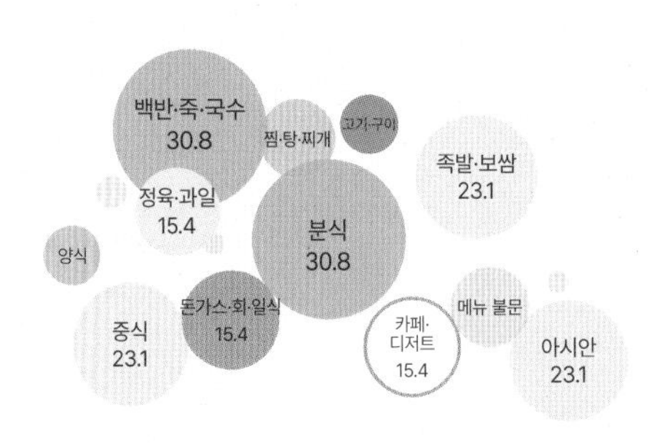

순위	메뉴	선택 비율
1위	백반·죽·국수	30.8
	분식	30.8
2위	족발·보쌈	23.1
	중식	23.1
	아시안	23.1
3위	돈가스·회·일식	15.4
	카페·디저트	15.4
	정육·과일	15.4
	메뉴 불문	15.4
	기타	15.4

배달 유리한 메뉴는 재주문 용이한 '백반·죽·국수' '분식'

메뉴 단가와 특성에 따라 배달에 유리하거나 불리한 메뉴도 있을 터.

배달에 유리한 메뉴를 묻자(복수 응답) '백반 · 죽 · 국수(배민에서는 이 세 가지가 한 카테고리로 묶여 있다)' '분식'이 각각 4표씩을 얻어 가장 많았다. 이어 '족발 · 보쌈' '중식' '아시안'이 3표씩을 받았다.

'백반 · 죽 · 국수'가 배달에 유리한 이유에 대해 임성식 부대옥 대표는 다음과 같이 말했다.

"내가 배달 장사를 해야 된다면 무조건 한식, 김밥, 분식 같은 되도록 객단가가 높지 않은 메뉴로 하겠다. 이들은 한 가지 메뉴 전문점이 아니라 다양한 메뉴가 있고, 가성비가 좋아 소비자가 부담 없이 매일 먹을 수 있기 때문이다."

한마디로 재구매 주기가 짧아 재주문율을 높일 수 있는 메뉴가 유리하다는 것. 유가네닭갈비 본사에서 전국 배달왕 상을 받은 김봉제 고수도 '백반 · 죽 · 국수'와 함께 '족발 · 보쌈'을 추천했다. "족발은 아무래도 외식보단 간단한 야식 개념이나, 술 안주용으로 적합하니 좋고, 단가적인 측면에서도 유리하다"는 설명이다.

배달에 '불리한' 메뉴는?(복수 응답)

단위: %

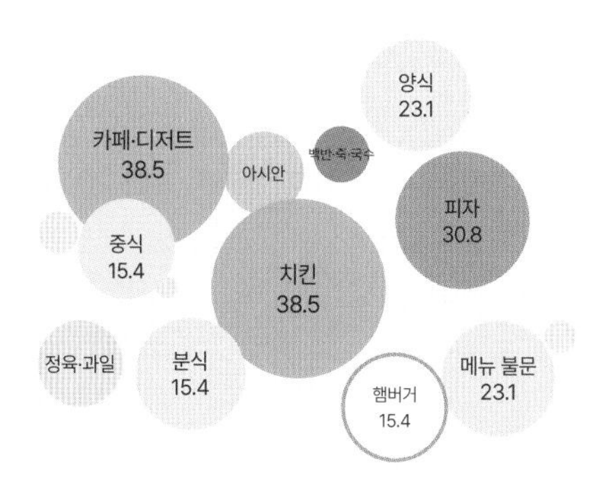

순위	메뉴	선택 비율
1위	카페·디저트	38.5
	치킨	38.5
2위	피자	30.8
3위	메뉴 불문	23.1
	양식	23.1
4위	중식	15.4
	분식	15.4
	햄버거	15.4
	기타	38.5

배달 불리한 메뉴는 배달 앱 종속성 높은 '치킨' '피자'

장사고수들이 생각하는, 배달에 불리한 메뉴는 뭘까. '치킨' '커피 · 디저트'가 각각 5표, '피자'가 4표를 얻어 가장 많았다. '치킨'과 '피자'는 프랜차이즈 수익 구조상 유통 마진이 커서 점주 순마진이 적은데, 치열한 경쟁 때문에 할인쿠폰을 뿌리느라 수익성이 더욱 나빠지고 있다는 것. 또한 배달이 선택이 아닌 필수여서, 이런 수수료 인상 사태가 일어날 때마다 수익성 악화가 불가피하다는 우려도 제기됐다. '커피 · 디저트'는 진입장벽이 낮아 공급 과잉인 데다 객단가가 낮아 배달비 부담이 크다는 게 문제로 지적됐다.

수수료 인상, 경쟁 과열에 '신규 고객 유입' 어려워져

배달 장사를 하는 사장님들을 위한 조언도 구했다.

김봉제 고수는 과도한 플랫폼 수수료로 인한 배달 생태계 위축을 우려하며 신중한 창업을 당부했다.

"현재 시장에서 신규 유입되는 배달 업체는 상당한 고전을 할 것으로 예상된다. 현재 우리 가게는 영업 8년 차에 '찜' 수가 4000개 정도인데도 배달 주문이 상당히 줄었음을 체감한다. 장사는 기존 재주문 고객과 신규 고객 유입이 적절한 조화를 이뤄야 한다. 통계를 내보니 재주문율은 그나마 방어를 하고 있지만, 신규 고객 유입은 2~3년 전보다 확실히 떨어졌다. 배달 시장이 성장하려면 낮은 플랫폼 수수료가 어느 정도 받쳐줘야 질 좋은 음식과 그에 따른 서비스가 제공돼서 사장과 고객 양쪽 모두 만족하고 성장을 도모할 수 있다. 통상 프랜차이즈 마진율이 10% 정도인 지금은 플랫폼 수수료율이 너무 과하다. 물가 상승으로 인한 재료비야 시간이 지나고 시장이 안정화되면 원래대로 돌아갈 수 있지만, 과도한 플랫폼 수수료율로 인한 마진율 하락은 회복이 어렵다. 신규 사장은 배달 장사에 신중을 기해야 할 때다."

이 밖에도 장사고수들의 다양한 조언을 정리해본다.

"긴 영업 시간을 반드시 지키고 최소주문 금액을 낮게 하고 빠르게 보내야 한다."

(김대의 샐러가든 대표)

"무료배달로 세팅하되, 배달료는 음식 가격에 녹이는 것을 추천한다."

(박성욱 아시아투고 대표)

"어중간한 판매 전략은 어렵다. 박리다매로 팔 것인지, 고품질 음식을 고가에 팔 것인지 마케팅 방향성을 선택해야 한다."

(김동욱 죽을담다 대표)

"가능하면 홀 매장을 운영하는 게 좋지만, 앞으로 배달이 더 늘고 없어지지는 않을 테니 하게 되면 비용 계산을 잘해서 이익 창출에 더 신경 써야 한다."

(김윤승 리보스코화덕피자 대표)

"손님이 예상치 못한 것들을 배달에 넣어 보낼 수 있다면 재밌는 장사를 할 수 있을 것이다. 예를 들면 여름에는 쭈쭈바, 겨울에는 핫팩 등."

(강혁주 평안도식당 대표)

"가격을 올리는 만큼 손님에게 가치를 줘야 한다."

(박지환 여부초밥 원주중앙점주)

창톡
배달 장사 유지한다?
수익성 유지는 어떻게?

창톡
25%
8.3%
8.3%
50%
25% 장사고수,
"배달 유지하되 가격 인상 자제하고 박리다매…"

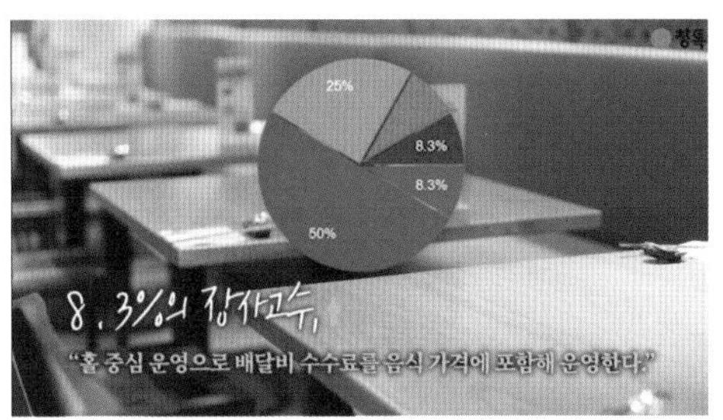
창톡
25%
8.3%
8.3%
50%
8.3%의 장사고수,
"홀 중심 운영으로 배달비 수수료를 음식 가격에 포함해 운영한다."

창톡
치킨 B사
치킨 A사
치열한 경쟁으로 더 낮은 수익율..

창톡
강혁주 평안도식당 대표

창톡
Bosco
김윤승 리보스코화덕피자 대표
"비용계산을 잘 해서 이익 창출에 더 신경 써야 합니다."

창톡
김대의 샐러가든 대표
"최소 주문 금액을 낮게 하고, 빠르게 보내야 합니다."

창톡
여부초밥
033-813-2486
강혁주 평안도식당 대표
"가격을 올리는 만큼 손님들에게 가치를 줘야한다고 생각합니다."

PART 2

상권 트렌드

대한민국 상권 어떻게 바뀌어왔나

박균우
두레비즈니스 대표

컨설팅 업체 두레비즈니스 대표다. 25년 동안 현장 상권 분석 전문가로 활동하고 있고 유튜브 '상권분석현장에서'를 운영 중이다. 저서로 '인생2막을 위한 상가 투자와 창업' '병의원, 치과, 한의원 개원 상권 분석' '내 상가 건물에 어떤 업종이 적합할까?'를 집필하였다.

승용차·휴대폰 보급에 상권 大확장
'20년대 상권 변수는 저출생·고령화

상권은 살아 있는 생물과 같다.
그 생물이 꿈틀거림에 따라서 상권뿐 아니라 상가 콘셉트 역시 변화를 거듭해왔다.
상권과 상가 콘셉트 변화가 시작된 것은 우리 사회 경제 성장이 본격화된 1980년대 이후부터로 볼 수 있다. 이런 의미에서 1980년대 이후 상권과 상가의 변곡점이 됐던 주요 이슈를 살펴보면 상권과 상가의 현재와 미래를 예측할 수 있는 일이라고 생각한다. 1980~2020년까지 1차 변화, 2020년 이후 2차 변화로 나눠서 살펴보겠다.

1. 1980~2020년까지 상권 변천사

(1) 서울 올림픽

1988년 서울 올림픽은 국제적인 행사를 유치했다는 의미를 넘어 1990년대 우리 경제, 사회적으로 많은 변화를 가져왔다. 그렇다면 올림픽은 우리에게 어떤 영향을 미쳤을까.

① 산업 고도화와 시장 확대

국제적으로 1980년 모스크바, 1984년 LA 올림픽의 반쪽 올림픽에서 서울 올림픽은 온전히 전 세계가 하나가 된 올림픽이었다. 우리나라도 1980년대 사회적 혼란이 안정기에 접어들었고 산업은 본격적으로 고도화에 접어들던 시기였다. 동구권과 수교가 이어지고 시장이 확대되면서 기업 매출도 폭발적으로 증가, 10년 장기 호황의 발판이 된 계기가 올림픽이다.

② 개인 소득의 폭발적인 증가

1980년대 중반 대기업 초임은 월 30만~40만원대에 머물렀다. 하지만 올림픽 이후 대기업 초임이 100만원을 넘어서면서 개인 소득 증가로 인해 소비도 폭발적으로 증가했다. 개인 소득 증가는 이후 다양한 형태의 상권과 상가가 등장하는 직접적인 계기가 됐다.

(2) 승용차 보급

서울 올림픽 이후 개인 소득이 급증하면서 나타난 첫 번째 사회적 현상이 승용차 보급이다. 1986년 아시안게임 이후 면허증 취득 붐이 일었고, 이를 시작으로 자동차 3사에서도 국민차 생산 붐이 본격적으로 시작됐다.

승용차 보급으로 나타난 상권과 상가의 대표적 변화는 다음과 같다.

① 상권 확장

승용차 보급 이전 상권은 도보나 노선버스에 의존하는 지역 골목형 전통시장과 지역이나 도시의 거점 중심 시장이 대부분이었다.

그러나 승용차가 보급되면서 본격적으로 본인 선택에 따라서 원거리 이동이 쉬워졌다. 개인이 선택할 수 있는 상권 확장이 시작된 것도 승용차 보급으로 인한 영향이다.

② 대량 구매

승용차 보급 영향으로 구매 단위가 커졌다. 도보나 대중교통을 이용해서 이동하던 시기의 소품종, 소량 구매에서 다품종, 대량 구매가 가능해졌다. 이것은 개인 소득이 향상되면서 소비 단위가 커지고, 승용차 보급으로 개인의 선택에 따른 운반 수단이 편해진 덕분이다. 이는 새로운 유통 채널인 대형마트가 본격 확산되는 계기가 됐다.

(3) 새로운 유통 채널 등장

서울 올림픽 이후 10년 장기 호황기에 접어들면서 소비는 세분화됐다. 1990년대 이후에는 다양한 업태가 등장한다.

그중 대표적인 것이 유통업에서 새로운 유통 형태가 나타난 것이다. 상권뿐 아니라 사회 다방면에 영향을 끼친 대표적 형태가 편의점과 대형마트다.

① 편의점

1990년대 들어 전국적으로 확산된 편의점이 상권에 끼친 영향은 다음과 같다.

(a) 24시간 상권 시작

편의점 시대 이전에는 상권은 야간 유흥 및 먹자 상권이 있었지만 그 밖의 지역은 주간 상권에 국한됐다. 그러나 24시간 운영하는 편의점이 동네 골목까지 들어서면서 야간에는 문을 닫던 주변 상권도 자연스럽게 영업을 지속, 야간 상권이 형성됐다. 즉, 우리나라 상권이 24시간 운영되는 야간 상권으로 변한 것도 편의점 영향이다.

(b) 선진적인 프랜차이즈 시스템 도입

편의점 시스템이 일본에서 도입되면서 상권 조사와 점포 출점 기법, 프랜차이즈 시스템이 함께 국내에 들어오게 된다. 이는 1990년대 이후 국내 프랜차이즈 기업들에 상권 범위 설정, 가맹점 보호 정책 등에 영향을 미치며 관련 산업이 발전할 수 있는 계기가 됐다.

② 대형마트

대형마트 출현으로 소품종, 소량 소비에

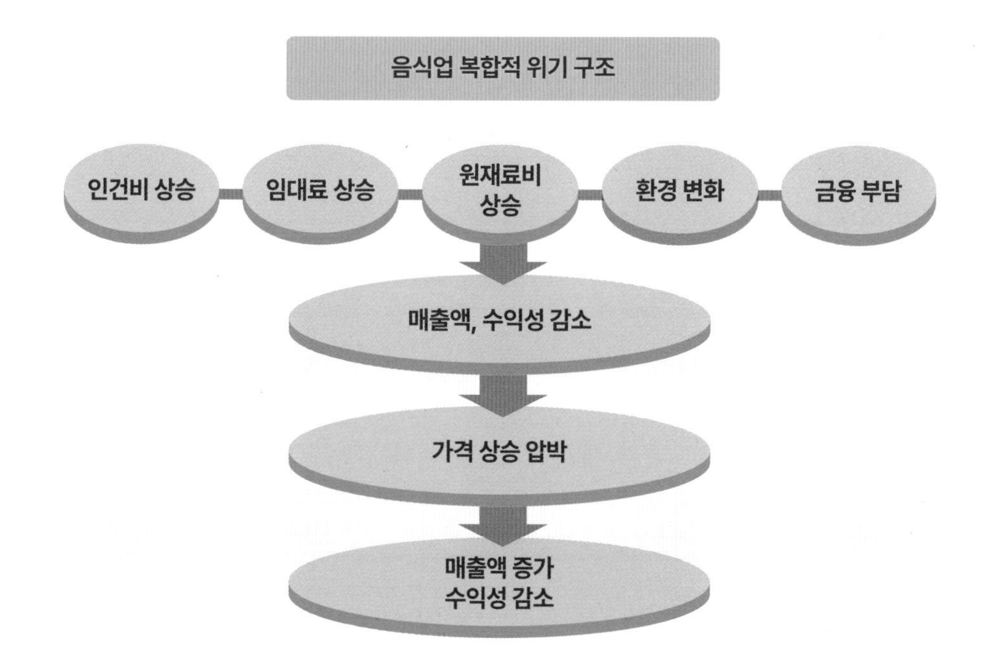

서 벌크 단위 소비로 변화가 시작됐다. 1990년대 중반 이후 승용차가 대중화되며, 부동산 가격이 비싼 도심형 마트보다는 도시 주변부에 출점하는 교외형 마트가 나타나면서 새로운 상권 패턴으로 자리 잡는다.

(4) 이동통신 보급

우리나라 상권 변화에 영향을 미친 하드웨어 두 가지를 꼽으라면 승용차 보급과 함께 이동통신 보급을 들 수 있다.

이동통신이 보급되기 이전인 1970~1980년대 유선전화 시대에는 상권은 도심에 제한됐다. 누구나 아는 랜드마크 건물 앞이나 거리가 약속 장소로 이용됐고 이런 장소 주변이 중심 상권이 됐다. 서울 유명극장 앞, 부산 광복로, 대구 대백(대구백화점 프라자) 앞, 광주 충장로 등이 대표적인 예다.

그러나 이동통신이 보급되면서 상권은 '고정형'에서 '이동형'으로 완전히 변해 버린다. 이는 소비자가 상권을 선택할 수 있게 해 상권의 다양성을 높였다는 점에서 큰 의미가 있다. 특히 2010년 이후 스마트폰 보급은 상권과 상가를 '검색'을 통해 찾아오는 시대로 또 한 번 변화시켰다. 이는 카페 거리 등 골목길 상권을 활성화시키고, 나아가 젠트리피케이션을 일으키는 동력이 됐다. 2010년대 후반 배달 앱, 쿠팡 등 새로운 유통 채널이 확산되고, 유튜브 시대가 시작된 것도 스마트폰의 영향이다.

(5) IMF 외환위기

서울 올림픽 이후 10년 장기 호황 끝자락에 맞이한 것이 1997년 IMF 외환위기였다. 이후 취업이 어려워지면서 국가적으로 실업 대책으로 선택한 것이 창업 붐이다. 퇴직자들이 창업 시장에 대거 진입하면서 프랜차이즈 산업이 성장하기 시작했다.

2. 2020년 이후 상권·상가 변화

2020년 이후 상권과 상가 변화를 촉발한 요인은 크게 세 가지다. 정부의 관리와 규제, 근무 형태 변화, 그리고 인구 구조 변화다.

(1) 정부의 관리와 규제

2020년 이후 현재까지 상권 변화에 가장 큰 영향을 미치고 있는 것은 2010년 이후 지속돼온 정부 관리와 규제다.

지금까지 상권 변화에 영향을 미치고 있는 규제는 대형마트 의무휴무일 지정*, 부

* 중소상공인 보호를 명분으로 시작했지만 입법 효과보다 주변 상권 침체를 불러와서 지자체마다 휴일보다 평일로 변경하는 추세다.

대한민국 인구수·세대수·세대당 인구 변화

단위: 명, 세대

년도	인구수	세대수	세대당 인구
1980년	37,436,315	7,969,201	4.7
1990년	43,410,899	11,354,540	3.8
2000년	46,136,101	14,391,374	3.2
2010년	48,580,293	17,339,422	2.8
2015년	51,529,338	21,011,152	2.45
2020년	51,829,023	23,093,108	2.24
2022년	51,439,038	23,705,814	2.17
2023년	51,325,329	23,914,851	2.15

*집계 시점 차이로 오차가 있을 수 있음

자료: 통계청, 행정안전부

정청탁 및 금품수수 및 금지에 관한 법률(일명 김영란법)**, 중소기업 적합 업종 지정***, 최저임금의 급격한 인상**** 등이 있다.

(2) 근무 형태 변화

코로나19 팬데믹으로 촉발된 재택근무와 유연 근무로 인해 출근하지 않는 직원이 증가하면서 오피스 상권이 위축되기 시작했다. 기업들도 임대료 비싼 도심보다 도심지를 이탈하려는 추세다. 또 과거 팀 성과에서 개별 성과로 실적 평가가 바뀌면서 회식이나 단합을 위한 모임이 축소됐다.

이 같은 근무 형태 변화는 오피스 상권에 영향을 끼치지만 전체적인 이동의 감소와 이동을 하더라도 목적 이외 활동이 대폭 축소된 것은 상권 전체를 위축시키는 요인으로 작용하고 있다.

(3) 인구 구조 변화

코로나19 이후 빠르게 변하고 있는 인구구조는 상권과 창업 트렌드를 변화시키고 있다. 위 표는 국내 인구의 연도별 변화다. 우리 상권이 어떤 추세로 변하는지 살펴볼 수 있다.

** 만연한 부정부패로 인해서 접대와 선물에 제한을 두도록 하는 법률이었는데 외식업과 유통업의 위축을 불러왔다는 비판을 받고 있다.

*** 중소기업의 건전한 성장을 지원하기 위해서 일정 기간 보호할 필요가 있을 때 지정했지만 일부 업종은 기간이 종료해도 상생협력이란 명분으로 유지되는 경우가 있다(ex: 대기업 제과 출점 제한).

**** 최저임금의 급격한 인상으로 자영업자들의 고비용 구조 등 직접적, 지속적으로 영향을 끼치고 있다.

① 인구 감소

2020년 이후 우리나라 인구는 감소세가 이어지고 있다. 이는 상권을 특정해 조사하면 좀 더 의미 있는 결과를 얻을 수 있다. 수도권의 경우 서울 인구는 감소세고, 경기, 인천은 증가세다. 세대당 인구는 2010년 2.8명 이후 감소세가 커져 2023년에는 2.15명까지 줄었다.

세대당 인구 감소는 1인 가구 증가를 의미한다. 즉, 가정에서 소비가 가족 중심에서 개인 선택에 의한 소비로 전환되고 있음을 보여준다. 따라서 음식점 창업 시 과거 4인을 기준으로 설계된 메뉴나 테이블 구성을 1인이나 2~3인 중심으로 미니멀하게 설계할 필요가 있다.

출생자 변화

단위: 명

연도별	출생자 수
1970년	1,006,645
1980년	862,835
1990년	649,739
2000년	640,089
2010년	470,171
2015년	438,420
2017년	357,771
2020년	272,337
2021년	260,562
2022년	244,250
2023년	225,958

※연도별 0세 인구
※집계 시점 차이로 오차가 있을 수 있음

자료: 통계청, 행정안전부

② 출생아 수 감소

1970년 우리나라 출생아 수는 약 100만명으로 정점을 찍은 뒤 꾸준히 감소했다. 2023년에는 22만5000명으로 급감했고, 2024년에는 10만명대에 진입할 가능성도 있다.

출생아 수 감소는 상권에서 젊은 층 인구를 급속히 감소시켜 근린 상권 전체를 위축시킨다. 특히 아이들 대상 업종의 경쟁력을 약화시키게 될 것이다. 따라서 타깃층이 10대에 집중된 가게라면 수년 안에 해당 지역 내 타깃층 인구가 감소, 상권 확장성이 뛰어난 지역으로 이전해야 할 가능성이 있으니 상권 선택에 신중을 기해야 한다. 일례로 의료계에서는 과거 소아청소년과, 이비인후과가 핵심 상권 타깃 환자만으로 충분했지만 현재는 상권 확장성이 좋은 지역을 개원 입지로 선택하는 추세다.

③ 평균 연령 상승

44.8세. 2023년 말 우리나라 국민의 평균 연령이다. 인구 분포에서 가장 많은 비율을 차지하는 세대는 50대다. 고령화가 빠

10년간 평균 연령 변화

단위: 세

지역	2023년	2013년	편차
전국	44.8	39.5	5.3
서울	44.4	39.7	4.7
부산	46.6	41.3	5.3
대구	45.3	39.6	5.7
인천	43.8	38.3	5.5
광주	43.1	37.4	5.7
대전	43.5	37.8	5.7
울산	43.7	37.4	6.3
세종	38.6	40.1	-1.5
경기	43	37.8	5.2

※집계 시점 차이로 오차가 있을 수 있음

자료: 통계청, 행정안전부

르게 진행되고 있어, 앞으로 5년 정도 지나면 60대 인구가 가장 높은 비율을 차지할 수도 있다.

인구 고령화는 전체적으로 소비 활력을 떨어뜨린다. 평균 연령이 높은 지역일수록 상권은 활력을 잃게 된다. 따라서 상권 선택에서 동일 지역이라도 평균 연령이 낮은 지역이 상권의 중심이 될 가능성이 높다. 상권 선택 시 배후인구, 유동인구의 평균 연령 조사가 갈수록 중요해지는 이유다.

카드 데이터로 살펴본 2024년 뜨고 진 상권

나건웅
매경이코노미 기자

2015년 매경이코노미 입사 후 유통 · 핀테크 · 스타트업 등 분야 취재. 2016년부터는 국내 프랜차이즈 브랜드 대상으로 매년 다점포율을 조사하는 등 자영업 시장에 비중을 두고 취재 중. '부의 시선' '자영업 뉴패러다임에 대비하라' '포스트 코로나 신상권 지도' 등 저작 다수.

명동·가디단 웃고 강남·홍대 울었다
〈가산지디털단지〉
을지로·충무로·시청…'명동 상권' 활짝

2024년 서울 주요 상권 지도에 변화가 감지된다. 고물가와 고금리 장기화로 내수 경기가 침체하면서 상권마다 희비가 엇갈린다.

전반적으로는 '안 좋다'고 볼 수 있다. 올해 상반기(1~6월) 기준 서울에서 가장 큰 상권 30곳 중 15곳에서 카드 매출 감소가 나타났다.

딱 절반에서 매출이 늘고, 나머지 절반에서는 매출이 줄었다. 엔데믹을 맞이했던 2023년 당시 전체 30개 중 29개 상권에서 전년보다 매출이 늘었다는 점을 감안하면, 서울 상권 분위기는 분명 예년보다 주춤하다.

올해 어떤 상권이 흥하고 또 부진한지 살펴본다면 다가올 2025년 상권 분석에도 도움이 될 수 있다.

매경이코노미는 빅데이터 전문 기업 '나이스지니데이타'와 손잡고 서울 주요 상권 144곳 매출을 분석했다. 강남 · 홍대입구 · 신사 등 서울을 대표하는 메가 상권은 부진을 면치 못했다.

반면 최근 외국인 관광객 유입으로 제2의 전성기를 맞이한 명동을 비롯해 양재 · 영등포 · 가산디지털단지 등은 호조를 이어가고 있다.

최대 상권은 여전히 강남, 하지만…
전년 대비 급감…의료 상권으로 굳어져

대한민국 최대 상권은 누가 뭐라 해도 '강남'이다. 매출 규모가 여타 지역과는 비교 불가다.

2024년 상반기 기준 서울 주요 상권 매출 1위는 강남, 2위는 신사, 3위는 논현, 4위는 압구정로데오다. 특히 강남 올해 매출(1조8805억원)은 2위인 신사(1조561억원)와 8000억원 이상 차이를 보일 정도로 거대한 상권이다. 선릉(6위)과 압구정(8위), 교대(9위)까지 범강남으로 분류한다면, 국내 톱10 상권 중 7개가 강남 지역에 몰려 있다. 5위 홍대입구와 7위 동여의도, 10위 노원 정도를 제외하면 강북 상권은 찾아보기 힘들다. 2022년 10위까지 치고 올라왔던 신흥 강자 성수는 올해는 11위를 기록했다.

강남 강세는 물론 어제오늘 얘기는 아니다. 하지만 구체적인 숫자를 들여다보면 상황이 조금 다르다. 올해 상반기 강남 매출은 전년 대비 245억원 감소했다. 코로나 팬데믹 여파가 여전했던 2022년(2조310억원)과 비교하면 1500억원 넘게 줄었다. 덩치는 여전히 크지만 하락세에 접어든 모습이다.

2위 상권인 신사 분위기는 더 안 좋다. 지난해 1조962억원에서 올해 1조561억원으로 402억원 줄었다. 서울 내 모든 상권 중 홍대입구(-510억원)를 제외하면 가장 큰 하락폭이다. 강남역과 인접한 역삼(-142억원), 포스코사거리(-58억원), 선릉(-19억원) 상권 역시 모두 전년보다 주춤했다.

비싼 임대료에 외식 물가 껑충
직장인 발길 줄고 병원만 성업

강남 상권 부진 원흉은 '외식의 침체'다. 음식 업종 카드 매출이 지난해보다 245억원 줄었다. 강남 상권 전체 매출 하락폭과 동일한 액수다. 고물가에 인근 음식점에서 지갑을 여는 직장인이 줄어들었다. 식자재비 상승과 더불어 평균 월 임대료만 수억원에 육박하는 강남역 상권 특성상 다른 지역보다 외식 물가 상승폭이 더 컸다. 강남역 인근 회사에서 근무하는 직장인 김창현 씨는 "회사 근처에서 저녁을 먹는 일이 거의 없고 점심도 값싼 구내식당에서 최대한 해결하려는 분위기"라며 "과거 길게 대기줄을 섰던 강남 빌딩 지하 푸드코트 매장은 요즘 점심에도 썰렁한 수준"이라고 말했다.

음식 업종뿐 아니다. 소매(-111억원), 생활서비스(-60억원), 여가오락(-4억원) 등 주요 업종 전반에서 강남은 부진한 분위기를 이어가고 있다.

주요 업종 중 유일하게 오름세를 보이는 건 '의료서비스'다. 병원 매출은 지난해 1조2306억원에서 올해 1조2471억원으로 165억원 늘었다. 같은 기간 병원 수도 655개에서 675개로 20개 증가했다. 강남 전체 카드 매출에서 의료서비스가 차지하는 비중이 66.3%에 달한다. 강남이 한국을 대표하는 종합 중심 상업지구에서 '의료 상권'으로 점차 굳어지는 추세다.

강남권 의료서비스 강세를 단적으로 보여주는 사례는 최근 진행된 '역명 병기' 사업이다. 강남역은 올해 10월부터 '강남역(하루플란트치과의원)'으로 표기된다. 해당 병원이 11억1100만원이라는 역대 최고가에 부역명을 낙찰받았다. 주시태 나이스지니데이타 실장은 "고물가에 음식점을 찾는 직장인은 줄어든 반면, 높은 임대료를 감당할 수 있는 병원 위주로 쏠림 현상이 나타나고 있다"고 설명했다.

2024 뜨는 상권 1위는 명동 돌아온 직장인…'가디단'의 부활

강남은 울었다. 하지만 소비 침체에도 불구하고 '뜨는 상권' 역시 여럿이다.

지난해보다 매출액이 가장 많이 오른 상권은 '명동'이다. 올해 상반기 매출이 2937억원으로 지난해(2678억원)보다 259억원 늘었다. 2022년(2068억원)에 이

2024 서울 주요 상권 TOP20

단위: 억원

순위	상권명	매출액
1	강남	1조8805
2	신사	1조561
3	논현	7263
4	압구정로데오	6341
5	홍대입구	6223
6	선릉	5044
7	동여의도	4283
8	압구정	4096
9	교대	3803
10	노원	3490
11	성수동	3310
12	신촌	3323
13	잠실새내	3144
14	서울대입구	3068
15	역삼	3049
16	종로3가	2971
17	명동	2937
18	신림	2786
19	가산디지털단지	2559
20	건대입구	2518

※2024년 1~6월 카드 결제 기준
※성수동은 성수동2가 1동+3동

자료:나이스지니데이타

어 2년 연속 급증세를 이어갔다. 2년간 평균 매출 증가율이 20%에 육박한다. 더군다나 이번 카드 매출 집계에는 명동 상권 소비 상당수를 차지하는 외국인 매출이 포함되지 않았다. 외국인 현금 결제 비중이 높은 만큼 실제 명동 상권은 보이는 수치보다 훨씬 더 활성화됐을 가능성이 크다. 점포 수 역시 전년 대비 68개 증가했다.

명동 인근에 위치한 부동산 중개사무소 관계자는 "외국인 관광 활성화로 신규 매장이 늘어나면서 자연스럽게 명동을 찾는 내국인 수요도 늘어나고 있는 모습"이라며 "점포 리뉴얼이 활발하고 '핫플'이라는 인식이 확산되면서 점심 · 저녁 시간 명동을 찾는 국내 소비자도 눈에 띄게 늘어났다"고 설명했다.

매출 증가 2위부터 4위까지는 '범강남' 상권이다. 2위 양재(206억원), 3위 압구정로데오(147억원), 4위 논현(141억원)이다. 매출이 늘어나기는 했지만 '강남 이탈에 따른 반사이익'이라고 보기는 어렵다. 3곳 상권 모두 음식 · 소매 · 생활서비스 · 여가 등 주요 업종 매출이 부진했다. 매출 증가 대부분이 강남과 같은 '의료 업종'이다. 양재역(241억원), 압구정로데오(391억원), 논현(229억원) 모두 전년 대비 의료 매출이 크게 늘었다. 강남역을 중심으로 거대한 의료 상권화가 진행되고 있는 모습이다.

매출액 증가 5위부터는 분위기가 사뭇 다르다. 의료 업종 외에도 고른 업종 분포를 보이며 좋은 분위기를 이어가고 있는 상권이다. 장지(5위), 영등포(6위), 가산디지털단지(7위), 천호(8위), 동여의도(9위), 잠실새내(10위)가 대표적이다. 공통점은 다소 서울 외곽에 위치하면서도 아파트 · 오피스 등 풍부한 주변 배후 수요를 자랑하는 상권이라는 사실이다. 사회적 거리두기와 재택근무에 따라 팬데믹 직격탄을 맞았던 곳이기도 하다. 강남과 비교하면 상대적으로 외식 물가 상승률이 낮은 지역이라는 점도 상권 부활 요인으로 꼽힌다.

특히 가산디지털단지 상권 활성화가 눈길을 끈다. 가산디지털단지는 '서울 IT 허브'라는 별명을 갖고 있는 대표적인 오피스 상권이다. 강남 지역 상권과는 반대로 외식 매출 증가(84억원)가 높은 순위를 견인했다. 전체 모든 상권 중 가장 큰 폭으로 외식 매출이 뛰었다. 서울 30대 상권 중 음식 업종 매출이 늘어난 곳은 5개에 불과하다.

동여의도와 잠실새내는 여가 · 오락서비스 매출이 늘어나며 순위를 끌어올린 케이스다. 노래방, 모텔 · 여관, 스포츠센터,

스크린골프장 같은 업태가 여가 · 오락서비스에 해당한다. 동여의도는 '더현대 서울' 집객 효과, 잠실새내는 경기 관중이 연일 역대 최고치를 경신할 정도로 높아진 프로야구 인기 덕분이라는 분석이다.

이제 외식은 '강북'에서 충무로·을지로 상권 '호호'

음식 업종 매출은 상권 활성화 정도를 가늠할 수 있는 주요 지표로 꼽힌다. 2차 소비로 이어질 가능성이 높은 데다, 최근 외식 물가 상승에도 불구하고 소비자가 해당 상권을 찾았다는 점에서 의미가 있기 때문이다.

올해 음식 매출이 가장 크게 오른 상권은 앞서 얘기한 가산디지털단지(84억원)와 명동(80억원)이다. 이 밖에 눈에 띄는 성장을 보인 상권이 모두 '강북'에 위치해 있다는 점이 이채롭다. 서울시청(46억원), 충무로(45억원), 을지로3가(35억원), 종로3가(28억원) 등이 대표적이다. 모두 강북을 대표하는 오피스 상권. 여기에 최근 명동으로 늘어난 유입이 주변 지역으로 확산되고 있다는 해석이 나온다.

특히 시청, 을지로3가, 충무로 등 '범명동' 상권 약진이 눈에 띈다. 2023년과 2024년 상반기 기준, 외식 업종 매출 2년 평균 성장률이 시청은 22.2%, 을지로3가는 10.3%, 충무로는 20.2%다. 세 곳 모두 2차 상권 활성화 가능성이 높은 고기 요리와 한식, 주점 등 가맹점 매출이 급증했다는 점에서 긍정적이다.

음식 매출 규모 자체는 작지만 높은 성장률을 보인 상권도 대부분 강북에 위치해 있다. 경동시장(23.1%)과 청량리(22.1%) 등 서울 동북 상권을 비롯해 약수(12.1%), 장충동 족발거리(12.1%), 이태원(9.8%), 남대문시장(5.9%) 등이 대표적이다.

2024 지는 상권 홍대·신림 20대 소비 분산·감소 '직격'

서울 주요 상권 중 올해 가장 분위기가 나쁜 곳은 '홍대입구'인 것으로 나타났다. 전년 대비 매출이 510억원이나 감소했다. 주요 소비층인 20대가 고물가에 지갑을 닫으면서 유동인구 자체가 줄었다. 올해 2분기 홍대 합정 지역 공실률은 12.2%로 전년 동기(5.7%) 대비 2배 넘게 늘었을 정도로 상황이 안 좋다. 음식(-369억원), 의료(-53억원), 생활서비스(-20억원), 소매(-7억원) 등 업종 전반에 걸쳐 부진한 양상을 이어가고 있다.

홍대입구에서 주점을 운영 중인 홍민표 씨(가명)는 "홍대 주차장거리 상권을 제외하면 유동인구가 코로나 팬데믹 때보

다 오히려 더 없는 느낌"이라며 "지난해 엔데믹 기대감에 크게 늘었던 점포 수가 요즘에는 계속 빠지는 양상이다. 요새는 폐업을 고민할 정도로 장사가 안된다"고 토로했다. 홍대상인회 관계자는 "연남 · 성수 · 문래 · 용산 등 20대가 자주 찾는 상권으로 소비자가 분산되면서 경기가 더 안 좋아진 것 같다"고 설명했다.

20대가 주로 사는 원룸촌이 밀집해 있는 '신림' 역시 비슷한 상황이다. 홍대입구(-510억원)와 신사(-402억원)에 이어 3번째로 큰 매출 하락폭(-378억원)을 보였다. 건대입구(-52억원), 서울대입구(-10억원), 신촌(-1억원) 등 젊은 세대가 주로 찾았던 상권도 나란히 부진을 면치 못하고 있다.

그 밖에 눈에 띄는 상권은 경동·남대문·용문…'시장의 진화'

사실 단순 매출액 증감만으로는 상권 전체 분위기 파악이 쉽지 않다. 상권마다 연령대 · 업종별 매출 비중 · 공실률 · 최근 2년 평균 매출 증감률 등 다양한 지표를 감안해봐야 할 필요가 있다.

눈에 띄는 트렌드는 '옛 상권의 변신'이다. 한물간 취급을 받던 상권의 부활이 두드러진다. 중 · 장년층과 노년층이 가는 상권으로 인식되던 옛날 상권에 젊은 세대가 몰리면서 매출이 전반적으로 상승했다. 오래된 건물이 많아 낙후됐던 '신용산역' 일대, 서울중앙시장을 필두로 매출이 급증한 '신당역' 상권, 노인의 성지로 불렸던 '동묘앞' 등이 대표적이다. 특히 올해는 '시장 전성시대'라고 할 수 있다. 경동시장, 남대문시장, 용문시장 등 낡았다는 인식이 강했던 시장 상권이 연일 소비자를 모으고 있다.

신용산역 상권은 2022년부터 신흥 강자로 부상한 지역이다. 삼각지역과 신용산역 사이에 자리한 '용리단길'이 뜨면서 상권 전체가 주목받기 시작했다. 20대와 30대의 집중적인 선택을 받았다. 2023년 상반기 전년 대비 20대 매출 증가율이 62.6%로 전체 서울 상권 중 1위를 차지했다. 같은 기간 30대 매출 증가율도 45.8%로 2위에 이름을 올렸다.

용리단길 상권은 '음식'에 집중돼 있다. 전체 200여곳 매장 중 170곳이 넘는 매장이 음식 업종이다. 신용산역 상권의 음식업 매출액은 최근 2년 평균 22.5% 상승했다.

신당 상권 역시 근래 급부상한 지역이다. 1970년대부터 자리 잡은 중부소방서 일대 떡볶이 골목이 주 상권이었다. 한때 떡볶이 골목이 외면받으며 상권이 주춤했지만, 2022년부터 젊은 세대가 몰리며 화려하게 부활했다.

부활을 주도하는 상권은 황학동 싸전거리와 중앙시장 일대다. 싸전거리는 말 그대로 쌀가게(싸전)가 모인 골목이다. 신당사거리 뒤편에 위치한다. 쌀가게가 나간 자리를 '힙'한 가게들이 채우면서 '젊음의 상징'으로 떠올랐다. '하니칼국수' '발라닭' '주신당' 등 점포가 입소문을 타고 손님을 끌어모았다.

싸전거리 옆 신당중앙시장은 유튜브 덕을 톡톡히 봤다. 평범한 재래시장이었던 중앙시장은 시장 내 '옥경이네건생선' '산전' 등 가게가 유튜브에 소개되면서 순식간에 명소로 떠올랐다. 특히 2030 매출 증가가 눈에 띈다. 신당역은 지난해 상반기 20대 매출 증가율 36.2%, 30대 27.3%를 기록하며 MZ세대 상권의 저력을 증명했다.

올해는 유독 '시장 상권'이 강세를 띤다. 최대 수혜주는 '경동시장'이다. 경동시장은 노년층의 '홍대입구'로 불리는 상권이다. 60대 이상 매출액은 서울 주요 상권 중 강남 · 신사 · 논현 다음으로 순위가 높다.

올해 들어서는 30대와 40대 사이에서도 인기가 급격히 상승했다. 지나치게 비싼 물가에 지친 청년과 중년 세대가 경동시장을 찾기 시작했다. 경동시장은 도매와 소매를 병행하는 재래시장이다. 도매가격에 소매로 물건을 살 수 있어 물가가 저렴하다. 올해 상반기 기준 전년 대비 매출이 30대(26.1%)와 40대(19.7%)에서 눈에 띄게 커졌다.

재래시장 맛집도 입소문을 타면서 상권 활성화에 큰 역할을 했다. 남원통닭, 황해도순대 등 저렴한 가격을 자랑하는 맛집을 중심으로 소비자가 몰렸다. 경동시장의 최근 2년 음식 업종 매출 평균 증가율은 33.3%로 서울 모든 주요 상권 중 가장 높은 수치를 기록했다.

노원·목동·창동…'항아리 상권' 강세

한번 유입된 인구가 다른 곳으로 이동하지 않고 그 안에서 소비하는 '항아리 상권'이 눈길을 끈다. 과거 풍부한 유동인구 중심의 '개천 상권'이 주목을 받았다면 올해에는 근처 배후에 거주민이 많은 주거 상권이 힘을 내고 있다.

그중에서도 노원 · 창동 · 목동 상권이 올 상반기 눈에 띄는 매출 성장세를 보였다. 노원은 지난해에 이어 올해도 매출 상위 10위권에 진입하며 주요 상권으로 입지를 공고히 했다.

창동과 목동은 성장세가 돋보인다. 창동역은 전년 동기 대비 매출이 21% 늘며 서울 주요 상권 중 매출 증가율 톱3에 등극했다. 목동 역시 같은 기간 매출이 8% 늘어난 것으로 집계됐다.

3곳의 공통점은 주택 단지가 많다는 점이다. 근처에 거주하는 인구가 몰려 있기 때문에 학교나 학원, 병원이 많은 상권이다. 실제로 노원, 창동, 목동 모두 올 상반기 의료서비스업과 교육서비스업 매출이 증가했다. 의료서비스업 매출은 창동역이 44% 증가했고, 목동(18%)과 노원역(6%)도 성장세를 보였다. 교육서비스업 매출 역시 목동(47%), 창동(42%), 노원(7%) 모두 올랐다.

특히 항아리 상권에 위치한 병원은 올해 더 잘될 가능성이 높다는 것이 전문가 진단이다. 피부과 등 일부 특수한 진료과를 제외하면 내과나 정형외과, 가정의학과 등은 일반적으로 주거지가 몰린 상권에 하나씩 다 들어간다. 그런데 올해는 대형병원이 파업에 들어가며 가까운 병원으로 환자들 발길이 더욱 늘 것이라는 분석이다. 김영갑 KYG상권분석연구원 교수는 "의료서비스업 매출은 경기와 상관없이 매년 증가하는 추세"라며 "올해는 대형병원 파업 여파로 환자들이 주거지 근처 병원으로 향하는 사례가 늘었을 것"이라고 설명했다.

사무실이 밀집한 오피스 상권도 한번 유입된 수요가 잘 빠져나가지 않는 항아리 상권과 비슷한 특성을 보인다. 여의도, 시청, 구로, 가산 등으로 대표되는 오피스 상권 역시 올 상반기 매출 증가세가 돋보인다. 올 상반기 주요 상권 매출 성장률 상위권에 구로역(22%), 시청역(16%), 구로디지털오거리(8%) 등이 대거 이름을 올렸다.

오피스 상권은 지난해에 이어 엔데믹 효과가 이어지고 있다는 분석이다. 특히 직장인이 다시 사무실로 출근하면서 다른 상권에 비해 회복력이 빠른 것으로 풀이된다. 선종필 상가뉴스레이다 대표는 "오피스 상권의 특징은 일반 상권보다 엔데믹 영향이 크다는 점"이라며 "특히 구로디지털단지 상권은 엔데믹 이후 회복력이 더욱 큰 것으로 나타난다"고 분석했다. 이어 "여의도 역시 오피스 일대 의료시설과 편의점, 음식점, 소매 등 회복 추이가 뚜렷하다"고 덧붙였다.

외국인 카드 결제 빅데이터로 본 'K핫플'

나건웅
매경이코노미 기자

문지민
매경이코노미 기자

나건웅 기자

2015년 매경이코노미 입사 후 유통 · 핀테크 · 스타트업 등 분야 취재. 2016년부터는 국내 프랜차이즈 브랜드 대상으로 매년 다점포율을 조사하는 등 자영업 시장에 비중을 두고 취재 중. '부의 시선' '자영업 뉴패러다임에 대비하라' '포스트 코로나 신상권 지도' 등 저작 다수.

문지민 기자

2022년 매경이코노미 입사 후 증권 · 금융 등 자본 시장을 주로 취재하고 있음.

과거도 현재도…외국인 '최애'는 명동
한국인 뜸한 홍대·신촌…외국인이 대신

나건웅 매경이코노미 기자

'K관광'이 새 먹거리로 떠올랐다. 한국으로 몰려오는 외국인 관광객이 늘어나면서 이제 자영업자는 외국인을 겨냥한 장사에도 관심을 가질 필요가 생겼다. 과거 백화점과 면세점을 중심으로 한 단체 관광이 주를 이뤘다면 요새는 전국 방방곡곡 '핫플'을 찾아가는 개인 관광이 대세가 되면서 개인 자영업자에게도 기회가 생겼다.

물론 고민이 많을 수밖에 없다. 어디서, 무엇을, 누구에게 팔면 좋을지 외국인 관광에 대한 정보가 워낙 부족한 탓이다. 요즘 외국인 관광객이 자주 찾는 지역은 어디일까. 또 그들의 소비 트렌드는 어떤 모습일까. 빅데이터 전문기업 '나이스지니데이타'에 의뢰해 서울 주요 상권 22곳을 대상으로 외국인 신용카드 결제액 변화를 들여다봤다. 코로나 팬데믹 이전인 2019년과 2023년, 두 해가 기준이다. 팬데믹 이후 국내를 찾는 관광객이 꾸준히 늘어나고 있다는 점을 감안하면, 외국인 소비 트렌드는 2025년에도 여전히 유효할 가능성이 높다.

역시 '명동'이다. 오랜 기간 방한 관광객 최고 명소로 군림해왔던 명동이 2019년 대비 2023년 신용카드 결제액이 가장 많

외국인 카드 결제 가장 많이 늘어난 상권은?

단위: 억원, %

상권명	증감액	2019년	2023년	증감률
명동	3619	2570	6189	140
홍대입구	2330	920	3250	253
강남역	2181	872	3053	250
압구정·청담	1891	1693	3584	111
여의도	606	1185	1791	51
신촌·이대	597	114	711	523
성수동	478	49	527	985
인사·삼청동	441	242	683	182
고속터미널	364	251	615	144
이태원	214	150	364	142
북촌·서촌·청와대	134	42	176	317
익선동	38.5	6.5	45	590
건대입구	37	14	51	269
을지로	14	95	109	15
광화문	8	7	15	122
경동시장	2.8	6.3	9.1	44
서울식물원	2.7	0.1	2.8	3484
동묘시장	2.6	0.5	3.1	527
남산공원	0	48	48	-0.8
망원동	-4	183	179	-2.4
신사동	-10	99	89	-10
잠실	-109	192	83	-57

※ 2019년 대비 2023년 연간 결제 기준

자료: 나이스지니데이타

이 늘어난 상권으로 꼽혔다. 자치구별로 따지면 강남과 압구정 · 청담, 신사동이 포진한 강남구가 1위지만 개별 상권으로 보면 명동 상권이 가장 '핫'했다.

명동: 쇼핑·식사·숙박까지 '원스톱' '필수 코스' 떠오른 올리브영·다이소

명동은 코로나 팬데믹 기간 가장 타격이 컸던 상권이다. 하늘길이 막히며 주력이던 외국인 매출이 급감했고 공실은 크게 늘며 유령 상권으로 전락했다. 요즘에는 오히려 그 위상이 더욱 공고해진 모습이다. 2019년 2570억원이었던 명동 내방한 외국인 결제액은 지난해 6189억원으로 3619억원 늘었다. 증가율로 따지면 140%가 넘는다. 글로벌텍스프리가 집계한 지난해 전국 지역별 매출 1위 지역 역시 명동이었다. 과거보다 현금 대신 신용카드를 사용하는 이가 늘어난 점을 감안하더라도 이례적인 증가세다. 한국인에게 힙한 상권이라서 외국인이 찾아가는 것이 아니라, 반대로 외국인 관광객 덕분에 상권이 활성화되면서 내국인 방문도 늘어나는 추세다.

명동에서 외국인이 가장 많이 찾는 업종은 '종합소매점'이다. 2019년 82억원에 불과했던 종합소매점 업종 외국인 카드 결제는 지난해 1384억원까지 1700% 넘

서울 중구 명동 거리가 중국인을 비롯한 외국인 관광객들과 상권을 찾은 손님들로 북적이고 있다. 자료: 매경DB

게 증가했다.

중심에 '올리브영'과 '다이소'가 있다. 올리브영은 달라진 K관광 트렌드 최대 수혜주로 꼽힌다. 과거에는 주로 백화점·면세점에서 고가의 화장품을 구매하던 관광객이 많았다. 요즘에는 달라졌다. 가성비가 좋고 훨씬 더 다양한 제품을 만나 볼 수 있는 올리브영으로 발길이 몰린다. 실제 올리브영 지난해 외국인 매출은 전년 대비 660% 이상 늘었다.

올리브영이 명동에 쏟는 관심도 지대하다. 현재 명동에만 6개 매장을 운영 중이다. 특히 지난해 명동에 선보인 최초 글로벌 특화 매장 '올리브영 명동 타운점'은 방한 관광객 명소로 떠올랐다. 국내 올리브영 매장 중 가장 큰 350평 규모로, 올해 8월 기준 일평균 5000명 방문객 중 90%가 외국인이다. 외국인 편의성을 높인 여러 조치가 인상 깊다. 안내 서비스는 영어·중국어·일본어 등 3개 국어로 확대했고 '올리브영 명동 타운점' 전용 모바일 페이지도 만들었다.

'다이소' 인기도 종합소매 매출 증가에 한몫했다. 생활용품뿐 아니라 뷰티·패션까지 외연을 확장한 가운데, K뷰티와 한국산 이색 제품에 관심 많은 외국인 관광객 사이에서 큰 인기다. 특히 다이소 명동역점은 '12층 석탑'이라는 별명으로 해외에서 유명하다. 명동 다이소에서 만난 한 중국인 관광객은 "명동 다이소가 중국 커뮤니티에서 유명하다. 제품이 워낙 다양하고 무엇보다 가격이 저렴해서 좋다. 샴푸나 주방용품 등이 인기가 많아 구매했다"고 말했다.

올리브영과 다이소 외에도 이색 소매점이 즐비하다. K팝 전문 매장을 표방하는 '케이메카', 자신만의 키링을 만들 수 있는 '와펜하우스' 등이 대표적이다. K팝, K패션 등 외국인에게 최신 유행이 된 아이템을 전문으로 취급하는 매장이 늘었다.

종합소매 뒤를 이어 숙박(1141억원), 화장품소매(950억원), 한식(491억원), 스포츠레저용품(351억원) 순으로 결제액이 컸다. 외국인이 숙박과 식사, 쇼핑을 명동 한곳에서 해결하는 종합 상권 양상이다.

국적별로는 일본 관광객 소비(1365억원)가 가장 많았고 뒤를 이어 싱가포르(936억원), 미국(835억원) 순으로 나타났다. 대만(256%), 태국(279%), 홍콩(153.2%) 등 아시아권은 물론 오스트레일리아(309%), 영국(351%) 등 서구권에서도 매출 증가가 큰 폭으로 나타났다.

과거 중국인 단체 관광객 이미지가 강했던 명동 상권이 다국적 상권으로 진화한 모습이다.

홍대입구: 패션·호텔 성지로 강남·압구정은 특화병원 매출↑

명동 뒤를 이어 2019년 대비 2023년 외국인 카드 결제가 가장 많이 늘어난 상권은 홍대입구(2330억원), 강남(2181억원), 압구정 · 청담(1891억원) 순이다.

세 곳의 공통점은 최근 내수 상권이 과거보다 부진하다는 점이다. 홍대입구를 찾는 주 연령대인 20대는 고물가와 장기 불황에 소비를 줄이고 있다. 오히려 청량리 경동시장 · 신당 중앙시장 같은 가성비 맛집 상권으로 수요가 분산됐다. 강남과 압구정 · 청담 역시 의료서비스 매출을 제외하면 상황이 안 좋다.

다만 외국인 발길은 계속 이어지고 있다. 홍대입구는 공항철도와 지하철 2호선이 함께 지나가는 교통 요충지라는 점, 그리고 '패션 성지'라는 이미지 덕분에 외국인 방문이 많다. 강남권 역시 성형 수술 · 미용 시술 등 의료 관광 수요가 높은 데다 '서울 부촌'이라는 인식이 확산되며 외국인 수요가 증가세다.

실제 데이터도 그렇다. 상권마다 콘셉트가 명확하다. 홍대는 '의복 · 의류', 강남과 압구정 · 청담은 피부과 · 성형외과 같은 '특화병원'에서 외국인 카드 소비가 크게 늘었다.

'홍대=패션' 수식은 외국인 관광객에게

도 동일했다. 홍대 상권 최대 효자 업종은 의복 · 의류 항목(610억원)이었다. 2019년 275억원에서 지난해 610억원까지 급증했다. 패션 메카가 과거 가로수길 · 동대문 등지에서 홍대로 이동한 모습이다. 홍대서 K패션을 접할 수 있는 공간도 늘어나고 있다. 2022년 11월 문을 연 무신사 플래그십 스토어 '무신사 홍대'가 대표적이다. 외국인 관광객이 많다는 점을 감안해 직원 70%를 외국어 가능한 이들로 구성하는 등 신경을 썼다.

숙박도 '핫'하다. 인천공항에서 공항철도 직행 노선이 있다는 장점에 힘입어 명동에 이어 제2의 숙박 중심지로 떠올랐다. 지난해 홍대 상권 숙박 결제는 602억원으로 2019년(28억원) 대비 급증했다. 외국인 사이에서 '홍대 핫플 호텔'이라고 불리는 라이즈 호텔을 비롯해 L7 홍대 등 4성급 호텔 역시 최근 예약 80%가 외국인일 정도로 성업 중이다. 제주항공이 운영하는 '홀리데이인 익스프레스 서울 홍대'도 외국인 투숙객 비중이 80%가 넘는다.

홍대가 패션이라면 강남과 압구정 · 청담은 '의료 메카'로 떠올랐다. K팝과 K콘텐츠 열풍에 힘입어 '성형 관광' 수요가 크게 늘어난 모습이다. 강남 일대가 유독 그렇다. 지난해 외국인 전체 신용카드

명동은 소매, 홍대는 패션, 강남은 병원…
상권별 카드 결제 '톱5' 업종은

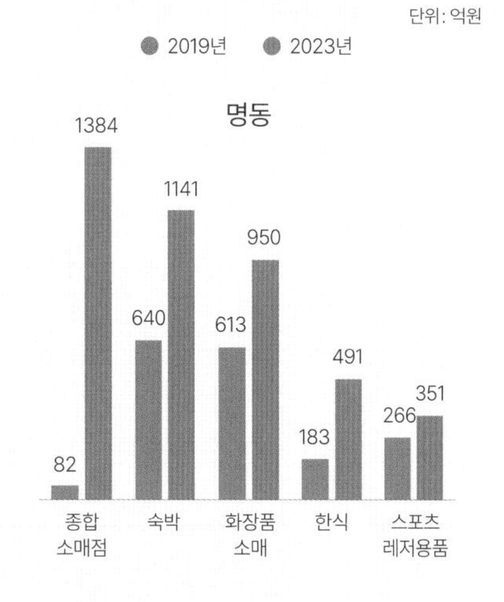

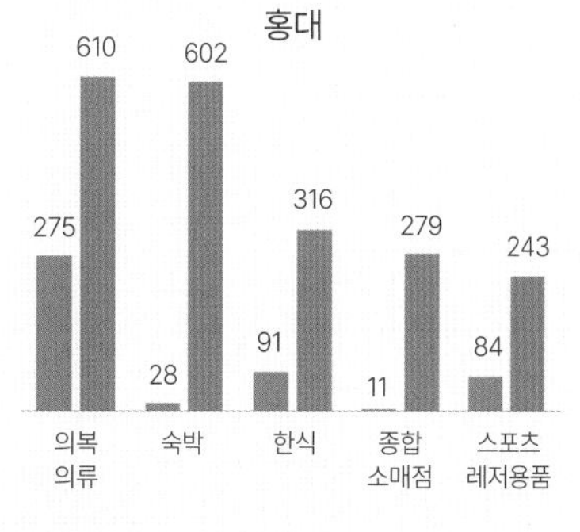

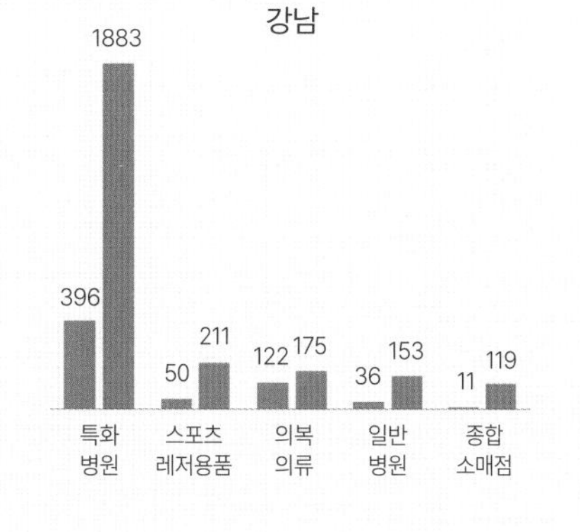

※ 2019년 대비 2023년 연간 결제 기준

자료: 나이스지니데이타

결제에서 '특화병원'이 차지하는 비중이 62%에 달했다. 절대 결제액수 역시 396억원에서 1883억원으로 급증했다. 상대적으로 종합소매, 한식, 숙박 결제는 미미했다. 일본, 미국, 태국, 싱가포르, 대만, 오스트레일리아 등 성형 관광을 목적으로 강남을 찾는 관광객 국적도 다양했다.

강남과 가까운 압구정 · 청담 역시 특화병원 강세가 두드러졌다. 2019년 546억원에서 지난해 1073억원으로 두 배 가까운 성장을 보였다. 다만 강남보다는 관광 포트폴리오가 다변화돼 있는 모습이다. 의복 · 의류(491억원 → 665억원)를 비롯해 숙박(31억원 → 448억원), 한식(113억원 → 300억원), 양식(67억원 → 167억원), 미용서비스(51억원 → 130억원) 등 다양한 업종에서 결제가 늘었다. 특히 선글라스 브랜드 젠틀몬스터가 운영하는 '누데이크 하우스' '런던베이글뮤지엄' 등 압구정 카페거리 인근에 위치한 디저트숍에 쏠리는 외국인 관심도 크다는 후문이다.

뜨는 상권, 지는 상권 어디?
성수·신촌 웃고 신사·잠실 울고

절대적인 결제액수는 상대적으로 적지만 증가율로 따지면 눈에 띄는 성장을 보이는 상권도 여럿이다.

성수동이 대표적이다. 2019년 카드 결제 49억원에서 지난해 527억원까지 1000% 가까운 성장률을 보였다. 성수는 홍대에 이은 '패션 성지'로 외국인 관광객에게 어필하는 모양새다. 의복 · 의류 매출이 19억원에서 222억원으로, 같은 기간 의류를 제외한 신발 · 가방 등 패션잡화 업종 매출은 10억원에서 104억원까지 10배 이상 늘었다. 의복 · 의류와 패션잡화가 성수 전체 매출에서 차지하는 비중은 60%가 훌쩍 넘는다. 글로벌텍스프리에 따르면 성수에서 택스리펀을 신청한 의복 · 의류 매출은 5억원에서 2023년 58억원으로, 화장품은 1000만원대에서 33억원까지 껑충 뛰었다. 일본 · 중국 · 대만 · 홍콩 등 동아시아 지역 국가에서 매출이 특히 컸다.

최근 성수를 업무 · 관광차 방문했다는 영국인 A씨는 "디올 성수는 해외에서도 꼭 찾아보고 싶은 명소로 이름났다"며 "성수에는 K패션을 접할 수 있는 다양한 플래그십 스토어가 많아 최근 외국인 사이에서도 쇼핑 성지로 인지도가 높아졌다. 친구 추천을 받아 방문하게 됐다"고 설명했다.

'신촌 · 이대(523%)'와 '인사 · 삼청동(182%)'도 평균을 웃도는 결제 증가율을 보였다. 국내에서는 높은 공실률 탓에 '유령 상권'으로 치부되는 신촌 · 이대지만, 외국인 덕을 톡톡히 보는 중이다. 상권 내 위치한 대학교에서 학업을 이어가는 외국인 유학생과 그들을 보러 방문한 가족 · 친지가 쇼핑이나 식사를 하러 자주 찾는다.

인사 · 삼청동은 숙박업 매출이 크게 늘었다. 2019년 85억원에서 2023년 255억원으로 급증했다. 광화문 · 경복궁 등과 가까운 데다 명동 · 홍대 등 인기 상권으로 이동이 편리한 입지가 장점으로 작용했다. 한옥스테이나 게스트하우스도 다수 자리하고 있다. 한식을 비롯해 전통적인 K컬처를 경험하고자 하는 수요가 늘어난 점도 인사 · 삼청동 상권에는 호재다. 한식(31억원 → 95억원) 매출이 크게 증가했고 서적(19억원 → 66억원), 악기 · 공예(17억원 → 49억원) 업종 결제도 늘었다. 타 상권 대비 상대적으로 미국 · 아일랜드 · 오스트레일리아 등 서구권 국가 방문 비중이 크다는 점도 눈에 띈다.

모든 서울 상권이 웃고 있는 건 아니다. 외국인 관광객 발길이 상대적으로 뜸해진 상권도 있다. 주변 인기 상권으로 외국인 방문이 쏠리면서 오히려 매출을 빼앗긴 곳도 있다.

가로수길을 중심으로 한 신사동이 대표적이다. 외국인 카드 결제가 2019년 99억원에서 2023년 89억원으로 오히려 10% 가까이 빠졌다. 신사동 주력 업종이던 특화병원(44억원 → 30억원)과 의복 · 의류(26억원 → 23억원), 패션잡화(8억원 → 6억원) 모두 이전 대비 소비가 줄었다. 특화병원은 인근 강남역과 압구정 · 청담 상권으로, 의류와 패션잡화는 홍대 · 성수로 무게 중심이 옮겨 가면서다. 남산공원(-0.8%)과 망원동(-2.4%) 역시 과거 대비 외국인 카드 결제가 줄었다.

백화점 등 대형 쇼핑몰을 중심으로 최근 성장한 상권도 상대적으로 저조한 성적표를 받아들였다. 여의도(1185억원 → 1791억원)는 결제 자체는 늘었지만 전체 평균(147%)에는 크게 못 미치는 51.2% 증가율을 기록하는 데 그쳤다. 잠실(192억원 → 83억원)은 오히려 이전 대비 카드 결제가 크게 줄었다.

주시태 나이스지니데이타 실장은 "이번 집계에서 백화점 등 카드 결제가 빠진 탓이 크다"면서 "대형 쇼핑몰이 위치한 상권 외에도 중국인 방문 비중이 높은 상권 역시 실제보다 저조한 매출 증가를 보였을 가능성이 있다. 요즘 중국인 관광객은 신용카드 대신 알리페이 등 간편결제 비중이 높기 때문"이라고 설명했다.

침 맞고 미용실로·교복 입고 셀카…
"궁궐만 관광 상품 아닙니다"

문지민 매경이코노미 기자

K뷰티 위상은 나날이 높아지고 있다. 서울관광재단에 따르면 2023년 외국인 관광객이 미용서비스 업종에 소비한 금액은 364억원에 달한다. 2019년(110억원)과 비교하면 231% 증가한 수치다. 과거에도 한국 화장품이 외국인에게 인기 상품이기는 했지만 최근에는 소비 양상이 다르다. 국산 화장품은 여전히 인기 상품이지만, 외국인들의 소비가 화장품 구매에만 국한되지 않는다. 미용실에서 한국 스타일로 머리를 다듬고 각종 클리닉 서비스를 이용하는 외국인을 쉽게 찾아볼 수 있다.

K뷰티도 남다른 경험 중시
외국인도 퍼스널 컬러 진단

준오헤어 명동스트리트점이 대표적이다. 2023년 8월 오픈 후 외국인 고객이 점점 늘어 최근에는 전체의 70% 이상을 차지한다는 설명이다. 고객이 늘며 2023년 12월 매출은 9월 대비 1.5배 이상 증가했다. 매장을 방문하는 고객 국적도 미국, 캐나다, 독일, 프랑스, 아랍에미리트(UAE), 필리핀, 일본 등으로 다양하다. 오히려 한국인을 찾아보기 힘들다. 대부분 SNS를 통해 유입되는 고객이다. 매장 공식 SNS 계정을 통해 홍보 게시물을 별도로 올리기도 하지만, 한번 매장을 방문한 고객이 후기를 올리면 입소문을 타고 지인이 방문하는 사례가 상당하다. 종종 해외 인플루언서한테 먼저 연락이 오는 경우도 있다.

외국인 고객 비중이 큰 만큼, 제공하는 서비스도 일반 미용실과는 조금 다르다. 다른 매장들이 서양식 과자를 제공하는 것과 달리 이 매장은 한과를 내놓는다. 한국 문화를 조금이라도 더 경험할 수 있도록 마련한 서비스다. 안내문이나 상품 설명도 모두 한글과 영어가 함께 적혀 있다. 직원 역시 대부분은 외국어 구사가 가능하다. 직원이 원할 경우 어학원 수강료를 지원해주는 점도 이 매장만의 복지다.

시술을 마친 외국인 고객들은 일제히 밝은 표정이다. 캐나다 출신 한 20대 남성 고객은 "캐나다 미용실은 샴푸 서비스가 따로 없거나 추가 비용을 지불해야 서비스를 받을 수 있다"며 "한국 미용실에 오면 캐나다에서보다 고객이 더욱 존중받는다는 느낌을 받는다"고 말했다. 이어 "SNS를 보고 궁금증이 생겨 방문했는데, 만족도가 높아 다음에 다시 방문할 생각"이라고 덧붙였다.

피부 톤, 헤어 컬러, 눈동자 색 등 개인의 고유한 신체 색을 찾아주는 '퍼스널 컬러' 진단도 방한 외국인이 이용하는 여행 플랫폼의 주요 상품으로 자리 잡았다. 외국인 국내 관광 플랫폼 크리에이트립의 거래 데이터에 따르면 2023년 퍼스널 컬러 관련 상품은 뷰티숍 업종에서 거래 건수 기준 47%, 거래액 기준 75%를 차지한다. 특히 대만, 홍콩 등 중화권에서 인기가 좋다.

외국에서 K뷰티 위상이 올라가면서, 외국인들이 한국 트렌드 중 하나인 퍼스널 컬러 진단에 관심이 커진 것으로 분석된다. 국내 뷰티 인플루언서들의 퍼스널 컬러를 진단하는 콘텐츠를 보고, 체험하러 온 외국인이 상당수다. '컬러가산다 홍대동교센터점' 관계자는 "매일 예약이 꽉 찰 정도로 외국인 관광객 방문이 늘었다. 미국, 대만, 홍콩, 싱가포르 등 다양한 국적 고객이 예약하는 편이다. 지난 몇 년간 한국에서 인기를 끈 퍼스널 컬러 진단이 외국인에게도 하나의 관광 코스가 됐다"고 말했다.

외국인 관광객도 한국 교복 입는다 롯데월드 교복 대여 매출 400%↑

유명 테마파크에서 교복을 빌려 입는 건 더 이상 한국인만 즐기는 체험이 아니다. 롯데월드 관계자에 따르면 2019년 대비 2023년 교복 대여 매출은 약 400% 증가했다. 전체 이용객 중 외국인 비율은

20% 정도라고. 크리에이트립에서 2023년 가장 거래가 많았던 상품 역시 '의상 대여'다. 잠실 롯데월드 방문 시 교복 대여와 경복궁 인근 한복 대여 상품이 상위권을 차지했다.

교복이나 한복 등 의상 대여 수요가 늘어난 데는 K콘텐츠의 역할이 크다는 분석이다. 롯데월드 관계자는 "인기 한류 콘텐츠에서 스타들이 입고 등장한 교복이 해외에서도 인기를 끌고 있다"며 "교복 차림으로 테마파크를 방문하는 것이 하나의 문화가 되며 매출이 큰 폭으로 늘었다"고 설명했다.

한국 온 김에 즐기자
안경 맞추고 한방 치료까지

외국인들이 한국에서 많이 사 가는 대표적인 상품 중 하나가 안경이다. 해외보다 가격이 저렴한 데다 품질도 우수하다는 평가다. 별도 처방전이 있어야 안경을 구매할 수 있는 대부분 국가와 달리 우리나라는 안경 구매 절차가 간단하다. 해외와 비교해 여러 과정이 생략되기 때문에 비용 부담도 적다. 해외에서는 안경을 한번 맞추려면 최소 며칠이 소요되는 반면, 한국에서는 빠르면 30분 안에 검사부터 제조까지 가능하다.

이 덕분에 한국에서 안경을 맞추는 외국인은 갈수록 늘어나는 추세다. 국내 1위 세금 환급 대행사 글로벌텍스프리에 따르면 2023년 외국인이 이용한 국내 업종별 매출액 순위에서 안경 업종은 8위에 올랐다. 10위를 기록한 지난 2019년보다 두 계단 상승한 순위다. 객단가는 2023년 31만9042원으로 2019년(20만7318원)보다 50% 이상 늘었다. 외국인이 자주 찾는 매장 중 하나인 다비치안경 명동점의 2023년 외국인 고객 수는 6240명으로 전년(2020명) 대비 3배 이상 증가했으며, 같은 기간 외국인 고객 대상 매출도 약 6억원에서 15억원으로 늘었다.

일본어, 중국어, 영어 등 상황에 맞게 담당 직원이 일대일로 대응한다. 이 매장 직원들도 어학원 수강료를 지원받을 수 있다. 다비치안경 명동점 관계자는 "코로나19 사태 전에는 외국인 고객 중 중국인 비중이 컸지만 최근에는 미국, 호주, 싱가포르 등 고객들의 국적이 다양해졌다"며 "다양한 국적의 고객에 대응할 수 있도록 다양한 언어를 구사할 수 있는 직원이 골고루 포진돼 있다는 점이 특징"이라고 소개했다.

한방 체험도 유행하는 관광 코스다. 침을 맞는 문화가 해외에 거의 없기 때문이다. 한방 체험이 유행을 타며, 한국 관광 정보를 제공하는 여행 사이트에는 우리나

외국인 여행 형태가 과거와 달라지며, 새로운 업태가 주목받고 있다. 성수동에 위치한 원밀리언 댄스 스튜디오에서 외국인 수강생이 춤을 추는 모습.

라의 한의원과 한방병원을 소개하는 카테고리가 따로 있을 정도다. 일본인 관광객이 자주 찾는 여행 사이트 코네스트는 물론, 한국관광공사가 운영하는 '비지트 코리아' 일본 홈페이지에도 '한방 체험' 카테고리가 별도로 마련돼 있다.

업체들도 다양한 외국어 서비스를 지원하는 등 고객 유치에 분주하다. 자생한방병원이 대표적이다. 자생한방병원은 외국인 환자 전용 입원·치료시설인 국제진료센터를 운영하며 현재 영어, 아랍어, 일본어, 러시아어, 몽골어가 가능한 전담 인력이 센터에 상주한다. 홈페이지도 영어, 일본어, 러시아어, 몽골어, 아랍어, 중국어, 베트남어 등 7개 언어로 개설돼 있다. 자생한방병원 국제진료센터 관계자는 "외국인 고객들이 주로 SNS와 홈페이지, 지인의 소개 등을 통해 한방 치료에 대한 정보를 얻는 것으로 파악된다"며 "최근에는 중앙아시아, 러시아, 일본, 몽골 국적의 환자 비중이 늘어나는 추세"라고 설명했다.

1인 세신숍 '혜움'도 최근 외국인이 선호하는 관광 코스 중 하나다. 2023년부터 TV 등 여러 매체에서 소개되며 일본 고객을 중심으로 입소문이 퍼졌다. 2023년 8월까지 외국인 방문객이 월평균 100명대였는데, 12월에는 500명을 넘어섰다.

준오헤어 명동스트리트점에 외국인 고객들이 시술받는 모습. 자료: 윤관식 기자

특히 외국인 고객은 자주 올 수 없다는 점과 여행이라는 특수성 때문에 가장 높은 등급의 코스를 선택하는 경우가 많다는 설명이다. 가장 가격이 비싼 코스는 19만8000원에 달한다. 이런 이유로 같은 기간 객단가는 30% 가까이 높아졌다.

2023년까지는 외국인 고객 중 일본인이 대부분이었으나, 최근에는 싱가포르, 홍콩, 대만 등 방문객의 국적이 다양해지고 있다는 것이 회사 측 설명이다. 헤움 관계자는 "대중탕과는 전혀 다른 매장 분위기와 고객이 단독 사용하는 객실, 욕실에 대한 선호가 높은 것으로 보인다"며 "세신 코스를 진행하는 관리사의 서비스와 관리를 마친 피부 상태에 대한 만족도도 높은 편"이라고 설명했다. 이어 "대부분 SNS를 통해 예약 문의를 하는데, 최근에는 국제전화가 오는 경우도 많다"고 덧붙였다.

인천공항공사가 제공하는 환승투어는 외국인 여행객의 틈새 시간을 공략한 사례다. 환승 관광 활성화를 위해 민 · 관 · 공이 협력해 운영하는 이 사업은 1시간짜리 사찰 투어부터 5시간짜리 DMZ(비무장지대) 전망대 체험 등 다채롭게 구성된 점이 특징이다. 환승 대기 시간을 효율적으로 사용할 수 있어, 조금이라도 관광을 더 하고 싶은 여행객에게 인기가 좋다. 별도 상품 이용 금액은 없으며 투어별 사찰이나 전망대 등의 입장권만 구매하면 된다. 인천공항공사 관계자는 "공항

도착 후 환승투어를 알게 되는 경우도 많지만 SNS와 홈페이지 등 온라인을 통해 미리 접하고 오는 여행객도 47%에 달한다"며 "주로 미주와 동남아 지역 이용객이 많으며, 최근 동북아와 인도 지역 관광객도 즐겨 찾는 편"이라고 설명했다.

외국인 관광 코스 따라가보니
일본 아재도 성수로…카페부터 삼겹살까지

명동 인근에 위치한 홈즈스테이. 3년 만에 한국을 방문한 나카타 씨(가명 · 50)는 별도 안내 없이 스마트폰을 통해 객실 비밀번호를 안내받고 체크인했다. 비대면 체크인 · 아웃 편의성이 알려지며, 2023년 10월부터는 홈즈스테이 명동이 대부분 만실이라 숙소 예약도 힘들었다고.

아침 조식을 즐기고 나선 첫 행선지는 명동에 있는 네이처리퍼블릭이다. 일본에서 뷰티 인플루언서로 활동하는 아내 덕분에 가족 모두가 한국 화장품에 대해 다양한 정보를 알고 있다.

특히 나카타 씨 어머니는 특정 브랜드 수분크림을 콕 집었다. 상품이 잘 기억나지 않자 나카타 씨가 어머니에게 영상 통화를 걸어 제품을 확인받기도 했다. 2개에 10만원을 훌쩍 넘는 금액이지만 제품 구매 후 만족감을 드러냈다.

다음 행선지는 동대문 완구 도매시장. 이번에는 자녀 선물을 살 차례다. 동대문 완구 도매시장은 한국을 잘 아는 일본인 사이에서는 '장난감 천국'으로 불린다. 나카타 씨 역시 지인들 소개를 통해 시장을 알게 됐다. 일본에도 완구를 판매하는 곳은 많지만, 동대문처럼 다양한 상품을 파는 대규모 시장은 없다는 설명이다. 일본보다 가격도 저렴한 편이라고.

가족들의 선물을 산 뒤에는 점심 식사를 위해 다시 명동으로 이동했다. 그가 선택한 식당은 '명동교자'다. 일본인 관광객 사이에서는 이미 유명한 식당이다. 식사 후에는 지인을 만나기 위해 젊은이들이 많이 찾는 성수로 이동한다.

아내와 지인의 추천으로 인기 많은 카페를 방문키로 했다. 카페에서 시간을 보낸 뒤 저녁 식사를 위해 근처 매장으로 이동했다. 메뉴는 삼겹살이다.

"일본인들은 대부분 소고기나 얇은 삼겹살을 먹기 때문에 육즙이 풍부한 두꺼운 삼겹살을 먹을 기회가 많이 없습니다. 개인적으로 삼겹살과 함께 먹는 김치도 정말 좋아하죠. 과거 한국을 방문했을 때보다 식당이나 거리가 더 깨끗해진 느낌입니다. 예전에는 느끼지 못했던 줄 서서 먹는 문화도 한국에서 많이 퍼진 것 같아요. 그만큼 요식업 수준이 높아졌다고 생각합니다."

지방 상권 분석은 이렇게

임준경
마일스톤솔루션 대표

경영 컨설팅 및 마케팅 전문 회사인 마일스톤솔루션의 대표로, 10년간의 상권 분석 및 컨설팅 경력을 보유하고 있다. F&B 기업 오비맥주에서 6년간 B2B 및 B2C 영업을 담당하며 쌓은 실전 경험과, 시행계의 블루칩 '시너지타워'에서 4년간 상가임대차 총괄로 일하며 얻은 공간 및 브랜드 컨설팅, 로컬 브랜드 액셀러레이팅의 전문성을 바탕으로, 소상공인과 중소기업이 실질적인 매출 성과를 달성할 수 있는 혁신적인 솔루션을 제시하고 있다.

‘시내 쏠림 현상’에 서울보다 어려운 상권 배후인구 500가구당 상가 20개 적정

경기 불황에 전국 상권이 초비상이지만, 특히 지방 소상공인은 더욱 힘든 요즘이다. 지방 상권은 서울이나 수도권과는 전혀 다른 소비 메커니즘이 작동한다. 수도권은 압도적인 배후인구, 유동인구가 있어 상권과 아이템만 좋으면 창업에 성공할 수 있다. 지방은 다르다. 수도권 중심화에 따른 기반 산업 약화, 온라인 구매 증가 등 여러 요인이 있겠지만, 무엇보다 인구 감소에 따른 지방 소멸 위기가 핵심 과제로 대두된다. 인구 감소는 소비 수요를 줄여 수요의 빈익빈이 발생한다. 최근에 일부 지방권이 성장하고 있다지만, 이미 수도권으로 빠져나간 수요가 다소 회복하는 것에 불과하다.

필자는 광주광역시에서 부동산 개발 기업 ‘시너지타워’의 상가임대차 총괄을 역임했다. 그동안 쌓은 경험과 노하우를 바탕으로 지방에서 상권 분석을 할 때 팁과 유의할 점을 전한다.

장사는 ‘입칠기삼’… 입지만 좋으면 무난한 아이템도 성공

‘입칠기삼’이라는 말이 있다. ‘입지가 7, 기술이 3’이라는 뜻이다. 무난한 아이템일수록 입지만 잘 선택하면 70%는 성공

한다는 얘기다.

입지란 '인간이 경제 활동을 하기 위하여 선택하는 장소'를 의미한다. 이렇게 정의하면 다소 어려우니 다음 네 가지만 기억하시라.

1. 시장조사: 타깃 시장, 지역의 경쟁사, 소비자 선호도
2. 수요: 주변 배후 수요, 유효 수요(차량 20분 이내, 대중교통 30분 이내)
3. 유동: 실제 움직이는 유동인구
4. 주변 매장과 내 아이템의 '선후(先後) 관계': 카페와 밥집, 술집과 밥집, 밥집과 옷집, 고깃집과 맥줏집 등 소비의 선후 관계까지 봐야 입지 분석이 완성된다.

지방에서 장사가 힘든 이유: '시내 쏠림 현상'에 수요·공급 비대칭

지방에서는 왜 장사가 힘들까.

앞서 인구 인프라가 부족한 이유 외에도 '특수 상권'이 거의 없다는 점을 꼽을 수 있다. 특수 상권이란 관광, 쇼핑몰, 아웃렛, 오피스 상권, 교육 상권, 문화 상권 등 여러 상권이 해당한다. 그중에서도 F&B 산업에서 일반적으로 통용되는 특수 상권은 관광지, 쇼핑몰, 아웃렛 등 집객력이 높은 상권을 말한다.

예를 들어 여의도 더현대에 입점한다면 엄청난 집객력 덕분에 오픈과 동시에 고매출을 안정적으로 기록할 수 있을 것이다. 그러나 지방에서는 이 같은 초대형 다중집객시설이 많지 않을뿐더러, 서울이나 수도권처럼 집객력이 폭발적이지도 않다.

'시내'라는 말에서도 서울, 수도권과 지방권 차이가 여실히 드러난다. 지방권에 사는 사람들은 중심상업지역을 '시내'라고 이야기한다. 그러나 서울과 수도권은

을지로, 강남, 청담, 성수동 등을 '시내'라고 부르지 않는다. 각 상권 이름을 직접 부른다. 가지각색 매력 있는 상권이 도처에 널린 데다, 각 상권마다 소비자에게 차별화된 브랜드 파워가 있기 때문이다. 반면 지방권은 상권이 형성된 번화가 자체가 많지 않다.

이는 지방권 상권 수요가 시내로 집중되는 '쏠림 현상'으로 이어진다. 이 같은 쏠림 현상은 네이버 검색량만 봐도 극명하게 드러난다. 광주 중심상업지역인 '첨단 맛집'을 검색한 횟수는 월 7만건에 육박한다. 반면, 서울 '청담 맛집'은 키워드 검색량이 월 1만5000건 정도에 불과하다. 지역 상권이 서울의 핵심 상권보다 5배가량 트래픽이 몰리는 것이다. 검색량이 많으니 좋은 것 아니냐고? 그만큼 온라인 마케팅 비용은 올라가고, 경쟁이 치열하니 노출도 쉽지 않고, 또 오프라인 매장 임대료 부담도 커진다.

또 다른 예로 광주광역시 서구 치평동 근린 상권을 보자. 일반적으로 상업용 부동산 업계에서 통용되는 공식에 따르면, 500가구를 가구당 인구 2.5명을 기준으로 한 배후인구 약 1250명인 상권의 적정 상가 수는 20개다. 치평동의 배후인구

자료:호갱노노

광주 첨단 시리단길. 첨단지구라 불리는 광산구 쌍암동 일대는 수년 전까지만 하더라도 도심과 거리가 멀다는 이유로 첨단 섬이라고 불렸다. 그런데 이곳에 대규모 베드타운이 조성되고 부동산 개발 기업 시너지타워가 6개의 상업시설을 개발하는 시너지타운 프로젝트를 진행하면서 별명이 '시리단길'로 바뀌었다.

는 약 1만5000가구니 적정 상가 수는 약 600개가 된다.

하지만, 얼핏 근린상가만 봐도 치평동에는 약 1000개 상가가 밀집해 있다. 다른 지역에서 찾아오는 중심상업지역임을 감안하더라도 배후세대 기반이 약하다. 이런 곳은 향후 젠트리피케이션(상권 이동)이 일어나면 엄청난 매출 감소와 공실 폭탄이 초래될 수 있다. 그나마 현재까지 공실이 많지 않은 이유는 인근에 오피스 상권을 끼고 있어 '배달 업종'이 활성화된 덕분이었다. 그러나 2024년 하반기부터 배달 앱 수수료가 인상되며 이런 전략도 타격을 입게 됐다.

저가 커피 창업을 예시로 손익계산을 해보면 다음과 같다.

객단가 2500원이 나오는 저가 커피 매장에서 하루 200~250잔을 팔면 월평균 매출이 1500만~1800만원대가 나온다. 이 경우 저가 커피 매장이 입점하는 근린상가의 10~14평 기준 적정 임대료는 약 150만~230만원 정도다. 그래야 식자재비, 인건비, 임대료를 제외하고 점주가 직장인 평균 월급보다 더 많은 수익을 낼 수 있다. 그러나 치평동과 같이 상가가 밀집해 있으면 임대료는 비싸고 수요는 분산돼 적정 수익을 기대하기 어려워진다. 따라서 지방에서 창업할 때는 배후

근린사업시설의 성공작으로 꼽히는 광주 보이저진월. 배후세대가 많지만 상업시설이 낙후되어 있는 구도심의 활력을 불어넣는 상권이다.

인구 500가구 상권의 적정 상가 수 20개가 지켜지고 있는지 꼭 따져보길 당부드린다.

배후인구가 500가구인 상권에서 할 만한 업종은 다음과 같다.

- 편의점
- 세탁소
- 미용실
- 부동산 중개업소
- 수학·영어 학원
- 태권도 학원
- 저가 커피 전문점

유명 프랜차이즈 빵집도 배후인구가 500가구인 상권에서는 찾아보기 어렵다. 그만큼 매출을 내기 힘든 구조기 때문이다. 단, 배후인구가 2000가구인 상권이라면 일반 음식점과 제과점, 병의원이 추가로 들어올 수 있다.

관광지·오피스·공단·근린 상권별 공략법

지방의 몇 안 되는 특수 상권은 '관광지'다. 여수 '포차거리', 경주 '황리단길', 전주 '한옥마을' 등 로드형 특수 상권이 대표적이다.

그러나 공짜는 없는 법. 특수 상권의 좋은 입지는 그만큼 임대료와 수수료율이

인공폭포가 떨어지는 전국 최초 상업시설.

엄청나게 비싸다. 지방이어도 관광지는 전용 평당 25만~30만원 정도 임대료 시세가 형성돼 있다. 30평 전용평수(실면적)를 사용한다면, 임대료가 약 900만원에 달한다. 가히 서울이나 수도권 A급 상권과 비슷한 수준이다.

관광지 상권에서 신규 창업을 한다면, 관광객이 꼭 이곳에서만 먹을 수 있는 특산품 메뉴가 유리하다. 이런 아이템이 아니라면 관광지 메인 상권보다는 조금 떨어진 제2상권에 들어가는 것이 안정적이다.

이렇게 임대료가 천문학적인 특수 상권을 제외하면, 지방에서 장사를 할 만한 핵심 상권은 크게 두 종류로 나뉜다. 직장인 상권(오피스 상권, 공단 상권)과, 근린 상권이다.

직장인 상권 = 화이트칼라(금융, 공기업 등), 블루칼라(공단), 병원 등
근린 상권 = 주거 단지 등 배후인구가 도보 15분 이내로 이용할 수 있는 상권

직장인은 화이트칼라(사무직)와 블루칼라(현장직)로 나뉜다.

화이트칼라가 많은 곳을 흔히 '오피스 상권'이라 부른다. 여기서는 주로 식당, 카페가 잘된다. 특히, 지방 오피스 상권은 구내식당이 잘 구비된 대기업이 많지

않아 외부에서 점심을 해결하는 이가 많다. 그럼 점심 식사 후에 자연스럽게 커피 전문점에 들르게 된다. 가성비가 좋은 저가 커피 매장이 문전성시를 이루는 배경이다.
반면 블루칼라가 많은 곳은 '공단 상권'이다. 여기선 양대창, 양갈비, 삼겹살 등 고깃집이나 술을 곁들일 수 있는 식당이 유망하다. 2교대, 3교대로 근무하는 직원들이 저녁 8시부터 오전 11시까지 회식을 즐기기 때문이다. 단, 공단 근무자들이 점심은 공장에서 해결하는 경우가 많다. 따라서 저녁 장사를 노리는 것이 유리하다.
지방 상권별로 유망 아이템도 다르다.
중심상업지역, 즉 시내 상권에선 서울에서 유행하는 아이템이나 프랜차이즈를 빨리 가져와서 창업하는 것이 유리하다. 반면 '○리단길'이라 불리는 상점가는 개인 점주 개성이 돋보이는 감성 상권이기 때문에 프랜차이즈보다 독립 브랜드를 추천한다.
필자는 뜨는 브랜드를 초기에 발굴할 때 다음과 같은 5가지 기준으로 분석한다.

1. 메뉴 등 차별화된 콘텐츠(30%)
2. 수익 구조 및 운영 시스템(30%)
3. 브랜드 인지도(20%)
4. 파사드, 인테리어 등 매장 디자인(10%)
5. 본사 마케팅 역량(10%)

상권 특색에 따라 가중치는 미세하게 달라진다. 시내 상권이라면 브랜드 인지도를 조금 더 중시하고, 감성 상권일수록 디자인을 더 중요시한다. 그래도 결국 차별화된 콘텐츠와 안정적인 수익 구조를 최우선으로 검토하는 것은 변함없다.

서울에서 잘되는 아이템, 지방에서 무조건 잘되진 않아

끝으로 주의 사항. 서울과 수도권에서 잘되는 아이템이라 해도 지방 시내 상권에서 무조건 잘되는 것은 아니다. 유동인구와 상권 차이, 입맛 차이 등 변수는 언제나 존재한다. 지방의 특색은 현지에서 살아온 현지 주민이 더욱 잘 알 수 있다. '무조건'이라는 공식은 없으니 때로는 로컬의 주관을 믿는 것도 필요하다. 이래서 장사가 어렵다.

임준경 고수와 1:1 상담 문의는 여기로! »

2025년
상가 권리금 시장 전망

이홍규
부자창업스쿨 대표

프랜차이즈 점포 개발 10년 경력, 저서 '알면 보이고 보이면 돈이 되는 상권의 비밀'로 YES24 경영도서 상위권, 외부 강의 다수, 상권 분석을 통한 매출 상승에 대한 지표 제시를 통해 다양한 방면에서 활동 중이다.

급매 나오는 1~5월이 창업 적기
적정 권리금 기준은 '회수 가능성'

현재 자영업자는 인건비와 상품 원가 상승, 공공요금 인상으로 인해 같은 매출이 발생하더라도 실제 소득이 크게 감소하는 상황에 처해 있다. 이런 상황에서는 기존 자영업자가 낮은 권리금에 매물을 내놓을 것이라 생각하기 쉽지만, 현실은 정반대다. 서울과 경기 지역을 돌아다녀 보면 상가 권리금이 상당히 높게 형성돼 있다. 2025년에도 이런 추세는 계속될 가능성이 높다.

자영업 폐업이 급증하고 있다. 기존 자영업자는 투자금 회수를 위해 권리금을 높게 받으려 한다.

1. 매장 인수하려는 예비 창업자, 상가 권리금 낮아지는 1~5월이 기회

이런 기현상이 발생하는 이유는 권리금 회수가 투자금을 보존할 수 있는 마지막 방법이기 때문이다. 권리금에는 본인이 처음 주고 들어간 권리금과 인테리어 투자 비용이 포함돼 있다. 미래 기대소득이 줄어들면서 차라리 미리 가게를 정리하려는 자영업자가 늘어나고 있다. 현재 부동산에 고권리를 요구하며 나와 있는 상가들은 대부분 "이 정도 권리금이라면 가게를 정리해야겠다"라는 마음으로 매물을 내놓은 경우다.

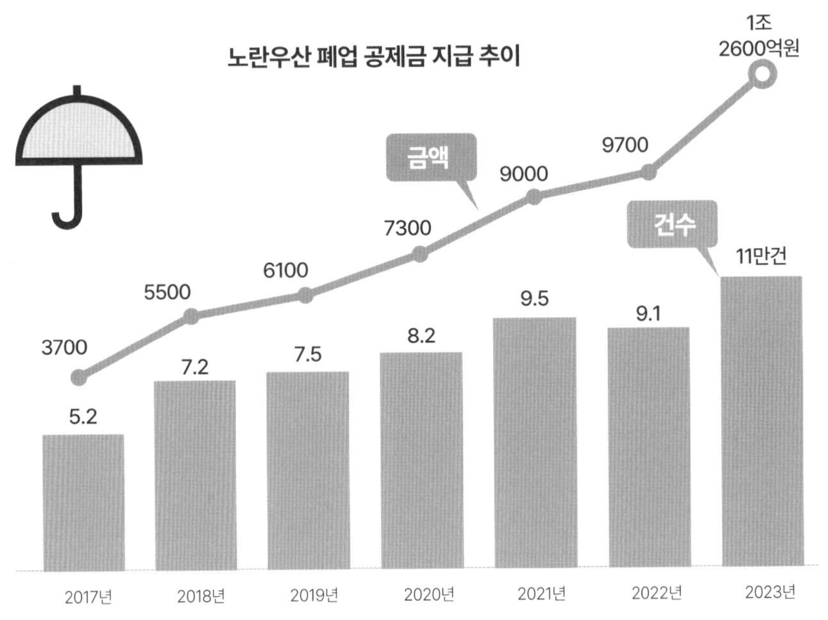

자영업 폐업이 급증하고 있다. 기존 자영업자는 투자금 회수를 위해 권리금을 높게 받으려 한다.

문제는 시장에서 높은 권리금에 베팅할 수 있는 수요가 부족하다는 점이다. 부동산에 나온 상가 매물의 권리금 수준과 새로운 자영업자가 지출하려는 권리금 사이에는 큰 격차가 있다. 이는 자영업으로 기대할 수 있는 기대 수익이 높지 않은 것이 주요인이다. 누구나 알 만한 유명 프랜차이즈 브랜드의 매출도 1년 만에 20% 이상 하락한 곳이 많다. 불경기로 인한 매출 하락 추이는 예비 창업자도 충분히 인지하고 있다. 따라서 자영업을 피할 수 없다면 보다 적은 투자금으로 시작하려는 움직임이 확산되고 있다.

가게 정리를 통해 투자금을 회수하려는 사람과 기대 수익이 줄었지만 낮은 투자금으로 자영업을 시작하려는 수요가 시장에서 만나고 있다. 위치가 좋은 상가들은 권리금 조정 없이도 거래가 이뤄지는 경우가 종종 있지만, 위치가 안 좋은 상가들은 큰 폭의 권리금 조정 없이는 계약이 성사되기가 쉽지 않다.

그럼에도 2025년에 높은 권리금을 요구

하는 가게가 많을 것으로 보인다. 하지만 적절한 권리금 조정이 이뤄지지 않거나, 위치가 좋지 않은 매장들의 권리금은 결국 하락할 수밖에 없다. 이럴 때 예비 창업자의 바람직한 전략은 긴 호흡으로 여러 상가 조건을 비교, 평가하는 것이다. 상가 권리금이 하락하는 '골든타임'이 조만간 올 것이기 때문이다.

보통 추석부터 설날까지(9~2월)는 부동산에 상가 매물이 쌓이는 시기다. 날씨가 추워지면 거리에 유동인구가 줄어들어 매출이 감소하기 때문이다. 이렇게 되면 빠르게 상가를 정리해야 하는 매물부터 권리금 하락이 진행된다. 상가들이 하나둘 낮은 권리금에 거래되기 시작하면 허황될 정도로 높은 권리금을 요구하던 상가도 점차 하락 추세를 보이게 된다.

2025년에도 매출이 다시 상승하기 시작하는 5월 전까지는 급하게 상가를 거래하고 싶은 임차인들로 인해 비교적 낮은 권리금으로 거래할 기회가 있을 것이다. 따라서 예비 창업자라면 이 시기(2025년 1~5월)를 노려봄직하다.

가게를 정리하려는 기존 자영업자는 되도록 2025년 1분기에는 매장이 거래될 수 있도록 적절한 권리금 조정을 해보는 것을 당부드린다. 500만~1000만원의 작은 이득을 얻으려다 권리금을 받고 매매

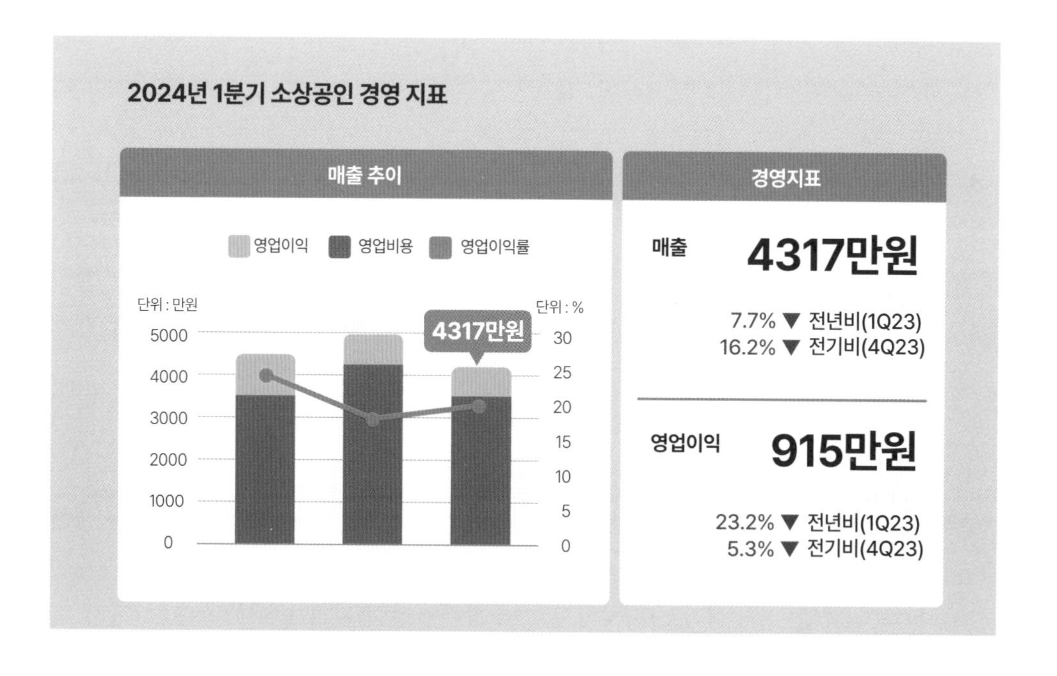

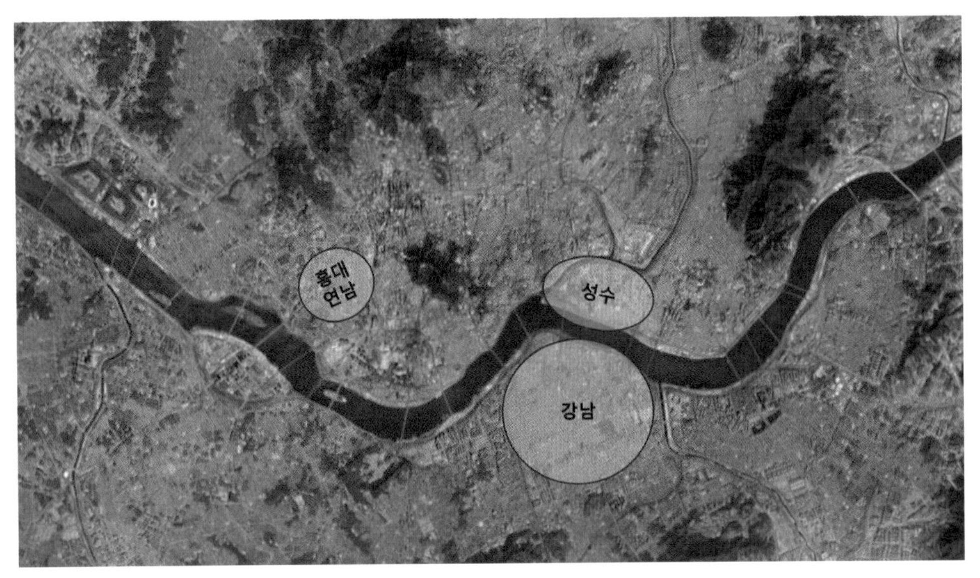

건물 투자가 가장 활발한 곳 TOP3 강남, 성수, 홍대.

할 수 있는 기회마저 놓칠 수 있다. 너무 큰 권리금 조정 요구가 아니라면 거래를 빠르게 마무리하는 것이 더 큰 이익이 될 수 있다.

2. 예비 창업자가 조건에 맞는 상가를 찾기 점점 어려워지는 의외의 이유

서울에서도 건물 투자가 활성화된 곳 TOP3를 꼽자면 강남, 홍대, 성수다. 이 지역을 둘러보면 신축 건물을 쉽게 만날 수 있다. 2019년부터 2022년까지는 꼬마빌딩 투자가 활발했으며, 메인 상권의 노후된 건물들이 신축되거나 리모델링되는 사례가 많았다. 과거에는 신축 건물이 생기면 예비 창업자에게 좋은 소식이었다. 권리금을 주지 않고도 좋은 상권에 진입할 수 있는 기회였기 때문이다. 그래서 신축 건물이 한참 공사 중일 때도 입점 문의가 일주일에 2~3건 꾸준히 들어오던 시기도 있었다고 전해진다. 그러나 지금은 정반대 일이 벌어지고 있다. 이런 신축 건물 개발이 오히려 적합한 상가를 찾기 어렵게 만들고 있다.

가장 큰 이유는 신축 건물 임차 조건이 F&B를 운영하고자 하는 자영업자에게 너무 높은 수준이기 때문이다. 흔히 자영업의 적정 임차료는 총 매출의 10% 수준이어야 한다고 이야기한다. 하지만 인건비, 공공요금, 원재료 가격이 상승한 요즘은 실제 적정 임차 조건이 매출의 7~8% 수준은 돼야 한다. 실제 창업하는 자영업자도 월세 400만원인 상가에서 매출 4000만원을 기대하고 시작하는 사람은 거의 없다.

그러나 강남, 홍대, 성수에서 신축 건물이 생기면 이면 골목에 위치하더라도 평당 50만원 수준 높은 임차 조건을 가지는 곳이 많다. 평당 50만원 임차 조건은 강남역 CGV 메인 골목의 평균 임차 조건과 유사할 정도로 높은 수준이다. 상가 보증금은 보통 월세의 10~12개월 금액으로 산정되기 때문에 월세 상승은 보증금 상승으로 이어지고, 이는 결국 총 투자비 증가로 이어진다. 과거에는 관심 상권에 신축 건물이 생기는 것이 무권리로 사업을 시작할 수 있는 좋은 기회였다. 그러나 지금은 오히려 내가 들어갈 수 있는 상가가 멸실되는 상황이라 볼 수 있다.

보증금과 월세가 높은 상가에서 창업을 하게 되면, 나중에 가게를 정리할 때 권리금을 제대로 받지 못하는 경우가 많다. 고정비 부담이 커지기 때문이다. 높은 임차료를 감당하려면 일정 이상의 매출을 꾸준히 유지해야 하는데, 쉽지 않은 일이다. 특히, 경기 침체나 외부 요인으로 인해 매출이 감소하면 손익분기점을 맞추기 어려워진다. 이로 인해 창업자들은 초기 투자 비용을 회수하기도 전에 사업을 접는 경우가 많다.

3. 적정 권리금 산정 기준은 '회수 가능성' 무권리금 상가 잘못 고르면 '싼 게 비지떡'

상권 분석을 하는 데 있어서 가장 고민되는 것 중 하나는 '권리금'이다. 상가 양도자가 제시하는 지금 이 권리금이 과연 적당한 금액인지, 너무 높은 금액은 아닌지를 경험이 부족한 초보 창업자는 판단하기 어렵다.

결론부터 얘기하면, 적정 권리금은 '회수 가능성'을 기준으로 판단해야 한다. 가령 권리금이 1억원이라고 하면 일단 '비싸다'는 생각부터 들 것이다. 그런데 '이 입지라면 나중에 1억원 이상은 충분히 회수할 수 있겠다'라고 한다면 권리금 1억원은 비싼 것이 아니라 합리적인 선택이 될 수 있다. 반대로 '무권리금'이라고 해도 입지가 너무 안 좋아 너무 낮은 매출이 발생할 상가라면 선택하면 안 된다.

지금 계약하려는 상가에 '후속 임차인이 어느 정도 권리금이면 계약을 할 수 있을지' 예측하는 것도 적정 권리금 산정의 핵심 중 하나다. 단, 이때 과거 사례만을 기준으로 보며 평가해선 안 된다. 과거에 1억원 이상 권리금이 형성된 입지라도 현재 상황에 맞춰서 재판단을 해야 한다. 이전 임차인이 당시 너무 높은 권리금을 주고 계약을 한 것일 수도 있기 때문이다.
서울 핵심 상권에 위치한 배스킨라빈스 사례 하나. 필자 기억으로 그리 유명세 없는 아이스크림 브랜드로 운영되던 곳이었는데 권리금이 3억5000만원 수준이었다. 이후 배스킨라빈스로 양도 계약이 체결됐다는 이야기를 듣고 이런 생각이 들었다.
'아 권리금 잘 주고 들어갔다.'
3억원 넘는 금액을 주고 들어갔는데도 적당한 권리금이라고 생각한 이유는 배스킨라빈스의 매출 수준을 알고 있기 때문이다. 충분히 그 이상을 남길 수 있는 매출이었다. 장사를 하는 동안에도 매출이 잘 나오고, 향후 양도양수를 할 때도 3억원 이상 권리금 회수가 가능한 입지라면, 분명 적정한 권리금이라 할 수 있다.
창업하고자 하는 지역의 권리금 시세는 그리 중요하지 않다. '시세'라는 것은 실제로 거래되는 금액보다는 '호가'에 의해서 부풀려지는 경우가 많기 때문이다.
현명한 자영업자라면, 적정 권리금을 판단할 때 숫자적인 관점으로만 보지 말고, 향후에 내가 양도할 때 어느 정도 권리금을 회수할 수 있는 자리인지 판단해서 계약에 임해야 한다.

4. 양수자 입장에서 권리금 낮추려면 1년 여유 갖고 '플랜B' 매물 확보해야

'오마하의 현인' 워런 버핏은 다음과 같이 말했다.
"주식 시장은 인내심 없는 사람의 돈이 인내심 있는 사람에게로 가는 곳이다."
이건 창업 시장에서도 통용되는 이야기다. 상가 매물을 찾는 과정 중 맘에 드는 상가가 딱 하나만 있는 예비 창업자는 안 절부절못한다. 이 매물을 계약하지 않으면 다른 매물이 없기 때문에 어느 정도 금액만 되면 계약을 바로 하고 싶어지기 때문이다.
하지만 검토하고 있는 매물이 2~3개인 예비 창업자는 조급증이 생기지 않는다. 그러다 보니 권리금에 대한 조율 과정도 스트레스가 없어진다. A가 아니면 B나 C를 선택할 수 있기 때문이다. 본인이 플랜B가 있고 대안이 될 수 있는 매물이 있으면 협상의 주도권을 쥐게 된다.
필자가 점포 개발 업무를 할 때는 한 물건을 1년 넘게 관리하는 경우가 일반적이었다. 기존 임차인이 원하는 권리금을 맞춰주기보다는, 권리금이 충분히 낮아졌을 때 점포 양도양수가 진행되기 때문이다. 1년 이상 매물이 안 나가면 기존 임차인도 애가 닳아 권리금을 5000만~1억원가량 낮추는 경우도 많았다.

현재 임차인 상황이 빠르게 나가고 싶은지가 권리금 조정의 핵심 변수다.
생각해보자. 권리금을 결정하는 주체는 공인중개사도, 양수자도 아닌, 양도자다. 즉, 현재 그 가게를 운영 중인 사장님만이 권리금을 낮출 수 있다. 따라서 권리금 협상을 할 때는 양도자의 현재 상황을 파악해야 한다. 현재 사장님이 가게를 빠르게 정리해야 하는 상황인지, 굳이 지금이 아니라도 괜찮은지에 따라 권리금 조정 가능성이 달라지기 때문이다.

① 건강상 이유로 빠르게 매장을 정리해야 하는 사장
② 급하게 매장을 정리해야 하는 것은 아닌데, 높은 권리금을 주면 양도하려는 사장

이 둘 중 어떤 사람과 협상해야 권리금 조정이 큰 폭으로 가능하겠는가. 당연히 전자다. 따라서 양도자가 매물을 내놓은

강남역 메인 이면 골목의 평당 임차 시세는 50만~70만원에 달한다.

이유와 현재 사정을 정확히 파악하는 것도 매우 중요하다.

5. 양도자 입장에서 권리금 더 받으려면 최근 3개월 시세 파악하고 부동산 10곳 이상에 매물 올려야

자영업 현장을 돌아다니다 보면 최소 2000만원 이상 손해 보면서 권리 매매를 진행하는 모습을 많이 본다. 그들의 공통점은 두 가지 원칙을 지키지 않았다는 것이다.
아래 두 가지 원칙만 잘 지키면 권리 매매를 하면서 예상 못한 손해를 피할 수 있다.

① 최근 3개월 인근 상가 권리금 실거래가를 파악하라.

상가를 구하는 예비 창업자들만 상권 내 권리 시세를 파악해야 하는 것이 아니다. 상가를 내놓는 현 임차인도 빠른 거래를 위해서는 인근 상가들이 어떤 금액으로 거래가 됐는지 확인이 필요하다. 그런데 포털 사이트에서 상가 매물을 검색해도 권리금 시세는 알기 어렵다. 보증금, 월세 등은 입력해도 권리금은 입력하지 않는 경우가 95% 이상이기 때문이다. 필자가 이런 이야기를 하면 다음과 같이 질문하는 이들도 있을 것이다.

"그럼 권리금 시세는 어떻게 확인해야 하죠?"
"아무 부동산이나 가서 권리금을 물어봤다가 너무 낮은 금액을 부르게 되면 어쩌죠?"

이럴 때는 상가 거래를 많이 하는 부동산을 찾아보길 추천드린다.
네이버 부동산에서 공인중개사 정보를 찾아보면 이 부동산이 매매, 전세, 월세 매물을 얼마나 갖고 있는지 확인할 수 있다. 이 중 '상가 월세' 거래가 많은 부동산은 상가 매물을 많이 확보한 부동산이다. 온라인에서 광고를 많이 하는 업체일수록 상가 거래 건수나 인근 상가의 권리금 시세 정보도 많을 것이므로 적극 이용해볼 만하다.
물론 모든 부동산이 상가 중개를 하지는 않는다. 원룸, 오피스텔에 집중하는 곳도 있고, 주거용 부동산에 집중하는 곳도 있다. 그래서 빠르게 내 상가를 내놓기 위해서는 상가 위주로 거래하는 부동산을 찾아가는 것이 유리하다.

② 최소 10곳 이상의 부동산에 매물 내놓기

"부동산에 이야기는 해놨는데 불경기라 그런지 매장을 보러 오는 사람이 없어요. 권리 매매하는 것도 쉬운 일이 아니네요."

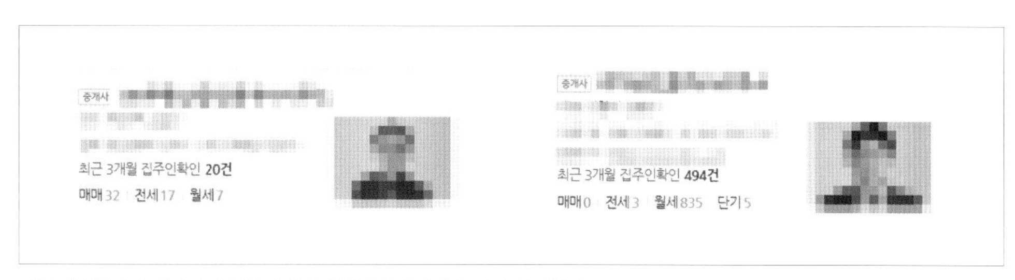

빠른 거래를 원한다면 거래 건수가 많은 부동산을 선택하는 것이 유리하다.

강의를 듣던 수강생이 이런 고민을 털어놓은 적이 있다. 필자가 물었다.
"사장님, 부동산 몇 곳에 매물 정보 전달하셨어요?"
"아는 부동산 한 곳이요."
"네?"

그분은 단 한 곳에만 상가 정보를 전달하고 그냥 기다리고만 있었다. 고기를 더 많이, 빨리 잡으려면 낚싯대를 여러 개를 사용하는 것이 유리하듯, 상가를 내놓을 때도 최대한 여러 부동산과 거래하는 것이 중요하다. 가령 상가 주소지가 강남이라면 강남역 중심으로 최소 5곳, 역삼역 부동산에 2곳, 선릉역 부동산에 2곳, 삼성역 부동산에 2곳 정도와는 소통하는 것이 유리하다.
혹자는 이렇게 물을 수 있다.
"네이버 부동산에 너무 많은 상가 매매 광고를 올려두면 급해 보이지 않을까요?"
전혀 그렇지 않다. 매도할 권리금에 대한 기준만 확고하다면 많은 부동산에 광고를 올리는 것은 권리금 협상에서 마이너스가 되지 않는다. 필자 경험상, 여러 곳에 부동산 광고가 올라가 있는 매물은 거래가 빠르게 성사되는 경향이 있었다. 광고 노출량은 부동산 거래 속도에 직접적인 연관성이 있다. 최악의 상황은 중개인들과 소통도 하지 않으면서 예비 임차인이 높은 권리금을 주기만을 그저 기다리고만 있는 것이다.

이홍규 고수와 1:1 상담 문의는 여기로! >>

임차인 못 구한 상가 공실 해소법

김민성
김앤최취업&창업연구소 대표

최재형
김앤최취업&창업연구소 대표

김민성

편의점(CU, 이마트24), 외식(한솥), 식품제조(빙그레), 통신(SK PS&M) 업계에서 약 17년간 근무한 후 창업 및 프랜차이즈 취업 컨설팅, 프랜차이즈 기업 강의 등을 하고 있다. 인천에서 영업 중인 리자매 쌀베이커리 운영 총괄도 겸하고 있다.

최재형

편의점(세븐일레븐), 외식(놀부), 통신(SK PS&M) 업계에서 약 16년간 근무한 후 창업 및 프랜차이즈 취업 컨설팅, 프랜차이즈 기업 강의 등을 하고 있다. 복수의 편의점을 직접 운영 중에 있다.

싸다고 샀다간 '골'로 가는 상가 투자
공실 지속 땐 '상가 분할' 검토해볼 만

13.8%, 8%.

한국부동산원이 발표한 2024년 상반기 기준 중대형·소형 상가 공실률이다. 3년 반 전인 2020년 말 대비 각각 1.1%포인트, 0.9%포인트 상승했다. 2022년부터 집계를 시작한 집합상가 공실률도 2022년 말 9.4%에서 2024년 상반기 10.2%로 0.8%포인트 높아졌다. 코로나19 팬데믹 때보다 더 상가 공실이 늘어난 것이다. 2025년 전국 상권은 매일 공실과의 전쟁을 치르게 될 테다. 이런 상황에서 상가 투자와 공실 해소는 어떻게 해야 할지 살펴본다.

(편집자 주)

필자들은 현장에서 15년 이상 다양한 업종 신규 매장 개설과 투자 등에 대한 계약을 수없이 진행했다. 오랜 경험과 노하우를 바탕으로, 상가 임차 또는 매입 시 알아두면 유용한 팁을 전해드리고자 한다.

단지 내 상가를 건축연도 기준으로 수익률을 분석해봤다. 1980년에 건축된 단지 내 상가는 아파트 재건축 이슈 훈풍에 맞물려 수익률 대비 매매 가격이 높게 형성돼 있다. 신축 상가 역시 고분양가로 인해 수익률이 높은 매물을 확보하기가 쉽지 않다. 결과적으로 1990~2000년 사이 단지 상가 위주로 매물을 살펴봤다.

1. 초보 투자자는 지하에 있는 상가에 소액 투자해볼 만

필자는 매물을 알아보면서, 공실 발생 시 직접 배달 업종을 창업하는 부분까지 고려하고 있었다. 당시 트렌드가 배달 업종이었기 때문에 임차료 30만~40만원(배달 창업은 입지보다는 임차료가 저렴하고, 배후가 갖춰진 곳 선호) 선의 단지 상가를 매매하기로 방향을 정했다.

상가 매입 전에는 반드시 자신의 투자 기준을 정하는 것이 중요하다.

예시)

① 최소 900세대 이상, 1990년대 건축된 단지 내 상가

② 임차료 시세 30만~40만원대 매물, 목표 수익률 6% 이상

③ 반경 1㎞ 내 6000세대 이상의 배후 세대가 확보된 상가

처음 상가를 알아보려고 하면, 어디부터 봐야 할지 막연하다. 우선 네이버 부동산을 통해 희망 지역 정보를 검색하고 현장을 방문하는 것이 가장 좋은 방법이다. 네이버 부동산에서 검색한 기본 정보를 바탕으로 지역 부동산을 방문하면 시간도 단축되고, 더 많은 매물을 확인할 수 있다.

이해가 쉽게 검색하는 방법을 정리해본다.

① 네이버 부동산에서 1억5000만원 내외로 설정하고 단지 상가 위주로 검색.

② 지속적으로 희망 지역을 검색한 결과, 주변 배후 세대도 풍부하고 매매가도 6500만원 선에 나온 창동 인근 단지 상

건축연도별, 규모별에 따른 연간 투자 수익률

단위: %

구분	건축연도별					호별 면적 규모별		
	1980년 이전	1981~1990년	1991~2000년	2001~2010년	2010년 이후	100m² 미만	100~330m²	330m² 이상
전국	6.69	6.03	6.85	6.89	5.65	6.69	6.34	6.06
서울	6.61	6.91	8.08	8.38	7.66	7.26	7.82	7.62
부산	6.05	3.91	5.88	5.83	2.44	5.31	4.95	5.17
대구	4.75	5.72	6.07	5.97	6.07	5.91	6.02	5.10

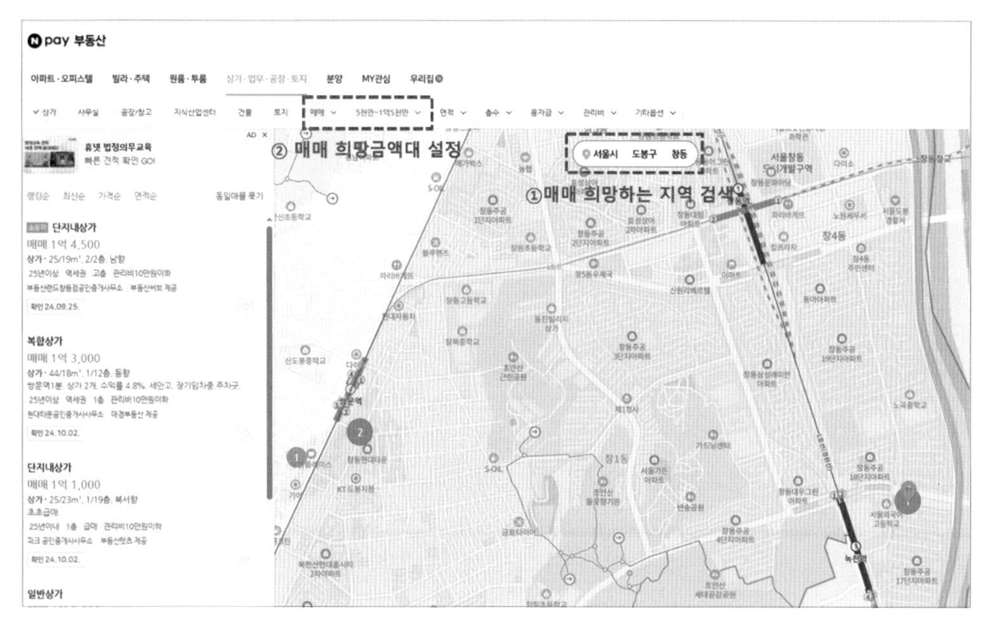

우선 '네이버 부동산'에서 희망하는 지역을 검색하여 지도상에 해당 지역이 뜨면, 희망하는 매물 구간을 설정하고 단지 내에 위치한 상가 위주로 찾아본다. 필자는 지속적으로 희망 지역을 검색하면서 적정 매물을 찾아본 결과, 주변 배후 세대도 풍부하고 매매가도 6500만원 선에 나온 창동 인근 단지 상가를 찾을 수 있었다.

가를 찾을 수 있었다. 희망 매물 위치가 표시된 지도를 캡처해 배후 세대까지 정리한 후 현장 확인에 들어간다.

현장 방문 당시, 6500만원의 저렴한 매물이었기 때문에 예상했던 대로 상태는 썩 좋지 않았다. 위치는 단지 내 상가 3층 건물의 매물이었다. 대부분 투자자 인식이 '지하'라는 명칭이 붙으면 부담스러워하고, 애초에 관심 자체를 가지려고 하지 않는다. 필자 역시 향후 매각 시 어려운 부분이 많을 거라 생각했다.

현 상가의 단지 세대, 주변 배후 세대, 세대 수 대비 적정 상가 비율, 건물 내 공실이 없다는 점에 계속 끌렸지만, 지하라는 단점 때문에 쉽게 결정을 하지 못했다. 처음에는 '하지 말아야지'라고 다짐했으나, 고심 끝에 입장을 바꿔 계약했다.

기존 임대인은 상가를 몇 개 보유하고 있어 세금 문제로 정리한다고 했다. 하지만 알고 보니, 임차인이 2개월 뒤 퇴거 예정이었고 그로 인한 리스크로 매매하는 것이었다. 공실에 대한 걱정도 있었지만 공사 현장 사무실로 단기 임대 중이고, 만일 퇴거하더라도 과거 5년간 중국 음식

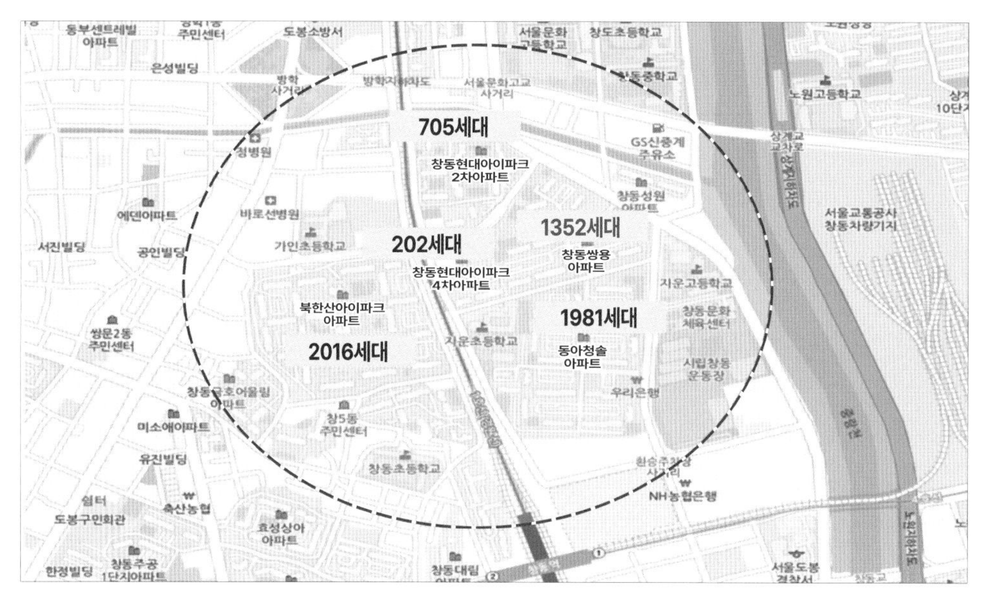

매매를 검토할 후보 상가가 정해지면 희망 매물이 있는 위치가 표시된 지도를 캡처한다. 인근 아파트에 거주하는 배후 세대를 캡처한 지도에 기재한 후, 현장을 방문하였다. 무턱대고 방문하는 것보다는 네이버 부동산에 나와 있는 주변 상가 시세(평당 매매가, 월세 수준 등), 후보 상가 기준 1km 반경 내 배후 세대 등을 파악해보고, 방문을 하면 큰 도움이 된다.

배달 전문점으로 운영됐던 이력이 있어 다시 배달 전문점으로 운영하자는 생각을 했다. 또한 6500만원의 소액 투자기 때문에 공실 발생 시에도 비용을 어느 정도 감당할 자신이 있었다.

매매 후, 운이 좋게 단기로 사용하던 공사 현장 사무실이 5개월 연장하게 돼 당분간 공실에 대한 걱정은 덜게 됐다.

결론적으로 매매가 6500만원 투자로 월 40만원 수익이 발생해, 약 7.3% 수익률을 달성 중이다(등기비, 중개비는 임차보증금 500만원으로 상쇄).

★Check Point!

임차인을 구해야 하는 상황이 생길 경우, 경험상 다음과 같이 여러 루트를 통하여 동시다발적으로 구해야 조금이나마 신속하게 구할 수 있다.

* 직접 창업이 아닌 임대를 할 경우, 임차인 신속히 구하는 노하우*

① 소유 중인 상가 인근 부동산 3~5곳

* 위 방법은 부동산 중개인의 소개로 임차인을 구해 계약하는 상황을 제외하면 모두 무료로 이용 가능하다. 자신이 직접 적극적으로 구인한다면, 비용을 절감할 수 있다. 벼룩시장 또는 교차로 등의 유료 광고는 비용 대비 효과가 떨어져 권하고 싶지 않다.

이상 방문해 임대 물건을 등록한다.

② 피터팬 카페에 물건 등록과 동시에 네이버 부동산에도 등록한다.

많은 사람이 네이버 부동산에 매물 등록은 중개사무소를 통해서만 가능하다고 생각하는데, 소유주도 직접 올릴 수 있다. '부동산스터디'라는 카페에 가입해 왼쪽에 있는 카테고리 중 '매물의뢰/분양홍보' ⇒ '네이버 부동산에 매물 올리기'를 클릭하면 상세한 절차 설명을 볼 수 있다.

③ 프랜차이즈 업체 홈페이지에 직접 등록한다.

전술한 바와 같이 해당 상가에 어떤 업종이 입점하면 좋을지에 대한 고민을 한 후, 해당 업종의 대표 프랜차이즈 담당자에게 소개한다. 프랜차이즈 업체 홈페이지에 들어가면 창업 문의란이 있어 상담 신청을 하면 된다. 해당 콜센터로 전화해도 각 지역 담당자를 소개받을 수 있다.

④ '아프니까 사장이다' '급매물과 반값매매' 등 인기 네이버 카페 및 당근에도 등록하고 주기적으로 업데이트를 한다.

2. 싸다고 건드렸다가는, 돌이킬 수 없는 강을 건널 수 있다

개인적으로 아픈 기억이 있는 상가 투자 사례를 고백하고자 한다.

약 5년 전, 준공 예정인 20층 건물 1층 상가를 지인으로부터 소개받았다. 건물 측면에 있는 22평 상가였는데, 외부 계단으로 인해 상가 앞부분이 약간 가려져 상태가 좋지는 않았다. 그런 이유로 상가 가치가 떨어질 것이 예상돼 대폭 할인을 한다는 것. 8억6000만원이던 분양가를 4억6000만원으로 거의 반값 할인을 한다는 소식을 듣고, 현장에 가서 상권을 살펴봤다. 해당 건물에 450세대 오피스텔이 분양이 끝난 상태였고, 인근에는 공단 근로자, 사무실, 기숙사, 오피스텔, 비즈니스 호텔 등으로 상권이 구성돼 있었다. 2주 정도 고민 끝에 상가 분양을 받기로 결정했다.

이유는 다음과 같았다.

① 측면에 있기는 하지만 면적이 22평이어서 다양한 업종 입점이 가능. 전면에 있는 상가들은 면적이 대부분 10평 미만으로 입점 가능한 업종이 제한적임.

② 경기도 안산, 시흥, 부천 등지 신축 상가 평균 분양가 대비 약 40% 이상 저렴하게 분양받을 수 있음. 때문에 굉장히 안정적인 임대 수익률을 올릴 수 있을 것이라고 판단. 단순 계산으로 분양가 4억6000만원, 보증금 5000만원, 월세 170만원으로 책정해 임차를 해도 5% 이상 수익률 발생. 월세 200만원은 받을 수 있을 것이라고 예상.

③ 시행사 측과 계약 조건으로 김밥과 커피는 독점 임대 가능 조항 삽입했고, 두 가지 업종 가운데 하나의 업종은 건물 상가에서 반드시 임차하고자 하는 희망자가 나타날 것이라고 확신.
④ 하나은행 지점에서 실사를 나와 임대 상가로서의 가치가 있어 대출을 70%까지 받을 수 있다고 설명.
이 같은 다양한 이유 이외에, 무엇보다 결정적인 것은 나름 상가를 안다고 자부한 지나친 자기 확신이었다. 한마디로 콩깍지가 씌인 것. 냉정하게 봤어야 했는데 놓친 부분은 다음과 같다.
① 아무리 신축 상가라 해도, 주변 구축 건물 시세를 소홀히 해선 안 됐다. 임차인 입장에선 신축 건물에서 깔끔하게 장사를 하고 싶겠지만, 주변 구축 건물 상가들과 시세 차이가 크면 당연히 구축에서 하려고 할 것이다. 인근 구축 건물 시세가 저렴하다 보니, 신축이라고 선뜻 임차하겠다고 나서는 사람이 없었다.
② 해당 건물에 공단 근로자가 많아, 퇴근 시간대에만 북적북적하고 낮 시간대에는 건물에 상주하는 인원이 극히 드물었다. 그 부분을 어느 정도 인지했으면서도, 김밥집이 들어오면 충분히 해볼 만하다고 생각했다. 퇴근 시간대 건물에 거주하는 주거민을 상대로 장사하고, 점심시간대에는 인근 오피스 근무자를 상대로 장사하면 높은 매출이 나올 것이라고 생각했다. 그러나 오피스 근무자들은 여러 메뉴가 다양하게 있는 맞은편 지하식당가로 향하고, 독립적으로 운영하는 로드숍은 이용률이 높지 않을 수도 있다는 점을 간과했다.
③ 그리고 가장 결정적인 것은 사회 환경적 요인인 코로나19 팬데믹이었다. 운도 실력이라는 말이 있듯, 운이 너무 없기도 했다. 그러나 냉정하게 분석해 상가 투자를 했으면, 코로나19라는 최악의 시기에도 임차가 될 수 있었을 것이다. 냉정하게 분석해 상가 투자를 하지 않았다면, 코로나19로 상황이 악화됐을 때 나 스스로를 칭찬했을 것이다.
독자에게 바라는 점이 있다. 밥만 먹고 상가 보러 다니는 사람도 콩깍지가 씌이면 답이 없다. 때문에 앞서 언급한 내용들을 숙지하고, 체크리스트 작성 등을 통해 객관적이고 냉정하게 투자 분석을 해야 실패 확률을 줄일 수 있다.

3. 보유한 상가 공실이 지속된다면 하나의 상가를 둘로 쪼개는 것도 고려하라

현장을 나가 업무를 많이 하다 보니, 최근 몇 개월 사이에 눈에 띄게 공실이 많아진 것을 보게 된다. 상가 투자를 알아보기 시작한 예비 투자자들은 최근의 상황을 보고, 공실에 대한 부분이 막연하게만 느껴질 것이다. 장기간 영업하던 임차인이 갑자기 계약 종료와 함께 연장을 하지 않겠다는 연락이 오면 임대인은 걱정이 되기 시작한다. 특히, 경기 침체로 창업에 대한 두려움이 커지고, 소비 위축이 이어지는 현시점에서는 더욱 암담해진다.

필자는 앞서 언급한 신축 상가의 공실에 대한 해결책을 '상가 분할'에서 찾았다.

경기가 좋고, 실물경제 회복세라고 한다면 조금 더 추이를 지켜보면서 기다릴 필요도 있겠지만, 상당 기간 경기 침체가 예상된다면 임대인은 매장을 찾고 있는 임차인의 구미를 당길 수 있는 방법을 강구해 공격적인 전략을 펼칠 필요가 있다.

필자는 임차인 구미를 당기게 할 수 있는 것이 무엇일까를 고민했고, 그 해답은 바로 분할이었다.

임차인 입장에서 필자의 상가를 봤을 때, 여러 아쉬움이 있다.

① 상가 위치가 마음에 드는데 월 임차료가 비싸다.

② 임차 조건은 마음에 드는데 위치가 별로다.

③ 위치는 좋은데 면적이 너무 커서 비효율적이다.

좌·우측 매장의 컨디션은 다음과 같다.

- 좌측 13평 분할 매장: 건물 출입구 옆에 있고, 전면 4m, 면적 13평, 외부 계단으로부터 가시성이 확보
- 우측 9평 분할 매장: 출입구 옆이 아니고, 전면 3m, 면적 9평, 외부 계단으로부터 약간의 시야 가림

만약 기존 22평에 대한 임차 조건을 보증금 2000만원, 월 150만원으로 책정했었는데 분할을 병행하여 임차인을 구할 때, 다음과 같이 책정하였다.

- A매장: 13평 보증금 2000만원, 월 105만원
- B매장: 9평 보증금 1000만원, 월 55만원

→ 합계: 22평 보증금 3000만원, 월 160만원이 된다.

이러한 식으로 각 매장마다의 가치를 책정하여 차등을 두고 임차 조건을 책정해야 한다. 추가로 각각의 상가에 임차 조건을 더 높게 책정한 이유는 분할할 경우에 이어서 설명하게 될 분할 공사 비용이 적지 않기 때문이다. 비용 발생에 대한 보전의 개념으로 기존에 생각하던 임차 조건보다 약간 올려서 임차를 구하는 것이다.

NO	품명	규격	단위	수량	단가	금액	비고
1	벽체공사						
2	분리벽작업	판넬 75t	hb	42	32,000	1,344,000	
3	소계						1,344,000
4	샷시 및 유리 시공						
5	프레임(sus)	2100×950	식	1	350,000	350,000	
6	도어	강화유리 12t C	ea	1	250,000	250,000	
7	가네모부속	아래힌지포함	ea	1	180,000	180,000	
8	페어유리	24t 800×2100	ea	1	210,000	210,000	
9	재료분리대		ea	1	120,000	120,000	
10	소계					0	1,110,000
11	설비공사					0	
12	인건비	하수구 포함	품	1	280,000	280,000	
13	인건비(조공)	하수구 포함	품	1	180,000	180,000	
14	장비대	컷팅기	식	1	100,000	100,000	
15	부자재		식	1	140,000	140,000	
16	폐기물		식	1	80,000	80,000	
17	소계						780,000
18	전기공사, 소방						
19	인건비	전기	품	2	250,000	500,000	
20	분전박스		ea	1	250,000	250,000	
21	부자재		식	1	145,000	145,000	
22	감지기		ea	2	4,500	9,000	
23	시각경보기		ea	1	28,000	28,000	
24	비상등	천장형 다운라이트	ea	2	12,000	24,000	
25	인건비	신규 선로작업 포함	품	2	250,000	500,000	
26	스프링클러	이설작업(배수비용포함)	식	1	100,000	100,000	
27	소계					0	1,556,000
총 계						4,790,000	
공과잡비 및 기업이윤		직공비×15%	식	1		383,200	
		단수정리			백단위절삭	−200	
총 합계 금액						5,173,000	

위 견적서는 22평의 상가를 13평, 9평으로 분할할 당시의 견적이다. 상가 내부의 컨디션에 따라 달라지겠지만 적지 않은 비용이 발생한다. 만약, 분할을 하려고 결심한다면 사전에 이러한 부분도 감안해야 하고, 어떤 항목이 어느 정도의 견적이 나오는지 알아두면, 추후에 공사 업체와 분할 관련 논의할 때에도 큰 도움이 될 것이다.

이런 여러 경우의 수를 흡수할 수 있는 방법을 찾는다면 조금이라도 공실 기간을 줄일 수 있는 솔루션이 될 수 있다.
분할 시 반드시 알고 있어야 할 3가지는 다음과 같다.
① 상가를 둘로 나눈다고 해서 임차료도 반드시 반반이 되는 것은 아니다.
예를 들어보자. 한 건물 101호 22평 상가를 소유 중인데 현재 공실이다. 희망 임차 조건이 보증금 2000만원, 월세 200만원, 기본 관리비 20만원이다. 이 상가를 단순 분할하면 임차 조건은 다음과 같다.

101-A : 11평 사용, 보증금 1000만원, 월세 100만원, 기본 관리비 10만원
101-B : 11평 사용, 보증금 1000만원, 월세 100만원, 기본 관리비 10만원

이렇게 두 개 상가로 나누면 임차인을 구할 가능성이 훨씬 높아질 수 있다. 그런데 여기서 유의할 점이 있다. 한 상가를 둘로 나눠 A와 B매장 컨디션이 동일하다면 임차 조건 역시 똑같이 책정하면 된다. 그러나 가시성, 노출도, 코너 또는 일면 여부, 출입구 옆인지 등에 따라 A와 B의 가치 책정은 달라질 수 있다. 필자의 경우 분할한 두 개 매장을 전혀 다른 조건으로 책정했다.

A매장 : 건물 출입구 옆에 있고, 전면 4m, 면적 13평, 외부 계단으로부터 가시성 확보
B매장 : 출입구 옆이 아니고, 전면 3m, 면적 9평, 외부 계단으로부터 약간의 시야 가림
만약 기존 22평 상가의 임차 조건이 보증금 2000만원, 월세 150만원이었다면 분할 시에는 다음과 같다.

A매장 : 13평 보증금 2000만원, 월세 105만원
B매장 : 9평 보증금 1000만원, 월세 55만원
→ 합계 : 22평 보증금 3000만원, 월세 160만원

이런 식으로 각 매장마다의 가치를 측정해 차등을 두고 임차 조건을 책정해야 한다. 기존보다 임차 조건을 더 높게 책정한 이유는 상가를 분할할 경우에 이어 설명할 '발생 비용'이 적지 않기 때문이다. 임차인이 전체 면적을 사용했을 경우 발생하지 않아도 될 비용이 분할을 하면서 발생하기 때문에, 임차 조건을 더 높게 책정하여 손실을 조금이라도 줄이는 것이 좋다.
② 분할을 결심했다면 어느 정도 비용은 머릿속에 생각하고 있어야 한다.
필자의 경우 분리벽 작업, 출입문 추가

※별지

[분할 사용 공간 표기]

B106호 전용면적 73.875m²

CU편의점	건물 출입로	B106-2호 (44.175m²/13.39평) 사용 비중 59.8%	B106-1호 (29.7m²/9평) 사용 비중 40.2%

위 사진은 실제로 필자가 상가를 2칸으로 분할 후, 우측 9평 공간을 임차할 당시 임차인과 계약했던 임대차계약서에 첨부한 별지이다. 임대차계약서를 작성할 때 별지를 별도로 작성하여 사용 면적, 사용 비중에 대한 부분부터 실제 사진상에 사용 공간 표시까지 디테일하게 작성하여 임차인과 쌍방 확인을 받는 과정이 반드시 필요하다. 해당 상가에 부과되는 기본관리비 역시 사용 비중을 정확하게 정해놓으면 분쟁을 막을 수 있다.

설치, 스프링클러 이전 설치, 분전반 추가 등으로 인해 약 500만원의 분할 비용이 발생했다.
이 견적서는 분할할 당시의 견적이다. 실제 비용은 상가 내부 컨디션에 따라 달라질 수 있다. 어떤 항목이 어느 정도 견적이 나오는지 참고하면 추후에 공사 업체와 논의할 때에 큰 도움이 될 것이다.
③ 분할할 경우, 임차인으로부터 세부 내용에 대한 확인을 반드시 해야 한다.
옛말에 '화장실 들어갈 때와 나갈 때 다르다'라는 말이 있다. 처음에 분할할 때는 쿨하게 얘기하다, 장사가 안되면 이것저것 트집 잡는 임차인이 종종 있다.
예전에 편의점 개발 업무를 할 때, 30평 매장을 커피숍과 편의점이 절반씩 사용하는 조건으로 상가 분할을 한 적 있다. 우리 쪽에서 필요로 했던 부분이기 때문에 분할 비용 역시 가맹점주가 부담키로 했다. 커피숍은 개인 사정으로 1개월 정도 후에 공사 진행한다고 해 편의점 공사를 먼저 진행하고 오픈까지 했다.
그런데, 커피숍이 공사를 시작하면서 문제가 생겼다. 점포 실측을 했더니 15평이 아닌 14.5평이라며 0.5평을 자신이 피해를 보게 됐다고 점주가 본사에 항의를 한 것. 대수롭지 않게 생각하고 커피숍 사장을 만났다가 너무도 황당한 소리를 듣게 됐다.
필자가 임차료를 0.5평만큼 더 낸다고 했더니, 자신은 0.5평이 반드시 필요하다고 가설벽을 다시 옆으로 당기라고 하는 것이 아닌가. 어이가 없어 "인테리어 공사도 마무리되고 장비 배치까지 끝나 오픈까지 했는데 너무하신 것 아니세요?"라고 했더니, 자신은 양보할 수 없다며 강경한 입장을 고수했다. 결국 보상을 받기 위한 것임을 알았기에 매월 0.5평만큼의 임차료 부담과 함께, 800만원의 합의금을 줬다.
이처럼 생각지도 않은 일이 벌어질 수 있기 때문에 반드시 다음과 같이 별지를 만들어 사용 면적에 대한 부분부터 사용 부분 표시까지 디테일하게 작성해 확인을 받는 과정이 필요하다.
정확하게 면적도 나눠놔야 매월 산정해서 부과되는 기본 관리비도 논쟁 없이 깔끔하게 해결할 수 있다.

MZ세대가 즐겨 찾을 2025년 유망 상권

김재현
SCA컨설팅 대표

SCA컨설팅 대표, 점포 창업 강사.

과거 패션 브랜드에서 11년 동안 전국 가두점 점포 개발,

현재 소상공인을 대상으로 창업 컨설팅과 강사로 활동 중이며

상권에 대한 분석과 전략으로 소상공인의 창업을 돕고 있다.

창신동·서순라길·장충단길·합마르뜨 스토리 있고 아날로그적인 상권이 뜬다

상권은 마치 살아 있는 생물과도 같아 주기적으로 변화한다. 특히, 최근 3년 동안의 변화는 기존 상권 탈바꿈과 새로운 상권 탄생의 시발점이라고 해도 과언이 아니다. 11년간의 상권 분석 경험을 바탕으로, 필자는 서울의 상권 지도가 근본적으로 변화하고 있음을 목격하고 있다. 그리고 이 변화의 핵심에는 MZ세대가 있다.

기성 브랜드가 주축이던 상권 모습은 MZ세대 감성에 맞는 브랜드로 채워지며 변화하고 있다. 심지어 대형 오프라인 쇼핑몰도 MZ세대를 매혹할 수 있는 신생 브랜드로 MD 구성을 하는 모습을 엿볼 수 있다. 2025년 뜨는 상권을 예측하는 기본적인 바탕은 MZ세대 특성을 이해하는 것에서 시작된다. 붉은 벽돌 형태 단독주택가 골목, 오래된 공장 건물, 전통시장 등 이런 공간이 MZ세대에게는 새롭고 독특한 경험을 제공하는 뉴트로 장소로 재탄생하고 있다.

가장 흥미로운 점은 MZ가 자신들이 직접 경험해보지 못한 과거 공간들에 매료되고 있다는 사실이다. 새롭게 떠오를 상권을 예측하기 위해서는 상권을 선택하는 MZ세대 특징을 먼저 알아야 한다. 그 특징은 크게 3가지로 정리할 수 있다.

1. 경험해보지 못한 과거에 대한 동경

MZ세대는 디지털 원주민(native) 세대다. 하지만 역설적으로, 그들은 자신들이 태어나기 전 시대의 아날로그적 요소에 강한 매력을 느낀다. 이는 단순한 복고 열풍이 아닌 과거 공간이 주는 독특함을 새로운 경험의 장으로 인식하는 것이다. 그들에게 성수동이나 문래동 같은 산업화 시대 공장이나 1970~1980년대 주택가 정취는 신선하고 흥미로울 뿐 아니라 남들과는 다른 유니크한 경험, 그리고 SNS에 노출할 수 있는 차별화된 콘텐츠를 만들어준다.

2. 진정성과 스토리 추구

MZ세대는 획일화된 현대적 공간보다 역사와 이야기가 있는 공간을 선호한다. 오래된 건물이 가진 세월의 흔적과 그 속에 담긴 이야기는 그들에게 특별한 가치로 다가온다. 오래된 극장을 개조해 스타벅스만의 시그니처 인테리어를 결합한 스타벅스 경동1960점이 대표적이다. 단순히 소비를 위한 공간보다는, 자신이 속한 공간의 역사와 이야기를 경험하고, 그 속에서 자신만의 의미를 찾고자 하는 특성을 갖고 있다.

3. 아날로그적 요소에 대한 새로운 해석

디지털에 익숙한 MZ세대에게 아날로그적 요소는 새로운 창조의 영감이 된다. 필름 카메라, LP 음반 등 과거 물건이 다시 유행하는 것처럼, 과거 공간도 새롭게 해석돼 트렌디한 장소로 재탄생하고 있다. 그들에게 상권은 아날로그적인 요소가 결합돼 한 장소에서 직접 체험할 수 있는 공간으로, 직접 손으로 만지고 느낄

홍콩 느낌의 중식당 '창창(왼쪽)', 뛰어난 뷰를 자랑하는 '도넛정수 창신(오른쪽)'.

'창신동' 인스타그램 감성어 변화

2024년 1~6월		2023년 1~6월	
감성어	언급 건수	감성어	언급 건수
핫하다	94	신상	97
맵다	83	좋다	53
어렵다	78	신상컬러	50
합리적	53	맛있다	45
맛있다	29	맵다	43
즐기다	21	즐기다	69
덥다	19	좋아하다	22
좋아하다	17	많은관심	21
희망	16	합리적	19
아쉽다	15	무료	19
가고싶다	15	핫하다	15

수 있는 경험을 제공하는 곳이다. 이런 요소는 MZ세대에게 새로운 창조의 영감이 되며, 과거 공간을 현대적 감각으로 재해석하는 데 중요한 역할을 한다.

MZ세대의 이런 특성을 바탕으로 2024년 주목받은 상권 특징을 먼저 살펴보고, 2025년 상권을 예측해보자.

2024년 주목받은 상권

① 성수동: 공장의 변신

한때 서울의 대표적인 공업 지역이었던 성수동은 이제 MZ세대 성지가 됐다. 높은 천장과 붉은 벽돌 공장 건물은 감각적인 카페, 갤러리, 공유 오피스 등으로 탈바꿈했다. 이곳에서 MZ세대는 과거 산업화 시대 분위기와 현대적 감각이 어우러진 독특한 경험을 한다. 성수동은 예술과 창조의 공간으로, MZ세대가 추구하는 독창성과 진정성을 완벽히 구현하고 있다. 독창성이 분명한 패션 브랜드가 밀집해 저마다의 개성을 드러내며 트렌드를 이끌고 있다. 대표적으로 무신사, 마뗑킴 등 핫한 브랜드의 성수동 매장 오픈과, 저마다 개성 있는 체험형 팝업 행사를 개최하는 기업들을 통해 MZ세대를 유치하기 위한 전략을 엿볼 수 있었다.

② 을지로: 인쇄소의 재해석

과거 인쇄 관련 업체들이 밀집해 있던 을지로는 이제 힙한 바와 레스토랑, 복합문화공간 등이 들어서며 새롭게 탈바꿈했다. 좁은 골목길, 오래된 간판, 낡은 건물들이 주는 독특한 분위기가 MZ세대 감성을 자극한다. 을지로는 과거의 인쇄소와 공장들이 새로운 형태 문화 공간으로 변모하면서, 새로운 경험을 제공한다.

③ 경동시장: 전통 시장의 힙한 변신

수십 년 역사를 자랑하는 경동시장은 전통적인 모습을 유지하면서도 현대적 요소를 가미해 MZ세대를 끌어들이고 있다. 약재를 활용한 트렌디한 카페, 전통 음식을 현대적으로 재해석한 음식점 등이 등장하면서 새롭고 독특한 경험을 제공하고 있다. 스타벅스 경동1960점은 이런 분위기를 느낄 수 있는 대표적인 점포다. 폐극장을 현대적인 감각으로 리뉴얼해 오래됨과 새로움을 혼합한 특색 있는 분위기를 연출했다.

2025년 주목받는 서울의 상권

① 창신동 절벽마을: 봉제마을의 문화적 재탄생

과거 한국 의류 산업 중심지였던 창신동은 이제 문화예술의 새로운 중심지로 변모하고 있다. 오래된 봉제 공장들이 예술가 작업실이나 전시 공간으로 바뀌면서, MZ세대에게 독특한 문화적 경험을 제공한다. 특히, 창신동 절벽마을에는 기존 붉은 벽돌 단독주택을 리뉴얼한 카페와 음식점들이 생겨나고 있다. 태국 음식점부터 홍콩 거리 느낌이 나는 중국 음식점, 마치 옆집에 방문한 듯한 느낌의 도넛집, 뷰(view) 맛집으로 핫한 카페까지 2024년 주목받았던 상권들의 초기 모습을 보여주는 듯하다.

② 종로 서순라길: 돌담길 골목의 재발견

서순라길은 종로3가역에 위치한 종묘의 돌담길을 따라 창덕궁까지 이어지는 거리로 최근 MZ세대 발길이 이어지고 있다. 서순라길을 걸으면 전통 가옥을 재해석한 카페들이 주를 이루고 있다. 외부 좌석에 앉아 있는 사람들을 바라보면 마치 유럽의 한 거리에 와 있는 듯한 착각을 불러일으킨다. 종로 서순라길이 부상하고 있는 이유는 유럽 구시가지를 연상하는 듯한 사진이 큰 몫을 한다. 돌담길을 배경으로 한 셀카는 서순라길을 방문하는 필수 요소가 됐다.

③ 장충동 장충단길: 나만이 아는 숨은 맛집 골목

장충동 하면 대부분 기성세대는 족발 골목을 먼저 떠올릴 것이다. 하지만 최근 부상하고 있는 거리는 족발 골목 맞은편에 위치한 장충단길이다.

장충단길에는 SNS에 공유하기 좋은 독특하고 오래된 골목을 느낄 수 있는 가게들이 줄줄이 있다. 차량 한 대가 겨우 지나갈 수 있는 좁은 골목은 이런 분위기를

'서순라길 돌담길(왼쪽)', 영국식 펍 '퀸즈가드(오른쪽)'.

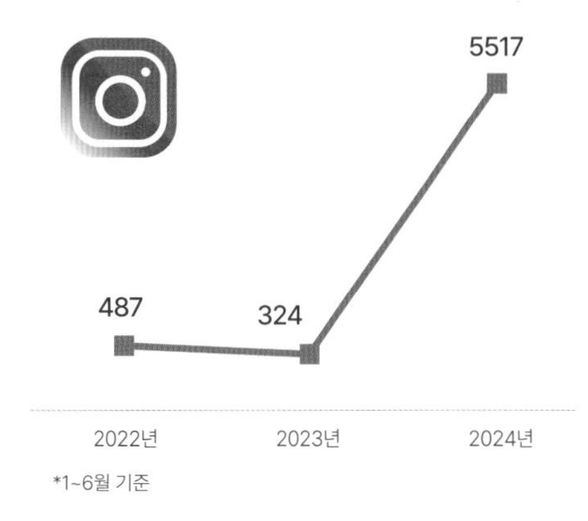

'서순라길' 인스타그램 감성어 변화

2024년 1~6월		2023년 1~6월	
감성어	언급 건수	감성어	언급 건수
좋다	451	좋다	31
핫하다	257	맛있다	16
즐기다	93	즐기다	11
사람많다	58	예쁘다	11
많은관심	54	좋아하다	10
예쁘다	47	고즈넉하다	9
분위기좋다	44	조용하다	8
맛있다	40	어울리다	7
덥다	40	걷기좋다	7
완벽하다	30	마음에들다	6

더욱 돋보이게 한다. 2층으로 된 건물 사이 골목길, 시골 읍내를 연상시키는 가게 느낌은 MZ세대가 선택한 상권이 공통적으로 지니고 있는 특징이다. 덜 알려진 숨은 명소를 찾아 가장 먼저 SNS 트렌드를 이끄는 것이 이들이 상권을 선택하는 기준이 되고 있다.

④ 합정역 7번 출구 골목: 합마르뜨(합정동+몽마르뜨)

프랑스 파리에 몽마르뜨 언덕이 있다면 대한민국 서울에는 '합마르뜨'가 있다. 합정역 7번 출구 부근 골목골목 형성된 상권을 의미한다. 이 지역 또한 주거형 단독주택이 밀집돼 있던 지역으로, 붉은

장충단길.

벽돌을 그대로 재활용한 다양한 매장을 만날 수 있다. 개성 있는 소규모 매장의 인테리어와 문화적 분위기는 예술을 지향하는 합정동의 힙한 이미지와도 잘 어울려 MZ세대 선택을 받고 있다.

합정역의 핫한 상권은 본래 합정역 6번 출구 일대 홍대솔내길이었다. 봄이면 아름답게 벚꽃 거리로 조성되는 이 거리는 오랫동안 젊은이들의 문화 중심지로 다양한 음식점과 카페, 공연장이 밀집해 있다. 그 결과, 홍대솔내길은 더 다양한 연령층이 찾고 있다. 합마르뜨가 보다 트렌

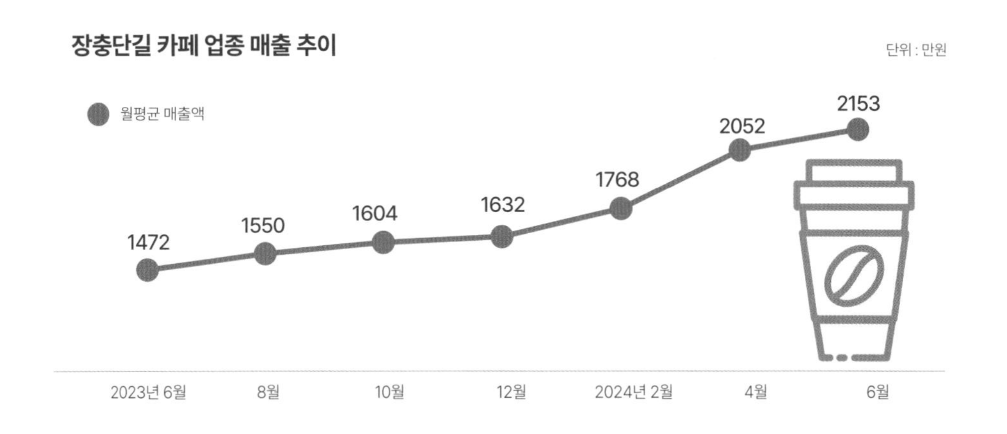

합마르뜨.

디한 느낌이 강하다면, 홍대솔내길은 자유롭고 예술적인 느낌이라 할 수 있다.

핫플레이스의 공통점, 그리고 새로운 상권에 대한 기대

서울의 핫한 상권은 몇 가지 공통점을 지니고 있다.

첫째, 과거 역사와 이야기를 간직한 공간이다. 이런 공간은 MZ세대에게 새로운 경험과 진정성은 물론, 단순한 소비 이상의 가치를 제공한다.

둘째, 아날로그적 요소가 현대적으로 재해석돼 트렌디한 장소로 변모하고 있다. 디지털과 아날로그가 조화롭게 공존하는 이런 공간은 MZ세대 취향을 완벽히 반영한다.

서울의 이런 변화는 대한민국 전역으로 확산될 것이다. 특히 지방 상권에서도 이런 변화의 흐름이 감지되고 있다. 오래된 주택가, 전통시장, 과거 산업 지역들이 새롭게 재해석돼 MZ세대를 끌어들이는 공간으로 변모할 것이다. 이런 변화는 지방 경제 활성화와 지역 문화 재발견이라는 긍정적인 효과를 가져올 수 있다. MZ세대 취향을 반영한 새로운 상권이 지방 도시에서도 등장한다면, 대한민국 전체의 상권 지도가 다시 한번 변화할 것이다.

STORE
SALE

PART 3

요즘 자영업 마케팅은

마케팅
인플레이션 시대

양승일
육풍·창심관·백산화로 대표

육풍, 창심관, 백산화로, 샤브밀 대표. 외식업청년리더커뮤니티 운영 중이며, 한국 최연소 육류 명인이다. 현재까지 총 8개의 직영점을 운영하고 있다. 정량적인 수치에 브랜딩과 마케팅을 더하는 창업 전략을 구사하며, 각종 창업 교육 관련하여 강연을 병행하고 있다. 최근에 '장사천재 양승일' 유튜브 채널을 개시했다. 창업뿐 아니라, 마케팅 회사와 브랜딩 회사를 운영한 경험으로 더 많은 사람들에게 도움을 주고 있다.

광고해도 효과 없는 '마케팅 인플레'
살아남으려면 '재방문율' 높여라

2021년까지 외식 업계 '선수들' 사이에서 암암리에 돌던 말이 있다.

"C급지에서 마케팅비 300만원 쓰면 월매출 1억원 나온다."

3년밖에 지나지 않은 요즘, 이젠 저 말이 완전히 다른 세상의 말이 돼버렸다.

2022년 위드 코로나 선언과 함께 창업 시장에 불이 붙었고, 신규 창업자가 늘어난 만큼 블로그 마케팅(체험단), 네이버플레이스 마케팅, 인스타그램 맛집 채널, 인플루언서 마케팅 등에 창업자들은 너 나 할 것 없이 관심을 가졌다. 그 결과, 외식업 마케팅에도 인플레이션이 찾아왔다. 이를 필자는 '마케팅 인플레이션'이라 정의한다. 외식업 시장에서 마케팅 참여자가 늘어나 경쟁 강도가 올라간 탓에, 비용은 증가하는 동시에 노출량은 떨어지며, 소비자의 광고 피로도가 높아져 광고 효율이 감소한 현상을 말한다.

이런 현상은 매출이 큰 업종에서 특히 많이 일어났다. 대표적인 업종이 고깃집이다. 팬데믹 이후 소비자들은 지갑을 열기 시작했고, 단가가 높은 업종이 큰 성과를 올렸다. 때문에 자연스럽게 단가가 높은 업종에서 창업이 많이 일어났고, 경쟁 강도도 높아졌다. 또한 마케팅비를 200만

~300만원 지출한다고 했을 때, 단가가 높은 업종은 단가가 낮은 업종보다 지출 비용이 티가 덜 나기 때문에, 다른 업종에 비해 경쟁이 두 배로 과열됐다. 경쟁이 치열해지면서 비용은 증가하고 노출량은 떨어졌다. 노출량이 떨어져 매출로 전환되는 금액이 적어지다 보니 구매 전환율을 높이기 위해 사진도 점점 자극적으로 바뀌고, 플레이스 상세 설명 등 잡다한 쪽으로 발전하게 됐다. 일시적으로 상승한 전환율도 결국 후발 주자들이 따라오며 평준화되기 시작했다.

이런 현상에 대해 필자가 생각하는 돌파구는 세 가지가 있다.

세 가지를 이야기하기 전, 이해를 돕기 위해 외식업 매출이 일어나는 구조에 대해 간략하게 설명하고자 한다. 매출은 '객수'와 '객단가'의 곱셈으로 만들어진다. 객단가는 마케팅에 관한 이야기에서 다루기가 어렵고, 객수에 대해 중점적으로 이야기하려 한다.

객수는 다시 세 가지로 나뉜다. '그냥 오는 손님' '찾아오는 손님' '다시 오는 손님'이다.

'그냥 오는 손님'은 입지에 따라 결정된다. 어느 상권, 어느 입지에서 어떤 아이템을 팔고 있느냐가 결정되는 순간 창업 성패의 99%는 결정된다. 때문에 창업 이후에는 '그냥 오는 손님'에 변화를 줄 수 있는 방법이 거의 없다. '찾아오는 손님'은 우리 식당을 이용해보기 전, 네이버나 SNS를 활용해 미리 찾아보고 오는 소비자다. 즉 '찾아오는 손님'은 마케팅 영역에 해당한다. '다시 오는 손님'은 말 그대로 우리 매장을 이용해보고, 다시 찾는 소비자를 뜻한다. 우린 결국 어떤 방식으로든 객수를 올려야 하고, 객수에는 이렇게 세 가지 부류가 있기 때문에, 돌파구 역시 세 가지로 말할 수 있다.

1. 그냥 오는 손님

여러분이 창업 전이라면, 또는 추가 점포를 내고자 한다면, 돈이 좀 들어가더라도 입지가 좋은 점포를 얻으라고 말하고 싶다.

마케팅으로 얻을 수 있는 소비자 숫자가 적어지면서, 상대적으로 '그냥 오는 손님'과 '다시 오는 손님'의 가치가 높아진 상황이다. 따라서 현재 좋은 입지를 얻기 위해 지출을 늘리는 것은 타당한 계산이다.

이미 창업을 한 상황이라면, 안타깝지만 그냥 오는 손님 숫자를 늘리는 것은 어렵다. 상권과 입지에 따라 자연스럽게 발생하는 유동을 인위적인 힘으로 바꿀 수 있는 방법은 거의 없기 때문이다.

매출을 올리려면 어떤 것부터 해야할까요?

장사천재 양승일

3가지 객수

알고 오는 손님 = 온라인 객수

그냥 오는 손님 = 오프라인 객수

다시 오는 손님 = 재방문 객수

매출을 올리려면 어떤 것부터 해야할까요?

객수 = 노출 X 전환

노출 : 손님들이 봤다 전환 : 손님들이 왔다

결론 : 많이 보여지고 많이 오게 해야 합니다.

매출을 올리려면 어떤 것부터 해야할까요?

전환을 일으키는 법

인스타 그램 , 페이스북 등

타겟 광고, 숏폼 (릴스,쇼츠)

매출을 올리려면 어떤 것부터 해야할까요?

장사천재 양승일

오프라인 객수를 늘리는 법

외부 디자인

주력 메뉴 표시하기

예) 현수막, 배너 등

방문 목적 표시하기

예) 단체룸 여부, 최대 인원수 등

매출을 올리려면 어떤 것부터 해야할까요?

재방문 객수를 늘리는 법

상품력이 아닌

전체적인 만족도

매출을 올리려면 어떤 것부터 해야할까요?

재방문 객수를 늘리는 법

만족도 = 상품력 + 주차 , 시설, 입지 등

복합적인 부분

2. 찾아오는 손님(알고 오는 손님)

찾아오는 손님은 앞서 설명했듯 마케팅의 영역이다. 현재 마케팅 인플레이션이 진행된 상황에서 찾아오는 손님으로 매출을 올리는 것은 매우 어려운 일이다. 하지만 이 글을 읽는 분 중에 아직도 네이버나 SNS 마케팅을 활용해보지 않은 경우가 있다면, 매출 상승의 여지가 있다. 기존에 마케팅을 하거나 비용을 썼던 사람의 효율이 떨어진 것일 뿐, 아예 해보지 않은 사람이라면 효율과 별개로 찾아오는 손님이 0에 가깝기 때문에, 여전히 매출 상승 여력이 있다는 의미다. '찾아오는 손님'을 돌파구로 삼으려면, 콘텐츠를 강화해야 한다. 우리 매장의 스토리, 카피, 사장의 퍼스널 브랜딩, 메뉴 비주얼, 메뉴를 만드는 과정, 직원과 알바들 이야기 등 모든 것이 콘텐츠가 될 수 있다. 소비자들과 정서적으로 계속 가까워지려는 시도를 끊임없이 해야 한다.

3. 다시 오는 손님

최근 필자가 가장 중요하게 강조하는 부분이다. '그냥 오는 손님'은 입지에 따라서 결정되고, '찾아오는 손님'은 성과를 올리기가 어려우니, '다시 오는 손님'에 집중을 해야 한다.

재방문은 만족도의 영역이다. 우리는 맛과 서비스에 집중해야 한다. 하지만 필자가 항상 강조하는 부분이 있는데, 재방문은 맛과 서비스에 의해서만 결정되는 게 아니다. '만족도'에 의해 결정된다. 집에서 2시간 거리에 있는 맛있는 고깃집보다, 집에서 5분 거리에 있는 적당한 고깃집이 전체적인 만족도가 높을 수 있다. 또, 주차가 불편한 맛있는 고깃집보다 주차가 널널한 적당한 고깃집이 만족도가 높을 수 있다. 하지만 이 중 대다수는 시설적인 부분이기 때문에, 만족도는 대개 오픈과 동시에 결정된다. 때문에 우리는 맛과 서비스에 집중해야 하는 것이지, 맛과 서비스만이 전부라고 생각하면 안 된다. 맛은 상향 평준화가 많이 돼 있으니, 다들 맛있는 음식을 팔고 있을 것이라 생각한다. 다만 우리가 '서비스'라고 말하고 '운영 관리'라고 쓰는 영역에 있어서는 기술적인 부분이 분명히 존재한다. 대표적인 몇 가지를 말하자면 아래와 같다.

① 명확한 매뉴얼
② 가치관 공유
③ 직급 체계 구축
④ 근태 관리 등

명확한 매뉴얼은 매장의 의사 결정을 원활하게 한다. 관리자부터 일용직까지 모두 동일한 상황에 동일한 판단을 내릴 수 있도록 한다. 예외 사항이 생긴 경우, 그 역시 매뉴얼에 반영해 예외 사항을 줄이도록 한다. 가치관 공유는 매뉴얼과 비슷한 효과를 가진다. 예를 들어 직원 불편과 손님 만족이 충돌하는 경우, '우리는 고객 편의를 최우선으로 생각한다'는 명확한 가치관을 설정했을 때와 그러지 않았을 때 다른 결과를 낳을 수 있다. 직급 체계 구축은 운영 관리 전체를 원활하게 한다. 쓸데없는 불화를 방지하고, 보고 체계를 통해 메신저를 통일해 의사 결정을 빠르고 편리하게 할 수 있다. 근태 관리는 매뉴얼 안에 속한 개념이지만, 너무 중요해 다시 한번 언급한다. 매뉴얼과 근태 관리에서 가장 중요한 것은, 관리자가 근태와 매뉴얼보다 아래에 있게 하는 것이다. 관리자가 매뉴얼을 관리하고 근태를 관리하는 사람이 되면, 이를 악용할 우려 역시 존재한다.

객수에 대한 세 가지 분류를 통해 파생되는 세 가지 돌파구에 대해 서술했다. 현실적으로 말하면 이런 전술이 어느 정도 반등이나 방어의 역할을 해줄 수는 있지만 매출을 눈에 띄게 반등시키는 것은 어렵다. 매출 감소에는 '마케팅 인플레이션'의 영향도 있지만, 내수 축소 영향도 매우 크기 때문이다. 내수가 축소했다는 것은, 시장 전체 파이가 줄어들었다는 것을 의미한다. 때문에 좋은 전술도 전보다 좋은 결과를 내기 어렵고, 괜찮은 전술도 전혀 효과가 없을지도 모른다.

1년 전보다 주식 시장도, 부동산 시장도 반등했으니, 경기가 나아지는 것이 머지않았을지 모른다. 한국의 모든 자영업자에게 위로를 건네며, 모두 이 보릿고개를 잘 이겨내기를 기도한다.

양승일 고수와 1:1 상담 문의는 여기로! >>

나는 반대한다, '브랜딩'을

이도원 이관복명장냉면 · 백산화로 · 쇼부다 대표

창업 1년 만에 6개의 매장 오토화시킨 백산화로 및 이관복명장냉면 대표,
2년 차에 빠른 속도로 가맹점 확장에 나서며 프랜차이즈 박람회 2회 강연 등
다방면으로 활약 중이다.

외식업은 더 이상 배고픔을 달래주는 일이 아니다. 이제 음식 외에 추가적 가치를 제공해야 한다는 말은 상투적이기까지 하다. 음식이 아니라 경험을 팔아야 하고, 맛집이 아니라 '멋집'이 돼야 한다고. '외식업은 공간 비즈니스'라는 말까지 나온다. '상품이 아닌 기호를 소비한다'는 20세기 프랑스를 대표하는 장 보드리야르* 철학자이자 사회학자의 말, '가치 소비의 시대'라는 일본의 저명한 경영전략 컨설턴트 야마구치 슈**의 말이 떠오른다.

이 거대한 추세는 외식업에도 '브랜딩' 열풍을 불러왔다. 유의미한 성과도 존재한다. 손님은 '의미'를 담은 음식을 먹기 시작했다. 재미를 좀 봤던 업자들은 '브랜딩이 최고다'라며 컨설팅 업체를 차리는 자연스러운 과정을 밟았다. 이제는 동네 음식점도 애플처럼 'Think Different(다르게 생각하라)' 같은 슬로건

* 20세기 프랑스를 대표하는 철학자이자 사회학자.

** 일본의 저명한 경영전략 컨설턴트.

을 외친다.
그래서, 브랜딩이란 무엇인가.
자칭 외식 브랜딩 전문가들은 정의부터 막힌다. 그럴듯한 명칭으로 포장했지만 허울뿐이다. 이들은 동네 술집에 BI(Brand Identity)부터 브랜드 스토리까지 그야말로 전래동화 한 편을 만들어준다. 그러다 장사가 좀 되면 얍체같이 브랜딩에 공을 돌리며 우스꽝스러운 전래동화에 힘을 싣는다. 의아스럽긴 해도 일단 장사는 되니 우기고 보는 셈이다. 그 전래동화가 매출을 결정했다는 근거는 세상 어디에도 없지만.
동네 구멍가게를 애플 같은 거대 기업식 브랜딩으로 무장시키면 기분이야 좋을 것이다. 하지만 기분은 매출을 만들지 못한다. 브랜딩의 역할은 한정적이다.
이것을 이해하기 위해서는 두 가지가 선행돼야 한다. 첫째는 정의부터 똑바로 할 수 있어야 한다. 둘째로 이를 외식업에 적용하려면 음식 판매업의 본질을 제대로 통찰해야 한다.
브랜딩은 의미를 담는 일이다. 즉, 의미를 담아 무언가 떠오르게 만드는 '의미 부여 행위'다. '부여한다'는 단어는 무언가 억지스럽고 실체가 없는 느낌마저 든다. 안타깝지만 사실에 가깝다. 명절 기간 백화점에서 1만원에 팔리는 '금사과' 같은 것이 그렇다. 브랜딩을 통해 '금'이라는 의미를 부여하면 우리는 그 정보를 토대로 판단한다. 이처럼 인간 판단 과정의 허술한 지점을 공략하는 것, 그것이 바로 브랜딩이다.
인간은 비이성적이다. 스스로는 이성적이라 착각하지만 실은 비이성적 모습이 더 많다. 짜장면과 짬뽕을 선택할 때도 마찬가지다. 우리의 판단은 어림잡기를 좋아하고 적당한 선에서 결론짓기를 애호한다. 소비자들은 코카콜라에 열광하지만 블라인드 테스트에서는 펩시 손을 든다는 사실 역시 이를 증명하는 유명한 증거 중 하나다. 눈을 감으면 펩시가 맛있지만, 눈을 뜨면 코카콜라가 맛있다. 이것이 브랜드가 인간에게 끼칠 수 있는 막강한 영향력이다. 매장 방문이나 메뉴 선택을 넘어 새로운 맛까지 느끼게 만드는 것이다.
문제는 과몰입에 있다. 가치 소비의 시대라지만, 태동기일 뿐이다. 여전히 외식사업의 굳건한 핵심은 '입지'라는 물리적 속성과 '수요-공급' 원칙에 있다. 아무리 뾰족한 브랜딩을 한다고 한들, 입지나 수급에서 빗나가면 결국 충분한 매출을 창출할 수 없다. 브랜딩이 뾰족할수록 매니악해지며, 자주 소비될 수 없다는 사실이 계속해서 망각된다. '금사과'는 1년 내내 팔릴 수 없다.

그럼에도 곳곳에서 브랜딩을 강조한다. 외식업에 적용될 수 없는 얘기도 갖다 붙이며 숱한 혼란만 쌓여간다. "1명의 충성 고객을 만들라" 같은 얘기가 대표적이다. 수요는 그리 간단히 창출되지 않는다. 이제 사람들은 기호를 소비한다지만 그것이 일상적일 순 없다. 나이키 운동화는 '어쩌다 한 번'이지만 음식은 매일 구매의 대상이 된다. 이 본질적, 구조적 차이를 이해하지 못하면 '취향이나 신념에 따른 소비 행태'를 메인 타깃으로 하는 오류를 범하게 된다. 브랜딩을 책으로 오독한 탁상 디렉터의 허무한 참사다. 오히려 고객 표본을 좁히는 작업을 저지르는 것이다.

불황일수록 본질에 충실한 기능적 소비가 대두된다. 가치관의 실현보다는 음식 섭취라는 외식업의 골자에 집중하는 자연스러운 현상이다. 경기 침체에 가성비나 무한리필이 떠오르는 것도 브랜딩 유행과는 거꾸로의 방향이다.

물론 지금도 한 문장으로는 표현도 힘든, 특별한 가치 소비를 지향하는 집단은 분명 존재한다. 다만 외식의 주류는 그곳에 존재하지 않을 뿐이다. 내일이 오면 맹목적 브랜딩 유행은 한층 더 심화될 것이다. '잘 풀린 사례'는 매체에 오르고 대중은 매몰된다. 그렇게 '잘 못 풀린 사례'는 승수적으로 늘어날 수밖에 없는 뻔한 미래다. 필자는 이 사태를 걱정스럽게 바라본다.

이도원 고수와 1:1 상담 문의는 여기로! >>

bangoal_lee 4주

브랜딩의 함정은
'금사과는 1년 내내 팔릴 수 없다'
는 사실에 있습니다. 명절용이죠

저는 브랜딩을 반대합니다.
맹목적 과몰입이 허무한 참사들을 만들겁니다.

불황에는 기능적 소비가 대두된다는 사실도
잊어선 안 됩니다.

42 3 4 1

bangoal_lee 4주

브랜딩

1

bangoal_lee 2주

철없는 전문가들의 가격 인상론

외식업은 학문이 개간되지 않은 영역이며 '진짜 멘토'의 황무지다. 그래서 소수의, 어쩔 때는 단 한 명의 잘못된 언어가 시장의 물결을 좌지우지하기도 한다. 근래 우스꽝스런 물결 중 하나는 "사장님, 가격 올리셔도 돼요"다. 이런 주장을 볼 때마다 나는 쓴웃음을 짓지 않을 수가 없다.

우리는 음식을 판매하는 상인이고, 소비자를 만족시켜야 한다는 사실을 굳이 다시 일러줘야 하는 걸까. 소비자 만족의 근간 중 하나는 가격이다. 뭣도 없이 가격을 올리라는 것은 말이 안 된다. 은근슬쩍 올리고 눈속임 하라는 조언은 더더욱 그렇다. 고단한 자영업자들에게 뭔가 희망적 메세지로 보이지만 실로 엉터리 주장일 뿐이다. 대체 이들은 왜 그럴까.

25 3

bangoal_lee 2주

사실 판매 가격이 높을수록 좋은 상인의 증거가 된다. 비싸게 팔아도 팔린다면 상품 가치를 입증하는 것이기 때문이다. 샤넬을 살 때 우리는 가격에 토를 달지 않는다. 샤넬이기 때문이다. 애플의 고가 전략 역시 여러가지 이야기를 낳는다. 우리 삼성보다 적게 팔아 몇 배 영업 이익을 남기는 애플이다. 하지만 이들 이야기를 당신 가게로 치환하는 데에 굉장한 무리가 있을 뿐이다. 애플과 우리 업장 사이에는 아무런 연결성도 보이지 않는다. 이것을 처참히 착각하면 "사장님도 가격 올리세요"까지 나아가게 되는 것이다.

가격은 높이는 것이 아니라 낮추는 것이다. 이것이 보편타당하고 올바른 방향성이다. 가격을 높이라는 것은 샤넬이 돼라는 것이고, 가격을 낮추라는 것은 '애플이 되긴 어렵다"는 것이다. 무엇이 성공 확률 높은 것인지는 생각을 시작하면 단번에 알 수 있다. 있어 뵈는 철없는 전문가들이 설치면 누구라도 휘청일 수밖에 없다. 한 마디의 치명성을 알고 뱉는다면 좋겠는데 말이다

14 1

bangoal_lee 2주

베스킨라빈스 빼고 다 사기다

허상이다. 당신이 무언가 만들어낼 수 있다고 생각하는 것은 과한 착각이다. '이렇게 하면 손님들이 좋아하겠지'하는 것은 99% 헛발질이다. 손님이 좋아하는 것은 거의 고정값이다. 고정된 걸 바꾸려고 하는 그런 바보같은 일도 없다.

베스킨라빈스는 외식업의 모든 걸 말해준다. 그들의 입지에 따른 매출을 보는 것이야말로 외식업의 진면목을 들여다 볼 기회다. 베스킨라빈스는 똑같다. 다른 것은 입지 뿐이다. 이 단일 변수가 모든 차이를 만든다. 손님 연령층, 소비력, 유동 인구, 외부 가시성, 영업 시간, 월세 및 공과금에 따른 이익률 등 돈을 만드는 거의 모든 것을 결정 짓는다. 그리고 이것은 비단 '아이스크림집' 만의 얘기가 아니다.

45 3 1 2

지금 당장 해야 할
가성비 마케팅 Best3

양성욱
스페이스콘텐츠푸드 CMO

외식 업계에서 가게를 차리고 마케팅을 시작한 지 1년 반이 채 되지 않았다. 하지만 2009년부터 백화점에서 마케팅을 해온 직장인 출신으로, 백화점에서 가장 즐겨 찾던 곳은 지하 푸드코트와 꼭대기층 식당가였다. 구독자 20만명이 넘는 '먹방페북'이라는 페이스북 페이지를 운영하며 KBS와 알자지라 방송에도 출연하는 등 외식업에 대한 관심은 지대했다.

BTS 릴스·기버 되기·콘텐츠 모니터링 '필수'

(조리 과정 영상)

'AI 비서'로 신메뉴 제안에 인테리어 구상까지

필자는 판교를 중심으로 음식점을 15개 이상 운영하는 스페이스콘텐츠푸드(SCF)의 최고마케팅책임자(CMO)로서 마케팅 전략을 총괄하고 있다.

다점포를 성공적으로 운영하는 비결로 다음 세 가지를 꼽을 수 있다.

첫째, 확실한 분업화다. 맛집 성공 유무에 가장 큰 영향을 끼치는 것은 상권과 입지다. SCF에서 상권과 입지 관련 결정은 대표가 총괄한다. 이외에 마케팅은 필자가, 매장 운영은 운영 이사가, 식음료 R&D는 콘텐츠 이사가 각각 담당한다.

둘째, 명확한 투자 원칙을 견지하는 것이다. 10개 이상 매장을 설립하고 운영하면서 분쟁이 일어나지 않은 것은 1대 투자자의 지분이 절대적이기 때문이다. 모든 매장의 지분 50% 이상은 무조건 한 사람에게 일임한다. 책임이 있는 만큼 그 한 사람에게 전적인 신뢰를 보내줘야 함은 물론이다.

셋째, '운영의 묘'가 중요하다. 예를 들어 열심히 하는 직원이 신규 매장 점장으로 승진한 사례를 보여주며 동기 부여를 확실히 하는 식이다.

필자는 2009년 처음 마케터의 길에 입문한 후, 성공과 실패를 모두 경험했다. 그러면서 쌓아온 마케팅 전략과 노하우를 F&B 업계 종사자들이 즉시 적용할 수 있도록 공유하고자 한다. 상황에 따라 성공률이 다를 수 있겠지만, 가급적 다양한 전략을 시도해보길 권장한다. 제한된 예산으로 최대한의 효과를 얻을 수 있으리라 기대한다.

1. 사소해 보이지만 지금 당장 해야 할 가성비 마케팅 BEST3

① 숏폼 마케팅 : 조리 과정 담은 'BTS 릴스' 필수

이제 숏폼은 선택이 아닌 필수다. 짧은 영상을 여러 개 보는 시간이 긴 영상을 하나 보는 시간보다 길어졌다. 광고주도 숏폼을 선호한다. 광고주를 유치하는 플랫폼 또한 숏폼 크리에이터들에게 영상 조회 수 등 반응도에 대한 보너스를 현금으로 지급하는 상황이다. 틱톡에서 시작된 숏폼 열풍에 유튜브는 '쇼츠', 인스타그램과 페이스북은 '릴스', 네이버는 '클립'을 강력히 밀고 있다.

국내 F&B 업계는 인스타그램과 릴스 마케팅의 영향력이 절대적이다. 릴스는 15초에서 60초 사이 짧은 동영상을 만들고, 음악, 필터, 특수 효과 등을 추가할 수 있는 기능이다. 인스타그램 알고리즘을 통해 무작위로 노출되기 때문에 팔로어가 없는 신규 브랜드에 최적의 마케팅 도구가 된다.

F&B 업계에서 릴스를 활용하는 방법은 다양하다. 신메뉴 출시, 요리 과정 소개, 매장 분위기 전달, 특별 이벤트나 할인 프로모션 홍보 등을 모두 릴스를 통해 할 수 있다. 특히 음식이나 음료를 만드는 과정을 담은 BTS(Behind The Scene)는 소비자에게 큰 흥미를 끌 수 있다.

스마트폰 하나만 있으면 누구나 릴스 영상을 만들 수 있다. 주방에서 요리하는 영상을 세로로 많이 찍어두고, 인스타그램 '템플릿' 기능을 활용하면 쉽다. 절대 어렵지 않다. 따라서 직원에게 시키거나 외주를 맡기기보다 사장이 직접 하는 것이 가장 좋다. 자극과 도파민의 시대인 만큼, 영상은 짧을수록, 핵심 내용은 맨 앞에 배치할수록 좋다.

SCF가 판교에서 운영하는 '크래킹커피'는 릴스 마케팅으로 큰 성공을 거둔 사례다. 크래킹커피의 프렌치토스트 메뉴 조리법 중 직접 토치질을 하는 과정이 있다. 시각적으로 가장 인상적인 장면이라, 섬네일로 설정해두고 하루에 하나씩은 릴스를 꼭 올렸다. 이 릴스 영상 중 하나가 알고리즘 선택을 받아 조회 수가 폭발했다. 인플루언서들이 '나도 음식 만드는 과정을 직접 만들고 싶은데, 가능한가?'라는 DM을 보내오기 시작했다. 우리 음식의 핵심 레시피는 아니기에, 필자는 당연히 허락했다. 수만 명 팔로어를 보유한 인플루언서가 '공짜'로 촬영해주고 업로드해준다니 얼마나 감사한 일인가. 그들의 콘텐츠는 파급력이 커서 크래킹커피 매출이 크게 오르는 데 기여했다.
인스타그램 수익화 프로그램 덕분에 조회 수가 터지면 영상을 업로드한 인플루언서도 부가 수익을 얻을 수 있다. 때문에 지금도 높은 조회 수를 바라는 인플루언서들 촬영 문의 DM이 오고 있다. 우리 매장이 하나의 '밈(Meme)'이 된 것이다.

핵심 포인트

릴스는 팔로어가 아닌 사람들에게도 가게를 알릴 수 있는 무기가 된다. 요리 과정을 많이 찍어두고, 템플릿 기능을 활용해 릴스를 쉽게 만들어보자.

② 온·오프라인 커뮤니티 : 먼저 '기버'가 돼라. 그럼 '테이커'는 저절로 된다.

'기버(Giver)'와 '테이커(Taker)'라는 용어는 인간관계와 조직 내 상호작용에서 자주 사용된다. 이 용어들은 특히 조직 심리학자인 아담 그랜트의 연구와 저서에서 널리 알려졌다. 기버는 다른 사람의 이익과 성공을 돕기 위해 노력하는 사람, 테이커는 자신의 이익을 최우선으로 생각하는 사람을 의미한다. 필자는 바이럴 마케팅을 할 때, 필자가 원하는 것을 얻기 전에 무조건 그 배 이상을 제공하는 '기버'의 자세를 가지려고 최선을 다했다.
인스타그램에서는 '서울모닝커피클럽(SMCC)'이나 '라운더스'처럼 새로운 사람을 쉽게 만날 수 있는 커뮤니티들을 발견할 수 있다. 인스타그램을 통해 신청하고, 오프라인에서 직접 소통하는 모임이다. 필자는 이 커뮤니티에 꾸준히 참여하고, 참여자들과 소통하는 데 주력했다. '무언가 내게 이득이 되는 인맥을 쌓아야지'라는 생각보다는, 단지 사람들과의 소통이 필요했기 때문이다. 하지만 뜻하지 않게 업계 관계자들을 만나게 됐고, 일상 얘기를 나누다 사업 파트너가 되기도 했다.
온라인 커뮤니티도 마찬가지다. 필자 사업장이 있는 지역은 필자가 가장 많이 다니고 생활하는 지역이기에, 맘카페 같은 지역 온라인 커뮤니티에 누구보다 빠르게 소식을 알리고 있다. "판교에 새로 오픈한 블루보틀 매장은 몇 시에 가면 웨이팅이 적으니, 그때 방문해보세요"라는 소소한 꿀팁을 전하는 식이다. 맘카페는 단순히 바이럴 마케팅을 하는 곳이 아니다. 맘카페에 직접 글을 올리지는 않더라도 적어도 1개월 이상 '눈팅'을 하며, 그들이 어떤 이야기에 관심을 갖고 있는지, 어떤 성향을 갖고 있는지 파악하는 것이 상권 분석만큼이나 중요하다.

온 · 오프라인 커뮤니티 활동은 '평소에 꾸준히' 하는 것이 중요하다. 네이버 카페에서 닉네임을 클릭하면, 작성한 글과 회원 가입일 등 모든 것이 다 보인다. 평소에도 좋은 정보를 올리는 기버의 글에는 '진정성'이 느껴진다. 이는 단순 바이럴보다 더 장기적이고 건강한 효과를 지닌다. 오프라인 커뮤니티에서도 성실히 활동한 덕분에 업계 실력자들을 알게 됐고, 우리 회사에 좋은 인재를 영입할 수 있었다. 인플루언서들과도 알게 되어, 그들이 가게가 오픈할 때 무료로 좋은 홍보를 해주기도 했다.

핵심 포인트

온라인이든 오프라인이든 커뮤니티에서 '기버'로 활동하는 것이 우선이다. 이를 통해 얻게 되는 테이커로서의 효과는 부수적인 것이라고 생각해야 한다. 이 순서가 뒤바뀌면 절대 안 된다.

③ 가게·지역 관련 키워드·콘텐츠 모니터링

네이버, 인스타그램 등 SNS에서 우리 식당에 대해 언급하거나 콘텐츠를 올려주는 분이 있을 것이다. 이 모든 분께 감사의 마음으로 모니터링하고 댓글 등 피드백을 드려야 한다. 필자는 식당 스마트플레이스에 악평을 남긴 고객에게도 감사하다. 그들이 우리에게 무엇을 잘못했는지 알려주고, 고칠 기회를 주기 때문이다.

가게 관련 키워드 검색 결과에서 좋은 순위에 오르기 위해서는 다양한 온라인 콘텐츠가 필요하다. 소비자 리뷰, 블로그 포스팅, 이미지, 동영상 등이 검색 엔진 최적화(SEO)에 기여한다. 이는 곧 더 많은 방문객을 유도할 수 있는 기회로 이어진다.

필자는 가게뿐 아니라 가게가 있는 지역 키워드도 항상 검색해 결괏값을 매일 확인한다. 지역 관련 키워드에서 어느 인플루언서가 상위 노출이 되는지 알아두고, 그들의 콘텐츠에 평소 성의 있게 댓글을 달고 꾸준히 소통한다. 그럼 신규 매장이 오픈하거나 신메뉴가 나올 때 그들이 먼저 찾아와주고 직접 콘텐츠를 올려주는 선순환이 이어진다.

또 가게 체험단도 직접 모집하고 운영한다. 지역 관련 키워드 상단에 노출된 분들에게 먼저 체험단 신청을 제안하면 모집 때부터 허수를 줄이고 '진정한 인플루언서'를 모실 수 있다. 이는 치열한 온라인 마케팅 전쟁에서 방어와 공격을 동시에 하는 효과를 낸다.

핵심 포인트

현장에서 면전에 대고 불만을 말하는 사람은 많지 않지만, 온라인에서는 매우 쉽다. 온라인 키워드와 콘텐츠를 검색하고 모니터링하는 것이 필수적인 이유다. 모든 피드백은 소중하다. 가게뿐 아니라 지역 관련 키워드에서 누가 가장 영향력 있는지도 반드시 알아두자.

이런 전략은 F&B 브랜드 인지도를 높이고, 고객과의 관계를 강화하며, 최종적으로 매출 증대로 이어질 수 있도록 도와준다. 또한 각 전략은 저비용으로 구현할 수 있어, 자본이 제한적인 신규 창업자나 소규모 사업자에게도 매우 유용하다. 이를 통해 F&B 업계 종사자들은 자신의 사업에 적합한 마케팅 전략을 선택하고, 다양한 도전을 통해 경쟁력을 강화할 수 있다.

2. 높은 매출은 재방문 · 단골 고객에게서 나온다

앞에서 언급한 방법은 주로 신규 고객을 늘리기 위한 전략이다. 이렇게 찾아온 고객이 우리 가게를 재방문하고 나아가 단골이 되도록 하는 것이 무엇보다 중요하다. 상권과 업종마다 다른 부분이 있겠지만, 필자는 보통 아래와 같이 판단한다.

① 고객 유지 비용

기존 고객을 유지하는 비용은 신규 고객을 획득하는 비용보다 적게는 5배, 많게는 25배나 더 저렴하다. 그만큼 마케팅, 광고, 판촉 활동 등 신규 고객을 유치하기 위한 비용이 상당히 크고, 재방문 고객을 늘리는 비용은 적다는 얘기다.

② 평균 지출 증가

재방문 고객은 신규 고객보다 평균적으로 67% 더 많은 돈을 쓴다. 재방문 고객은 브랜드에 대한 신뢰와 만족도가 높아 추가 구매나 고가 제품을 구매할 가능성이 높다.

③ 구매 빈도

재방문 고객은 신규 고객보다 더 자주 방문한다. 방문 횟수가 증가할수록 지출도 증가한다. 통계에 따르면 기존 고객이 재방문할 확률은 60~70%인 반면, 신규 고객이 첫 방문 후 재방문할 확률은 20~40%에 불과하다.

④ 고객 생애 가치(Lifetime Value·LTV)

재방문 고객의 생애 가치는 신규 고객보다 훨씬 높다. 재방문 고객은 지속적으로 소비, 장기적으로 더 많은 수익을 창출할 수 있기 때문이다. LTV가 높으면 비즈니스 안정성도 높아진다.

필자가 chatGPT로 생성한 이미지를 활용해 인테리어 업체 담당자와 대화한 내용.

⑤ 추천 마케팅 효과

만족한 기존 고객은 자연스럽게 주변 사람에게 추천할 가능성이 높아진다. 이는 추가적인 마케팅 비용 없이 신규 고객을 유치할 수 있는 효과적인 방법이다.

⑥ 매출 안정성

'파레토 법칙(80/20 법칙)'은 F&B에도 어느 정도 적용된다. 대부분 매출은 소수의 충성도 높은 고객으로부터 발생한다.

재방문을 만들어내는 것은 고객이 업장에서 느끼는 모든 순간에서 결정될 것이다. 그러기에 주방에서의 동선 효율화를 통해 주문 후 몇 분 내에 음식이 나오는지, 홀 직원은 어떻게 고객을 응대하는지 등 온·오프라인에서 디테일하게 모두 지켜봐야 한다.

3. AI 비서를 활용하라

필자는 chatGPT를 마케팅 업무에 유용하게 활용한다. 처음에는 무료 버전으로 기본적인 것만 사용하다, 요즘은 이미지 생성, 구글 드라이브 연계 등이 가능한 유료 버전을 사용하고 있다. 실제 써보니 '아, 이건 비서를 한 명 채용한 것과 비슷하구나'라는 효과를 체감하고 있다.
AI 비서를 잘 쓰면 좋은 점은 다음과 같다.

① 시간 절약

각종 문서 작성 시 시간을 효율적으로 사용할 수 있다. 입점 제안, 메뉴별 매출 비중 등 관련 문서를 업데이트하고, "문서를 요약, 분석해줘"라고 하면 원하는 답을 얻을 수 있다. 이달에 광고를 중단하면 매출에 얼마나 영향이 있을지 등도 예측 가능하다.

② 콘텐츠 개발

온드미디어(owned media · 우리 업장의 고유 SNS 채널)에 올라갈 콘텐츠에 대한 주제를 브레인스토밍할 때, chatGPT에 물어보면 다양한 아이디어를 얻을 수 있다.

③ 신메뉴 구상과 세트 메뉴 조합

"기존 메뉴에 안주가 될 만한 국물 요리류가 없는데, 기존 메뉴나 재료로 만들 수 있는 국물 메뉴를 추천해줘"라고 하면 신메뉴를 제안해준다.
다음은 "우리 업장의 식사 메뉴와 주류

1. 항정살 오일 파스타 + 그렝 드 꼬꼬뜨 샤르도네 & 소비뇽

주류: 그렝 드 꼬꼬뜨 샤르도네 & 소비뇽
음식: 항정살 오일 파스타
설명: 샤르도네와 소비뇽의 산뜻한 맛이 항정살 오일 파스타의 고소함과 잘 어울립니다. 와인의 산미가 파스타의 느끼함을 잡아줘 균형 잡힌 맛을 제공합니다.

2. 명태회 들기름 파스타 + 화요 41
주류: 화요 41
음식: 명태회 들기름 파스타
설명: 화요 41의 독특한 풍미가 명태회의 짭짤하고 고소한 맛과 잘 어울립니다. 소주의 청량함이 파스타의 풍미를 돋워줍니다.

3. 모듬수육 + 부자진
주류: 부자진
음식: 모듬수육
설명: 부자진의 깔끔하고 청량한 맛이 다양한 고기의 풍미를 살려줍니다. 증류주의 상쾌함이 수육의 느끼함을 잡아줍니다.

필자의 회사가 운영하는 크래킹커피 매장 모습을 chatGPT에게 주문해서 구현한 이미지.

메뉴를 조합해, 세트 메뉴를 판매하고자 하는데 어울리는 조합을 알려줘"라고 입력하자 chatGPT가 답변한 내용이다.

④ 인테리어 구상

AI는 인테리어 업체와 이야기할 때도 유용하다. 필자가 원하는 이미지를 바로 생성할 수 있기에, 인테리어 업체에 보다 정확하게 의견을 전달할 수 있다.
아래와 같이 chatGPT에 계속 자세히 설명을 하면 할수록 정확한 결과물을 얻어낼 수 있다.
"크래킹커피를 어필할 수 있는 토스트 모양 간판을 만들고 싶어. 그리고 토스트 만드는 과정을 보여주는 쇼케이스 공간도 만들고 싶어. 이에 대한 인테리어 이미지를 생성해줘."
"프렌치토스트는 직접 빵 위에 토치질을 할 거야. 에그워시를 주사기를 통해 주입하는데 이를 구현한 이미지로 수정해줘."

이상의 내용은 필자가 경험하고 깨달은 방법이다. 여러분도 직접 실행하고 개선해 본인만의 노하우로 발전시키길 바란다.

양성욱 고수와 1:1 상담 문의는 여기로! »

인스타그램 광고 잘하려면

최성민
느루집 대표

문래동 계옥정, 디럭스포차, 느루집 등 다수의 외식업 운영 중이며, 외국인 마케팅 전문 업체 트렌드업 공동대표다. 문래동의 식당을 300개 이상 리뷰하면서 문래동의 부흥을 이끌며, 문래동 대통령이라는 별명으로 불리는 인플루언서로 활동하다 현재는 문래동에서 외식업 브랜드를 운영 중이다.

인스타그래머블한 피사체는 기본 사장이 직접 매장의 '심벌' 되어야

SNS 마케팅은 이제 식당을 홍보하는 데 있어 빼놓을 수 없는 수단이 됐다. 2021년 한국리서치에서 남녀 1000명을 대상으로 조사한 결과에 따르면 '음식점 선택 시 참고하는 정보'를 SNS나 블로그를 통해 취득한다고 대답한 비율이 45%로 나타났다. 특히 20대에서는 'SNS를 통해 음식점에 대한 정보를 취득한다'고 답한 비율이 무려 67%에 달한다. SNS가 단순한 소통의 공간뿐 아니라 정보를 제공하는 플랫폼으로서 완연히 자리 잡았음을 보여준다. SNS 중에서도 우리나라 사람들이 가장 많이 사용하는 채널은 인스타그램이다. 인스타그램 광고를 진행해보지 않은 매장을 찾아보기 힘들 정도로 네이버와 더불어 온라인 마케팅에서 빼놓을 수 없는 수단이 됐다. 필자는 서울 문래동에서 6개 음식점을 운영하면서 동시에 약 8만명의 팔로어를 보유한 푸드 인플루언서다. 이런 경험을 바탕으로, 음식점이 인스타그램 광고를 할 때 노하우와 주의 사항에 대해 전하고자 한다.

인스타 광고 3종
인플루언서, 페이지, 공식 스폰서드

일단 인스타그램을 이용한 광고 종류는

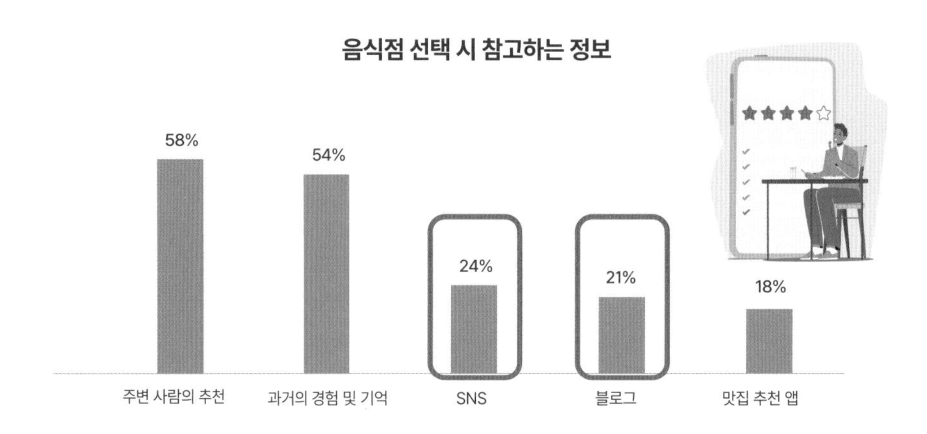

크게 세 가지다.

첫째, 그 분야에서 영향력을 행사하는 인플루언서를 통한 마케팅이다. 유명 인플루언서의 영향력은 이미 방송을 넘어설 정도로 그 파급력이 상당히 크다. 인플루언서가 방문해 맛집이라고 인증해주는 것 하나만으로도 매출이 빠르게 오른 경우를 심심찮게 볼 수 있다.

둘째, 페이지 채널을 활용한 마케팅이다. 인플루언서가 개인이라면 페이지는 기업에서 운영하는 경우가 많다. 주로 유머, 가십거리, 연예계 기사 등을 짜깁기해 게시물로 만들어 올리는 페이지가 많다. 기획력만 좋다면 식당 마케팅 수단으로 충분히 활용 가능하다. 페이지 광고는 매장의 직접적인 노출보다는 자연스러운 흐름 속에서 사람들의 관심을 유도하는 데 효과적인 수단이 된다.

셋째, 인스타그램이 제공하는 공식 스폰서드 광고를 이용하는 것이다. 스폰서드 광고의 가장 큰 장점은 정확한 타기팅이 가능하다는 점이다. 불특정 다수에게 노출되는 다른 광고 수단과 달리, 공식 스폰서드 광고는 노출시키고 싶은 타깃층을 정확하게 설정할 수 있다. 광고 비용만큼 정확하게 노출시켜주니 추가 비용 리스크가 적다는 점도 장점이라 할 수 있다.

광고 효율 예전 같지 않지만, 그래도 활용은 필수

물론 인스타그램 광고 효율이 예전 같지 않은 것은 사실이다. 이는 게시물 조회 수만으로도 그 추이가 확연히 나타난다. 인스타그램 로직의 변화로 인해 전통적인 방식 게시물보다 릴스 같은 짧은 호흡의 숏폼 영상이 조회 수가 더 잘 나온다. 그래서 일부 비관론자 사이에서는 이런 이야기가 나오기도 한다.

"인스타그램 광고는 이제 끝났다."

하지만 인스타그램이라는 플랫폼 자체가 사라지지 않는 한 우리는 네이버와 더불어 이 플랫폼의 효과를 무시할 수 없다. 따라서 어떻게든 인스타그램을 활용해

인스타그램 페이지 광고

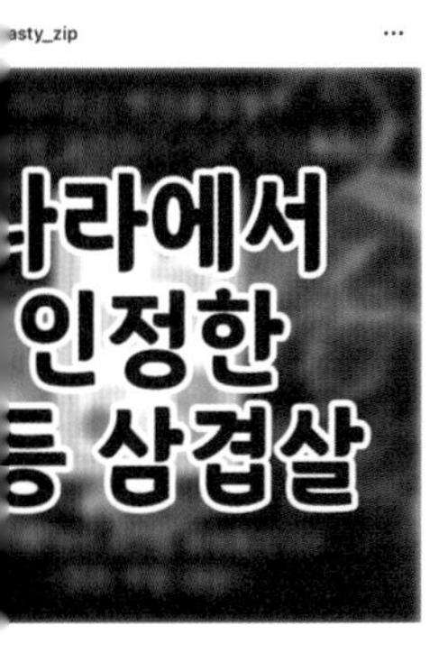

마케팅 효과를 극대화할 수 있는 방법을 찾아야 한다.

상세한 가이드 전달하면 효과↑

필자가 식당을 창업하기 전, 맛집 리뷰 인플루언서로 활동할 때의 얘기다. 광고 요청이 와서 리뷰를 진행하기 위해 매장을 방문하면 사장님들의 반응은 거의 똑같았다.

"알아서 잘 찍고 가주세요."
"전문가시니까 잘해주시겠죠, 뭐."
"제가 매장에 전달해둘 테니 드시고 싶은 거 맘껏 주문하고 찍고 가세요."

매장을 가장 잘 아는 사람은 누가 뭐래도 사장 본인이다. 인플루언서는 단지 사진을 조금 더 잘 찍고, 글을 조금 더 잘 쓰고, 어쩌면 운이 좋아서 팔로어가 늘어났을 뿐이지, 방문한 매장의 마케팅 소구점을 사장님보다 잘 알 수 없다.

하지만 대부분의 경우 위와 같은 상황이 벌어진다. 인플루언서는 그 매장의 강점이 무엇인지, 어떤 메뉴를 어떻게 세팅해서 찍어야 할지조차 알지 못한 채 촬영을 마치고 업로드를 한다. 과연 이렇게 올린 게시물이 사람들 반응을 이끌어낼 수 있을까. 더 나아가 우리 매장으로 방문하도

필자가 운영하는 매장의 인스타그램 게시물 예시(월화갈비, 미츠바, 계옥정).

록 만들 수 있을까.

SNS 마케팅을 하기 전 매장에서는 인플루언서에게 전달할 정확한 가이드를 작성해야 한다. 가이드에는 매장의 강점, 브랜드 스토리, 시그니처 메뉴, 주 고객층과 타깃 고객층, 원하는 키워드 등을 기재해야 한다. 가이드가 상세할수록 매장의 마케팅 효과가 극대화될 수 있다.

우리 매장 강점 만들려면
인스타그래머블한 피사체,
사장이 심벌 되기, 정확한 타깃층 파악

그렇다면 우리 매장의 강점은 어떤 식으로 만들 수 있을까.

인스타그램은 철저하게 사진과 짧은 영상을 기반으로 하는 플랫폼이다. 유려하게 글을 잘 쓰는 능력도 빛을 발하기는 하지만, 단 한 장의 사진, 한 장면의 영상이 성패를 가르는 포인트다. 그렇기 때문에 굳이 연출하지 않아도 누구나 찍고 싶은 피사체를 만드는 게 가장 중요하다. 정갈하고 푸짐하게 접시에 담겨 나오는 음식, 손님 식탁 위에서 펼쳐지는 퍼포먼스, 아이디어를 짜내어 만든 시그니처 메뉴 등 우리 매장에 오면 누구나 이 장면은 찍고 싶어 할 수 있도록 세팅을 해야 한다. 그리고 그 장면을 광고로 전환했을 때 일반 소비자들도 그 장면을 찍고 싶게끔 유도해 자발적인 바이럴(입소문)을 만드는 게 중요하다.

사장님이 직접 매장의 심벌이 되는 것도 방법이다.

최근 릴스에서 각광받는 콘텐츠 대다수는 사장님이 직접 피사체가 되는 것이다. 사장님이 영상에 자주 노출되면 소비자에게 신뢰감과 친근감, 더 나아가 매장 자체에 대한 호기심을 만들어주면서 이들을 매장으로 유입시킬 수 있다. 또한 거창한 퍼포먼스가 없어도 매장을 운영하는 사람의 인간적인 면모에 사람들은 흔쾌히 그 매장의 팬이 돼준다. 사장님이 노출되기 어려운 상황이라면 차선책으로 점장이나 기타 다른 직원을 내세우는 것도 괜찮다.

마지막으로 우리 매장의 타깃층을 정확하게 파악하는 것이다.

대부분의 경우 우리 매장의 실제 고객층을 정확하게 모르는 경우가 많다. 그냥 감으로 '20대 여성이 많이 오는 것 같다'라는 식으로 얘기한다. 이 같은 추측성 데이터로는 정확한 마케팅 효과를 누리기 어렵다. 네이버 스마트플레이스, 신한 마이샵, 오픈업 등의 플랫폼을 이용하면 우리 매장에 방문하는 고객층의 연령과 성별 분포 등을 정확하게 확인할 수 있다.

매장 타깃층이 정확하게 파악됐다면 타깃층과 잘 맞는 인플루언서를 섭외하면 된다. 가령 20대 초중반 젊은 고객층이

오사카 이자카야 '토요', 문래동 주점 '은진포차' 인스타그램 예시.

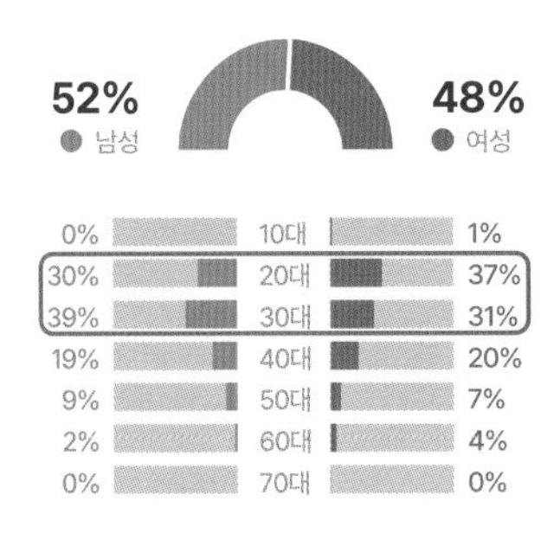

A업장

20대 후반~30대 중후반 남성 · 여성
글과 설명 위주의 긴 호흡 영상이 유효

37% 남성 / 63% 여성

남성	연령	여성
1%	10대	1%
46%	20대	72%
41%	30대	18%
10%	40대	4%
2%	50대	3%
0%	60대	0%
0%	70대	0%

B업장

20대 여성
밈을 활용한 짧은 영상이 유효

많은 업장이라면 젊은 층에게 높은 노출 효과를 보이는 숏폼 위주 인플루언서를 섭외하는 것이 좋다. 연령대가 다소 높다면 전통적인 사진과 글 기반의 인플루언서가 더 큰 홍보 효과를 얻을 수 있다.

인플루언서 마케팅은 효과 예측 어려워 '피드백' 받아보길

사실 인플루언서 마케팅은 그 결과에 대해 예측을 할 수 없다. 잘 짜여진 기획과 적당한 운이 만나면 비용 대비 큰 효과를 얻을 수도 있지만, 생각보다 노출이 안 돼 그 반대 상황도 종종 생긴다. 그럼에도 불구하고 광고를 진행한다면 비용 대비 매장에 유의미한 결과를 얻을 수 있는 비법을 공유하고자 한다.

푸드 인플루언서는 보통 수천 개 이상 식당을 돌아다닌, 걸어 다니는 빅데이터이자 외식업 전문가다. 그렇기에 단순히 광고 의뢰만으로 끝나는 것이 아니라, 그들로부터 우리 매장의 문제점과 개선점을 피드백 받길 추천한다. 많은 곳을 다녀본 전문가에게 피드백을 듣는 것은 광고 효과를 떠나 그 자체만으로도 매장의 성장을 이끌어낼 좋은 기회가 될 수 있다.

최성민 고수와 1:1 상담 문의는 여기로! >>

마케팅 치트키 - 인플루언서

인플루언서 마케팅은
지니의 요술램프가 아니다.

"알아서 해주세요."

"전문가시니까 잘 해주시겠죠."

"제가 매장에 전달해둘테니 오셔서 찍고 가세요."

"잘만 찍어주세요"

"아는 사장님이 추천해줘서.."

관심 없는 클라이언트+ 능력 없는 대행사 + 방치된 인플루언서 = 실패할 수 밖에 없는 조합

SNS 마케팅 효과 극대화 시키기

인플루언서 마케팅! 무조건 본전 뽑는 비법

- 푸드 인플루언서는 수천 또는 수만개의 빅데이터를 가지고 있는 외식업 전문가다.

1) 단순히 광고 의뢰가 아닌 매장의 문제점과 개선점을 피드백 받기 요청
2) 인플루언서가 촬영한 저작물을 받아 2차 마케팅 또는 매장의 사진 자료로 사용

광고 전

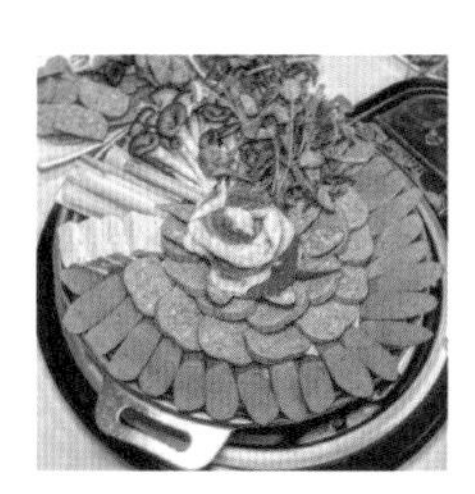

광고 & 피드백

현재

마케팅 채널
다각화와 리타기팅

오정훈
루트컴퍼니 대표

2022년부터 '메타 비즈니스 파트너'로 활동 중이며, 성균관대 캠퍼스타운 사업단 전문 멘토로 활동했었다. 그리고 수천 명의 자영업자를 마케팅한 경험과 다양한 노하우로 현재까지도 활발히 마케팅 시장에서 움직이고 있다.

너무 흔해진 인스타그램·유튜브 광고 자꾸자꾸 노출되는 '리타기팅' 필수

자영업자의 온라인 마케팅 경쟁이 치열해지며 마케팅 채널이 '과부하'되고 있는 요즘이다. 인스타그램, 유튜브, 블로그와 영수증 리뷰 등이 모두 그렇다.
마케팅과 광고가 흔해지고 범람하면 소비자는 피로감을 느낀다. 그리고 이는 광고를 보고도 구매로 이어지는 전환율을 떨어뜨리는 요인이 된다.

2025년 자영업 新마케팅 전략은 '채널 다각화·리타기팅'

전환을 높이기 위해선 어떤 전략이 필요할까.

우선 '마케팅 플랫폼 다각화'를 들 수 있다. 한 플랫폼에 집중되는 마케팅이 아닌, 다양하게 노출될 수 있도록 해야 한다. 그리고 반복적으로 노출을 시켜야 한다.
반복 노출을 쉽게 설명하면 사람들이 광고를 보고 바로 구입이나 방문을 하는 것이 아니기 때문에 자꾸자꾸 보이는 '리타기팅' 광고가 더욱 중요해진다는 의미다. 소비자 선택권은 점점 고도화되고 있고, 한 번의 궁금함으로는 전환이 되기 어렵다.
이처럼 마케팅의 다양성과 반복성이 2025년 트렌드다. 진짜 맛집을 찾기 위

요약

플레이스 방문
760회
↓9%
전주 837회

리뷰 등록
18회
↓66%
전주 53회

스마트콜 통화
0회
전주 0회

네이버 예약
예약·주문 고객을 만나보세요!
연결하기 >

한 주간 플레이스 방문는 760회,
일 평균 108회 입니다.
지난 주 대비 -9% 감소 했습니다.

요약

플레이스 방문
13,388회
↑762%
전주 1,553회

리뷰 등록
0회
전주 0회

스마트콜 통화
19회
↑90%
전주 10회

네이버 예약
예약·주문 고객을 만나보세요!
연결하기 >

한 주간 플레이스 방문는 13388회,
일 평균 1,912회 입니다.
지난 주 대비 +762% 증가 했습니다.

티맵 리뷰, 카톡 리뷰 등 다양한 채널을 통해 3개월간 마케팅을 한 결과, 플레이스 방문이 17배 이상 늘었다.

해, 네이버 리뷰뿐 아니라 카카오톡 리뷰, 티맵 리뷰 등 소비자가 찾아보는 정보 채널의 폭이 점점 넓어지고 있다. 따라서 특정 채널에만 의존하는 마케팅의 효율은 갈수록 저하될 것이다. 가령 예전에는 플레이스 영역에 노출이 되면 매출 상승에 큰 기여를 했다. 하지만 요즘은 플레이스에 상위 노출이 돼도 이전과 같은 매출 상승효과를 보기 어렵다. 한 가게를 알리기 위해서는 한 가지 플랫폼만 이용하는 것이 아닌, 다양한 플랫폼을 이용하면서 소비자를 사로잡을 수 있는 어떤 요소가 있을지 고민해야 한다.

SNS 트렌드에 따라 뜨고 지는 플랫폼도 계속 바뀐다. 리타기팅에 효과적인 플랫폼이 있고, 단 한 번 노출만 돼도 구매 전환이 잘되는 플랫폼이 있다. 또한 지금도 사용자가 지속 증가하는, 새롭게 뜨는 플랫폼이 계속 나오고 있다. 이런 흐름 변화에 주목해 계속적인 리타기팅과 새로운 콘텐츠로 고객을 사로잡아야 된다. 이 채널, 저 채널에 어중간하게 마케팅을 하라는 얘기가 아니다. 마케팅에 쓸 비용과 시간을 적절히 분배하는 것이 중요하다.

점점 새로운 상권이 개발되면서 수많은

프랜차이즈와 수많은 가게가 들어서고, 다시 또 새로운 상권이 개발되면서 새로운 가게가 생겨나고 있다. 소비자는 새로운 곳으로 이동하는 것이 즐거움이겠지만, 자영업자한테는 새로운 경쟁 상권에 고객을 뺏기는 상황이다. 이런 상황을 미리 공부해, 고객에게 다양하고 반복적으로 알릴 수 있는 마케팅 전략이 필요하다.

"마케팅, 돈 쓰지 않아도 된다."

혹 이렇게 생각하는 자영업자도 있을 것이다.

'마케팅을 다양한 채널에서 반복적으로 하려면 '돈'을 써야 되는 것 아닐까.'

마케팅에 성공하려면 이런 잘못된 인식부터 없애야 된다.

마케팅은 한 번 가게를 방문한 고객이 나중에라도 다시 한번쯤 생각날 수 있는 무언가가 있으면 된다. 고객이 한 번 더 생각함으로써 리타기팅 현상이 자연스럽게 일어나기 때문이다.

시대 흐름은 정말 빠르게 변화하고 있다. 마케팅도 그에 맞춰서 움직여야 한다.

마케팅 잘못하면 '일회성 조삼모사' '마케팅 다음'을 고민하라

마케팅은 "매출을 앞당겨주는" 것이지, 그 자체로 매출의 전체 파이를 키워줄 수는 없다. 따라서 매출을 앞당겼으면 다음 단계는 어떤 것일지 항상 기획하고, 바뀌어야 한다. 한 번의 마케팅으로 성공한다는 생각을 없애고, 지속적인 마케팅과 다양하게 노출시킬 수 있는 방안을 항상 고민해야 한다.

고객은 익숙함에 살아간다. 살면서 처음 보는 혁신적인 상품일지라도 익숙한 상품에 붙어 있는 혁신을 더 좋아한다.

새로움과 새로움을 더하는 행위보다는 기존과 기존을 더하거나, 기존과 새로움을 더하는 행위, 그것이 더욱 소비자를 끌어당길 것이다.

오정훈 고수와 1:1 상담 문의는 여기로! >>

2025년 뜨는 新마케팅 채널 공략법

김기현
인스텝스 대표

광고대행사 '인스텝스', 스타트업을 만드는 컴퍼니빌더 '퇴근후창업' 창업자 겸 대표. 2013년 인스텝스를 창업해서 10여년간 200개 이상 기업 마케팅 대행을 하고 있으며,
사업을 시작하지 않은 사람들을 위한 퇴근후창업 수업을 통해 돈을 쓰지 않고 창업하는 과정을 교육하고 있다.

'쓰레드'로 김치 완판·웹툰 댓글 2배↑
新매체·기능 '선점' 중요…일단 써보라

자영업자들과 대화를 나누다 보면 종종 이런 질문을 받는다.

"요즘은 어디에서 마케팅하면 효과가 좋나요."

"인스타그램은 요즘 많이 안 하죠?"

"유튜브를 시작해야 할까요."

"블로그는 꼭 해야 할까요."

결국 "어떤 마케팅 채널을 활용해야 고객들이 많이 찾아올까?" 하는 고민이다. 이에 대해 필자는 항상 이렇게 대답한다.

"어떤 채널에서 마케팅을 해도 결과는 비슷합니다. 중요한 것은 특정 채널을 선택하는 것이 아니라, 선택한 채널에서 꾸준히 오랫동안 활동하는 것입니다. 단순히 마케팅 채널에서 일방적으로 홍보하기보다는, 어떤 채널이든 그곳에서 사람들과 진정성 있는 대화를 나누고 관계를 쌓아가는 것이 중요합니다. 그렇게 하면 자연스럽게 고객들이 찾아오게 될 것입니다."

하지만 이런 대답을 들으면 대부분 자영업자는 실망한 기색을 보인다. 그리고는 "마케팅을 오래 하기에는 시간이 부족해요. 그냥 게시물을 올리면 사람들이 많이 와주면 좋겠어요"라고 말한다.

물론 충분히 공감하고 이해한다. 하지만 이는 현실적으로 거의 불가능한 일이다.

네이버 타임보드에 광고를 한다 해도 하루아침에 고객이 급증하기는 어렵다.

심지어 가장 비용이 많이 드는 TV, 라디오 광고, 또는 온라인에서 가장 비싼 네이버 타임보드 같은 광고를 한다 해도 고객이 바로 몰려오지는 않는다. 한번 잠시 생각해보자. 이 글을 읽는 독자는 과연 네이버 타임보드 광고를 클릭해서 구매한 적이 얼마나 있었는지.
광고 효과를 이해하는 가장 좋은 방법은 자신의 경험을 돌아보는 것이다. "내가 그렇게 했는가?"라고 스스로에게 물어보는 것이 중요하다. 예를 들어, 인스타그램에서 마케팅을 하면 좋을 것 같다고 생각한다면 다음과 같은 질문을 스스로에게 해봐야 한다.

1. 최근 인스타그램을 통해 실제로 물건을 구매하거나 맛집을 방문한 적이 있는가.
2. 만약 있다면, 그 게시물은 어떤 형태였는가.
3. 어떤 메시지가 담겨 있었는가.
4. 어떤 장면이나 모습을 보고 '가고 싶다' 또는 '사고 싶다'는 생각이 들었는가.

이런 질문을 통해 자신의 경험을 되돌아보는 것이 중요하다.
반면 절대로 하지 말아야 할 생각도 있다.

1. '나는 구매하지 않았지만 누군가는 할 것이다.'
2. '남들이 성공했다 하니 나도 잘될 것이다.'

이렇게 너무도 막연히 긍정하는 것은 위험하다.
효과적인 마케팅을 위해서는 블로그, 인스타그램 등 먼저 자신이 선택한 채널을 직접 이용해보는 것이 중요하다. 물론 당장의 매출 증대가 시급할 수 있지만, 고객이 오지 않는 상황에서 무리하게 광고비를 지출했다가는 오히려 손해를 보게 된다. 따라서 급하게 광고하기보다 충분한 시간을 갖고 해당 채널을 깊이 있게 이해하고 활용해보는 것이 중요하다.

광고대행사가 찾아와 "유튜브에 광고하면 좋습니다" 또는 "인스타그램에서 광고하면 효과적입니다"라고 제안할 때도 있다. 이때는 바로 결정을 내리기보다는 시간을 달라고 요청해야 한다. 그리고 자신이 실제로 그런 광고에 반응하는지, 그 채널을 어떻게 사용하는지 천천히 고민해봐야 한다.

주변에 물어볼 때도 "유튜브에 광고하면 좋을까" "인스타그램에 광고하면 좋을까"라고 묻기보다는 "유튜브 보고 맛집을 찾아간 적이 있나" "인스타그램을 보고 물건을 구매한 적이 있나" "블로그 보고 맛집에 찾아가봤나"라고 질문해야 한다.

기억하자. 급하게 내린 결정은 대부분 좋지 않은 결과를 가져온다. 시간을 들여 신중하게 접근하는 것이 장기적으로 더 나은 성과를 얻을 수 있는 방법이다.

마케팅 전략을 수립할 때는 다음과 같은 점들을 고려해보는 것이 좋다.

① 목표 고객층 파악

여러분의 제품이나 서비스를 필요로 하는 사람들은 누구인가. 그들의 연령대, 관심사, 생활 패턴 등을 분석해야 한다.

② 채널 선택

'내가 오랫동안 할 수 있는가' '대행을 맡기기보다 대행이 없을 때 스스로도 할 수 있는가' '내가 하루에 한 번 이상은 사용하는가' 등을 고려해서 마케팅할 채널을 선택해야 한다.

③ 콘텐츠 전략

내가 하고 싶은 말보다는 '남들이 듣고 싶어 하는 말'을 해야 한다. 콘텐츠에서 가장 중요한 얘기는 남이 듣고 싶어 하는 말을 할 수 있는가다. 이런 콘텐츠가 떠오르지 않는다면 최근에 찾아온 고객에 대한 얘기를 많이 하면 된다.

④ 일관성 유지

선택한 채널에서 꾸준히 활동해야 한다. 하루에 몇 시간씩 투자하기 어렵다면, 일주일에 한두 번이라도 콘텐츠를 스스로 올릴 수 있어야 한다.

⑤ 고객과의 소통

단순히 정보를 전달하는 것에 그치지 말고, 고객 반응과 피드백에 적극적으로 응답해주자. 시간이 지나도 좋으니 꼭 답을 해주자.

⑥ 분석과 개선

주기적으로 마케팅 활동 성과를 분석하고, 그 결과를 바탕으로 전략을 개선해나가야 한다. 데이터가 무엇인지 알기 어렵고, 데이터를 분석하기 어렵다면 매월 한 가지 목표를 정하고 그에 맞는 행동을 하자. '블로그를 보는 사람의 숫자 늘리기'와 '블로그를 보고 가게에 오는 사람의 숫자 늘리기'는 같은 행동 같지만 전혀 다른 행동이다.

⑦ 인내심

마케팅 효과는 하루아침에 나타나지 않는다. 꾸준히 노력하면서 장기적인 관점에서 접근하는 것이 매우 중요하다.

디지털 마케팅 전략:
새로운 매체·기능의 빠른 활용이 중요

오늘날 디지털 마케팅 환경에서 성공하기 위해서는 단순히 뻔한 전략을 따르는 것만으로는 부족하다. 매우 효과적이고 누구나 활용할 수 있는 전략을 소개하고자 한다. 바로 '새롭게 등장한 매체나 기능을 신속하게 활용하는 것'이다.
이 접근 방식이 왜 중요한지, 어떻게 실행할 수 있는지 자세히 살펴보겠다.

① 새로운 매체의 힘

최근 SNS 생태계에 새로운 플랫폼이 등장했다. 기존의 X(구 트위터)와 유사하지만, 사진이나 동영상보다는 텍스트 기반의 소통을 중심으로 하는 매체 '쓰레드(Threads)'다. 이 플랫폼의 성장세는 놀라울 정도다. SNS 역사상 가장 빠른 속도로 1억명의 사용자를 확보했다.
'나는 글쓰기에 자신이 없는데' '광고 메시지를 만들 줄 모르는데'라고 걱정하는 분도 있을 것이다. 하지만 지금 당장은 그런 걱정을 잠시 접어둬도 좋다. 우선은 스마트폰을 꺼내 쓰레드 앱을 다운로드하고, 다른 사용자들이 작성한 글을 둘러보는 것부터 시작하자. 점차 플랫폼 분위기와 특성을 파악하고 재미를 느끼다 보면, 자연스럽게 참여할 수 있다.

② 새로운 매체를 빨리 사용해야 하는 이유

새로운 매체의 가장 큰 장점은 신뢰 관계를 빠르게 구축할 수 있다는 점이다. 초기 사용자들은 서로의 글을 단순한 광고나 홍보 메시지로 받아들이기보다는, 진정성 있는 개인의 이야기로 인식하는 경향이 있다. 이는 단순히 "이 제품을 사야겠다"는 생각보다는, "이 사람의 이야기에 공감한다"는 반응으로 이어진다.

③ 실제 사례 분석

최근 쓰레드에서 발생한 두 가지 흥미로운 사례는 새로운 매체의 영향력을 잘 보여준다.

a) 열무김치 판매 사례

한 소상공인이 쓰레드에 열무김치를 판매한다는 글을 올렸다. 처음에는 단순히 좋은 가격에 제품을 소개하려 했으나, 일부 악성 댓글로 인해 게시글을 삭제했다. 그런데 예상치 못한 반응이 이어졌다. 많은 사용자가 오히려 그 김치를 구매하고 싶다는 의사를 표현한 것. 결국 판매자는 100개 한정으로 스마트스토어에서 판매를 시작했다. 놀랍게도 이 상품은 매우 빠른 속도로 완판됐다. 이 사례는 사람들이 판매자의 진정성과 이야기에 공감했고, 그 결과 자연스러운 입소문 마케팅으로 이어져 실제 구매로 연결됐음을 보여준다.

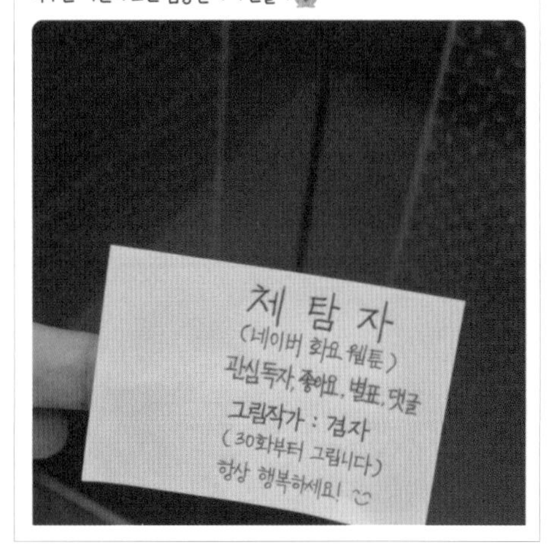

b) 웹툰 홍보 효과

한 사용자가 길에서 우연히 받은 쪽지를 촬영해 설명과 함께 쓰레드에 올린 경우가 있었다. 이 게시물이 웹툰 '체탐자'와 연관돼 있었는데, 이로 인해 해당 웹툰의 조회 수와 댓글이 급증하는 현상이 발생했다. 구체적으로 보면, 2024년 8월 24일 기준 '29화'의 댓글 수가 299개였던 반면, '30화'의 댓글 수는 633개로 2배 이상 증가했다. 쓰레드를 통해 퍼진 이야기가 실제로 많은 사람들의 관심과 참여를 이끌어냈다는 것을 보여준다.

이처럼 새로운 매체에서는 마케팅, 광고하겠다는 생각보단 '어떻게 내 이야기를 전달할 것인가'를 생각하고, 매일 글을 써보길 추천한다.

④ 새로운 기능의 중요성

새로운 매체뿐 아니라 기존 플랫폼의 새로운 기능도 마케팅에 큰 영향을 미친다. 생각해보자. 여러분이 새로운 가게를 오픈했을 때, 처음 방문한 손님을 보면 어떤 기분이 들까. 아마도 매우 기쁘고 설레는 마음일 것이다. 새로운 메뉴를 내놨을 때는 어땠나. 그 메뉴를 주문한 손님 반응이 특별히 더 궁금하지 않을까.
모든 디지털 서비스와 플랫폼도 마찬가지다. 네이버, 메타(페이스북, 인스타그램), 유튜브, 구글, 카카오 등 주요 IT 기업들은 새로운 기능을 선보일 때마다 초기 사용자의 피드백과 참여를 특별히 주목한다. 그들이 사용한 기능을 더 많은 사람들에게 소개하고, 반응을 살피게 된다.
“요즘 릴스가 뜨잖아” “요즘 스토리가 뜨잖아” 이런 얘길 들었다면 지금 당장 무엇이든 올려보시라.

⑤ 실행 전략
이런 이해를 바탕으로, 다음과 같은 전략을 실행해보자.

BEST 쓰레드에서 겸자작가님 어머니께서 정갈하게 쓰신 포스트잇 보구 검색해서 왔어요^^ 로판만 좋아하는 저인데 그림체가 넘 괜찮아서 저도 볼수 있을거 같네여!
1화부터 보고오겠습니다!겸자작가님 응원합니다٩(ᗜ ˃̶)و화이태앵!!

BEST 겸자님 그림체👍 어머니 포스트잇 보고 왔어요.
2일 전

1) 새로운 소셜미디어 플랫폼이 등장하면 즉시 가입하고 활용해보라.
2) 기존 플랫폼의 새로운 기능이 나오면 빠르게 적용해보라.
3) 단순한 홍보나 광고보다는 진정성 있는 스토리텔링에 집중하라.
4) 다른 사용자의 콘텐츠를 관찰하고 트렌드를 파악하라.
5) 플랫폼 특성에 맞는 독창적인 콘텐츠를 제작해보라.
6) 사용자들과의 상호작용을 통해 신뢰 관계를 구축하라.

결론적으로, 디지털 마케팅에서 성공하기 위해서는 새로운 매체와 기능을 빠르게 활용하는 것이 중요하다. 이는 단순한 광고나 홍보를 넘어, 진정성 있는 이야기를 통해 사람의 마음을 움직이는 기회를 제공한다. 이런 접근 방식은 자연스러운 입소문 효과를 만들어내고, 사람들의 행동을 이끌어내게 된다.

새로운 디지털 환경에 두려워하지 말고 적극적으로 도전하자. 잘하려고 노력하지 말자. '시도'하려고 노력하자.

김기현 고수와 1:1 상담 문의는 여기로! »

판교 19평 공실 매장에서 시작된 월매출 1억 신화 옥된장

12년 장사 데이터로 '된장전골' 성공 확신 '엄마표' '담음새' '1분 세팅' 노하우 총집약

조영훈 블루트렌드 대표

오랜 기간 외식 사업을 해오면서 다양한 브랜드를 운영한 경험을 바탕으로 2023년에는 옥된장 브랜드를 론칭해서 운영 중이다. 또한 브랜드 인큐베이팅과 식품 제조에 관한 것을 전문으로 하는 블루트렌드에서 활약 중이다.

필자는 18년간 여러 외식 브랜드를 직접 만들고 실행하면서 외식업에도 성공 방정식이 있다는 것을 알게 됐다. 그동안 여러 시행착오를 겪으면서 얻은 노하우를 옥된장에 어떻게 접목했는지 이야기하고자 한다.

브랜드 네이밍

1. 상호는 간결하고 기억하기 쉽게

옥된장은 상호만 봐도 어떤 메뉴가 대표 메뉴인지 알 수 있을 만큼 직관적이다. 이처럼 브랜드 네이밍은 최대한 짧고 간결하면서, 고객이 기억하기 쉬운 게 좋다고 생각한다.

2. 상표 등록 여부를 체크하라

직관적이면서 기억하기 쉬운 '옥된장' 상호를 찾았다면 특허 정보 검색 사이트 키프리스(www.kipris.or.kr/)에 접속해 해당 상호를 검색해본다. 검색을 했을 때 상표 등록이 안 된 상호더라도 상표출원을 대행하는 업체에 문의해 다시 한번 확인해 보는 것이 좋다. 굳이 상표 등록 여부까지 확인하는 이유는 브랜드가 성장함에 따라 새로운 제품이나 프랜차이즈로 확장될 가능성이 있기 때문이다.

3. 너무 흔한 온라인 키워드는 피해라

네이버에 '옥된장'이라는 이름을 검색해 봤을 때 옥된장 키워드로 플레이스, 블로그 등의 동일한 이름이 얼마나 검색되는지 확인한다. 만일 너무 많은 내용이 나온다면 차후 브랜드 마케팅을 할 때 다른 키워드와 노출 경쟁을 해야 한다. 그럼 마케팅에 더 많은 비용을 쓸 수밖에 없다. 예를 들어 '서울맛집'이라는 브랜드 네이밍을 결정하게 된다면 플레이스에 서울맛집으로 올라오는 모든 브랜드와 경쟁할 수밖에 없다.

아이템 선정

1. 가장 잘할 수 있는 것을 찾아라

외식업의 장점은 할 수 있는 아이템이 많다는 것이다. 선택지가 많기에 오히려 잘못된 선택을 하는 경우가 많다. 시장에서 잘되는 것을 찾는 것보다 내가 가장 잘할 수 있는 것을 찾는 게 경험상 맞다고 생각한다.

18년간 다양한 업종과 브랜드를 운영하면서 필자가 가장 잘할 수 있는 건 한식이라는 걸 알게 됐다. 그래서 된장 요리 전문점이라는 아이템을 선정했다.

2. 12년 판매 데이터로 '된장전골' 성공 확신

오피스 상권에서 가장 많이 나가는 점심 메뉴를 보면 상위 5위 안에 김치찌개와 된장찌개가 들어가는 것을 확인할 수 있다. 김치찌개와 된장찌개는 집에서 누구나 쉽게 만들 수 있는데 굳이 음식점까지 찾아서 먹는다는 게 의아하다. 하지만 김치와 된장은 한국인의 주식이기에 외부에서도 자주 찾는다는 결론을 내렸다.

된장 요리 전문점으로 아이템을 정한 후에는 된장을 전문으로 하는 브랜드를 조사하기 시작했다. 많지는 않았지만 몇 개 브랜드가 된장이라는 이름으로 프랜차이즈를 하는 곳이 있었다. 지방에서는 된장을 전문으로 하는 음식점도 간혹 있었다. 그런데 거의 모든 곳이 한상 차림 뚝배기를 기반으로 한 밥집이었다. 매장 수도 많지 않고 점포당 매출액도 높지 않다는 것을 알게 됐다. 수요는 많은 시장이기에 기존 형태가 아닌, 다른 형태로 브랜드를 기획하면 충분히 가능성이 있다는 걸 확신했다.

필자가 27세 되던 해에 처음 만들었던 고깃집에서 점심 메뉴로 팔았던 게 김치전

우렁 된장전골

우삼겹 된장전골

골과 된장전골이다. 12년간 판매량 데이터를 보면 정확히 수요는 5:5였다. 시장에는 김치를 메인으로 하는 김치찌개 전문점은 많지만 된장찌개를 메인으로 하는 된장 요리 전문점은 거의 없었다. 필자는 12년간의 판매량 데이터를 갖고 있었고, 된장을 뚝배기 형태가 아닌 전골로 운영했을 때 장점을 알고 있었기에 된장찌개 전문점을 기획했다.

3. 스테디셀러가 베스트셀러보다 낫다

우리나라 외식 시장 트렌드는 너무 빠르게 변화한다. 그만큼 소비자 반응은 빠르게 올라오고 또 빠르게 지나간다. 옥된장은 현재의 베스트셀러가 되기보다 스테디셀러가 되는 게 좋다고 생각했다. 꾸준히 가려면 유행을 타지 않아야 하고, 유행을 타지 않으려면 자주 먹을 수 있는 음식이어야 한다. 음식점은 단기적 관점이 아닌 장기적 관점에서 바라보고 아이템을 선정하는 것이 좋다. 이런 이유에서도 된장을 선택했다.

4. 희소성과 대중성, 상반되지만 둘 다 중요

희소성과 대중성은 서로 상반되는 개념이다. 그러나 외식업에선 둘 다 중요하다. 희소성을 다르게 해석하면 '차별화'다. 옥된장의 희소성이자 차별화 전략은 된장의 전골화다. 기존 된장찌개를 판매하는 곳은 대부분 뚝배기 형태로 제공했다. 된장을 뚝배기가 아닌 전골로 만들었을 때의 장점은 맛이다. 된장은 된장 자체의 맛이 강하기 때문에 뚝배기 형태 된장찌개를 다양한 메뉴로 만들어도 맛에서 큰 차이를 느낄 수 없다. 보통 주방에서는 뚝배기에 재료를 담고 국물이 끓어오르기 시작하면 바로 음식을 낸다. 기존 된장찌개에 들어가는 1인 메인 토핑 중량은 50~60g 정도다. 끓여내는 시간과 중량 때문에 재료마다의 다른 맛을 내기에 어려움이 있었다. 옥된장의 된장 전골 1인 토핑 중량은 100g 이상이다. 끓이는 시간도 차별화했다. 테이블에서 계속 끓여내기에 기존 된장보다 식재료에 따른 다른 맛을 낼 수 있었다.

5. 된장찌개 식재료로 '미나리'를 처음 쓰다

옥된장의 시그니처 식재료 중 하나는 미나리다. 기존 된장찌개 재료로 쓰지 않았던 미나리를 옥된장에서 처음으로 사용했다. 미나리를 주요 식재료로 쓰겠다고 정했을 때 실제 사용하는 곳을 어느 곳에서도 찾을 수 없었다. 그래서 미나리를 옥된장의 희소성과 차별화 요소로 사용하기로 결정했다.

6. 가장 맛있진 않지만, 가장 대중적인 된장찌개

옥된장은 대중적인 맛과 균일함이 특징

바지락 된장전골

이다. 필자는 지금도 우리 엄마가 만들어주는 된장찌개가 가장 맛있다. 어릴 때부터 먹었던, 엄마가 직접 끓여내는 맛을 이길 수 있는 된장찌개는 없다고 생각한다. 그렇기에 모든 고객에게 옥된장이 가장 맛있는 된장찌개라고 생각하지 않는다. 하지만 옥된장은 누구나 호불호 없이 대중적으로 맛있게 먹을 수 있는 된장찌개라고 본다. 딱 그 지점에 맞는 된장을 개발했다.

음식의 가치

1. 티타늄 그릇으로 예쁜 담음새 구현

음식의 가치를 올릴 수 있는 방법에는 여러 요소가 있다. 첫 번째로 생각해볼 수

있는 것은 '담음새'다. 음식을 어느 그릇에 담아 어떻게 플레이팅(plating)하느냐에 따라 음식의 가치는 달라진다. 가령 똑같은 파스타 밀키트를 예쁜 그릇에 담았을 때와 플라스틱 그릇에 담았을 때 눈으로 느끼는 가치도 다르고, 맛도 다르게 느껴질 수 있다.

옥된장은 놋그릇과 같은 고급스러운 그릇에 담고 싶었다. 하지만 놋그릇은 관리가 어렵기에 티타늄으로 결정했다. 그런데 기존 국내 주방 업체에서 생산하는 범용 제품은 규격과 디자인에서 필자가 원하던 게 없었다. 가격 또한 굉장히 비싸게 유통되고 있었기에 중국에서 직접 생산하기로 결정했다. 그런데 문제가 생겼다. 최소주문조건(MOQ)이 제품당 1만개라는 것. 제품당 1만개를 사용하기 위해 필요한 매장 수는 100개다. 옥된장은 오랜 기간 준비했던 브랜드였고 여러 직영점의 매장당 평균 매출이 1억5000만원 이상이었기에 국내 100개 매장은 빠른 시간 내에 확장할 수 있을 것이라는 확신이 있었다. 그렇게 옥된장의 모든 식기류는 원하는 규격, 디자인, 가격에 맞춰 생산할 수 있었다.

2. 뚝배기보다 가치 높은 전골

뼈다귀해장국을 뚝배기에 담아 나올 때 가격과 뼈다귀를 전골에 담아 나왔을 때 판매되는 가격이 다르다. 메뉴명은 해장국, 감자탕으로 이름이 다르지만 사실 뼈다귀해장국과 감자탕은 동일한 음식이다. 우리나라 사람들은 전골 형태로 음식을 담았을 때 가치를 더 높게 생각하는 경향이 높다. 이런 '소비자 인식의 차이'

도 옥된장의 된장을 뚝배기 형태가 아닌 전골 형태로 내기로 한 여러 이유 중 하나다.

운영 효율

1. 고임금·구인난 문제, 셀프 조리로 해결

외식업에는 인력난 이슈가 있다. 18년 전만 해도 외식업은 비교적 인건비가 낮았고, 구인에 대한 어려움도 크지 않았다. 지금은 브랜드를 기획할 때 운영 효율을 통해 인력과 비용을 낮추는 게 중요해졌다. 옥된장은 된장전골과 수육전골 모두 테이블에서 끓여서 먹는 형태다. 손님 입장에서는 마지막까지 따뜻하게 음식을 먹을 수 있고, 운영자 입장에서는 주방에서 끓인 상태로 나가지 않아도 되기 때문에 그만큼 인력 비용을 낮출 수 있다.

2. 사실상 단일 메뉴로 '1분 세팅' 실현

옥된장은 된장 메뉴가 많아 보이지만 단일 메뉴에 가깝다. 된장 베이스는 동일하기 때문이다. 된장전골 기본 세팅은 똑같이 하고 메뉴 주문이 들어오면 메인 토핑만 올려서 나간다. 고객 입장에서는 다양한 메뉴를 먹을 수 있는 장점이 있고 운영자 입장에서는 된장전골이라는 단일 메뉴만 준비하면 되기에 모든 메뉴는 1분 안에 세팅해서 나갈 수 있다. 주방에서는 불을 쓰지 않고 빠르게 음식을 준비해서 나갈 수 있기 때문에 최적의 운영 효율을 만들어낼 수 있다.

저녁에 메인으로 판매되는 수육의 경우에도 주문이 들어오면 간택기에서 불을 쓰지 않고 수육만 플레이팅해서 나가기 때문에 빠른 시간 안에 음식이 나갈 수 있다. 이것은 모두 비용 절감 효과를 가져온다.

3. 단출해서 뛰어난 2찬 '김치찜' '엄마김'

옥된장의 반찬은 단 두 가지로 단출하다. 한식을 전문으로 하는 밥집에서는 최소 반찬이 네 가지 이상은 나와야 한다는 암묵적인 룰이 존재한다. 가짓수만 채우는 반찬이 아닌, 메인 음식으로 판매가 가능한 김치찜을 택했던 이유는 가치와 효율이다.

김치찜을 반찬으로 내어주기 어려운 이유는 비용적인 부분도 있지만 준비하는 시간이 오래 걸리기 때문이다. 다른 곳에서는 반찬으로 내어줄 수 없던 김치찜을 옥된장에서는 반찬 한 가지에 집중해 더 맛있게 만들어서 낸다는 것이 전략이다. 운영자 입장에서는 한 가지만 준비하면 되기에 매뉴얼대로 레시피에 더 집중해서 만든다. 본사에서도 이 부분을 가장 중요하게 교육한다. 김치찜은 만드는 데 시간은 걸리지만 만드는 동안 다른 일이 가능하기 때문에 운영이 효율적이고 고객 입장에서도 메인 요리를 반찬으로 먹을 수 있다는 장점이 있다.

옥된장의 대표 반찬인 '엄마김'은 집에서 엄마가 직접 구운 듯한 맛을 내기 위해 정말 많은 시행착오 끝에 만들어낸 김이다. 반찬이 두 가지로 단출하지만 그만큼 음식 하나하나에 더 집중해서 만들 수 있었다.

메뉴 개발

1. 콘셉트·마케팅보다 '맛'이 최우선

프랜차이즈 형태 메뉴 개발과 개인 브랜드의 메뉴 개발은 달라야 한다. 프랜차이즈는 사용하고자 하는 식재료의 수급과 가격을 고려해서 메뉴를 만들어야 한다. 반면 개인 브랜드는 보다 폭넓은 관점에서 개발해야 한다.

옥된장의 경우 처음 기획 당시부터 프랜차이즈 관점에서 메뉴를 개발했다. 가장 대중적인 맛을 찾기 위해 노력하면서도, 수급과 가격 부분을 가장 먼저 고려했다. 한식이 개발하기 어려운 이유는 우리가 너무 자주 먹는 음식이기 때문이다. 자주 먹는 음식일수록 개인이 생각하는 맛의 기준점이 높기에 조금만 맛이 덜해도 '맛없다'는 평가가 바로 이어진다. 김치와 된장은 더욱 그렇다. 그래서 된장을 개발하기까지 정말 많은 시간을 들여 테스트를 했다.

잘되는 집과 안되는 집의 차이는 작은 디테일에서 온다. 우리는 많은 미디어와 책을 통해 '음식은 중간만 하면 되고 나머지는 콘셉트와 마케팅이다'라는 이야기들을 많이 들어왔다. 필자는 그 반대라고 생각한다. 음식이 가장 첫 번째가 돼야 하고, 그러기 위해 정말 많은 시간을 투자, 할애해야 한다. 장사가 잘되는 가게의 음식은 맛의 디테일이 다르다. 그것을 찾아야 한다.

2. 레시피, '매장형'과 '공장형'은 다르다

메뉴 하나를 개발하기 위해 많은 곳의 음식을 먹어보고 분석한다. 특히 필자가 팔려고 하는 메뉴는 오래된 맛집으로 유명한 곳보다 맛이 떨어지지 않기 위해 여러 테스트를 한다. 내 입맛을 믿지 말고 객관적인 평가를 받기 위해 많은 시식 테스트를 진행해야 한다. 옥된장의 된장은 수많은 테스트와 많은 사람의 시식을 통해 맛을 최대한 객관화시키기 위해 노력했다. 그렇게 오랜 시간 매장형 레시피를 완성했다 하더라도 공장에서 생산하는 순간 맛은 또 달라진다. 처음부터 다시 시작이다. '매장형 레시피'를 가지고 '공장형 레시피'를 최대한 비슷하게 만드는 작업을 다시 시작해야 한다. 이런 작업 없이 무턱대고 직영점 하나 잘된다고 가맹점을 내주기 시작하면 직영점과 가맹점 간 맛의 차이가 생기기 시작한다.

옥된장은 1호점부터 모든 소스와 재료를 공장에서 대량 생산해서 만들어놨기 때문에 직영 1호점을 오픈한 이후 직영 7호점 오픈까지 단 3개월밖에 걸리지 않았다. 2023년부터 약 1년여간 확장 가능한 모델로 만들었고 그렇게 옥된장은 빠르게 매장 100호점을 달성할 수 있었다.

3. 프랜차이즈 이기려면 '특수성'으로 승부하라

외식업에서 개인 브랜드를 만들지 프랜차이즈 브랜드를 만들지는 브랜드 기획 단계부터 결정해야 한다. 앞서 개인 브랜드는 보다 폭넓은 관점에서 개발해야 한다고 했는데, 개인 브랜드의 확장형 모델은 논외로 하고 얘기해보겠다.

필자가 만일 옥된장 프랜차이즈를 이길 수 있는 된장 브랜드를 기획한다면 대중성이 아닌 '특수성'으로 승부하겠다. 옥된장의 된장은 누구나 호불호 없이 대중적으로 맛있게 먹을 수 있는 데 집중했으니, 개인 브랜드는 운영 효율을 위해 포기할 수밖에 없는 부분을 찾아 더 디테일한 맛의 차이를 만들어내야 한다. 개인 브랜드는 충분히 만들어낼 수 있다. 더 다양한 식재료를 활용할 수 있고 더 여러 형태의 조리 방법을 구현할 수 있기 때문이다. 개인 브랜드가 프랜차이즈처럼 운영 효율에 너무 큰 초점을 두고 개발한다면 프랜차이즈 브랜드와의 경쟁에서 절대 이길 수 없다.

가격 설정

1. 싸게만 팔면 안 남아…가치 있으면 高價 용인

외식업에서 가격 설정은 너무나 중요하다. 일단 결정된 메뉴의 시장 가격을 조사해야 한다. 2024년 된장찌개 1인분의 시장 가격은 8000~9000원이었다. 2024년 옥된장의 된장전골 1인분 가격으로 점심 특선 평균 1만1000원, 저녁에는 1만3000원을 받았다. 옥된장이 기존 된장찌개보다 더 높은 가격을 받을 수 있었던 것은 담음새, 양, 품질의 차이 때문이다. 여러 요소를 내세워 고객을 설득시킬 수 있어야 한다. 고객 입장에서 돈을 지불했을 때 그만큼의 가치가 있다고 생각하면 시장 가격보다 조금 더 높은 가격은 문제가 되지 않는다.

남지 않는 장사를 하면 안 된다. 물론 가격을 설정할 때 외식업뿐 아니라 가성비는 매우 중요한 요소다. 하지만, 가성비의 뜻을 잘못 이해해 무조건 다른 매장보다 싸게 팔고 많이 주는 것만 생각하는 경우가 많다. 마냥 싸다고 해서 고객이 오는 시대는 지났다. 내가 파는 음식의 가치를 잘 판단해 가격을 설정해야 한다. 그렇다고 시장 가격을 무시한 채 너무 높은 가격을 설정하는 것도 고객을 이해시키는 데 어려울 수 있다. 프랜차이즈 모델은 더더욱 적절한 가격 설정이 필요하다.

2. 개인 브랜드는 '싸고 많이' 대신 '차별화'로 승부해야

개인 브랜드가 프랜차이즈를 이기기 위해 가격을 낮추고 양을 늘리는 데 급급한 경우를 많이 보게 된다. 개인 브랜드의 전략이 '싸고 많이'가 돼선 안 된다. 프랜차이즈보다 가격을 조금 더 올리더라도 희소성과 차별화로 브랜딩을 해야 한다. 예를 들어 런던베이글뮤지엄의 경우, 프랜차이즈 빵집 베이글보다 더 비싸게 팔아도 많은 이에게 사랑받는다. 개인 브랜드는 가격을 낮추는 전략이 아닌, 가격을 높이고 품질에 더 집중하는 전략이 시장에서 이길 수 있는 방법이다.

스토리텔링

1. 옥된장 스토리는 '엄마표 음식'

브랜드는 스토리가 있어야 한다. 옥된장 스토리는 우리 엄마로부터 시작했다. 필자는 지금도 엄마가 끓여주는 된장찌개를 너무나 좋아한다. 엄마의 된장찌개에 엄마가 직접 담근 김치와 김, 그리고 내가 식탁에 앉았을 때 그제서야 갓 지은 밥을 바로 떠주시는 엄마의 음식은 그 어떤 만찬과도 비교할 수 없는 감동과 맛이 있다.

이 세 가지를 어릴 때부터 가장 좋아했고 그것을 옥된장의 브랜드 스토리와 연결

지었다. 고객에게는 마지막까지 따뜻하게 드실 수 있도록 전골로 만들었다고 이야기했다. 김은 마트에서 흔히 먹던 김이 아닌, 엄마가 구워주시듯 아주 바삭바삭하게 김을 만들었다고 강조했다. 김치찜은 필자가 가장 좋아하는 반찬을 옥된장 손님들과 공유하고 싶다고 했다. 매장 곳곳에 브랜드에 대한 이야기와 메뉴에 대한 이야기들을 전하기 위해 노력했다.

옥된장 간판을 보면 '1958'이라는 숫자가 있다. 우리 엄마가 태어나신 해다. 이런 이야기를 메뉴판 첫 장에 써놨고 매장 선반에는 우리가 얼마나 좋은 재료로 음식을 만들고 있는지 보여주기 위해 100% 참기름과 막걸리식초, 엄마김을 진열해서 판매한다. 그리고 보이는 것 외에 직접 소리로 전달하기 위해 브랜드 CM송까지 제작해서 정해진 시간마다 음악으로도 들려주고 있다.

브랜드 디자인

1. 지붕 심벌에 시그니처 옥색

브랜드 디자인은 브랜드의 정체성을 시각적으로 표현하는 중요한 요소다. 옥된장 로고는 집의 지붕을 상징하는 심벌로 간결하게 그려냈다. 옥된장의 '옥'은 브랜드 시그니처 컬러인 옥색으로 표현했다.

2. '노포 같은 옛날 술집' 익스테리어로 전달

외부 디자인은 지나가는 손님의 발길을 잡아끌 수 있는 강한 요소가 될 수 있기 때문에 정말 중요하다. 옥된장은 단순 밥집이 아닌, 한식 주점 느낌이 날 수 있도록 디자인에 오랜 시간 공을 들였다. 점심에는 밥집, 저녁에는 술집으로 이어지는 느낌이 외부 익스테리어에서 전달되길 바랐다. 그래서 현대적인 느낌을 주면서 반대로 '노포'스러운 옛날 술집 느낌이 나도록 디자인했다.

3. 저녁엔 다소 어둡게…낮과 밤 조도에 변화 줘

내부 디자인은 외부에서 느껴지던 느낌의 톤앤매너를 유지하면서 따뜻한 느낌을 가져오길 바랐다. 아주 옛날 1950년대 느낌의 노포 술집 같은 느낌이면서 촌스럽지 않은 느낌을 만들기 위해 노력했다. 점심과 저녁의 조도는 다르게 연출했다. 저녁에는 조금 더 어두운 느낌에서 술 한 잔 마실 수 있는 공간이 될 수 있도록 만들었다.

4. '옛날 신문' 모티브 메뉴판…신메뉴 나오면 '호외'

메뉴판의 경우 옛날 신문을 모티브로 삼았다. 신문에 메뉴를 적고 신메뉴가 나올 경우 '호외'라는 표현으로 고객에게 알렸다.

음악

1. 브랜드 정체성 맞는 '7090 BGM'

매장에 손님이 없을 때 너무 적막하면 손님은 부담스럽게 생각할 수 있다. 너무 시끄러워도 안 되지만 너무 조용하지 않게 매장에는 브랜드 정체성에 맞는 음악 선택이 필요하다. 옥된장은 1970~1990년대 음악을 매장에 어울리는 것으로 선택해 틀고 있다. 브랜드 송은 중간중간 한 번씩 삽입한다.

2. 유튜브 음악은 저작권 주의해야

보통 유튜브를 통해 아무렇지 않게 음악을 송출하는 곳이 많은데 이럴 경우 저작권에 걸릴 수 있다. 프랜차이즈 본사는 저작권 문제가 없도록 업체와의 계약을 통해 진행하는 것이 좋다. 개인 매장 또한 음악 비용이 높지 않기 때문에 가능하다면 적절한 업체를 선택해 진행하는 것이 바람직하다.

홍보 마케팅

1. '오픈 후 3개월' 가장 중요…브랜드 가치 증명해야

많은 매장을 운영해본 결과 오픈 이후 3개월이 가장 중요하다. 3개월 동안 내가 여기 있다는 걸 고객에게 알리고, 찾아오는 손님에게 맛과 서비스로 최선을 다해 증명해야 한다. 내 브랜드가 얼마나 괜찮은 브랜드이고 내가 얼마나 진심으로 이업을 대하는지 알게 해야 한다. 마케팅을

통해 손님이 오는 데까지는 성공했다 하더라도 한 번 실망한 손님이 다시 오기까지는 최소 6개월이라는 시간이 걸린다.

필자가 27세 되던 해에 첫 고깃집을 오픈했고 정말 많은 손님이 왔다. 그리고 정확히 한 달 뒤 매출은 90% 이상 떨어졌다. 제대로 준비가 안 된 상태에서 손님이 왔고, 필자는 내 브랜드를 제대로 증명하지 못했다. 그렇게 1년 반 동안 정말 많은 시간과 비용을 통해 배워나갔다. 매출을 정상화시키는 데 1년 반이라는 시간이 걸렸다. 많은 걸 배우는 시간이기도 했지만, 반대로 많은 걸 잃어버린 시간이기도 했다.

2. 마케팅비도 창업 비용의 일부

우리는 매장을 오픈하기 위한 예산만 창업 비용으로 생각한다. 운영 예산 중 마케팅을 위한 예산도 따로 빼야 한다. 상권과 입지에 따라 다르겠지만 정말 좋은 입지가 아니라면 마케팅 예산으로 꽤 많은 부분을 빼야 한다.

옥된장 1호점인 판교점의 경우, 입지가 좋지 않은 곳의 무권리 점포였기 때문에 초기 마케팅 예산으로 2000만원을 따로 책정해뒀다.

그런데 기존에 없던 된장 전문점이라는 것과 브랜드 디자인이 주는 힘으로 첫날부터 웨이팅이 나타났고, 우린 2000만원을 다 쓰지 않아도 괜찮았다.

하지만 이건 판교라는 상권에 옥된장이 너무나 잘 맞았던 덕도 있다. 때문에 마케팅은 여러 형태로 항상 고민하고 진행해야 한다.

3. 마케팅 ROAS는 상식…실행해야 배운다

'마케팅이 중요하다는 건 알고 있지만 어떤 기준으로 얼마의 금액을 써야 하는지 모르겠다'는 사람은 정말 많은 공부를 해야 한다. 모든 사업에서 마케팅을 모르고 사업을 한다는 건 백전백패다. 지금은 여러 매체들을 통해 공부할 수 있는 환경이 잘 만들어져 있다.

필자의 경우에는 첫 매장을 운영했던 해부터 꾸준히 마케팅 공부를 했다. 아주 예전 네이버 파워 블로거 포스팅 한 건에 300만원 하던 시절부터 블로거를 직접 모집하는 등 비용을 낮추기 위해 홍보 마케팅을 직접 했다. 마케팅을 할 수 있는 온라인 플랫폼의 마케팅 로직은 계속해서 바뀐다. 지속적으로 관심을 갖고 공부를 해야 마케팅 비용을 고민 없이 지출할 수 있는 힘이 생긴다. 예를 들어 100만원을 투자해 1000만원을 벌 수 있다면 누구나 마케팅 비용을 지출하는 데 고민하지 않을 것이다. 마케팅에서 'ROAS(Return On Advertising Spend · 광고비 지출 대비 매출)'에 대한 기준을 알 수 있도록 공부해보고 직접 실행을 통해 배워야 한다.

매장 크기

1. 매출과 매장 면적 비례하지 않아… 목표 매출과 전략 따라 정해야

목표로 하는 매출과 전략에 따라 매장 크기를 정해야 한다. 고깃집으로 유명한 '산청숯불구이'의 경우 매장 크기는 평균적으로 100평 이상이다. 매장당 평균 매

출이 5억원 이상 나오며 목표로 하는 매출 또한 높게 생각하고 있기 때문에 출점을 큰 매장 위주로 진행한다.
옥된장은 수도권 기준 매장당 매출을 1억원으로 잡기 때문에 20~30평 위주 중소형 매장이 출점 타깃이다. 매장 크기 대비 손님이 없다면 매장이 휑해 보여 고객 입장에서 자칫 장사가 잘 안되는 매장으로 각인될 수 있다. 때문에 매장 크기를 결정할 때 예상 매출을 잘 산출해서 결정해야 한다.
매출은 결코 매장 크기와 비례해서 올라가지 않는다. 매장이 커지면 그만큼 투자 비용도 올라가기 때문에 적절한 매장 크기를 선택하는 것도 창업할 때 중요한 요소 중 하나다.
옥된장의 경우 해당 점포 예상 매출액이 점주가 생각하는 것보다 낮다고 판단되면 보다 작은 점포를 선택할 수 있도록 안내한다. 점주의 투자 금액이 줄어들수록 회수 기간도 짧아지고 보다 안정적으로 오랫동안 점포 운영을 할 수 있다.

기본 지키기

1. 가장 흔한 실수는 '장사 안된다고 메뉴 늘리기'

초보 창업자가 가장 첫 번째로 실수하는 것이 장사가 안될 경우 메뉴를 늘리려는 것이다. 메뉴가 많다고 그에 비례해 매출이 상승하지 않는다. 장사가 안되는 이유를 외부 요인에서 찾으면 안 된다. 원인은 항상 내부에 있다.
필자는 첫 창업이었던 고깃집에서 정말 많은 메뉴를 만들어 넣었다. 그리고 운영하던 12년 동안 메뉴를 더하지 않고 빼는 작업을 했다. 메뉴 하나하나에 더 집중해 만들기 시작했다. 예를 들어 밥을 더 맛있게 만들기 위해 매장에 도정기를 둬서 아침마다 직접 도정을 했다. 테이블마다 밥 짓는 인덕션을 설치해 손님이 밥을 주문하면 손님 테이블에서 바로 밥을 지었다. '음식점의 가장 기본인 밥을 어떻게 하면 가장 맛있게 만들 수 있을까'를 고민한 결과다. 메뉴의 가짓수를 점차 줄이고 식재료가 신선하게 회전될 수 있도록 노력했다.
옥된장은 메뉴 가짓수가 적은 만큼 김을 눅눅하지 않게 보관해서 바삭바삭하게 먹을 수 있도록 노력했다. 김치찜은 따뜻하게 먹을 수 있도록 보온고에서 보관하고 있다가, 손님이 들어왔을 때 접시에 담아 나간다. 수육은 최대한 당일 날 삶은 고기가 나갈 수 있도록 노력한다.

2. 신메뉴 기준은 '전문점 만한 맛 낼 수 있는가'

그렇다고 신메뉴를 만들지 말라는 것은 아니다. 필자의 경우 메뉴를 늘릴 때 기준은 '전문점만큼의 맛을 낼 수 있을 것인가'다. 실제 옥된장도 여름 점심 특선 메뉴로 냉면을 만들자는 이야기가 안팎에서 많이 나왔다. 결론부터 얘기하면 필자는 결코 옥된장에서 냉면을 메뉴로 만들지 않을 것이다. 고깃집을 운영하면서 항상 고민해왔던 부분이 냉면 전문점만큼의 냉면 맛이었다. 공장 면은 기계 면으로 직접 뽑은 면을 절대 이길 수 없다. 살얼음 가득한 냉면을 한결같이 손님에게 내어주기 위해 얼마나 많은 관리를 해야 하는지 필자는 많은 경험을 통해 잘 알고 있다. 가맹점에 따라 맛이 달라질 수 있는, 소위 '점바점'이 될 수 있는 메뉴 중 하나가 냉면이다. 또한 옥된장의 정체성과 냉면은 맞지 않는 부분이 있기에 앞으로도 절대 냉면을 신메뉴로 만들 생각이 없다. 지금 하고 있는 메뉴의 기본을 지키는 것이 가장 오랫동안 매장을 안정적으로 운영할 수 있는 방법이다.

프랜차이즈는 같은 메뉴에 같은 소스와 재료를 사용하지만 매장마다 맛과 서비스는 제각각이다. 음식은 똑같은 소스라 하더라도 조리 방법, 불의 세기, 보관, 관리에 따라 맛이 천차만별이다. 내가 매일 만들고 있는 음식이 한 치의 소홀함 없이 기본을 지키고 있는지 체크하고 또 체크하는 것이 가장 중요하다.

3. 장사는 가장 절실한 마음이 필요…초심 지켜야

장사가 잘되면 생각하지 못했던 큰돈을 버는 경우가 생긴다. 이럴 경우 초심을 잃고 매장 운영을 소홀히 하는 경우가 생긴다. 이렇게 매장이 망가지는 경우를 주위에서 너무 많이 봤다.

장사만큼 절실한 마음으로 운영해야 하는 업종도 없는 것 같다. 외식업은 경제적으로 풍요로움을 가져올 수도 있지만 그만큼 빠르게 망할 수도 있다. 창업에서 실패하면 실패로 인한 기회비용이 너무 크다. 외식 창업은 누구나 쉽게 할 수 있지만 아무나 돈을 벌 수 있는 것은 아니다. 필자 또한 항상 초심으로 기본을 지키기 위해 노력한다.

마인드셋

1. 외식업의 매력은 '빠른 적용, 빠른 피드백'

가게를 운영하다 보면 마음처럼 항상 장사가 잘되지 않는다. 장사라는 것은 긴 호흡을 가지고 즐기면서 일을 할 필요가 있다.

필자는 설거지를 할 때도 '어떻게 하면 더 빠르고 효율적으로 할 수 있을까' 고민하면서 했다. 그렇게 시간을 줄이는 것이 비용으로 연결되는 부분이었기에 필자에게는 또 하나의 즐거움이었다. 외식업은 생각하고 있는 걸 빠르게 적용해보고 빠른 피드백을 얻는 재미가 있다. 즐기면서 일을 하면 지치지 않고 재밌게 일할 수 있다.

2. 장사 잘돼도 안주하지 말고 계속 도전하라

필자는 현재 상태에 안주하지 않고 지속적으로 발전하려는 태도를 갖기 위해 노력했다. 고깃집으로 어린 나이에 적지 않은 돈을 벌었을 때에도 거기에 안주하지 않기 위해 더 많은 것에 도전했다. 다양한 경험을 통해 정말 많은 것을 배울 수 있었다. 그런 경험과 노하우를 모두 집약해 옥된장을 만들 수 있었다.

얼마를 벌 것인가

1. 자기만의 매출과 수익 목표 만들어야

보통 외식 창업을 할 때 막연히 '돈을 많이 벌었으면 좋겠다'는 생각으로 장사를 시작한다. 자기만의 매출과 수익의 기준을 만들어야 한다.

창업을 통해 어떤 누군가는 월 300만원만 벌어도 만족하는 사람이 있고 어떤 누군가는 월 1000만원 이상 벌어야 만족하는 사람이 있다. 목표 매출과 수익을 정확히 분석해보고 그에 따라 계획적으로 실행해야 한다. 예상 매출 5000만원이 나오는 자리와 1억원이 나오는 자리는 창업 비용에서 차이가 날 수밖에 없다. 5000만원을 목표로 했을 때 소요 예산과 수익을 예상해보고 그에 맞춰 매장을 운영해야 한다. 물론 목표로 하는 매출을 달성했을 때에는 더 높은 매출을 올리기 위해 그에 맞는 전략을 세우고 실행해야 한다.

2. 사업계획서 작성에 공을 들여라

필자는 브랜드를 기획할 때 오랜 시간 공을 들여 사업계획서를 작성한다. 사업계획서를 작성하다 수익 모델이 안 만들어질 경우 더 이상 진행하지 않는다. 그렇게 기획만 하다 진행하지 않았던 사업계획서가 무수히 많이 있다.

옥된장은 사업계획서를 오랜 시간 기획했고 덕분에 매장과 회사에 과감히 투자할 수 있었다. 직영 매장을 운영했을 때의 매장별 투자 금액과 수익을 분석해 확장했고, 회사를 운영했을 때의 투자 금액과 수익도 분석해서 운영했다. 단순히 '많이 벌면 좋고, 아니면 그만'이라는 식의 운영은 오래갈 수 없다. 정확한 목표를 세우고 운영하는 것이 가장 중요하다.

조영훈 고수와 1:1 상담 문의는 여기로! »

PART 4

운영 잘하려면 이렇게

불경기에 대응하는 가성비 인테리어 전략

주현태
팜스 대표

팜스보드게임카페 직영점 3개 운영 중, 인테리어 실장(설계 및 감리, 예산 및 공정 검토, 사업성 검토 등) 출신으로 지방 상권에서 수도권으로 진출하면서 직영점 확장 계획 중에 있음. 시설업 다점포 확장 및 인테리어 검토와 브랜딩 및 공간 기획 등 풀오토 매장을 만들기 위한 어드바이저 역할 중이다.

低비용으로 인테리어 성공하려면 색감·마감 재료 통일하고 최소화

2025년 자영업자가 인테리어를 성공적으로 하려면 두 가지 측면에 주목해야 한다. 첫째, 인테리어 디자인과 판매 아이템, 그리고 전체적인 분위기 사이 조화다. 둘째, 과도한 인테리어 비용을 최소화하는 것이다. 이 두 가지는 향후 자영업 성패를 결정짓는 중요한 열쇠가 될 것이다.

근래 자영업에서 인테리어 디자인과 판매 아이템의 조화는 고객 경험을 극대화하는 데 필수다. 특히, 이미 자리 잡은 지역 맛집이나 인지도 있는 브랜드가 아닌 신규 창업의 경우, 이 조화는 더욱 중요하다. 그러나 안타깝게도 대부분 자영업자가 이를 간과하고 프랜차이즈를 모방하거나 양산된 인테리어를 따르는 경향이 있다. 그렇다고 무작정 많은 비용을 들인다고 해서 매력적인 인테리어가 되는 것도 아니다.

이런 문제를 잘 극복한 사례로는 '유메오뎅' 브랜드를 들 수 있다. 이 브랜드는 인테리어와 판매 아이템 조화를 통해 독특한 고객 경험을 창출함으로써 경쟁이 치열한 시장에서 성공적인 사례로 주목받고 있다.

유메오뎅은 2024년 6월 현재 10호점을

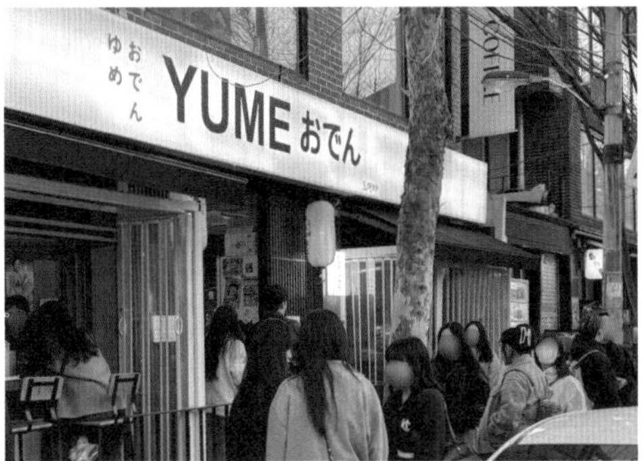

유메오뎅 익스테리어.

자료:홈페이지, 스마트플레이스 캡처

돌파한 브랜드. 일본의 유메오뎅을 판매하는 일본 감성 오픈바다. 이 브랜드는 고객에게 '다닥다닥 모여 술을 마실 수 있는 묘한 시스템' '미니 오뎅바와 거리 풍경을 볼 수 있는 곳' '분위기가 좋고 매장 감성이 취향 저격' 등의 호평을 받고 있다. 그런데 이 브랜드의 인테리어는 매우 합리적이고 저렴한 비용으로 구성돼 있다.

유메오뎅 익스테리어를 살펴보면, 가장 눈에 띄는 것은 정갈한 간판이다. 특히, 알루미늄 간판을 사용한 점이 흥미롭다. 이는 주로 사용되는 갈바 간판*에 비해 가격이 훨씬 저렴하다. 특정 글자의 돌출 없이 간판 디자인만으로도 시인성을 높이면서 비용은 몇백만원 절감할 수 있다. 또한, 외관 디자인은 최대한 내부가 노출되도록 창을 크게 두고, 합판 하나로 마감해 내부와 외부 콘셉트를 통일시켰다. 따라서 고객들은 익스테리어 분위기가 내부로 자연스럽게 이어지는 디자인을 경험하게 된다. 공사 과정에서 합판 위에 오일스테인 마감을 하면 석고보드 도장 마감이나 타일 부착보다 훨씬 간단하고 저렴하게 끝낼 수 있다. 가장 최소한의 합판을 통해 공간을 표현한 것이 전부다. 조명 또한 여러 개의 스폿 조명 대신 몇 개 펜던트 조명으로 마무리했다. 덕분에 비용을 절감하면서도 아늑한 분위기 조성에 성공했다.

가구는 가볍고 저렴한 가구를 사용했다. 대신 가벽을 세워 공간을 구분하거나 별도 맞춤형 가구 제작 없이 기존 가구를

* 아연과 알미늄의 합금소재인 '갈바륨'으로 만든 간판. 철보다 가볍고 내부식성이 강하다. 외부 환경에 오랜 시간 노출돼도 내구성이 강해 간판 소재로 많이 사용된다.

유메오뎅 인테리어.

자료:홈페이지, 스마트플레이스 캡처

적절히 배치했고 이 또한 비용 절감의 한 요인이다. 이런 방식은 공간 활용 효율성을 극대화하면서도, 경제적인 비용으로 매력적인 공간을 만드는 효과가 있다.

유메오뎅 사례는 자영업 인테리어에서 과도한 비용 지출 없이도 독창적이고 매력적인 공간을 만들 수 있음을 잘 보여준다. 인테리어 성공 여부는 단순히 화려함을 추구하는 것이 아니라, 고객 기대와 요구를 충족시키면서 자원을 효율적으로 활용하는 데 달려 있다.

익스테리어의 중요성은 대부분 자영업자도 잘 알고 있다. 문제는 너무 일차원적으로 접근하는 경향이 있다는 것. 앞선 예로 일식집을 오픈하려 할 때 단순히 일본 느낌을 주기 위해 장치를 두거나 소품으로 장식하는 데 그치는 것이 대표적인 예다. 고객은 사장의 세심한 디테일을 알아차리며, 이는 매장에 대한 인식에 큰 영향을 미친다. 실제 유메오뎅 리뷰를 살펴보면, '외관의 힙한 매력에 끌려 방문했고, 아늑한 분위기와 다양한 술잔을 고르는 재미가 있었으며, 오뎅의 양과 맛이 좋았다'는 평가가 다수 확인된다. 이런 리뷰는 인테리어의 중요성과 세심한 배려가 고객 경험에 미치는 영향을 잘 보여준다.

물론 어느 정도 보편적인 수준의 정갈한 인테리어에 훌륭한 서비스를 제공하는 것만으로도 성공할 확률이 있는 것은 사실이다. 다만, 같은 가격이더라도 어떻게 생각하고 활용하는가에 따라 공간 분위기와 매출이 달라질 수 있다는 것은 확실하다. 적어도 2025년 성공하고 있는 신흥 브랜드 중 인테리어를 간과하고 있는 브랜드는 없다.

불경기에 대응하는 가성비 인테리어 전략

인테리어에 대한 전문적인 지식이 부족해도, 인테리어 전략과 기획은 브랜드와 아이템을 가장 잘 이해하는 사장이 반드시 인테리어 전문가와 함께 고민해야 한다. 이와 관련해 실용적인 전략을 소개하고자 한다. 이 전략은 비용을 절감하면서도 매력적이고 실용적인 공간을 만들어내는 데 도움이 될 것이다. 이 전략의 전제는 공간이 무한정 넓지 않고 예산이 제한적이라는 점이다. 그리고 요식업 분야를 기준으로 뒀고 주방 동선이나 테이블 수 등은 당연히 고려해야 하는 이슈기에 제외했다. 또한 무작정 저렴하게 하는 법이 아닌, 최근 트렌드 안에서 가성비 있게 하는 전략이다.

가성비 전략

① 최대한 개방감을 준다.
② 색감이나 마감 재료를 통일하고 최소화한다.
③ 익스테리어 비용을 높이되, 내부 공사 비용과 적절하게 조율한다.
④ 인테리어 공사를 간소화하고 시안물 및 장식으로 대체한다.
⑤ 가구 배치를 활용해 공간을 구분한다.
⑥ 인테리어 콘셉트와 판매 아이템을 일치시킨다.
⑦ 사람을 노출시켜 마케팅한다.

판매하는 아이템에 따라 다를 수 있지만, 일반적으로 공간이 좁고 예산이 부족할 경우 외부 창문은 적절한 범위로 비워두는 것이 유리하다. 대부분 상가는 유리 입면의 커튼월 구조를 제외하면 외부 벽을 넓게 활용할 수 있다. 이를 통해 효과적으로 익스테리어를 구성하고 내부를 노출시켜 시선을 끌 수 있기 때문이다. 또한, 좁은 공간에 가구를 많이 배치할 경우 생길 수 있는 답답함을 어느 정도 완화할 수 있다. 물론 닫힌 구조 매장도 성공하는 경우를 더러 볼 수는 있다. 그러나 필자가 체감하기에는 오픈된 공간이 성공할 확률이 월등히 높다. 어차피 불확실한 확률이라면 확률이 높은 곳에 베팅하는 것이 낫지 않을까.
매장 주요 컬러와 마감재는 가급적 일관되게 유지하는 것이 좋다. 예를 들어, 타일과 내벽 석고보드에 페인트를 사용할 때 화이트면 화이트, 그레이면 그레이로 톤을 맞추는 것이 효과적이다. 매장 주요 컬러가 이미 정해져 있다면, 이 색상 비율을 조절해 인테리어 중간중간에 포인트를 주는 것도 좋은 방법이다. 컬러 비율과 조합을 결정할 때는 구글이나 네이버에서 '컬러 팔레트'를 검색하면 다양한 색상 조합을 참고할 수 있다. 컬러 톤에 대한 세심한 결정은 트렌드가 계속 바뀌니 전문가나 감각 있는 디자이너와 협업해, 보다 전문적인 조언을 받는 것이 좋다.

이 같은 방식을 익스테리어에도 응용할 수 있다. 최근 경향은 익스테리어에 간판 외에 별도 공사를 하는 경우가 많으니 어느 정도 높은 비율로 투자하는 것이 좋다. 실제 목공사와 간판을 동반할 경우 면적에 따라 수천만원이 들기도 한다. 다만, 익스테리어 그 자체에 매몰되지 말고 판매하는 아이템과 분위기를 일치시키는 것이 중요하다. 특정 브랜드는 익스테리어를 오히려 미니멀하게 하고 아이템과 매치해 성공한 경우도 있다. 익스테리어가 무작정 화려하다고 좋은 것은 아니다. 앞선 사례에서 보듯 간결한 방식으로도 얼마든지 이목을 집중시킬 수 있다.

좁은 공간에서 인테리어 콘셉트를 가장 쉽게 인식할 수 있는 요소는 컬러와 가구 배치다. 가구 형태와 배치가 공간의 동선과 소품 역할을 하기 때문이다. 인테리어는 공간을 구분하는 칸막이와 마감 공사로 구체화되지만, 소품과 가구가 전체 분위기를 결정짓는 주요 요소일 수 있다. 예를 들어, 카운터를 매장 전면에 배치할지, 후면에 둘지, 가로로 긴 테이블을 사용할지, 좁은 테이블을 여러 개 배치할지에 따라 공간 분위기가 크게 달라진다. 빈 벽면에 소품이나 디자인된 시안물을 부착, 공간 분위기에 맞춰 미니멀하거나 활기차고 복잡하게 연출할 수도 있다. 소자본 창업의 경우, 디자인 시안은 '크몽'이나 '라우드소싱' 같은 플랫폼에서 젊고 유능한 디자이너들과 적은 비용으로 협업해 진행하는 것을 추천한다.

가구는 가격이 비싸다고 무조건 좋은 것은 아니다. 여러 곳을 돌아보며 아이템에 적합한 형태를 찾는 것이 중요하다. 예를 들어, 어디에나 있는 수저통이 부착된 테이블은 흔한 이미지를 떠올리게 할 수 있어 주의가 필요하다. 따라서 인테리어가 진행되는 동안 잘 어울리는 가구를 찾아보는 것이 좋다. 많은 인테리어 업체가 가구를 인테리어 브랜딩의 범위로 포함하지 않기 때문에, 점주가 적극적으로 가구를 찾아보거나 어울리는 가구를 추천받는 것이 중요하다.

마지막으로, 공간에 손님이 계속 북적이

이치란 라멘은 일본 브랜드답게 좁은 공간을 효율적으로 구성해 음식과 함께 공간의 재미를 더하는 브랜드다. 자료:이치란 홈페이지

는 모습을 연출하고 이를 적극적으로 마케팅하는 것이 중요하다. 실제로 어떤 브랜드 대표는 분위기를 조성하기 위해 지인들을 의도적으로 모아두는 전략을 사용하기도 했다. 언제나 인테리어의 마무리는 꽉 찬 손님이다.

응용 전략

① 고객 동선과 서비스 동선을 조율한다.
② 벽과 가구를 통해 공간을 구분하고 아이템에 맞는 새로운 배치를 만든다.
③ 하나의 공간에서 2~3개를 처리할 수 있는 요소를 묶는다.
④ 남는 공간의 장식과 실용적인 측면이 동시에 해결되는 방식을 고민한다.
⑤ 브랜딩 디자인을 녹여낸다.

응용 전략의 대표 사례는 일본에서 가장 유명한 라멘집 중 하나인 '이치란 라멘'이다. 이치란 라멘은 일본 브랜드답게 좁은 공간을 효율적으로 구성해 음식과 함께 공간의 재미를 더하는 브랜드다.
이치란 라멘 브랜드의 공간 구조는 매우 간단하지만 효과적이다. 공간은 '벽-좌석〈〉서비스 공간〈〉좌석-벽'으로 구성돼 있다. 이 구조는 고객과 서비스 직원 간 효율적인 동선을 제공한다. 고객에게는 개인적인 공간을 제공하는 동시에 전체적인 분위기를 조성한다. 이치란 라멘의 디자인은 공간 활용의 모범 사례로, 제한된 공간을 최대한 활용해 독특한 고객 경험을 창출하는 데 중점을 두고 있다. 실제로 아주 좁은 공간에 많은 테이블 수를 확보했다. 양 벽은 특별한 인테리어 요소 없이 옷걸이로 활용하고 있다. 이는 편리함과 더불어 그 자체로 공간에 분위기를 만든다.

이처럼 창의적인 분위기의 인테리어는 단순히 많은 비용을 들여 고급 자재를 사용하거나 여러 디자인을 모방하는 것만으로 이뤄지는 것이 아니다. 인테리어는 사장의 철학과 의도가 잘 반영돼야 하는 만큼, 치밀한 계획과 섬세한 접근이 필요하다. 진정한 인테리어의 성공은 단순히 유행을 따르는 것을 넘어, 브랜드의 정체성과 비전을 공간에 효과적으로 녹여내는 데 있다. 이는 단순히 인테리어 전문가가 해결해줄 수 있는 문제가 아니다. 인테리어 전문가는 자영업을 해보지 않았고 판매하는 아이템의 본질을 모르기 때문이다. 즉, 돈만으로 해결되는 것이 아니라, 다양한 공간을 분석하고 충분한 시간과 노력을 들이는 것이 바탕이 돼야 한다.

2025년에는 매력적인 스몰 브랜드와 상권이 주목받을 것

2025년 자영업 시장에서는 초대형의 화려한 공간보다는 소규모의 매력적인 브랜드와 상권이 더욱 주목받을 것으로 전망된다. 이와 동시에 공사비 상승과 예산의 제약 속에서 창의적이고 독창적인 인테리어가 성공의 열쇠가 될 것으로 보인다. 주요 프랜차이즈에서 외부 익스테리어를 화려하게 꾸미는 반면, 내부 원가는 절감하는 추세가 나타나고 있다. 그런 가운데 신생 브랜드들은 인테리어를 통해 차별화된 이미지를 구축할 수 있는 기회를 가질 것으로 생각된다. 즉, 신생 자영업체는 제한된 예산을 창의적으로 활용해 독특하고 매력적인 공간을 만들어내야 한다. 이를 통해 소비자에게 강한 인상을 남겨야 경쟁에서 두각을 나타낼 수 있다.

주현태 고수와 1:1 상담 문의는 여기로! »

투자금 한 달 만에 회수하는 '소자본 창업'

서동국
멘야케이 대표

소자본 창업왕 유튜브 채널 운영, 장사PT 아카데미 운영, 경Co. 경 marketing agency 공동대표, SBS 생방송투데이 맛의승부사 출연 이력이 있다. 5개의 직영점을 창업, 오토 운영 중이고 500만원 소자본으로 시작해 4평 규모의 소규모 매장에서 극대화된 효율로 높은 매출을 달성한 경험을 바탕으로, 동네 장사 운영에 대한 모든 노하우를 공유하며 활발히 활동하고 있다.

빠르면 투자금 1~3개월 만에 회수 가능
창업 리스크 적고 다점포 용이해 '각광'

한국 자영업 환경은 그야말로 '역대급 위기'에 직면해 있다. 폐업자 수는 증가하고, 상가 공실률과 자영업자 대출 연체율도 악화 일로를 걷고 있다. 고물가로 인해 소비자가 지갑을 닫는 가운데, 최저임금 인상과 배달 수수료 상승 같은 악재가 겹치면서 자영업자 부담은 갈수록 커지고 있다.

2024년은 코로나19 팬데믹 때보다 폐업이 더 많을 정도로 자영업 시장이 매우 힘든 상황이다.

이런 상황에서 리스크를 낮추고 수익률을 높이는 소자본 창업이 매력적인 대안으로 떠오르고 있다. 소자본 창업은 말 그대로 비교적 적은 자본으로 시작할 수 있는 창업 형태를 의미한다. 일반적으로

최근 5년간 서울시 폐업 점포 수 추이

단위:개

※사회적 거리두기 기간:2020년 2월~2022년 4월 2분기 기준

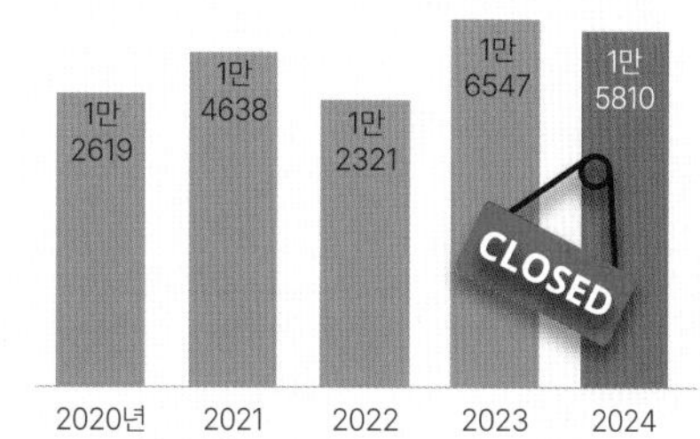

자료:서울시 상권분석서비스

자영업자 비중(OECD 34개국 중 주요국, 2021~2022년) 단위 : %

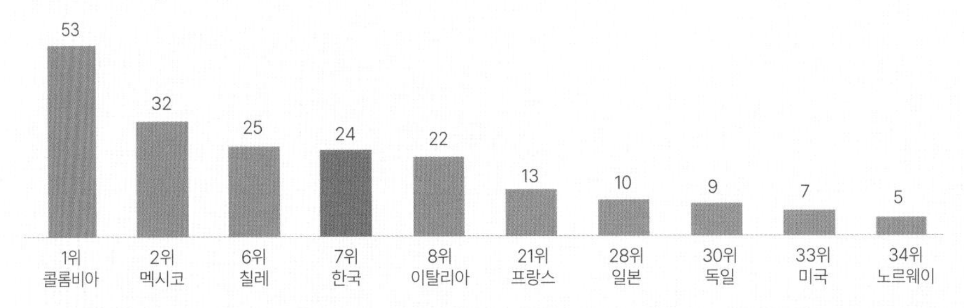

※자료:OECD, self-employment rate 참조(나라별 조사일 상이, 2021~2022년) (https://data.oecd.org/emp/self-employment-rate.htm)

초기 자본이 5000만원 이하로 소요되는 사업을 소자본 창업으로 간주한다.

필자는 지난 2017년 전북 전주에서 '멘야케이' 1호점을 소자본으로 창업해 안정적으로 운영 중이다.

유동인구가 적은 골목에 위치한 아주 작은 4평 매장이다. 초기 투자금은 보증금 300만원 포함 800만원. 그야말로 소자본 창업의 표본이 되는 매장이었다. 코로나19 시기에 많은 가게들이 문을 닫았음에도 불구하고 꾸준한 매출 신장을 기록해 월매출 5000만원을 거두고 있다. 필자가 자본을 많이 투입해 큰 매장을 창업하고 지출이 많았다면, 코로나19 위기를 극복하기가 쉽지 않았을 것이다.

소자본 창업의 장점으로 크게 네 가지를 꼽을 수 있다.

필자가 소자본으로 창업한 멘야케이 전주 금암본점(상 외부, 하 내부).

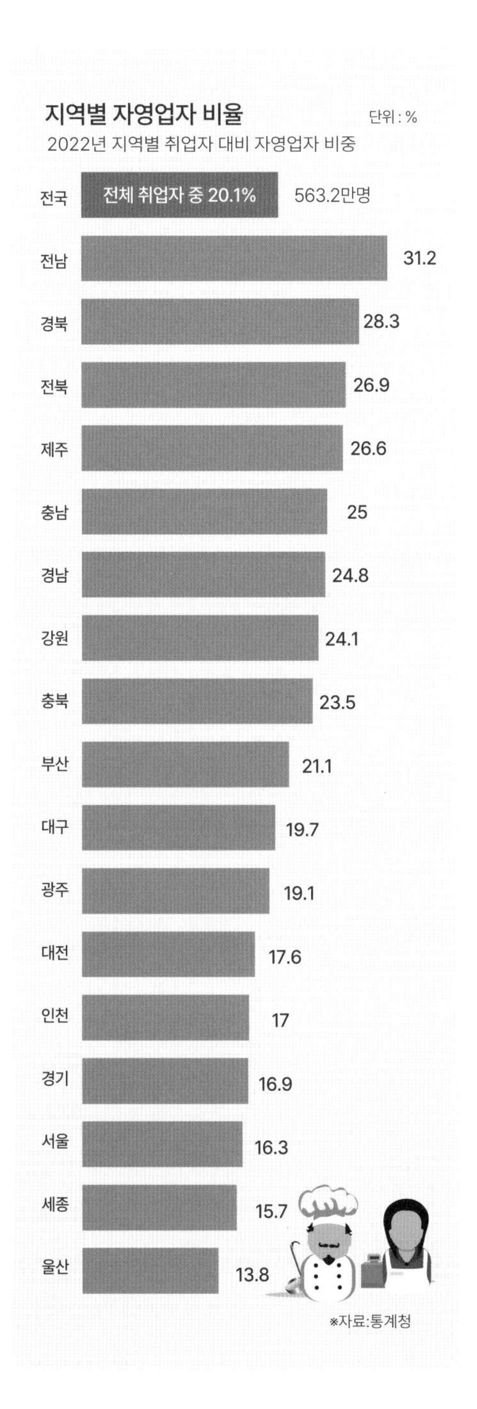

첫째, 초기 창업 비용 부담이 적다. 많은 사람이 창업을 고려하지만, 초기 자본이 큰 부담으로 작용한다. 특히, 프랜차이즈 창업은 평균 창업 비용이 1억6000만원에 달해, 독립 창업의 2배에 달한다. 때문에 폐업 시 리스크가 너무 크다.

둘째, 빠른 투자금 회수가 가능하다. 대규모 자본을 투입한 창업은 초기 투자금을 회수하는 데 상당한 시간이 걸린다. 대한상공회의소의 '2023년 프랜차이즈 산업 실태조사' 자료에 따르면, 프랜차이즈 창업의 경우 초기 투자금을 회수하는 데 평균 약 3.6년이 걸린다고 한다.

문제는 이 투자금이 전부 현금이 아닌, 대출을 포함하고 있다는 것. 자기 자본이 아닌, 대출을 통해 창업 자금을 마련한 경우는 이자 비용이 발생하면서 투자 회수 기간이 더 길어지고 리스크도 더 커진다. 자영업자들은 이 기간 동안 사업을 안정적으로 운영하면서, 매달 대출 상환을 이어가야 하니 경제적 압박이 크다.

그러나 소자본 창업은 초기 비용이 적기 때문에 손익분기점에 도달하는 시점이 빨라진다. 이는 창업자가 경제적 부담을 덜고, 나아가 더 빠르게 사업의 안정과 확장을 꾀할 수 있는 장점을 지닌다. 실제로 필자는 멘야케이 금암본점 성공으로 창업 비용을 불과 3개월 만에 회수

투자 비용 회수 기간 (프랜차이즈 가맹점 대상)

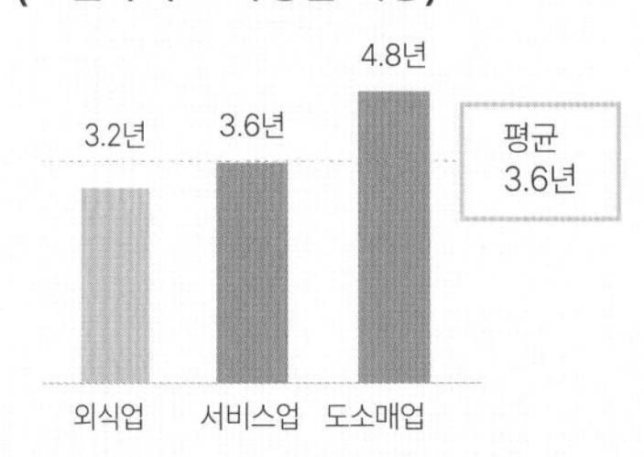

세부 업종별 투자 비용 회수 기간 (프랜차이즈 가맹점 대상, 상·하위 3위)

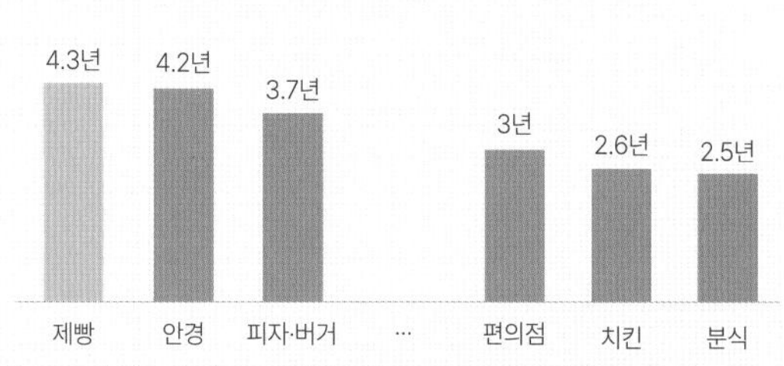

※ 자료: 대한상공회의소, 2023년 프랜차이즈 산업 실태조사. 2024년 1월 5일(전국 프랜차이즈 가맹본부 800개사, 가맹점 1000개. 온·오프라인 조사. 2023년 9월 21일~11월 30일)

신규 창업에 드는 비용 (프랜차이즈 가맹점 대상)

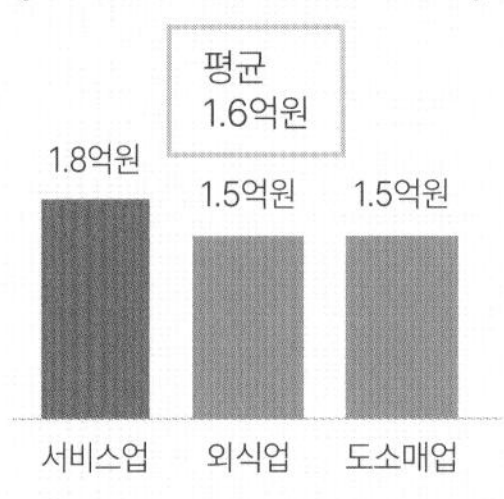

세부 업종별 창업비 (프랜차이즈 가맹점 대상, 상위 5위)

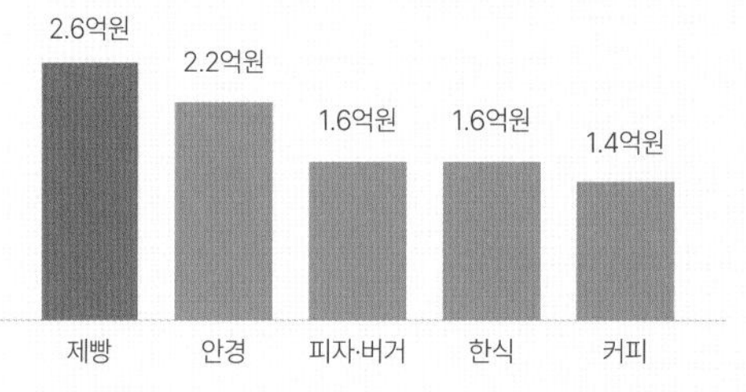

※ 자료: 대한상공회의소, 2023년 프랜차이즈 산업 실태조사. 2024년 1월 5일(전국 프랜차이즈 가맹본부 800개사, 가맹점 1000개. 온·오프라인 조사. 2023년 9월 21일~11월 30일)

한 바 있다. 소자본 창업은 경우에 따라 창업 한 달 만에 투자금을 회수하는 것도 아예 불가능하지 않다.

셋째, 리스크가 적다. 소자본 창업은 작게 시작하기 때문에 실패했을 경우 손실이 상대적으로 적다. 반면 성공했을 때는 상대적으로 훨씬 더 높은 수익을 얻을 수 있다.

매장을 운영할 때 매출 감소는 사장에게 큰 정신적 압박으로 다가온다. 하지만 소자본 창업은 비교적 적은 투자로 시작하기 때문에 큰 심리적 압박 없이 사업에 임할 수 있다.

현장에서는 이런 심리적인 부분이 생각

보다 크게 작용한다. 특히 빚 없이 매장을 운영할 경우 손실이 있을 때 무리수를 두지 않고 보다 유연한 태도로 새로운 시도를 할 수 있다. 초기에 다소 적자가 나도 상황을 지켜보며 때를 기다릴 수 있는 여지가 생긴다.

넷째, 직원 관리 시스템만 잘 만들면 다점포로 사업을 확장하기도 유리하다.

소자본 창업의 경우 소규모 매장이 많아 적은 인력으로도 충분히 운영이 가능하다. 그러나 제한된 인력으로 운영하는 사례가 많기 때문에 직원의 다기능적 역할 수행이 필수적이다. 주방과 홀의 경계를 넘어, 다양한 업무를 처리할 수 있는 직원이 많을수록 운영 효율성이 극대화된다. 효율적인 직원 관리 시스템 구축이 소자본 창업 사업 확장의 가장 중요한 열쇠다. 직원들이 각자 매장을 책임지고 운영할 수 있는 환경을 조성하면, 사장은 추가적인 관리 부담 없이 더 많은 매장을 오픈하고 확장하는 데 집중할 수 있다.

작은 가게가 줄 세우는 비법은 '메뉴판부터 드리기'

소자본 창업의 핵심은 '줄 세우기'다. 작은 가게에서 손님을 줄 세우지 않고는 높은 매출 달성이 거의 불가능하다.

작은 가게는 좌석이 적기 때문에 줄 세우기가 오히려 유리하다. 예를 들어 옆집 중국집이 50석이면 30명이나 앉아 있어도 남은 자리가 많으니 평범한 중국집으로 보인다. 반면 8석짜리 작은 가게는 10명만 와도 2석이 부족하니 '줄 서는 맛집'이 될 수 있다. 손님이 줄 서는 장면은 식당으로서는 최고의 마케팅이다.

필자는 좌석이 10개인 식당에서 의자 2개를 빼놓은 적도 있다. 처음부터 시스템을 잘 만들어놔 그런지 회전이 너무 잘돼서 손님이 줄 설 틈 없이 들어오자, 회전을 덜 되게 하기 위한 방책이었다. 멘야케이는 소자본 창업에다가, B급 상권이라는 핸디캡이 있었기 때문에 매장 앞 웨이팅을 가장 중요하게 생각했다.

가게가 작다고 다 줄을 서는 것은 물론 아니다. 손님을 줄 세우는 데도 비법이 있다. 키워드는 '메뉴판'이다.

멘야케이도 처음에는 손님들이 줄을 잘 서지 않았다. 가게 안에 손님이 많은 것을 보고는 줄 서는 대신, 금방 발걸음을 옮기는 경우가 많았다. 필자는 생각했다.

'손님은 왜 줄을 서기 싫어할까.'

생각해보니 이유는 크게 두 가지였다.

첫째, 직장인이라면 점심시간이 제한적이니 줄을 설 여유가 없다. 둘째, 줄을 서는 일은 '고객으로서 자존심'이 상한다.

멘야케이 금암본점 앞에 손님들이 줄을 서고 있는 모습.

사실 두 번째 이유가 대부분을 차지한다고 생각한다.

'아니, 너희가 그렇게 대단해?'
'솔직히 줄 설 정도는 아니잖아?'
'기다려서 먹었다가 맛없기만 해봐라.'

실전 경험을 토대로 보니 이런 생각을 하는 손님이 많아 보였다.
처음 가게가 만석이 돼서 웨이팅이 생겼을 때 일이다. 가게에 들어온 손님께 바빠서 인사를 제대로 못했더니 바로 뒤돌아 나갔다. 다음에는 인사를 했다. 그런데도 바로 뒤돌아 나갔다.

그다음에는 "기다려주실래요?" 했다. 그러자 모든 손님이 하나같이 "얼마나 걸려요?"라고 묻고는, 무조건 뒤돌아 나갔다. '10분' '5분'이라는 대답과 상관없이 말이다. 그때 깨달았다.
'아, 웨이팅은 손님 기분(자존심)의 문제구나.'
그리고는 마지막 방법을 찾아냈다. 만석일 때 손님이 오면 곧바로 메뉴판을 드리는 것이다. 이때 메뉴판을 게시만 하지 말고 손님에게 일일이 드리는 것이 중요하다. 메뉴판을 드리면서는 "좌석이 많이 없어 죄송합니다. 잠시만 기다려주세요" 라고 말했다. 이런 행위에는 다음과 같은 의미가 내포돼 있다.

'우리는 손님을 너무 받고 싶어요. 그런데 지금 상황이 안 돼요.'
'우리 가게가 그렇게 잘나서 줄을 서는 게 아니라, 단지 좌석이 적어서 그런 거예요. 우린 그렇게 대단하지 않아요.'
'이왕 온 김에 조금만 기다려주시면 너무 감사하겠습니다.'

이런 마음이 전달됐기 때문일까. 이후로 한두 명씩 기다리는 손님이 생기기 시작했다. 그렇게 두 팀을 줄 세우니 세 번째 팀부터는 "뭐 웨이팅 등록해야 돼요?"라고 먼저 물어보기 시작했다. '줄 서는 식당'이라는 인식이 자리 잡힌 뒤에는 캐치테이블 등 웨이팅 프로그램을 들여놓았다. 이후 '어차피 기다리는 식당'이라는 인식이 퍼지며 웨이팅이 더욱 늘어났다.

폐업의 시대, 안정성 돋보이는 소자본 창업

어떤 창업이든 100% 좋은 수익을 안겨주는 안정적인 창업은 없다. 그래도 폐업률이 그 어느 때보다 높아진 자영업 위기 상황에서, 소자본 창업은 많은 장점을 갖고 있는 게 사실이다.

특히, 요즘은 SNS 마케팅만 잘하면 작은 가게도 대형 업체와 나란히 설 수 있다. 과거에는 매장 규모나 위치가 중요한 경쟁력이었다. 요즘은 SNS를 통해 작은 매장에서도 넓은 고객층을 공략할 수 있는 시대가 됐다. 매장의 브랜드 스토리가 뚜렷하다면 오히려 뻔한 프랜차이즈 매장보다 더 돋보일 수도 있다. 실제 많은 소규모 매장이 SNS를 통해 브랜드 인지도를 높이고, 온라인에서 입소문 타면서 성공 사례를 만들어가고 있다. 폐업의 시대, 창업을 준비 중이라면 소자본 창업 전략에 관심 가져볼 만하다.

서동국 고수와 1:1 상담 문의는 여기로! >>

고정비보다 무서워진 변동비

양덕우
스토어디 대표

오프라인 창업을 돕는 회사 '스토어디' 대표이다. 16년 동안 대기업 프랜차이즈 본사와 프랜차이즈 창업 플랫폼에서 근무했고, 6개 브랜드 15개 매장을 직접 오픈했고, 현재도 점포를 운영 중이며 오프라인 창업을 교육하고 돕는 일을 하고 있다.

팔아도 남는 게 없다면 '변동비'가 문제
高매출 선호는 옛말…비용 효율 따져야

"우리 매장 월매출은 1억원입니다."

"매출을 더 늘려야 합니다."

그동안 자영업 시장에선 이처럼 고매출이 선호됐다. 예전에는 100% 맞는 이야기였다. 그러나 지금 시점에는 필자 생각으로 30% 정도만 맞는 이야기 같다.

코로나19 팬데믹과 사회적 거리두기로 인하여 배달 시장은 엄청난 활황을 보였다. 이때까지만 해도 배달은 '기회의 시장'이었다. 값비싼 임차료를 내고, 화려한 인테리어를 하지 않아도 충분히 고매출이 발생했다. 덕분에 저투자 고수익 업체도 다수 생겨났다. 초기 배달 시장만 해도, 배달 대행사를 통한 가게 배달로 고객에게 배달비, 음식값 등의 일부를 부담시킬 수 있었다.

요즘은 달라졌다. 배달 앱 3사가 '플랫폼 직접배달'을 활성화하기 위해 소비자 부담을 없앤 '무료 배달'을 실시하고 있다. 이제 배달 비용은 자영업자와 배달업 종사자들이 오롯이 져야 되는 구조로 가고 있다.

배달 앱 '무료 배달' 정책에 자영업자 배달비 부담 커져

현재 무료 배달의 자영업자 비용 부담은

상당한 수준이다. 쿠팡이츠와 배민1플러스 요금제는 주문중개 수수료가 주문금액의 10.78%(9.8%+부가세)로 동일하다. 2024년 9월 현재 서울 기준 건당 배달비는 3190원(2900원+부가세), 결제 수수료 3.3%(3%+부가세)가 발생한다. 필자가 운영하는 샐러드 매장에서 2만원 주문 시 30%(6000원) 수준의 배달 플랫폼 비용이 발생하는 구조다.

자영업 3대 비용은 임차료, 인건비, 식자재비다. 이 중 임차료는 고정비, 나머지는 변동비로 분류된다.* 인건비는 외식업 통상적으로 25% 이상을 차지한다. 여기에 식자재비에 결제 수수료 등을 더한 변동비로 45%가 추가된다.

이를 대입하면 직접배달로 2만원의 주문이 발생했을 때, 식자재 원가+결제 수수료 45%, 인건비 25%, 배달 플랫폼 수수료 30%로 총 비용이 매출액의 100%에 육박한다. 여기서 점주가 조정할 수 있는 비용은 인건비 정도다. 인력을 얼마나 효율화해 인건비 비중을 약 5% 줄여내느냐, 아니면 점주가 직접 근무로 인해 스스로 더 많이 일을 해서 인건비를 줄여내느냐 정도만 가능한다. 위 계산은 아주 단순히 원가, 인건비, 배달 수수료만 계산한 것이다. 여기에 전기, 가스, 수도 요금, 건물 관리비, 임차료, 정기결제 비용(방역, 매장 음악, 기장료, 보험료 등), 차후 납입할 부가세 등은 반영하지 않았다. 2만원 정도의 객단가로는 아무리 많은 매출을 올려도 인건비 효율화 부분만 이익을 얻을 수 있어 실질적으로 적자 운영이라는 얘기다.

* 인건비는 고정비 성격이 있지만, 매출 변화에 따라 조정이 필요해 변동비로 분류되기도 한다.

이제 장사의 방향성을 다시 고민해야 한다. 고매출을 목표로 하는 것만으로는 쉽지 않은 상황이 됐다. 그렇다면 어떻게 해야 할까.

결론부터 얘기하면 변동비를 정확히 인지하고 있어야 한다.

외식업에서 인건비는 '매출액에 따라서 계단식으로 변동되는 고정비' 성격을 갖는다. 그래서 필자 개인적으로는 인건비를 '변동성 고정비'라고 정의한다. 여기서도 인건비를 변동비로 간주하고 설명하겠다.

창업 전 변동비를 미리 계산해보고 창업해야 한다. 고정비(임차료 등)가 높으면 매출을 많이 늘려서 이익을 낼 수 있지만, 변동비가 높으면 매출이 상승해도 이익이 없을 수 있다.

예를 들어 홀 없이 배달만 하는 업이고,

식자재 원가 40%, 배달 수수료 30%(객단가 2만원 직접배달 기준), 인건비 20%를 써야 하는 업종이라면, 원가+배달 수수료+인건비를 더하면 변동비율이 90%에 달한다. 남은 10%에서 임차료, 관리비, 매장 음악, 세무 서비스(기장료), 방역, 마케팅, 기타 비용들을 떼면 영업이익이 남는다. 점주 인건비, 감가상각, 투자비에 대한 이자와 세금까지 고려하면 이익은커녕 적자가 아니면 다행인 구조다.

여기서 이익을 내려면 20%대 원가로 싸게 식재료를 조달할 수 있는 방법이 있거나, 원가율이 낮은 음식을 고가로 판매할 수 있는 특별함이 있거나, 인건비를 10% 수준으로 만들 수 있는 능력이 있거나, 아니면 고객에게 배달팁을 상당 부분 받을 수 있는 전략이 있어야 한다. 그래야만 매출 대비 10% 이상의 영업이익을 기대할 수 있다.

원가율보다 '총 변동비'가 중요하다

식자재 원가율이 30% 수준이라고 홍보하는 고기 프랜차이즈 브랜드가 있다. 일반적인 프랜차이즈 식자재 원가율이 40% 안팎임을 감안하면 원가율이 매우 낮은 것은 맞다. 그러나 그 매장을 운영하기 위해서는 매일 오전 10시부터 저녁 11시까지 홀 2명, 주방 4명(고기, 숯, 반찬, 후식, 설거지 담당) 등 총 6명의 인력이 필요하다. 점주가 하루 11시간 매장에 상주해야 하고, 식자재는 저렴한 원가 대신 전처리가 부족해 손질 시간이 많이 필요하다. 이 때문에 인건비로 매출의 약 40%를 지출해야 한다면 낮은 원가율이 무슨 의미가 있겠는가. 여기에 매출의 30%를 배달로 판매하고 있어 약 6~7% 이상의 추가 변동비가 발생한다면 적정한 이익을 낼 수가 없다. 창업 전에 식자재 원가율만 생각하고 결정하지 말고, 원가율+인건비율+판매 수수료율을 함께 고려해서 결정해야 하는 이유다. 원가율이 다소 높더라도 인건비율을 낮출 수 있다면, 고객에게 가성비 있는 품질을 제공하면서도 적정 마진을 확보할 수 있다.

적정 마진 기준을 이야기하자면, 원가+인건비+판매비 등 총 변동비가 70%를 넘기지 않는 선에서 관리될 수 있는지 판단해보는 게 좋을 것 같다. 그래야 30%의 마진으로 임차료 등 고정비와 각종 관리비, 세금 등을 지출하고 최소 10~15%의 순수익을 기대할 수 있다. 물론 총 변동비를 60% 이하로 낮출 수 있다면 더할 나위 없이 좋겠다.

변동비를 잘 계산했더라도 안심할 수 없다. 변수는 얼마든지 있다. 예상보다 매출이 잘 안 나온다면, 식재료 회전율이 떨어져 의도치 않게 원가율이 상승하거나, 인건비 비율이 올라가 목표하는 마진율을 확보하기 어려워진다. 식재료 관리를 원활하게 하기 위한, 인건비 효율을 갖기 위한 최소 매출액 달성이 필수적이다.

인건비를 무한히 줄일 수 없다

예비 창업자는 인건비를 예상할 때 정확한 판단이 어려울 수 있다. 신규 창업자는 직원을 고용해본 적이 거의 없기 때문이다.

일례로 매장에 직원 2명이 상주하는 구조라면, 2명의 인건비만 계산해 대략 600만원을 생각하는 경우가 많다. 그러나 영업일 수, 영업 시간, 4대 보험료 사용자 부담분, 퇴직금 충당금도 반드시 고려해야 한다. 주 5일 근무하는 직원을 채용하는데, 주 7일 영업을 한다면 남은 2일 동안 일할 직원이 추가로 필요하다. 직원 근무 시간은 8시간인데, 영업 시간이 길어서 직원이 상주해야 하는 시간이 15시간이라면 총 4명의 직원이 필요하다. 여기에 4대 보험료 사용자 부담분이 급여의 약 10%, 퇴직금 충당금이 급여의 8~9% 발생한다. 연차를 부여해야 하는 경우 연차 수당도 발생한다. 직원도 식사를 해야 하니 식대도 추가된다. 이런 경우를 계산하면 인건비는 생각보다 많이 소요된다.

혹자는 '고매출만 달성하면, 인건비를 상당히 줄일 수 있다'고 생각할 수 있다. 그러나 매장 효율과 시스템 개선을 통해서 줄일 수 있는 부분은 한정적이다. 어차피 음식점은 대부분 사람이 해야 할 일인 데다, 고매출이 되면 관리가 복잡하고 노동 강도가 세지며 고급 관리자도 필요해진다. 어느 시점까지의 인력 효율화는 가능하지만 무한정 효율화는 불가능하다.

무엇보다 최근 외식업에서 매우 고통스러운 부분은 구인난이다. 필자도 10개 이상 매장을 운영 중인데, 현재 매장 전체 인력의 15%가 결원 상태다. 알바생 채용을 위한 유료 공고를 매장당 매월 수십만원씩 지출해도 그렇다. 기존 직원 퇴사를 줄이는 것이 교육 시간을 줄여서 총 인건비를 낮추는 방법이다. 때문에 필자도 직원들에게 성과에 따라 분기별로 인센티브를 제공하고, 점장과 매니저 활동비, 정기 회식 지원 등을 제도화했다. 점장급 이상 직원에게는 종합건강검진도 제공한다. 장기 근속을 늘려야 채용, 교육의 기회비용을 줄일 수 있기 때문이다.

또한 점주가 매장에서 장시간 일하면서 줄어든 인건비는 인건비 계산에 반영해야 한다. 점주가 다른 일을 했을 때 얻을 수 있는 기회비용도 생각해야 하고, 점주의 노동력에도 한계가 있어서다.

배달 주문 금액별 수수료 명확히 인지해야

배달의 주문 금액별 배달 수수료가 얼마인지 명확히 인지하고 있어야 한다.

배달 플랫폼 수수료가 플랫폼사에 점주가 직접 지불하지 않고 매출에서 수수료를 제하고 지급받으므로 얼마만큼 큰돈을 지출하고 있는지 모르는 이가 생각보다 많다. 각 플랫폼과 배달 대행사의 매입 부가세 자료를 합해보면 배달 매출액의 20~35% 수준 비용을 지불하고 있을 것이다. 월매출 5000만원인 배달 전문 매장은 배달 수수료 비용만 1000만~1700만원 수준인 셈이다. 이렇게 배달비에 많은 비용을 지출하고 있지만, 정작 임차료는 월 500만원 이상이라고 하면 창업자들은 매우 큰 두려움을 느낀다. 물론 임차료는 바꿀 수 없는 비용이므로 필자도 임차료가 높으면 무섭고, 창업을 결정할 때 많은 영향을 준다. 그러나 자기 업종에 맞아 임차료 대비 수익을 낼 수 있는 자리라면, C급지에 들어가서 배달 수수료를 지급하고 마케팅 비용을 지출하는 것보다 오히려 임차료가 더 저렴할 수 있다. 다만 위치의 이점과 공간 이점을 활용할 수 있는지는 업종과 브랜드 인지도에 따라 차이가 있을 수 있다.

필자도 연매출 15억원이 넘는 매장을 오랫동안 운영했다. 매출이 높다는 것은 상황이 좋을 때는 많은 이익을 기대할 수 있다. 그러나 마진율이 확보되지 않은 상태에서의 높은 매출은 오히려 독이 될 수 있다. 많은 직원 고용으로 인한 인건비 부담을 떠안아야 하고, 매출이 높다는 이유로 소상공인이 받을 수 있는 각종 혜택에서도 제외된다. 고비용으로 만든 매출은 같은 매출 하락률에도 영업이익은 기하급수적으로 줄어들 수 있다.

배달 플랫폼 정책 변화 따라 생존 전략 다시 짜야

식자재 원가율을 낮추기 위한 방법은 세

배달 방식별 비용 분석

구분	일반배민	배민원(기본)	배민원플러스	쿠팡이츠
결제 수수료	3.3%	3.3%	3.3%	3.3%
주문중개 수수료	-	7.48%	10.78%	10.78%
매장 부담 배달비	5000원	6600원	3190원	3190원
고객 부담 매장 정산분	2900원	3900원	0	0

단위: 원

주문액	일반배민	배민원	배민원플러스	쿠팡이츠	직접배달 비용률	실질이익률
10000원	2430	3778	4598	4598	-46.0%	-12.0%
11000원	2463	3886	4739	4739	-43.1%	-9.1%
12000원	2496	3994	4880	4880	-40.7%	-6.7%
13000원	2529	4101	5020	5020	-38.6%	-4.6%
14000원	2562	4209	5161	5161	-36.9%	-2.9%
15000원	2595	4317	5302	5302	-35.3%	-1.3%
16000원	2628	4425	5443	5443	-34.0%	0.0%
17000원	2661	4533	5584	5584	-32.8%	1.2%
18000원	2727	4748	5724	5724	-31.8%	2.2%
19000원	2834	2488	13.9%	13.9%	-30.9%	3.1%
20000원	2760	4856	6006	6006	-30.0%	4.0%
21000원	2793	4964	6147	6147	-29.3%	4.7%
22000원	2826	5072	6288	6288	-28.6%	5.4%
23000원	2859	5179	6428	6428	-27.9%	6.1%
24000원	2892	5287	6569	6569	-27.4%	6.6%
25000원	2925	5395	6710	6710	-26.8%	7.2%
26000원	2958	5503	6851	6851	-26.8%	7.7%
27000원	2991	5611	6992	6992	-25.9%	8.1%
28000원	3024	5718	7132	7132	-25.5%	8.5%
29000원	3057	5826	7273	7273	-25.1%	8.9%
30000원	3090	5934	7414	7414	-24.7%	9.3%
31000원	3123	6042	755	755	-24.4%	9.6%
32000원	3156	6150	7696	7696	-24.0%	10.0%
33000원	3189	6257	736	736	-23.7%	10.3%
34000원	3222	6257	7836	7836	-23.7%	10.3%
35000원	3255	6473	8118	8118	-23.2%	10.8%
36000원	3288	6581	8259	8259	-22.9%	11.1%
37000원	3321	6689	8400	8400	-22.7%	11.3%
38000원	3354	6796	8540	8540	-22.5%	11.5%
39000원	3387	6904	8681	8681	-22.3%	11.7%
40000원	3420	7012	8822	8822	-22.1%	11.9%
41000원	3453	7120	8963	8963	-21.9%	12.1%
42000원	3486	7228	9104	9104	-21.7%	12.3%
43000원	3519	7335	9244	9244	-21.5%	12.5%
44000원	3552	7443	9385	9385	-21.3%	12.7%
45000원	3585	7551	9526	9526	-21.2%	12.8%
46000원	3618	7659	9667	9667	-21.0%	13.0%
47000원	3651	7767	9808	9808	-20.9%	13.1%
48000원	3684	7874	9948	9948	-20.7%	13.3%
49000원	3717	7982	10089	10089	-20.6%	13.4%
50000원	3750	8090	10230	10230	-20.5%	13.5%

항목	비율
원가+로열티	38%
인건비, 4대 보험	25%
부가율	3%
計	66%

*고정비 미반영(전기세, 관리비, 임차료, 방역, 기장료, 렌털료, 감가상각, 종합소득세, 투자비에 대한 이자 등)

가지다. 가격을 높이거나, 품질을 떨어뜨리거나, 양을 줄이거나다. 이는 우리 가게의 가격 경쟁력을 떨어뜨리는 방법이다. 교육을 통해 직원 실수로 인한 폐기를 줄이거나, 저매출 매장의 회전율 저하로 인한 폐기를 매출 향상을 통해 줄이는 방법 말고는 뾰족한 수가 많지 않다.

요즘 크게 작용하는 비용이 배달 앱 판매수수료인데, 그 비용 구조를 명확하게 이해하는 것이 중요하다.

플랫폼에서 직접배달로 1만원 주문을 받으면 플랫폼사에서 약 4600원을 떼고 정산해준다. 물론 마진이 아닌, 매출 달성이나 마케팅을 목적으로 한다면 의미가 있다. 하지만 그렇지 않은 경우라면 최소주문금액을 1만원으로 설정했을 때 사실상 남는 게 없다. 그럼에도 생각보다 많은 점주가 마진을 계산하지 않고 배달 앱의 최소주문금액을 설정하는 경우가 많다.

왼쪽은 플랫폼별 배달팁 비용과 실질이익을 분석하는 표다. 필자가 실제 사용하는 양식으로, 배달 앱의 정책 변화가 있을 때마다 수익을 비교해보고 어떤 전략을 가져갈지 의사 결정하는 데 쓴다. 표를 보면, 인건비 25%에 고정비는 아무것도 반영하지 않았는데도, 1만6000원 주문을 받았을 때 이익은 0이 된다. 반면 3만2000원 주문을 받아야 겨우 10%의 이익을 내서, 임차료 등의 고정비를 부담할 수 있게 된다.

이를 통해 필자는 배달 앱이 직접배달을 무료 배달로 전환했을 때, 매출 하락이 예상됨에도 불구하고 배달의민족은 배민1플러스 요금제로 전환하지 않았다. 배달의민족의 경우 직접배달과 가게배달이 같이 노출되기 때문에 가게배달 고객이 직접배달로 전환되지 않도록 하기 위해서였다.

쿠팡이츠는 와우 회원 대상 무료 배달로 바뀌고 난 뒤, 최소주문금액을 기존 1만원에서 1만9000원으로 올렸다. 이후 쿠팡이츠에서 "다른 플랫폼과 차등 적용하면 와우 무료배달 배지를 회수한다"고 해서, 다른 배달 앱도 모두 최소주문금액을 1만9000원으로 맞췄다. 매출이 일부 하락했지만 배달 앱 객단가는 1만5000원에서 2만6000원으로 늘었고, 건당 부담하는 비용이 급격히 줄어 수수료가 급감

수수료 부담이 적은 가게배달로 주문을 유도하는 메시지 카드.

했다. 덕분에 배달 매출은 줄었지만 배달 매출에 대한 영업이익은 월 100만원 이상 늘어났다. 지금은 라이더 업체와 협조해 가게배달 배달팁을 무료 배달 수준으로 내렸다. 또한 가게배달을 가장 빠르게 배송하려고 집중하며, 직접배달 주문 고객에게 가게배달로 주문을 유도하는 메시지 카드를 넣어 보내드린다.

물론, 높은 최소주문금액에 이탈하는 고객도 있다. 그러나 매장 사정을 이해해 주는 고객이 대부분이다. 실제 직접배달에서 가게배달로 주문이 조금씩 넘어오고 있다. 매출이 조금 줄어든 부분은 주문 건수 감소 → 직원 피로도 감소 → 직원 사직률 감소로 이어져 긍정적인 측면도 있다. 또 점장이 조금 덜 바쁜 시간대의 인원 편성을 스스로 줄여서 인건비를 더 줄였다.

배달 앱 '포장 수수료' 대비해야 고객에게 판매가 낮은 자사 앱 이용 설득

배달 앱 포장 수수료도 곧 부담해야 할

단위: 원

구분		A점	B점	GAP
매출액		52,576,147	49,207,860	3,368,287
매출	포스 매출	21,364,680	33,314,440	-11,949,760
	배달의민족	10,737,567	5,478,820	5,258,747
	쿠팡이츠	18,006,900	389,900	17,617,000
	요기요	133,400	310,000	-176,600
	네이버	1,097,700	3,417,900	-2,320,200
매입계		20,735,181	20,285,885	449,296
원가율		39.4%	41.2%	-1.8%
인건비계		9,135,440	8,506,800	628,640
판매비	배달의민족	1,447,413	329,859	1,117,554
	쿠팡이츠	5,543,696	108,357	5,435,339
	요기요	4,962	17,386	-12,424
	배달대행	1,418,010	478,390	939,620
관리비	임대료	4,400,000	6,050,000	-1,650,000
	상가관리비·전기세	574,140	780,570	-206,430

텐데, 그 또한 사전 준비가 필요하다.** 프랜차이즈 자사 앱이나, 네이버 주문 등으로 포장 주문중개 수수료가 청구되기 전에 충분히 고객을 설득하고 전환해야 한다. 배달 앱 판매가가 매장 판매가보다 높은 매장은 고객에게 상대적으로 판매가가 낮은 앱으로 주문하라는 설득을 해 볼 만하다고 생각한다. 필자 매장에서도 수수료가 부과되기 전에 전환하기 위해 안내 메시지를 보내고, 픽업(pick up)하러 오는 고객을 대상으로 대면 안내도 진행 중이다.

위 사례들은 모든 매장에 적용되지 않는

** 배달의민족은 2024년 7월부터 신규 점주에게 포장 주문중개 수수료 6.8%를 부과하고 있다. 기존 점주는 2025년 3월까지 수수료 부과가 면제된다. 쿠팡이츠는 2025년 3월까지 포장 주문중개 수수료 무료 정책을 유지하기로 했다. 요기요는 2022년부터 포장 주문중개 수수료도 배달 주문중개 수수료와 마찬가지로 12.5%를 부과한다.

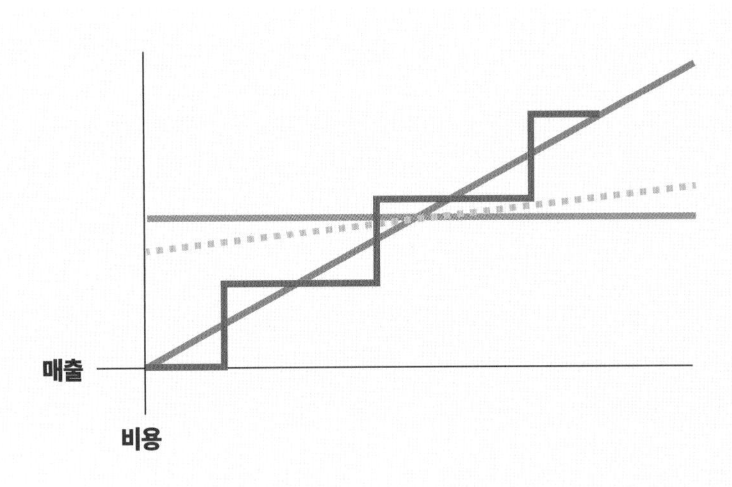

변동비: 원가, 카드 수수료, 정률 로열티, 배달 수수료
고정비: 임차료, 고정관리비, 세무기장료, 방역 서비스, 렌털료, 전화인터넷, 정액 로열티
고정비(소폭변동): 전기세, 가스비
변동성 고정비: 인건비, 4대 보험료

다. 운영 매장 중 브랜드 인지도가 높아 플랫폼 앱에서 브랜드를 검색해서 들어오는 비율이 매우 높은 매장에만 적용한다. 그러나, 어떤 상황이든 플랫폼별 우리 매장의 마진 구조를 명확히 알고, 장기적으로 어떤 방향으로 마진 구조를 개편해야 할지 전략을 고민하면서 실행하는 것은 필수적이다. 그리고 배달 앱 정책을 계속 따라가면 그 정책에 의해 우리 매장을 운영하는 주도권을 완전히 뺏길 수 있음도 명심해야 한다. 결국에는 내가 내 매장의 생존을 결정할 수 없는 상황까지 갈 수도 있다.

변동비가 실제 손익에 주는 영향

지금까지 변동비의 중요성에 대해 여러 방향에서 짚어봤다. 이번에는 필자가 운영하는 동일한 프랜차이즈, 2024년 동일한 월의 A매장과 B매장의 실제 손익계산서를 살펴보자.

매출은 A매장(5257만원)이 B매장(4920만원)보다 300만원 이상 더 높다. 원가율은 A매장(39.4%)이 B매장(41.2%)보다

1.8% 낮다. 임차료도 A매장(440만원)이 B매장(605만원)보다 165만원 낮다. 그런데 영업이익은 B매장이 300만원 이상 높다. 문제는 배달 매출 점유비다. 배달 앱 매출 점유율이 A매장은 54.9%, B매장은 12.6%다. 배달 수수료 지출이 많으니 A매장이 B매장보다 판매비가 700만원 이상 높다. 그만큼 배달 매출 점유비가 이익에 미치는 영향은 매우 크다. 매출이 높고, 원가가 낮고, 임차료가 적음에도 이익이 현저히 적을 수 있다. 매출이 높다고 무조건 좋은 게 아니라, 그 매출을 일으키는 데 발생하는 변동비를 꼼꼼히 따져봐야 하는 이유다.

마진 확보되는 '양질의 매출'로 전환해야

이제 매출만 보고 창업하고, 무작정 매출을 늘리기 위해 변동비를 상승시키는 방식은 너무 위험하다. 실제로 필자 지인 중에는 월매출 1억원 이상을 올리고도 본인 인건비도 못 가져가는 고매출 적자 상태 매장이 생각보다 많다. 막연히 높은 매출이 높은 이익을 가져다줄 거라는 생각은 관성적인 판단이다.

물론, 어느 정도 매출은 필수적으로 달성돼야 한다. 그러나, 재료 회전과 인건비 효율성이 날 수 있는 매출을 달성한 다음에는 무작정 매출을 올릴 게 아니라, 마진이 확보되는 양질의 매출로 전환하기 위해 노력해야 한다. 그리고 우리 매장을 5인 미만 사업장으로 관리할 것인지, 많은 인원을 쓰고 고매출을 겨냥한 5인 이상 사업장으로 운영할지, 소상공인 기준이 되는 매출액 이하로 관리할 것인지, 부가세 공제 등을 포기하고 최고 매출을 내기 위한 방향으로 갈 것인지 고민하고 결정해야 한다. 그래야만 많은 매출을 내고도 이익을 못 가져가는 리스크를 사전에 방지할 수 있다.

양덕우 고수와 1:1 상담 문의는 여기로! »

인테리어만큼 중요해진 익스테리어

노승욱
창톡 대표

장사 노하우 공유 플랫폼 '창톡' 창업자 겸 대표. 매경이코노미 창업전문 기자 12년 근무 후 매일경제신문사 사내벤처로 '창톡'을 설립해서 2023년 3월 분사. 장사고수와 소상공인 간 가교 역할을 하고 있다.

SNS 인증샷 범람에 '포토존 효과' ↓ 잘 만든 '익스테리어' 점점 중요해져

창업할 때 가장 많은 비용이 드는 분야는 인테리어 공사다. 가게 내부와 외부를 꾸미는 작업에 평당 수백만원이 든다. 그동안은 가게 내부 공사에 주안점을 두는 경우가 많았다. 그러나 요즘은 가게 외부 공사, 즉 '익스테리어(exterior)'가 점점 더 중요해지고 있다.

'가게 내부 공간 40% 포토존' 전략, 더 이상 쉽지 않은 이유

"모든 사람이 특별한 경험을 누릴 수 있는 개성 있는 공간을 만들면 재방문율과 집객 효과가 극대화된다."

SBS '손대면 핫플! 동네멋집'으로 잘 알려진 공간 전문가, 유정수 글로우서울 대표가 한 얘기다. 그는 좌석 비율 6, 가게 콘셉트를 나타내는 오브제(물체)가 4를 차지해야 성공한다는, 이른바 '6:4 황금율'을 강조하기도 했다. 가게 내부 공간의 상당 부분을 과감하게 포토존으로 배치, SNS 인증샷이 널리 퍼지도록 유도하는 바이럴 마케팅 기법이다. 실제 익선동의 '온천집'은 가게의 주요 콘셉트인 온천을 매장 중앙에 과감하게 배치하고 모든 자리에서 온천을 바라볼 수 있도록 구성했다. 유정수 대표의 다른 가게들도 이

유정수 글로우서울 대표의 '온천집'은 인테리어 중시 전략을 보여주는 표본이다.

런 식으로 해서 '핫플'이 됐다.

그러나 이 전략에는 치명적인 단점이 있다. 매장 공간의 40%를 포토존으로 떼내면, 좌석을 놓을 공간이 줄어 매출을 높이기가 매우 불리해진다. 포토존을 만들기 위한 인테리어 비용도 많이 든다. 말 그대로 '줄 서는 맛집'이 아니면, 투자 비용을 회수하기가 쉽지 않은 전략이다. 특히 요즘은 인스타그래머블한 가게가 범람, 인테리어로 임팩트를 주기가 예전보다 힘들어졌다. 높은 인테리어 비용을 회수하기 위해 높게 설정한 가격을 '인증샷 값'이라며 수용하던 2030 소비자들도 경기 불황에 지갑을 닫고 있다. 또한 인증샷 때문에 방문한 손님은 재방문을 잘 하지 않는다. '오픈발'이 빠지면 매출이 급감할 수 있다.

과도한 인테리어 지양… 익스테리어로 콘셉트 전달해야

그래서 요즘은 인테리어에 대한 과도한 투자는 지양하는 것이 좋다는 게 장사고

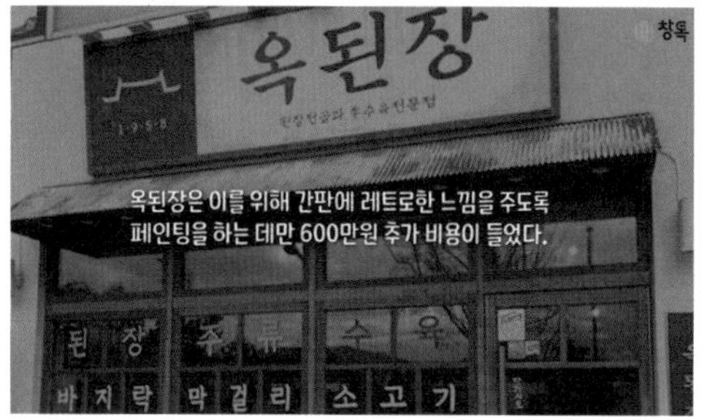

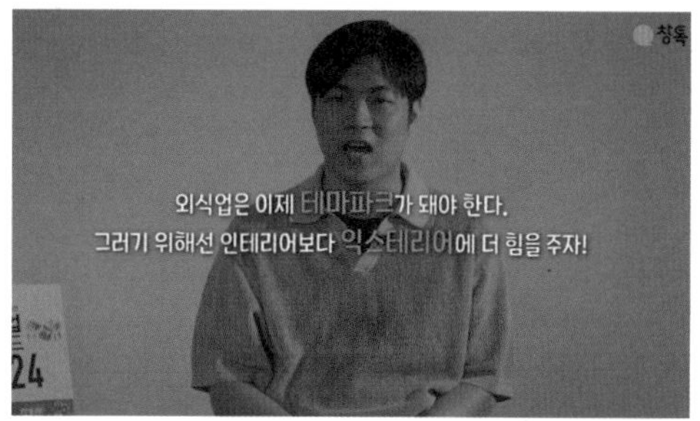

수들의 중론이다. 인증샷이나 인스타그래머블한 것보다는, 음식점의 본질인 맛과 가성비가 더 중요하다는 주장이 힘을 얻고 있다. '튜닝의 끝은 순정'이란 말처럼, 다시 본질에 집중하자는 얘기다.

하지만, 우리 가게만의 차별화된 콘셉트를 갖추고, 이를 고객들에게 전달하는 것도 안 할 수는 없는 노릇. 그래서 장사고수들이 주목하는 것이 익스테리어다. 가게 내부는 불필요한 인테리어를 줄이고 좌석을 충분히 배치해 가성비로 회전율을 높이고, 가게의 콘셉트와 시그니처는 눈에 띄는 익스테리어를 통해 고객들에게 어필하자는 것이다.

실제 최근 인기를 얻고 있는 프랜차이즈를 보면 과거에 비해 익스테리어가 매우 화려해졌다.

런던베이글뮤지엄, 용용선생, 청기와타운, 요미우돈교자, 땀땀, 옥된장 등을 보면 각각 영국, 홍콩, 미국 LA, 일본, 베트남, 그리고 한국의 1960~1970년대 모습을 그대로 구현한 듯한 모습이다. 그러면서도 내부 인테리어는 좌석을 빼곡하게 넣어 회전율을 극대화하고 있다.

옥된장을 운영하는 조영훈 블루트렌드 대표는 "판교 본점이 오픈하자마자 웨이팅이 걸린 가장 큰 이유 중 하나는 익스테리어 덕분이었다. 가게의 외관 자체가

창톡 고수가 역삼에서 운영하는 '돈카츠멘'도 일본 노포 콘셉트를 익스테리어로 전달하고, 인테리어는 톤앤매너를 유지하는 선에서 간소화했다.

참신하고 시그니처가 되니 워크인 고객들이 호기심을 갖고 방문했다"고 말했다. 옥된장은 간판에 레트로한 느낌을 주기 위해 페인팅을 하는 데만 600만원 추가 비용이 들었다고. 대신 인테리어는 좌석을 밀도 있게 넣고, 익스테리어와 톤앤매너를 맞추는 선에서 마무리해 평당 인테리어 비용은 일반 프랜차이즈와 비슷한 180만원 선을 유지할 수 있었다고.

창톡이 2024년 8월 강남에 오픈한 일식당 '돈카츠멘'도 외관은 일본 노포 콘셉트로 비교적 선명하게 표현하고, 내부는 톤앤매너를 유지하는 선에서 테이블과 좌석을 많이 배치하는 데 주안점을 뒀다. 일찌감치 상업이 발달한 일본에서도 내부 인테리어보다는 외부 익스테리어가 더 중시됐다. 내부 테이블과 좌석은 어느 가게를 가나 비슷하게 목조로 된 다찌 형태지만, 외관은 그 가게만의 역사와 개성을 보여주는 전통 문양, 노렌(천), 조형물, 네온사인으로 화려하게 치장하고 있다.

이제 음식점은 더 이상 단순히 끼니를 때우러 가는 곳이 아니다. 그러기엔 편의점 도시락, 밀키트, 배달 등 보다 가성비 좋은 대체재가 너무 많아졌다. 그럼에도 우리 가게를 방문하게 하려면, 무언가 그 가게에서만 누릴 수 있는 즐거움이 있는 '테마파크' 같은 공간이 돼야 한다. 그리고 테마파크는 밖에서만 봐도 가슴이 설레고 들어가고 싶은 기분이 들어야 한다. 입구에 들어설 때부터, 아니 줄을 서고 기다리면서도 SNS 인증샷을 찍을 정도로 흥분되는 공간이 돼야 한다.

노승욱 고수와 1:1 상담 문의는 여기로! >>

고기 납품 업체 잘 고르는 법 〈Check Point〉

조경진
헤비스테이크 대표

김현
헤비스테이크 팀장

조경진 헤비스테이크 대표

한국 피자헛과 매일유업 와인, 외식사업부에서 마케팅과 오퍼레이션을 담당한 외식 전문가로서 외식 매장, 육가공 공장을 한국 실정에 맞게 소형화, 자동화하는 활동을 하고 있다.

김현 헤비스테이크 팀장

헤비스테이크 육가공 공장의 시스템 설계, 시공, 자동화 및 고도화 작업까지 진행한 헤비스테이크 생산유통, HACCP 팀장으로 제조, 생산, 가공, 유통 및 품질관리 전문가다.

무한리필 고깃집 범람…경쟁력 원천은 '고기'
납품 업체 의존도 높은 만큼 꼼꼼히 따져봐야

지속되는 불황과 고물가에 외식업이 침체된 가운데, 한국인의 고기 소비량은 지속 증가하고 있다. 한국농촌경제연구원에 따르면 2022년 처음으로 한국인 1인당 육류(소, 돼지, 닭 등) 소비량이 쌀 소비량을 추월했다. 2023년은 1인당 육류 소비량이 60㎏을 넘어섰다. 2033년에는 65㎏으로 높아질 전망이다.

침체된 외식 시장에서도 고기 소비량은 크게 줄지 않았다. 물론 고물가와 경기 침체로 인해 고깃집 운영이 여의치 않은 것은 사실이다. 하지만 우리나라 사람들이 가장 선호하는 외식 메뉴인 돼지고기, 소고기는 타 업종에 비해 비교적 안정적이다. 한국인뿐 아니다. 외국인 관광객이 늘어나고 있으며 이들의 '최애 메뉴' 중 하나가 한국식 고기구이다. 성수동, 홍대, 연남동 등에선 외국인들이 고깃집에서 불판에 고기를 구워 먹는 모습을 자주 볼 수 있다.

특히 가성비를 앞세운 무한리필 고깃집의 성장세가 두드러진다. 삼겹살 1인분에 2만원이 넘어가는 살인적인 외식 물가 속에, 2만원이 채 안 되는 돈으로 고기와 각종 샐러드 뷔페, 디저트까지 무제한 즐길 수 있으니 인기일 수밖에. 필자가 운영하는 가성비 스테이크 전문점 '헤비스테이크'와 육가공 공장 · 유통 전문 '헤비푸드' 또한 매년 지속적으로 성장하고 있으며 소비자의 가성비 고기에 대한 니즈를 몸소 확인하고 있다. 경기 침체가 지속될수록 불황형 소비, 알뜰 소비는 지속될 전망이다. 이는 무한리필, 초저가 주점처럼 '초가성비' 외식 업체만 살아남는 상황으로 이어질 것이다.

고기 납품 업체 의존도 높은 초가성비 고깃집 매장과 상생하는 업체 선정 체크 포인트는

가격만 낮춘다고, 가격이 저렴하다고 고객은 인정해주지 않는다. 가격을 싸게 해서 매장을 오픈한다면 처음에는 소위 '오픈발'로 잘될 수 있다. 하지만 아무리 싸도 맛이 없거나 받아들이기 어려운 품질이라면 재방문으로 이어지지 않고 그 가게는 곧 문을 닫게 된다. 가격, 맛, 품질, 양이 모두 좋아야 진정한 가성비라 할 수 있다.

대부분 자영업자도 이를 모르는 게 아니다. 다 알고 있다. 다만 이런 가성비를 맞출 수 있는 인프라가 부족할 뿐이다.

고깃집을 운영한다고 가정해보자. 물가가 오르면 고스란히 원가 부담이 높아진다. 고기에 대한 지식과 업체에 대한 정보가 한정적이다 보니 품질 관리나 제품 개발에 있어 한계가 있기 마련이다. 예를 들어, 무한리필 고깃집은 고기 납품 업체에 대한 의존도가 매우 높다. 업체가 납품가를 올리면 원가는 상승하지만 그렇다고 판매가를 바로 올릴 수도 없는 실정이다. 이 경우 빠르게 경쟁력 있는 다른 업체를 찾아야 하는데 현실적으로 어렵다. 어디서 어떻게 찾아야 할지 막막하고 시간과 공수가 많이 들어가는 작업이다.

안정적인 수익 구조의 매장을 운영하기 위해서는 적정 원가율과 맛, 품질을 유지해야 한다. 이를 위해 좋은 식자재를 합리적인 가격에 납품받을 수 있어야 한다. 같은 제품이라 해도 가격이 천차만별이고 품질도 천차만별이다. 수많은 고기 납품 업체 중 나의 매장에 맞는 경쟁력 있는 업체를 선별할 수 있어야 한다.

좋은 납품 업체 찾으려면… 일단 '제조원' 세 군데 가봐라

고깃집을 열려고 할 때 고기는 어디서 사야 저렴하고 좋은 제품을 받을 수 있는지 고민할 것이다. 또한 매장 요구에 맞게 생산, 납품해줄 수 있는 업체를 찾을 수 있는지도 관건이다.

업체를 찾을 때 중요한 것은 '발품을 많이 팔아야 한다'는 것. 집 구하러 다닐 때 한 동네, 한 부동산만 가지는 않는 것처럼 식자재마트, 축산물시장 등 직접 방문해서 확인할 수도 있고 온라인에서도 많은 정보를 검색할 수 있다.
내가 원하는 제품과 최대한 비슷한 상품을 찾은 후 상품정보 표시면에서 제조원(또는 판매원)을 확인한다. 제조원은 해당 제품을 직접 만들고 있는 곳이다. 내가 찾고 있는 제품과 완전히 똑같은 제품이 아니더라도, 비슷한 제품을 생산하는 업체면 내 니즈에 맞는 제품을 제공해줄 수 있는 가능성이 높다. 예를 들어, 족발을 판매하고 싶으면 시중에 유통되는 여러 가지 족발을 먹어보고 내가 찾는 맛과 식감이 가장 비슷한 제조 업체(또는 판매원)에 직접 연락을 취해보는 것이 효율적인 방법이다.
제조원과 음식점 사이에 유통 업체가 끼면 낄수록 단가도 올라가고 정보도 차단된다. 가능하다면 최대한 여러 업체를 찾아 비교 분석하고 선정해야 그 업체와 오래갈 수 있고 내 매장도 안정적으로 운영할 수 있다. 귀찮아서 또는 바빠서 이런 과정을 거치지 않는다면 나중에 더 귀찮은 일들이 생기거나, 금전적 손실을 초래할 수 있다.
여러 후보군을 찾았다면 업체를 선정하기 전 확인해야 할 사항이 여러 가지다.

1. HACCP 인증은 필수

건물을 지을 때 부실한 건축자재로 짓는다면 부실시공이 되고 그 건물은 결국 문제가 생긴다. 음식도 마찬가지다. 맛있는 음식을 만들기 위해 레시피도 중요하지만, 식재료 품질이 좋지 않다면 맛있는 음식을 만들기는 어려울 것이다. 제품의 품질, 위생, 신선도 이런 요소를 생각하면 떠오르는 단어가 있다.
한국식품안전관리인증원에서 관리감독하는 식품의 품질과 위생 관련 인증제도 'HACCP(해썹)'이다. 품질, 위생, 신선도가 좋은 제품을 원한다면 HACCP 인증이 있는 공장인지 우선적으로 확인하는 게 중요하다. 현재 육가공 공장 HACCP 인증 의무화가 진행되고 있어 예전에 비하면 HACCP 인증을 받은 업체를 쉽게 찾아볼 수 있다.*
HACCP 인증을 받은 후 관리를 잘 못하는 업체도 있다. 업체에 방문 신청을 해 생산 공장의 품질, 위생 상태 등을 눈으로 직접 확인할 것을 추천한다. 2~3곳 정도 생산 공장만 방문해봐도 어떤 업체가 관리를 잘하고 있는지 쉽게 비교할 수 있다.

* 식육가공업은 2024년 12월까지, 식육포장처리업은 2029년 1월까지 모든 업체에 HACCP 인증이 의무화된다. 단, 식육가공품이 아닌 일반 절단육, 포장육을 생산하는 업체들은 아직 의무화 기간이 많이 남아 있다.

2. 믿을 만한 '규모'의 업체인가

업체 규모를 살펴보는 것도 중요하다. 탄탄한 업체일수록 안정적인 공급이 가능하다. 오늘 장사를 해야 하는데 제품이 제대로 들어오지 않았다면? 또는 하자가 있다면? 생각도 하기 싫을 것이다. 하지만 이런 일이 더러 발생하고 있는 게 현실이다.

업체의 규모를 확인할 때는 다음 세 가지를 확인해야 한다.

① 공장 시설과 규모

공장 내 시설, 설비투자가 얼마나 됐는지, 또한 HACCP 인증 업체라면 HACCP 관리를 위한 시설 설비투자가 충분히 됐는지 살펴보면 이 업체의 자금 규모를 대략이나마 짐작할 수 있다. 무조건 규모가 큰 업체가 좋은 것은 아니다. 그러나 자금 규모가 영세한 업체는 시장 변화에 유연히 대응할 가능성이 적다. 그리고 시설 설비투자가 제대로 된 업체라면 많은 노력을 한다는 방증이 될 수 있다.

② 납품 채널·납품처의 규모

많은 거래처를 확보하고 있는 업체라면 많은 경험과 정보를 가지고 있을 테니 신뢰할 만하다. 거래처 납품뿐 아니라 직영 매장과 직영 유통몰을 직접 운영하고 있는 업체라면 신뢰도는 더 높아진다. 또한 여러 납품처 및 유통 채널을 보유하고 있다면 원료 회전이 잘될 것이고 그렇다면 제품 신선도도 높을 것이다.

③ 정보의 규모

소고기, 닭고기, 돼지고기 등 원료에 있어 많은 수급처와 생산 정보를 갖고 있는지, 현재 시장 흐름을 제대로 파악하고 있는지, 이를 기반으로 나에게 좋은 정보를 제공해줄 수 있는 업체인지 파악하는 것도 중요하다.

Needs에 맞는 업체인지 디테일 따져봐야

좋은 업체를 찾았다 해도 단가와 발주 수량이 맞지 않으면 거래를 할 수 없다. 저렴한 업체를 찾았다 해도 품질이 일정치 않거나 최소발주수량(MOQ)이 높다면 이 업체와 지속 거래는 힘들 것이다. 적정 원가율과 품질을 유지하기 위해서는 적정 단가로 좋은 제품을 납품할 수 있는 업체 선정이 중요하다.

우선 규모의 경제가 가능한 업체를 찾아야 한다. 거래처나 납품처가 많은 업체는 구매력(buying power)이 있으며 생산원가가 상대적으로 저렴할 것이다.

저렴하다고 무조건 좋은 것은 아니다. 가격과 품질을 함께 비교해봐야 한다. 동일

고기 손질이 잘 안 된 제품(위)과 잘된 제품(아래) 예시. 자료:헤비스테이크

제품 동일 스펙이라면 당연히 가격이 낮은 것이 좋다. 업체 상황이나 마진 구조에 따라 가격 책정은 다를 수 있기 때문이다. 하지만 이 경우 일시적인 건지 아니면 해당 가격으로 꾸준히 납품할 수 있는지 살펴볼 필요가 있다.

납품 가격 이면의 추가적인 디테일을 따져보는 것도 중요하다. 예를 들어 업체에 전화해 "수입산 부채살 스테이크는 얼마인가요?"라고 물어본다면 A업체는 2만원, B업체는 2만3000원, C업체는 2만5000원이라 답할 수 있다. 왜 이렇게 다를까. C업체가 마진을 많이 남겨서? 물론 그럴 수도 있지만 A업체와 C업체는 원산지, 등급 등이 다를 수 있다. 단가만 보고 선택하기보다는 사용하는 원료의 원산지와 등급, 상세 내용을 알아보는 것이 중요하다. 만약 A, B, C 모두 동일한 원육을 사용하는데도 불구하고 가격 차이가 있을 경우, 손질 상태가 어떤지 살펴봐야 한다. 업체에서 받아서 그대로 손님에게 제공해도 되는지, 아니면 매장에서 추가 손질이 필요한지, 후자의 경우 추가 손질 인건비, 추가 손질에 따른 원재료비가 추가 상승하는 점도 고려해야 한다.

위에서 부채살 스테이크를 예로 들었듯 A업체는 손질 없이 절단만 해서 상품을 만들고, C업체는 지방, 근막 등을 다 제거하고 납품해준다면 C업체 거래처가 더 많을 수도 있다. 물론 내 매장 상황에 필요한 스펙이 C업체 제품인지는 살펴봐야겠지만.

단가와 품질 스펙이 맞는 업체를 찾았다 해도 최소발주수량이 맞지 않는다면 거래를 할 수 없다. 업체에 따라 다르겠지만 대규모 제조원의 경우 최소발주수량이 있다. 보통 개인 음식점에서 소화하기 어려운 수량인 경우가 많다. 이 경우 유통기한 내 소진이 어려울 수 있고 보관상의 문제가 발생할 수 있다.

단순 납품만 말고,
매장과 소통하는 납품 업체 찾아라

대화를 많이 하는 부부는 그렇지 않은 부부보다 더 건강한 가정을 꾸릴 수 있다고 한다. 고기 납품도 마찬가지다. 단순히 고기만 납품하는 업체보다 납품받은 고기로 내가 무엇을 판매하고 있는지, 내가 어떤 제품이 필요한지를 잘 들어주고 같이 고민해주는 업체를 찾기 바란다. 사실 이런 서비스를 받으려면 별도 비용이 들거나 공수가 들기도 하지만 업체를 잘 만난다면 이런 서비스까지 받아볼 수 있다. 단순히 영업만 하는 곳이 아닌, 실질적으로 공장의 생산, 운영을 맡고 있는 실무 담당자가 매장 상황과 니즈를 잘 파악하고 그에 맞는 제품 개발을 해줄 수 있는 업체를 만난다면 든든한 지원군을 얻는 것이나 다름없다. 공장의 생산, 운영을 맡고 있는 담당자는 경험과 지식이 많기 때문에 그로부터 정보나 아이디어를 많이 얻을 수 있다.

이슈가 생겼을 때는 같이 고민해주고 유연하게 대처해줄 수 있는 업체를 선택해야 한다.

원재료 가격 변동은 언제나 있어왔지만 코로나19 이후 급격한 물가 상승, 불안정한 세계 정세로 식재료들의 가격이 요동치고 있는 상황이다. 물가 상승으로 인해, 혹은 다른 원인으로 인해 불가피하게 판매 단가를 높여야 한다는 안내문을 많이 받아봤을 것이다. 가격 인상 안내문만 고

지하고 끝인 업체와 원가 상승 방어를 위해 여러 아이디어와 샘플링을 제안해주는 업체, 후자의 업체를 만날 수 있다면 큰 도움을 얻을 수 있다. 대부분 개인 자영업자는 정보의 한계가 있기 때문에 필히 이런 지원을 해줄 수 있는 업체가 필요하다.

또한 스마트 발주 시스템이 있으면 주문, 배송 실수를 줄일 수 있다. 만족하는 업체를 찾았다 해도 발주 · 배송 과정에서 실수가 있다면 매장에 피해가 생길 수 있다. 주문한 제품과 수량이 정확히 배송돼야 한다. 전화 발주, 문자 발주 등의 방법도 있지만 중간에 혼선이 있을 수 있고, 사람이 하는 일이다 보니 실수가 있을 수 있다. 만약 업체에 스마트 발주 시스템이 있다면 최소한 주문한 제품과 수량이 누락될 일은 없을 것이다. 주문한 이력도 모니터링이 돼 관리가 훨씬 수월하다.

끝으로 사전에 클레임 처리 프로세스를 확인해야 한다. 제품을 납품받다 보면 때론 문제가 있는 제품이 배송될 수 있다. 사전에 클레임 처리 프로세스가 있는지 확인하는 것이 중요하다. 만약 프로세스가 없는 업체라면 거래하기 전 클레임 처리 기준과 방식에 대해 정하고 시작하는 것을 권장한다. 문제의 원인은 다양하기 때문에 문제가 발생하고 나서 따지게 되면 서로 피곤한 상황이 발생할 수 있다. 점주의 과실이 아닌 배송이나 업체의 문제라면 빠르고 깔끔하게 처리해주는 업체여야 손실을 줄일 수 있다.

납품 업체 의존도 높은 업종일수록 까다롭게 선별해야

납품 업체에 대한 '의존도'가 높은 업종일수록 좋은 업체 선별이 더더욱 중요하다. 좋은 업체를 만나기까지 많은 시간과 노력이 필요하고 시행착오도 필요하다. 귀찮다고 해서 현실에 안주하기보다는 도움이 될 만한 업체를 찾는 노력을 계속 기울여야 매장을 안정적으로 운영할 수 있음은 물론이다.

조경진 고수와 1:1 상담 문의는 여기로! »

폐업의 시대…
폐업자 806명 만나보니

정예희
어게인 대표

2015년부터 소상공인시장진흥공단의 사업정리 컨설팅을 시작하여 지역신용보증재단의 소상공인 컨설턴트로 활동하고 있다. 2016년, 2017년, 2021년 소상공인시장진흥공단 이사장상을 수여하였으며, 흔들리는 창업 시장 속에서 창업자들이 다시 일어설 수 있는 기회를 만들 수 있도록 다양한 컨설팅 사례와 분석을 기반으로 하여 코칭과 경영 전략 컨설팅을 하고 있다.

폐업 잘하는 것도 엄청난 '경쟁력'
위험 요인 상존…장사 선배 만나고 플랜B 세워라

98만6487명.

2023년 폐업 신고를 한 사업자 수다(국세청 자료). 전년 대비 약 12만명이 급증, 2006년 관련 통계 집계 이후 최고치를 경신했다.

필자는 2015년부터 소상공인시장진흥공단(소진공)과 부산, 울산, 경남 지역의 신용보증재단에서 소상공인 컨설턴트로 활동을 하고 있다. 그중 사업정리 컨설팅만 소진공 772건, 경남신용보증재단 34건 등 806건 진행했다. 이 경험을 토대로 주요 폐업 사례와 교훈, 재기를 위한 정보 등을 전하고자 한다.

자영업자 폐업 사례와 원인

직원 교육 미흡·교통 변화 예측 실패에 발목

필자가 사업정리 컨설팅 현장에서 직접 본 주요 폐업 사례는 다음과 같다.

부산 전포카페거리에서 커피 전문점을 운영하던 A씨는 창업 비용을 과다하게 투자해 창업했다. 창업 초기에는 꾸준한 매출을 올렸지만, 시간이 지남에 따라 주변에 대형 프랜차이즈 커피숍과 다양한 콘셉트를 가진 유사한 업종이 늘어나면서 경쟁이 심화됐다. A씨는 프랜차이즈의 마케팅, 브랜드 인지도를 이기지 못했고, 원가 절감이 어려워 가격 경쟁에서

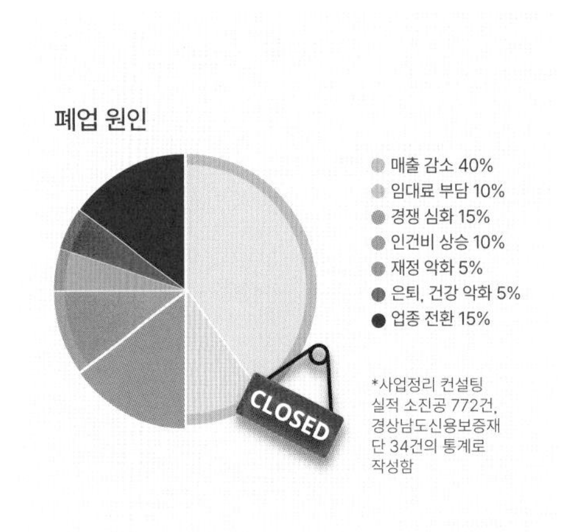

불리해졌다. 고객들에게 강한 인상을 남길 만한 차별화된 메뉴나 서비스가 부족해 폐업을 결정했다.

B씨는 경남 창원에서 20년 이상 의류 소매점을 운영한 경력을 갖고 있다. 그러나 빠르게 변하는 유행과 짧은 패션 주기, 재고 부담, 온라인 쇼핑몰의 증가에 적절히 대응하지 못했다. 갈수록 고객이 줄어 지속적인 적자로 인해 폐업 절차를 밟게 됐다.

C씨는 울산 대단지 아파트와 주거 상업지가 배후에 있는 A급 상권에서 미용실을 운영했다. 직원 교육이 미흡해 서비스 업종임에도 불구하고 서비스 품질에 대한 불만이 늘어나며 고객 리뷰가 악화됐다. 끝내 부정적인 피드백을 개선하지 못한 채 반복되는 서비스 문제로 재방문 고객이 줄었고 결국 폐업으로 이어졌다.

진주혁신도시 내에서 소매점을 운영하던 D씨는 건강이 악화됐다. 최저시급 인상으로 인건비 부담이 높아지자 직원을 줄이고 휴일도 없이 하루 14시간 일을 했기 때문이다. 그나마 무급으로 일을 하는 부모님 도움을 받아 운영하던 중 미성년자에게 담배를 판매한 것이 걸려 영업정지와 벌금을 받게 됐다. 결국 대형마트와 편의점 이용 고객에게 외면을 당하면서 폐업을 결정했다.

E씨는 생계형 창업으로 가족 경영 삼겹살 전문점을 운영했다. 동일한 사업장에서 7년간 장사를 이어왔지만, 치킨 → 감자탕 → 삼겹살로 업종 전환을 3번 거치면서, 인테리어 비용을 빚으로 충당했다. 빚이 불어나며 배우자 명의로도 대출 채무와 카드론 채무가 발생, 신용 문제로 인해 폐업을 할 수밖에 없는 상황에 이르렀다. 상품이나 서비스를 다각화하여 새로운 수익원을 창출하거나, 경쟁자와 차별화된 강점을 부각시키지 못하고 섣부른 아이템 변경과 재무 관리를 철저히 하지 못한 것이 패착이었다.

F씨는 경남 함안 지역 내 오랜 기간 운영해온 오리 요리 전문점을 인수, 2년간 순조롭게 운영했다. 그러던 중 가게 앞 도로가 폐쇄되고 새로운 도로가 생긴다는

통보를 받았다. 가게 앞 도로가 폐쇄되면 통행이 불편해지면서 고객이 감소하고 새로 생긴 도로 이면에 다른 상권이 형성될 수 있었다. 그럼 매출이 악화될 것으로 판단, 조기에 폐업을 결정했다. 이는 초기 입지 선정 시 장기적인 지역 발전 계획이나 교통 변화 등을 충분히 고려하지 못하여 생긴 결과다.

이상은 자영업자들이 직면하는 다양한 도전과 위험 요인을 보여준다. 다양한 실패 사례에서 중요한 교훈을 얻고 재도전할 수 있는 기회를 마련하는 것이 중요하다. 성공적인 경영을 위해서는 철저한 시장조사, 비용 관리, 서비스 품질 유지, 변화하는 트렌드에 대한 적응력, 그리고 위기 상황에 대한 대비가 필요하다.

소진공 재기 지원 프로그램 적극 활용해볼 만

자영업자를 위한 제도를 적극 활용하는 것도 방법이다. 소진공은 자영업자가 사업 실패 후 재기할 수 있도록 다음과 같이 다양한 지원 프로그램을 운영하고 있다.

① 재창업 지원 프로그램

재창업을 원하는 자영업자에게 교육, 멘토링, 자금 지원 등을 제공하여 재기를 돕는다. 자영업자의 재기 성공률은 과거보다 높아졌다. 교육 · 멘토링 프로그램 참여자 중 약 70%가 재창업 후 1년 이상 사업을 유지하고 있는 것으로 나타났다.

② 사업정리 지원 프로그램

폐업 과정에서 발생하는 행정 절차, 세무 신고, 철거 · 원상복구 비용, 심리 상담, 채무 조정 등을 지원해 자영업자의 재정적, 심리적 부담을 완화해준다. 폐업 지원 프로그램을 통해 약 60%의 자영업자가 폐업 후 빠른 재기에 성공했다. 재정적 어려움과 법적 문제 해결을 위한 금융 지원 및 법률 상담도 제공한다.

③ 전환 교육 및 취업 지원 프로그램

폐업 후 재창업 외에 새로운 직업으로 전환할 수 있도록 교육과 취업 지원을 제공한다.

④ 경영개선사업화 프로그램

자영업자와 소상공인의 경영 역량 강화를 위해 '경영개선사업화' 프로그램을 운영한다. 맞춤형 컨설팅, 사업화 지원금, 마케팅 · 판로 개척 지원, 정보화 지원, 교육 · 역량 강화 관련 교육을 통해 소상공인의 애로 사항을 해소해주고 경영 능력을 향상시킨다.

75세 할머니도 B마트 활용
끊임없이 학습하고 장사고수 만나라

다음은 필자가 수많은 폐업 사례와 재기 성공 사례를 지켜보며 얻은 교훈이다.

① 창업 전 시장조사를 철저히 하라

많은 자영업자가 초기 시장조사 부족으로 수요가 적거나 경쟁이 치열한 시장에 진입해 실패했다. 창업 전에 시장조사와 분석에 충분한 시간을 투자해야 한다. 업계의 경쟁 상황, 소비 트렌드, 수요와 공급의 균형 등을 철저히 분석하는 것이 중요하다.

② 유연한 비즈니스 전략 필요

사업 환경은 빠르게 변한다. 고정된 사업 모델이나 계획만 고집하지 말고, 필요에 따라 전략을 조정하고 개선할 수 있어야 한다. 외부 환경 변화나 예상치 못한 상황에 유연하게 대응하지 못해 폐업한 사례가 많다. 변화에 대한 적응력과 유연성을 갖추는 것이 중요하다.

③ 창업 초기부터 철저한 비용 관리와 재무 계획 탄탄히

고정 비용(임대료, 인건비 등)과 변동 비용을 정확히 계산하고, 예상치 못한 상황에 대비해 비상금을 마련하는 것이 중요하다. 월매출에서 지출 비용을 빼고 남는 수익이 없더라도 3~6개월은 사업을 유지할 수 있는 여유자금을 반드시 확보해야 한다. 비용 절감과 재정건전성 확보는 필수적이다.

④ 예상치 못한 상황에 대비하라

경기 침체, 자연재해, 팬데믹 등 다양한 위기에 대비한 계획을 마련해놔야 한다. 위기 상황에서도 최소한의 피해로 사업을 유지하기 위해서다. 많은 자영업자가 외부 충격(코로나19 팬데믹 등)으로 인해 갑작스럽게 문을 닫아야 했다. 위기 상황에서도 사업을 지속할 수 있는 계획이 필요하다.

⑤ 끊임없이 학습하고 자기 계발하라

변화하는 시장 환경과 트렌드에 대응하기 위해서는 경영, 마케팅, 재무 관리 등 사업 운영에 필요한 지식과 스킬을 지속적으로 업데이트해야 한다.

초기 성공에 안주하지 않고, 지속적으로 변화와 혁신을 추구하는 자세가 중요하다. 성공적인 자영업자는 끊임없이 학습하고 발전하는 데 집중한다. 마케팅이나 홍보를 모른다고 안 하고, 못한다고 미루지 말라. 수유전통시장 75세 할머니도 배민B마트에 입점해 매달 평균 100만원 이상 매출을 내고 있다. 요즘은 아는 만큼 보이는 게 아니라, 아는 만큼 마케팅 광고 사기를 안 당한다.

⑥ 장사고수, 선배 창업가와 적극적으로 네트워킹하라

폐업한 많은 자영업자들은 정보 부재와 고립된 상태에서 어려움을 겪었다. 다른 사업자나 전문가와의 네트워킹을 통해 다양한 정보를 얻고 협력할 수 있는 기회를 만들어야 한다. 비즈니스 커뮤니티나 정부지원 기관, 지자체 유관 기관과의 적극적인 네트워킹이 필요하다.

우리 주변에는 성공한 창업가 수보다 힘겹게 사업을 이어가고 있는 자영업자가 더 많다. 성공한 창업가는 우리가 헤아릴 수 없는 노력과 시간, 자본을 투자했을 것이다. 또한 수많은 실패를 먼저 경험해 본 분들이다. 장사고수의 노하우가 담긴 글과 몇 마디 말만 접하고 당신도 그들과 같아질 것이라 생각하면 오산이다. 직접 만나 그들의 경험과 노하우를 적극 배워야 한다.

⑦ 실패에 대비, 재기를 위한 플랜B를 마련하라

'창업이 실패할 수도 있다'는 가능성을 염두에 두고, 재기를 위한 계획도 마련해 둬야 한다. 실패 후 재기에 성공한 자영업자들은 실패를 교훈 삼아 새로운 전략과 계획을 세웠다. 필요한 경우, 창톡 장사고수나 경영 컨설턴트, 멘토의 도움을 받아 현재의 상황을 분석하고 해결책을 고민해보는 것도 좋은 방법이다.

폐업 사례를 통해 창업자들은 사업 운영의 복잡성과 위험성을 이해할 수 있다. 철저한 준비와 지속적인 학습, 유연한 대응 전략이 수반된다면 성공 확률을 높일 수 있을 것이다.

정예희 고수와 1:1 상담 문의는 여기로! >>

라이프스타일 변화가 불러올 7대 외식업 뉴트렌드

이도원
이관복명장냉면·쇼부다·백산화로 대표

창업 1년 만에 6개의 매장 오토화시킨 백산화로 및 이관복명장냉면 대표, 2년 차에 빠른 속도로 가맹점 확장에 나서며 프랜차이즈 박람회 2회 강연 등 다방면으로 활약 중이다.

불황에 다시 '본질'로…회식은 싸고 맛있게 카레·우동·닭갈비·곱창 非독점 메뉴 각광

1. 개인화

쪼개진 개인 취향 후벼 파는 '뾰족한 콘셉트' 필요

'회식 거절'의 시대다. 이제 팀장은 말단 사원에게 눈치 주지 못한다. 오히려 살살 눈치 봐야 할 지경이다. 'MZ'라는 단어는 무섭기까지 하다. 집단은 개인으로 쪼개진다. 8명 사이좋게 8잔 '소맥' 말던 시절은 갔다. 누구는 하이볼, 누구는 라이트맥주, 누구는 물을 마시고, 또 누구는 개인사로 먼저 귀가한다.

정 없어 보인다는 지적도 있지만 어쩔 수 없다. 집단보다 개인으로 존재하며 즐길 콘텐츠가 너무 많다. 그리고 2025년, 이 현상은 필연적으로 심화된다. 우리가 개성으로 칭했던 것들은 더 이상 개성이 아니게 된다. 1만명은 1만개의 다른 소비 패턴을 만든다. 이 커다란 흐름에서 기회를 엿볼 수 있다.

쪼개진 개인들을 타기팅하는 미세, 정밀 조준이 필요하다. 회식은 쪼개졌지만, 흩어진 개인들은 취향을 중심으로 다시 뭉친다. 이들은 1가지 뾰족한 취향을 중심으로 커다란 커뮤니티를 형성한다. 돈가스만 먹고 사는 남자, 평양냉면에 아주 미친 사람, 전국 김밥을 다 먹고 책을 쓰는 사람 등이 열렬한 팬덤을 양성한다. 뾰족하면 된다. 누구보다 뾰족하면, 쪼개진 개인들의 취향을 후벼 팔 수 있다면, 그들을 다시 뭉치게 할 수 있다.

주의점은 하나다. 잠재 고객이 충분한지 검토돼야만 한다. 아무리 잘 만든 콘셉트도 없는 수요를 창출하기란 힘들다. 타깃 시장 파이를 먼저 분석하고, 내걸고자 하는 콘셉트에 혹할 수 있는 대상이 충분히 존재하는가가 성공의 핵심이다.

2. 양극화

승자 독식 안 된 업종 선택하거나, 승자가 되거나

'자영업 트렌드 2024'에서 예측했듯 양극화는 심해졌다. 인구는 줄고, 점포는 많아졌다. 휑한 가게는 장사가 안된다는 외식업의 기본 속성에 의해 양극화는 부추겨졌다. 게다가 외식 콘텐츠 소비량이 급증했다. 잘되는 가게는 콘텐츠 싸움에서도 이긴다. 어떤 매체든 상위에 노출되고 승자 독식 구조는 더욱 단단하게 굳어진다.

필자가 제시하는 해법은 2가지. 승자가 독식하지 않은 업종을 선택하거나, 승자가 되는 것이다.

전자는 '진입장벽'이나 '실력'과 연관이 깊다. 실력의 개입이 많은 업종일수록, 진입장벽이 높을수록 양극화 현상은 심화된다. 1등 가게가 모든 손님을 흡수하는 구조로 간다. '장어, 냉면, 초밥, 설렁탕' 같은 업종이 그렇다. 반면 '카레, 우동, 닭갈비, 곱창, 고기 뷔페' 등은 상위권과 하위권 차이가 극심하지 않다. 실력으로 승부하기보다 업종 자체로 승부하기 때문이다. 양극화가 계속해 심화되는 배경에서 안전성을 높이려면 매출 차이가 크지 않은 업종을 선택해야 한다. '모 아니면 도'에서 멀어질 수 있는 전략이다.

후자는 진입장벽을 크게 높여 승자로 자리 잡는 것이다. 양극화가 깊어지는 배경이 누군가에게는 기회의 영역일 수 있다. 그 누군가는 진입장벽을 크게 쌓을 수 있는 실력과 자본력, 기획력을 가진 사람일 것이다. 승자 독식 구조가 굳는다는 것은, 승자의 안정성이 높아진다는 얘기도 된다. 따라서 단발성 창업보다는 인내심과 깊이 있는 창업을 추천한다.

3. 체험 소비

'야장' '근교 맛집' 키워드 검색량 폭증… '체험'을 제공하라

'야장' 검색량이 폭증했다. 2016년 대비 '300배'라는 놀랄 만한 숫자도 보인다. '근교 맛집'이라는 검색량도 우상향 그래프를 그린다. '계곡 맛집'도 그렇고 '광장

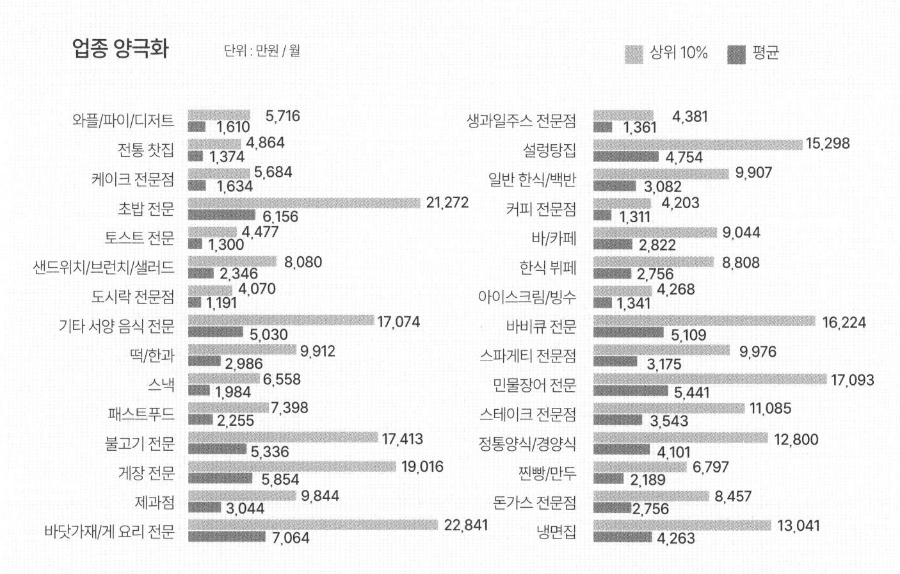

업종 양극화
단위 : 만원 / 월
상위 10%
평균
와플/파이/디저트 5,716 1,610
전통 찻집 4,864 1,374
케이크 전문점 5,684 1,634
초밥 전문 21,272 6,156
토스트 전문 4,477 1,300
샌드위치/브런치/샐러드 8,080 2,346
도시락 전문점 4,070 1,191
기타 서양 음식 전문 17,074 5,030
떡/한과 9,912 2,986
스낵 6,558 1,984
패스트푸드 7,398 2,255
불고기 전문 17,413 5,336
게장 전문 19,016 5,854
제과점 9,844 3,044
바닷가재/게 요리 전문 22,841 7,064
생과일주스 전문점 4,381 1,361
설렁탕집 15,298 4,754
일반 한식/백반 9,907 3,082
커피 전문점 4,203 1,311
바/카페 9,044 2,822
한식 뷔페 8,808 2,756
아이스크림/빙수 4,268 1,341
바비큐 전문 16,224 5,109
스파게티 전문점 9,976 3,175
민물장어 전문 17,093 5,441
스테이크 전문점 11,085 3,543
정통양식/경양식 12,800 4,101
찐빵/만두 6,797 2,189
돈가스 전문점 8,457 2,756
냉면집 13,041 4,263
※출처:나이스지니데이타, POS 데이터(10만개) 점포당 평균 매출 10분위 분석

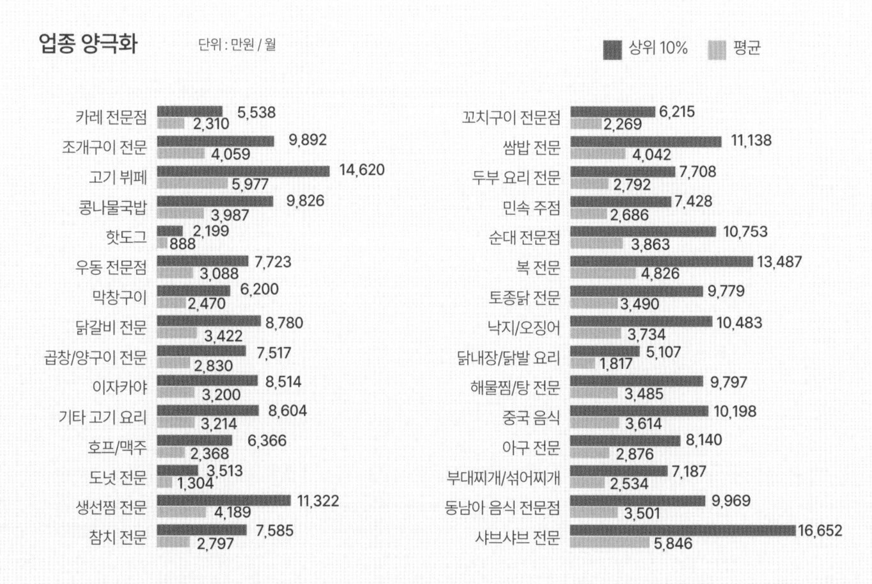

업종 양극화
단위 : 만원 / 월
상위 10%
평균
카레 전문점 5,538 2,310
조개구이 전문 9,892 4,059
고기 뷔페 14,620 5,977
콩나물국밥 9,826 3,987
핫도그 2,199 888
우동 전문점 7,723 3,088
막창구이 6,200 2,470
닭갈비 전문 8,780 3,422
곱창/양구이 전문 7,517 2,830
이자카야 8,514 3,200
기타 고기 요리 8,604 3,214
호프/맥주 6,366 2,368
도넛 전문 3,513 1,304
생선찜 전문 11,322 4,189
참치 전문 7,585 2,797
꼬치구이 전문점 6,215 2,269
쌈밥 전문 11,138 4,042
두부 요리 전문 7,708 2,792
민속 주점 7,428 2,686
순대 전문점 10,753 3,863
복 전문 13,487 4,826
토종닭 전문 9,779 3,490
낙지/오징어 10,483 3,734
닭내장/닭발 요리 5,107 1,817
해물찜/탕 전문 9,797 3,485
중국 음식 10,198 3,614
아구 전문 8,140 2,876
부대찌개/섞어찌개 7,187 2,534
동남아 음식 전문점 9,969 3,501
샤브샤브 전문 16,652 5,846
※출처:나이스지니데이타, POS 데이터(10만개) 점포당 평균 매출 10분위 분석

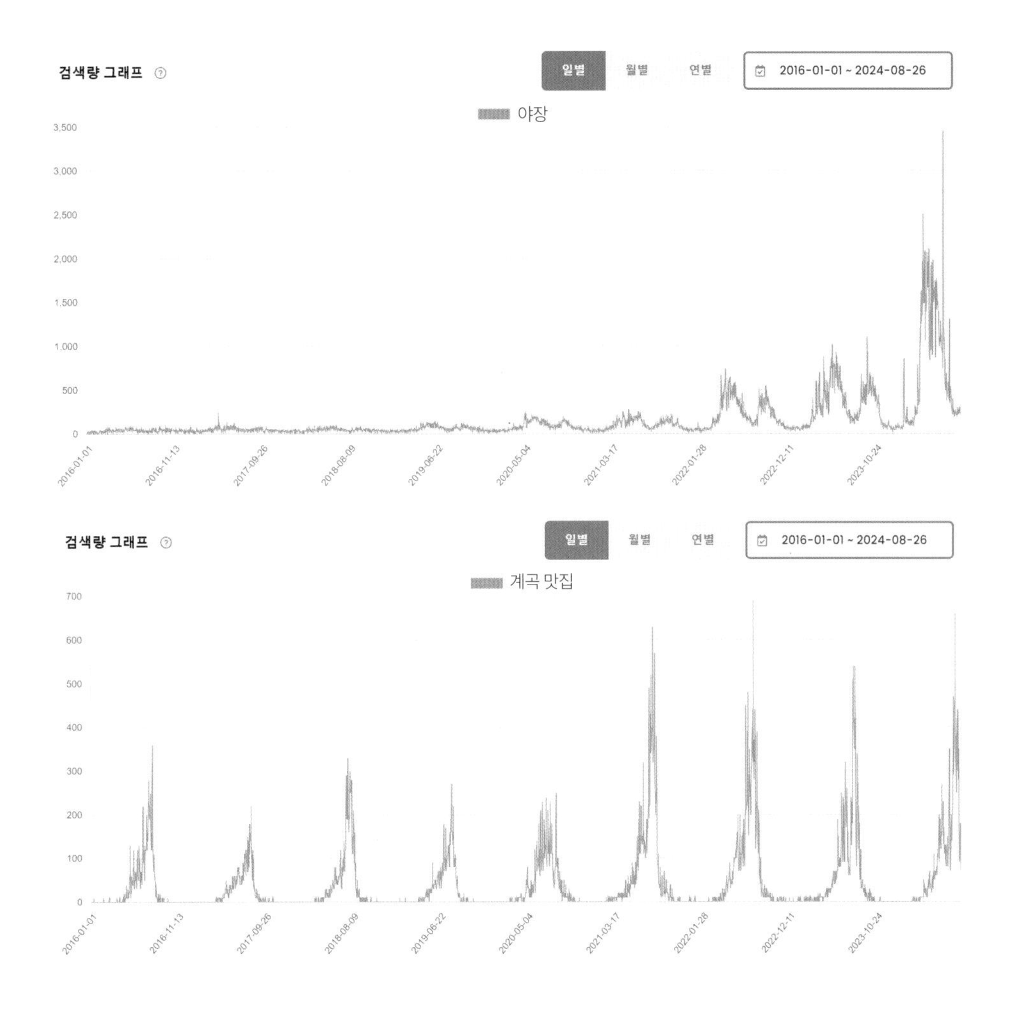

시장' 같은 전통시장 역시 인기가 좋다. 공통점이 있을까.

이제 외식은 음식 섭취만을 목적으로 하지 않는다. 사람들은 원하는 경험을 위해 기꺼이 1시간 넘는 웨이팅을 하고, 1시간 넘는 거리를 왕복하고, '야장'이라는 감성을 소비하고, 계곡 평상을 굳이 찾아간다. 20년 넘게 꾸준히 제기되던 대한민국 전통시장 문제도 꽤나 개선돼 보인다. 그렇게 신음하던 시장 사람들의 목소리는 간단히 묻혔지만, 이제 소비자들은 비위생적이라는 비판은 접어두고 자발적으로 전통시장에 찾아간다.

음식 위에 추가로 체험을 얹어줄 수 있는

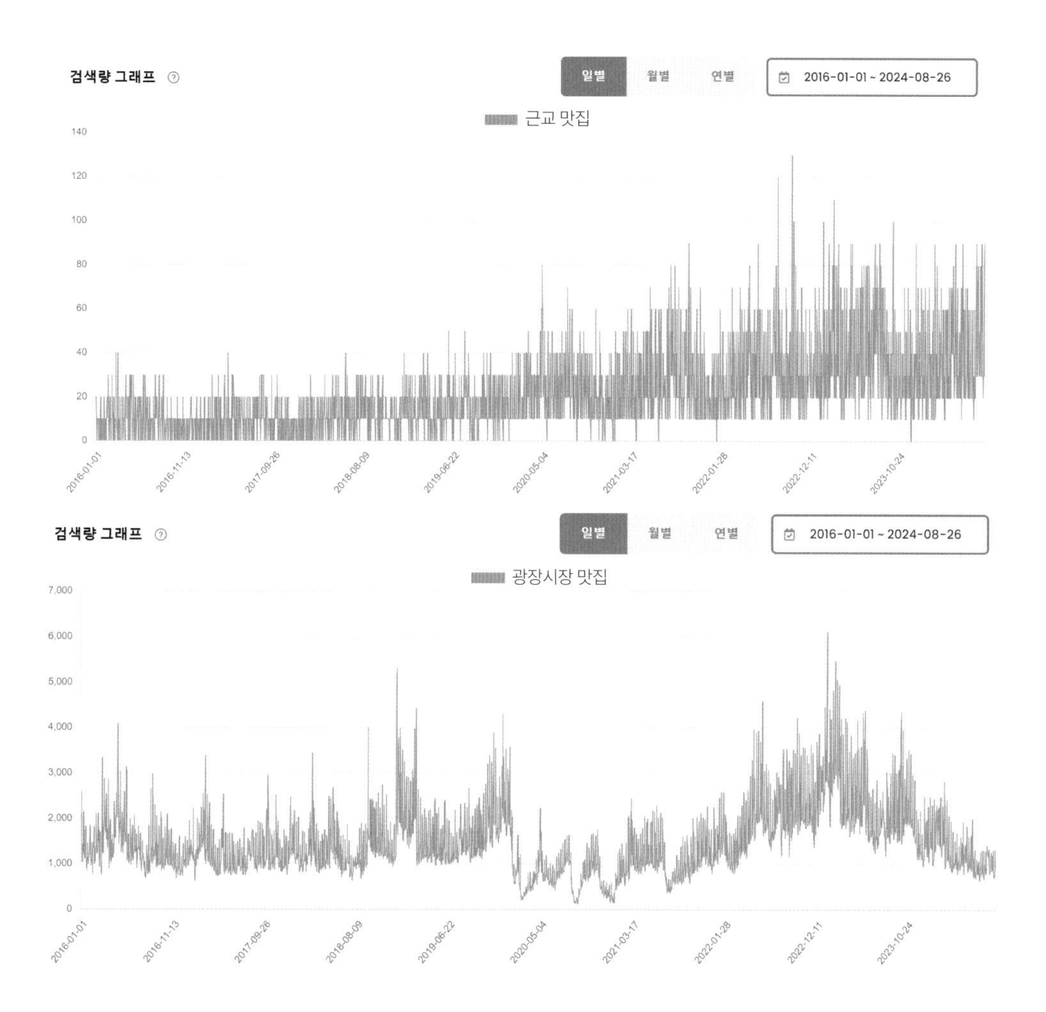

가게는 더욱 성업할 것이다. 삼겹살과 야장 삼겹살은 똑같은 음식이지만 다른 경험을 준다. 옆 나라 일본에는 아기 돼지를 만져볼 수 있는 카페가 성업하고 중국에는 인간과 똑같이 생긴 여성 로봇이 음식을 서빙하고 있다. 체험을 제공할 수 있다는 무기는 2025년, 더욱 강력해질 것이다.

4. 효율주의

'외식의 본질'에 주목… 가깝고 빠르고 맛있고 싸면 '굿'

앞서 체험형 소비가 증가한다고 했다. 비슷한 맥락에서 보면 스토리를 담은 브랜드, 비건과 같은 가치 소비를 위한 브랜드, 취향을 저격하는 브랜드 등이 대세다. 그리고 이 같은 거대한 추세에는 역시나 반대파가 양성되는 세상사 뻔한 흐름이 만들어진다.

취향도, 경험도, 기호도, 체험도 다 필요 없다. 이들에게 음식점은 가깝고, 빠르고, 싸고, 맛있으면 된다. '음식 판매업' 본질에 가장 충실한 콘셉트가 주목받는 것이다.

이런 이유로 배고픔 해소에 가장 효율적인 식당이 발전한다. 우리의 외식 시장과 꽤나 닮았다는 일본에서는 이미 대중 보편적 형태로 자리 잡았다. 장기적 경기 불황도 한몫 기여했을 테다. 주머니 사정이 열악할수록 우리는 많은 것을 따질 수 없다. 효율을 추구할수록 간단명료해진다. 가까이 있고, 맛있고, 싸면 된다.

5. 성분표를 본다

자기 관리 시대 '닭고기' '저당' '고단백' 주목

'제로' 시대에 '고단백' '저지방' '저탄수' '저당' 등 소비자들은 성분비에 따라 구매를 결정할 것이다. 특히 저당과 고단백에 주목해야 한다.

제로 음료 성장세가 무섭다. 편의점 G사는 제로 음료가 일반 음료 매출을 넘어서기까지 했다. 이는 매우 급진적 변화다. 아직 개척할 수 있는 음료 시장 파이도 많이 남아 있다. 제로를 내세운 커피 전문 브랜드가 가장 먼저 떠오른다.

고단백에 주목해야 하는 이유는 이것이다. 남성 자기 관리의 시대다. "남자도 관리를 해야 한다"는 콘텐츠가 쏟아진다. 해외 선진국처럼 젊은 남성이 헬스장에 가는 비율이 많아지고 자연스레 단백질 관련 음식들이 발전한다. 이런 분위기에서는 닭고기가 가장 유망하다. 이후 소고기, 돼지고기 순서다. 고단백 음료 역시 빠질 수 없는 주목 대상이다.

6. 안 남는다

인건비 문제 해결할 '조리 간소화' '고마진' 아이템 각광

예사말이 아니다. 정말 안 남기 시작했다. 외식업 마진 구조는 급격히 열악해져왔고 2025년에는 더 이상 버틸 수 없는 지경에 이를 것이다. 자영업자는 뭉쳐 일어나 많은 논쟁과 사회적 비용을 야기할 것이다. 정치계는 반응하고 나름의 정책 변화도 있을 것이다. 하지만 우리에게 중요한 것은 이게 아니다. 초점은 해법에 맞춰져야 한다.

초저가나 뷔페같이 뻔한 이야기는 생략하겠다. 예상되는 돌파구의 양상은 결국 돈이 남게 하는 무언가다.

첫째는 '고마진 업종'이다. 한식같이 마진 구조가 열악하고 인건비 비중이 높은 업종은 살아남기 힘들다. 게다가 배달 강세로 한식은 '진짜 집밥'의 영역이 돼가고 있다. 따라서 밥류보다는 예로부터 마진이 좋다는 면류에 좀 더 기대를 걸어볼 수 있다. 어쨌든 큰 틀에서의 초점은 고마진 상품에 맞춰질 것이며, 창업과 연구개발 역시 고마진 가능성이 있는 영역으로 집중될 것이다.

둘째로 '인건비'에 중지를 모을 것이다. 어떻게든 인건비를 축소하기 위한 투철한 노력이 따라올 수밖에 없다. 따라서 복잡한 음식보다는 조리 간소화 가능성이 높은 음식이 유망하다. 이는 '효율주의' 흐름과 결합돼 운영 효율적이며 값이 싼 단일 품목 업종의 부흥을 불러일으킬 것이다.

7. 기타

막걸리, 푸드몰 유행 예감…핵심은 '불황'

그 외 간략히 언급할 트렌드들이 있다.

우선 주류는 막걸리가 주목받을 것이다. 트렌드의 기본 속성은 '주기성'에 있다. 특히 외식 업계의 컬래버 열풍에 힘입어 막걸리가 슬금슬금 대중에게 어필되고 있다. 야쿠르트, 칠성사이다, 쉑쉑버거, 롯데리아 등 막걸리 이미지를 힙하게 만들어줄 협업 제품이 끊임없이 쏟아진다. 물론 '담금주' 같은 사소한 유행도 있지만 2025년 주류 트렌드의 큰 줄기는 막걸리에 있을 확률이 높다.

평양냉면도 유행이다. 이것은 취향 소비의 한 사례로써 해석할 수 있는데, '와인, 민트초코, 마라탕' 등을 외쳤던 소비자 심리와 유사한 결이다. 앞으로는 "그걸 왜 먹어?"라는 질문을 유도할 수 있는 음식이 한차례 유행을 끌고 갈 가능성 있는 품목이라 할 수 있겠다.

푸드몰도 유행이다. 대표적으로 '하우스 오브 신세계'는 치밀한 기획의 결과로 F&B 업계의 찬사를 받고 있다. 푸드 집합 공간의 경우 상당한 비용이 투입된다는 특성이 있어 실력 있는 기획자가 붙을 가능성이 높다. 이슈몰이만 가능하다면 건물 내 죽어 있는 지하층도 살릴 가능성이 있기에 크게 베팅해볼 만하다.

사실 2025년 자영업 트렌드의 핵심은 '불황'에 있다. 한국 자영업은 명백한 위기를 맞았다. 처절한 구조조정 대잔치가 예견돼 있는 작금의 사태를 어떻게 헤쳐나갈 것인지, 고뇌가 필요하다.

이도원 고수와 1:1 상담 문의는 여기로! »

STORE

PART 5

요즘 해외에서는 어떤 트렌드가…

일본 최고 인기 메뉴 '카츠동'의 변천

네모
일본 미식 작가

도쿄에서 태어나 살고 있는 일본인 미식 작가. 서강대 어학당에서 한국어를 배웠다. 한일 양국에 요리와 식문화에 정통하고, '알고 먹으면 더 맛있다'라는 철학으로 한국인에게 도쿄 맛집을 소개하고 있다. 한국에서 출판한 저서로 '진짜 도쿄 맛집을 알려줄게요' '텐동의 사연과 나폴리탄의 비밀' 등이 있다.

한국서 돈카츠는 인기 높은데 카츠동은 왜? '텐동'처럼 인기 얻는 날 올까

일본인 미식 작가인 필자는 2010년대 초반부터 한국과 일본을 오가며 양국의 외식 문화, 트렌드를 자연스레 비교해왔다. 그러면서 늘 신기하게 생각한 것은, 한일 양국에서 돈카츠는 인기가 높은데, '카츠동의 지위'는 큰 차이가 있다는 사실이다. 한국에서는 원래 경양식으로 돈카츠를 자주 먹고, 최근에는 일본식 돈카츠집도 많이 늘었다. 물론 일본에서도 돈카츠는 라멘, 카레와 함께 여전히 인기 높은 외식 장르다. 하지만, 카츠동은 얘기가 다르다. 필자가 보기에는 한국인보다 일본인이 훨씬 카츠동을 좋아하고 자주 먹는 것 같다.

일본은 대부분 돈카츠집에서 카츠동도 같이 판다. 돈카츠와 카츠동 인기에 별 차이가 없다. 오히려 점심시간에 약간 저렴하게 먹고 싶은 손님에게는 카츠동이 더 인기가 높다.* 일본에서 카츠동을 비롯한 돈부리(덮밥류)는 일종의 패스트푸드에 해당, 회전율이 높은 메뉴다. 카츠동을 먹을 수 있는 가게도 다양하다. 한국에서 카츠동은 일본식 돈부리집의 메

* 일반적으로 돈카츠 정식보다 단품으로 나오는 카츠동 가격이 저렴하기 때문이다.

도쿄 긴자에서 처음으로 돈카츠 전문점으로 개업한 '바이린(梅林)'의 스페셜 카츠동(히레카츠동, 2000엔). 서울에도 진출한 가게다.

뉴 중 하나 정도지만, 일본에서는 돈카츠 집이나 돈부리 체인점 외에도 소바집, 정식집에서도 흔히 접할 수 있다.
필자는 한국인으로부터 "일본에서 핫한 음식이 무엇인가?"라는 질문을 많이 받는다. 그럴 때면 솔직히 대답하기 곤란할 때가 종종 있다. 일본은 한국만큼 트렌드 변화가 빠르지 않고, 폭발적으로 대박이 나는 음식이 별로 없기 때문이다. 그렇지만 한국인에게 알려주고 싶은 것이 없는 것은 아니다. 늘 새로 나온 음식에만 주목하는 것보다 현지에서 오랫동안 정착하고 당연한 것처럼 먹는 것에 오히려 새로운 발견이 있을 수 있다고. 일본인에게 있어 '당연한 음식'인 카츠동을 소개하려는 배경이다.
카츠동도 일본에서는 종류가 다양하다. 각 카츠동의 배경이나 맛, 그리고 최근 SNS에서 주목받는 새로 나온 종류까지 살펴보자. 일본에서 사랑받는 카츠동이 한국에서 그대로 통용될지는 모르겠다. 다만, 최근 양국 간의 교류가 늘어나고 있는 만큼, 혹시 가게를 차릴 때 조금이나마 참고가 됐으면 좋겠다는 마음이다.

카츠동의 종류: 일본 현지에는 어떤 카츠동이 있는 걸까

카츠동

카츠동이란 돈카츠(주로 등심카츠) 위에 양파에 푼 달걀을 뿌리고 간장 베이스 국물을 넣고 끓여 밥에 얹는 덮밥을 말한다. 일부러 잘 끓이지 않고 달걀을 반숙란 상태로 만들곤 하는데, 이건 일본인이 날달걀을 밥에 얹어 먹는 것을 좋아하기 때문이다.** 살짝 끓인 카츠동은 바삭한 튀김옷 식감이 약간 남아 있고, 그 절묘한 식감을 좋아하는 일본인이 많다. 색깔을 예쁘게 만들기 위해 미츠바(미나리의 일종)나 그린피스(완두콩의 일종)를 같이 올리기도 한다.
카츠동을 처음 판매한 곳은 도쿄에 있는 어떤 소바집이라고 한다. 1910년대, 당시 고급 양식으로 인기를 모았던 돈카츠를 소바집의 사이드 메뉴로 내고 있었다고. 그런데 잔치가 갑자기 취소되는 경우가 있었고, 그때 식은 돈카츠를 다른 손님에게 낼 수도 없어서 고민을 했다. 그 와중에 어떤 단골손님이 "그럼 오야코동(닭고기계란 덮밥)처럼 푼 계란을 뿌려서 끓이고 덮밥으로 내면 어때?"라고 제

** 가게마다 달걀을 익히는 정도는 달라진다.

안했다. 그렇게 개발된 카츠동이 소문이 나며, 많은 가게에서 판매하기 시작했다.

히레카츠동

일반적으로 카츠동에는 로스카츠(등심카츠)를 사용하지만, 히레카츠(안심카츠)를 사용하는 메뉴도 있기는 하다. 붉은 살인 히레카츠는 비계를 잘 못 먹는 사람이 주문하는 경우가 많다. 하지만 일본에서는 '돈카츠와 카츠동은 비계가 있어야 맛있다'는 인식이 있다.*** 그래서 히레카츠동을 파는 가게는 그리 많지 않은 편이다. 참고로 히레카츠동은 안심살 40~60g을 3장 정도 얹어 내는 곳이 많다. 일반적인 카츠동(로스카츠동)은 등심살 80~110g을 하나 얹는다.

소스카츠동

밥 위에 채 썬 양배추를 얹고, 그 위에 돈카츠와 소스를 뿌린 것을 소스카츠동이라고 한다. 카츠동은 간장 베이스 국물로 끓인 스타일이 일반적이지만, 별도로 이런 메뉴를 제공하는 가게도 있다.****
간장이 아니라 새콤달콤한 돈카츠용 소스를 뿌린 것이라 그냥 정식을 시켜 돈카츠를 반찬 삼아 먹으면 될 텐데, 돈부리(덮밥) 형태가 먹기 편하고 빠르다는 장점이 있어 소스카츠동을 주문한다. 소스를 뿌려 돈카츠를 먹고 싶을 때, 일종의 패스트푸드처럼 먹는 느낌으로 이것을 주문하는 손님이 많다.
돈카츠 체인점이라고 해도 가장 인기 높은 메뉴는 카츠동이다. 일본 카츠야에서는 하루에 7만식 이상 카츠동을 판매한다고 한다. 참고로 예전에는 가장 저렴한 카츠동 메뉴는 500엔이었다. 일본에는 500엔 동전이 있어서 이런 가격의 메뉴가 '원코인 메뉴'라고 불리며 인기를 모았다. 2024년 현재 가장 저렴한 카츠동 메뉴는 616엔이다. 그러나 카츠야는 매장에서 적극적으로 100엔 할인 쿠폰을 배포하기 때문에 단골손님에게 있어 카츠동은 여전히 '거의 원코인 메뉴'다.
이런 합리적인 가격 설정이 호평을 받아 코로나19 팬데믹에도 카츠야는 매출이 호조, 점포 수가 500곳을 넘었다.*****
한국에는 종로, 홍대 등 3곳에 진출했지만, 현재는 텐동 전문점 '하마다(はま田)'로 업태를 변경해 영업을 하고 있다.

*** 그래서 한국의 왕돈카츠처럼 굳이 비계를 잘라 빼지 않는다.

**** 호쿠리쿠 지방 후쿠이현 등의 일부 지방에서는 '카츠동'이라고 주문하면 소스카츠동이 나오는 경우도 있다.

***** 2022년 12월 기준 일본 450곳, 해외 75곳의 점포가 있다.

기타 지방의 카츠동 종류

이 밖에도 지역별로 다양한 종류의 카츠동이 있다.

타레카츠동은 약간 얇은 돈카츠를 단짠단짠한 맛의 간장 타레에 살짝 담갔다 밥에 얹는 카츠동이다. 니가타현 향토 요리로 알려져 있는데, 전국적으로도 인지도가 있는 편이다. 도쿄에서도 니가타 요리 전문점이나 타레카츠동 체인점에서 맛볼 수 있다. 타레(タレ)는 일본어로 양념을 의미한다. 한국처럼 매운 양념은 별로 없고 간장 베이스가 주류다.

나고야에는 미소카츠동이 있다. 아이치현 나고야시는 콩된장의 일종인 핫초미소(八丁味)가 유명한 지방이다. 이 핫초미소는 우동, 오뎅 등 다양한 요리에 쓰는데, 돈카츠 소스로도 뿌려 먹는다.

타레카츠동과 미소카츠동 모두 간장 베이스 국물로 달걀과 같이 끓이지 않는다는 점에선 같다. 다만, 지방에 따라 양념의 차이가 있음을 보여준다.

토지나이카츠동

마지막으로 소개하는 것은 토지나이카츠동이다.

일반적인 카츠동은 간장 베이스 육수에 돈카츠를 넣고 날달걀을 풀어서 끓여 만든다. 이렇게 '육수에 음식을 넣고 날달걀을 풀어서 끓이는 것'을 일본어로 '토지루(とじる)'라고 한다. '토지나이(とじない)'는 '토지루'의 부정형. 즉, 토지나이카츠동은 '푼 달걀을 뿌리지 않고, 간장 베이스 육수로 끓이지 않는 카츠동'을 의미한다. 달걀은 따로 달걀말이처럼 부드럽게 구워 돈카츠 옆에 곁들여 낸다.

일반적인 카츠동은 육수와 함께 끓이기 때문에 카츠의 바삭한 식감을 해친다. 하지만, 토지나이카츠동은 살짝 소스만 뿌리는 정도라 카츠 특유의 바삭한 식감을 유지할 수 있다. 육수에 카츠를 담가 끓여 만드는 카츠동 식감에 익숙하지 않은 사람이라면 선호할 만하다. 소스는 단짠단짠한 맛이고, 얇게 구운 달걀말이와 절묘하게 잘 어울린다.

토지나이카츠동은 앞서 소개한 소스카츠동이나 타레카츠동의 일종으로 볼 수 있다. 그런데, 소스카츠동처럼 양배추를 밥 위에 얹어 먹지는 않다. 또, 소스카츠동이나 타레카츠동은 달걀을 얹지 않지만, 토지나이카츠동은 달걀말이도 함께 즐길 수 있다. 토지나이카츠동은 달걀물을 푼 육수에 끓여낸 일반적인 카츠동의 맛과 소스카츠동, 타레카츠동의 바삭한 식감, 각각의 매력을 합쳐 만든 것 같은 느낌이다.

도쿄에서 토지나이카츠동 붐을 견인한

곳이 2013년에 시부야에서 창업한 카츠동 전문점 '즈이초(瑞兆)'다. 창업 초기부터 지금까지 메뉴는 카츠동 단 하나뿐이다. 메뉴판에 적혀 있는 이름은 '카츠동'이지만, 손님들이 여기서 먹은 카츠동에 새로움을 느껴 토지나이카츠동이라고 부르게 됐다. 가격은 2010년대 후반까지 1000엔이었지만, 물가 상승에 따라 현재는 1500엔까지 올랐다. 2010년대 후반부터는 여기를 찾아오는 한국인 관광객도 많이 늘었다.

2020년대에 들어 토지나이카츠동을 변화시켜서 만든 가게들이 늘어났다.

원래 '즈이초'의 토지나이카츠동은 약간 얇은 돈카츠를 사용하는 편이었다. 그런데 새로 나온 토지나이카츠동집들은 상당히 두꺼운 카츠를 사용하는 곳들이 많다. 고기 두께와 무게가 약 5cm, 400g에 달하는 경우도 있다. 이런 임팩트가 센 비주얼이 SNS상에서 많은 주목을 받아 급속하게 붐이 확대된 것이다.

일본에선 인스타그램에서 특히 눈에 띄는(예쁘게 보이는) 비주얼을 의미하는 신조어로 '인스타바에(インスタ映え)'라는 말이 있다. 특히나 음식 '단면(잘린 부분)'에 매력을 느끼는 사람이 많은 것 같다. '단면 감성'을 뜻하는 '단멘모에(面萌え)' '모에단(萌え)'이라는 말까지 등장했다. 이런 단면 감성은 주로 샌드위치(후르츠산도), 베이글, 이치고다이후쿠(딸기모찌) 등에 쓰는 말이었지만, 요즘은 두꺼운 카츠동, 돈카츠, 카츠산도에도 쓰이고 있다.

참고로 이렇게 두꺼운 카츠가 일본에서 유행한 것에는 이유가 있다. 2010년대 이후 일본에서 돼지고기 품종 개량이 많은 비약을 이뤄, 두꺼운 돈카츠에 잘 어울리는 품종이 나왔기 때문이다. 특히 인기를 모은 게 SPF(Specific Pathogen Free) 돼지고기다. '특정의 병원체를 가지지 않다'라는 의미다. SPF 품종은 보다 맛이 좋아지고(특히 비계가 달콤하다), 비린내도 덜 느껴진다. 그리고 돼지고기의 '안정성'도 높아졌다. 원래 돼지고기는 잘 익혀서 먹는 게 '상식'이었지만, SPF 돼지고기 유통이 확대된 것을 계기로 두껍게 잘라 일부러 고기 안쪽이 익지 않은(돈카츠 단면 가운데가 약간 핑크색 정도로 보이는) '미디엄레어 돈카츠'가 한때 유행한 것이다. 물론 잘 익히지 않은 돈카츠에 거부감을 느끼는 손님도 있었지만, 단면이 예쁘게 보이는 미디엄레어 돈카츠는 주목을 받았다. 무엇보다 맛도 기존 돈카츠보다 훨씬 맛있다고 소문이 나고, 주문 시에 "미디엄레어로 주세요"라고 하는 손님도 늘었다. SPF 돼지고기로 만든 돈카츠는 기존 돈카츠보다 가격이 훨씬 비싼데도, 손님들이 줄 서서 먹는 새로운 돈카츠로 자리를 잡았다.

하지만, 아무리 특정 병원체를 갖지 않는 돼지고기라고 해도 돼지고기를 잘 익히지 않고 먹는 건 위험성이 없다고 할 수 없다. 생산자(양돈 업체)는 물론, 식품 안전을 책임지는 당국에서도 주의를 환기하게 됐다. 그래서 현재 일본에서는 '미디엄레어 돈카츠'는 볼 수 없게 됐지만, 잘 익힌 두꺼운 돈카츠는 살아남았다.

물론 이렇게 두꺼운(과도하게 양이 많은) 돈카츠를 카츠동으로 제공하는 것의 장점만 있는 것은 아니다. 먹다 질리기도 하고, 다 못 먹어서 남기는 손님도 있을 것이다.****** 아무래도 SNS 시대에 맞게 나온 메뉴라서 마케팅 측면에서 장점은 있지만, 실제 메뉴로 제공하기에는 미리 주의해야 하는 점이 있을 테다. 한국인 소비자가 끝까지 맛있게 먹을 수 있는 방법이나 양의 선택지, 그리고 미리 어떤 음식인지(양도 포함에서)를 잘 알려주는 배려도 필요하지 않을까 싶다.

일본인인 필자 입장에선 한국에서 더 다양한 카츠동을 많은 곳에서 먹을 수 있게 되면 좋겠다고 생각한다. 언젠가 한국에서도 카츠동이 돈카츠에 못지않은 지위를 얻고, 텐동처럼 높은 인기를 얻는 날이 오기를 기대하고 기다린다.

****** 일본에서는 일단 도전해봤지만 절반 정도도 못 먹는 손님도 있는 것 같다.

네모 고수와 1:1 상담 문의는 여기로! >>

'일식' 지금 창업해도 될까 '오마카세' 끝물이라는데…

노승욱 창톡 대표

장사 노하우 공유 플랫폼 '창톡' 창업자 겸 대표. 매경이코노미 창업전문기자 12년 근무 후 매일경제신문사 사내벤처로 '창톡'을 설립해서 2023년 3월 분사. 장사고수와 소상공인 간 가교 역할을 하고 있다.

'피크 일식'이더라도 서서히 꺾일 것 오마카세는 끝물…라멘, 초밥 '유망'

695만명.

2023년 일본을 찾은 한국인 관광객 수다. 역대급 엔저 열풍이 이어지며 2024년에는 방일 한국인 관광객이 800만명을 넘을 전망이다.

여행을 많이 가는 나라의 음식이 유행하는 것은 당연하다. 과거 대만 여행이 인기를 끌며 대만카스테라, 흑당버블티 등의 메뉴가 유행했는데, 당시 대만 여행객은 1년에 100만명도 채 안 됐다. 그러니 연간 700만~800만명이 가서 먹고 오는 일식이 한국에서 유행하지 않는다면 그게 더 이상한 일이다. '자영업 트렌드 2024'에서도 일식을 2024년 외식업의 핵심 트렌드로 제시한 바 있다.

그런데 일식당이 너무 많아지니 한쪽에선 피로감과 포화 우려에 대한 목소리도 제기된다. 또한 2025년에 뜰 창업 아이템 1위로 꼽힌 것은 일식이 아닌 '한식주점'이지 않은가(26페이지 참조). 그래서 물었다. 현재 일식당을 운영 중인 창톡 장

사고수 9명에게 일식 창업에 대한 전망을.

일식 창업 전망 영상 보기 »

일식 창업 트렌드, 2025년에도 계속될까? 답은 '반반'

2025년 일식 창업에 대해 장사고수들은 어떤 생각을 갖고 있을까. 결론부터 얘기하면, '일식 트렌드의 지속 가능성'에 대한 의견은 한마디로 '반반'이다.

"일식 유행은 지금이 피크다. 앞으로는 서서히 꺾일 것이다"라는 부정론과 "역대급 엔저로 일본 여행을 많이 가니 앞으로도 당분간 대세가 될 것이다"라는 긍정론이 각각 33.3%를 기록해 팽팽히 맞섰다. "수도권은 피크, 지방은 좀 더 유지될 것 같다. 그리고 1등 브랜드는 쭉 지속될 것이다" "일시적인 유행이 아닌, 마라탕처럼 하나의 문화로 자리 잡을 것이다" "서서히 꺾여갈 테지만 중화요리처럼 안착될 것 같다"는 기타 의견도 있었다.

'일식으로 창업한다면 어떤 메뉴가 유망할까?'라는 질문에는 의견이 제각각이었다. 라멘, 일본가정식, 초밥, 규동 순으로 비교적 고른 응답이 나왔다. 그만큼 다양한 가능성이 있다는 것으로 해석된다.

"종목이 늘기보다는 점점 세분화돼갈 것 같다" "나올 만한 건 다 나왔다. 일본 현

최근 일식 트렌드의 지속 전망에 대해 어떻게 생각하시는지요?

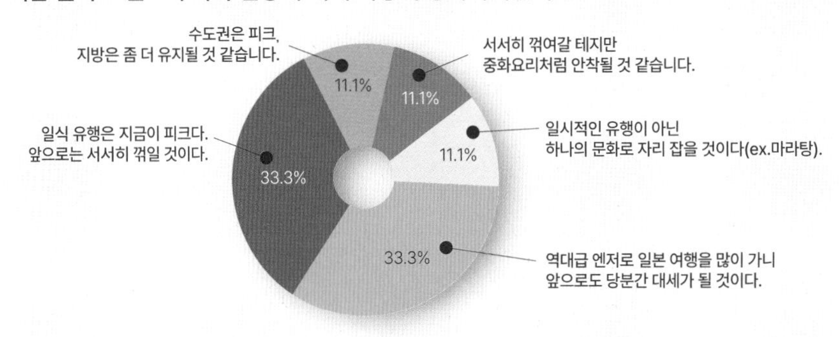

일식도 메뉴 카테고리가 다양한데요. 최근 일식 메뉴 중 앞으로 여지가 있거나 더욱 수요가 성장할 것으로 눈여겨보는 메뉴가 있다면 선택해주세요.

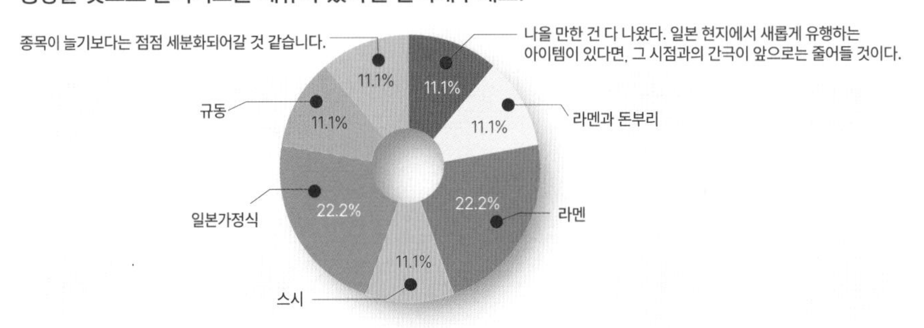

지에서 새롭게 유행하는 아이템이 있다면, 그 시점과의 간극이 줄어들 것이다"라는 기타 의견도 참고할 만하다.

한동안 유행했던 오마카세의 지속 전망에 대해선 "이제는 한물갔다"는 의견이 대세다.
"이제는 너무 많고 가성비가 떨어져 전망이 밝지 않다"는 응답이 55%를 넘었다.

다만, "역으로 가성비를 챙긴 오마카세라면 얼마든지 성장할 수 있다" "코스 요리로 즐기는 재미가 있어 인기는 계속될 것이다" "새로운 재미를 계속 추구한다면 지속될 가능성은 있다"는 소수 의견도 있었다.

일본 관련 아이템의 위험 요인은 '반일감정'이다. 2024년에도 일본 정부의 네이

한동안 오마카세가 유행했습니다. 오마카세 시장 전망에 대해선 어떻게 생각하시는지요?

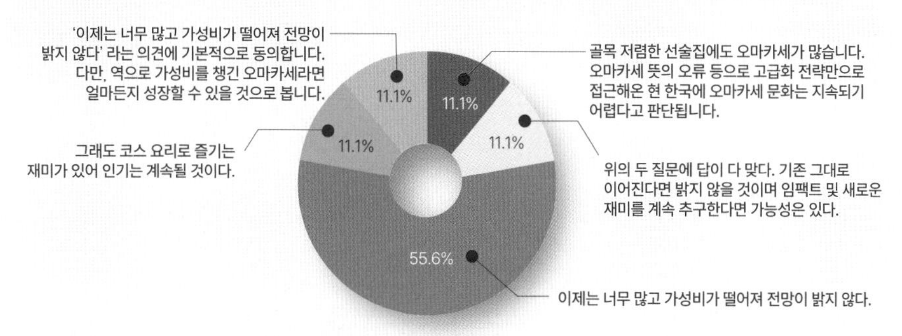

최근 일본 정부의 네이버 라인 매각 종용 사태로 일식 시장에 타격이 있을 것이란 우려도 제기됩니다. 이에 대해 어떻게 생각하시는지요?

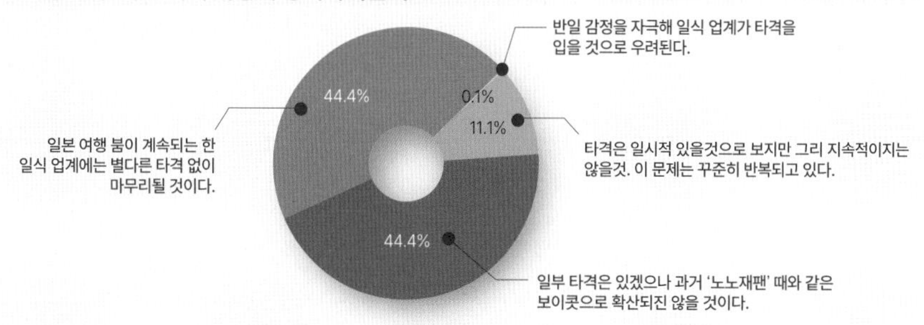

버 라인 매각 종용 사태로 '노노재팬 사태가 재발하는 것 아니냐'는 우려가 업계에서 흘러나왔다. 그러나 이에 대해선 '그 영향은 제한적일 것'이란 답이 많았다.

"일부 타격은 있겠으나 과거 '노노재팬' 때와 같은 보이콧으로 확산되진 않을 것이다(44.4%)" "일본 여행 붐이 계속되는 한 일식 업계에는 별다른 타격 없이 마무리될 것이다(44.4%)"라는 응답이 약 90%를 차지했다. "타격은 일시적으로 있겠지만 그리 지속적이지는 않을 것(11.1%)"이란 소수 의견이 있었다. "반일 감정을 자극해 일식 업계가 타격을 입을 것으로 우려된다"는 응답은 제로(0)였다.

끝으로 가장 중요한 질문. "앞으로 일식 트렌드가 전반적으로 어떻게 변화할지에

자료:창톡 유튜브 캡처

대해 자유롭게 의견을 밝혀달라"고 물었다. 다음 고수들의 의견을 참고해보자.

"30년 전 이후 일식은 카테고리가 꾸준하게 나뉘어져왔습니다. 초밥집, 돈부리, 횟집, 이자카야 등이 그것입니다. 그중 스시가 가장 크게 성장했고 이 현상은 앞으로도 지속될 것으로 보입니다. 스시의 유행은 약 10년 주기로 나타나는데 지금이 그 시기와 맞물려 보입니다. 이제 스시는 일식이라 하기도 어려울 만큼 대중화된 듯 보입니다. 외식 트렌드 특성상 앞으로 2년 안에 초저가 스시가 등장할 것이고, 그때 일식 트렌드는 일단락될 것으로 보입니다." (민강현 식당성공회 대표)

"'일식 유행은 지금이 피크고 앞으로는 서서히 꺾일 것이다'라는 의견에 기본적으로는 동의합니다. 다만 일식 자체의 유행이 꺾인다는 의미는 아닙니다. 지금 유행하는 일식은 일본 음식과 인테리어 등 일본 감성을 그대로 카피한 일식, 특히 이자카야입니다. 이런 일식의 유행은 서서히 꺾일 것으로 생각합니다. 하지만 우동, 밥, 돈가스, 일본가정식 등 기존의 무난한 일식은 이 유행과 별개일 것으로 봅니다." (이철주 크리에이티브스푼 대표, 유튜버 '장사만세')

"일식은 한국에서 필수가 되어가고 있습니다. 그만큼 소비 문턱이 많이 낮아졌고 카테고리도 다양해졌습니다. 또한 한국 시장은 가격 경쟁력이 심해 일본보다 더 저렴하게 접근할 것 같습니다. 평생을 반일 감정으로 언론 플레이가 되겠지만, 도돌이표처럼 돌아갈 것 같습니다."

(이민우 김태완스시 부대표)

"일반 주점과 요리 감성 주점, 음식점을 나눠 말씀드리겠습니다. 먼저 일반 주점 카테고리에서 가장 빠르고 큰 타격이 있을 것입니다. 유행이 도는 주기가 가장 짧고, 이 때문에 유사 브랜드가 퍼지는 속도도 가장 빠르기 때문입니다. 요리를 중점으로 하는 10~20평대 이자카야 등 작은 감성 주점은 애초에 데이트 목적으로 방문하는 것이 대부분이기 때문에 일식 트렌드와는 별개의 것으로 볼 수 있습니다. 이 카테고리는 일식뿐 아니라 중식, 홍콩식, 미국식, 동남아식 등 다양한 업종이 고루 있습니다. 즉, 데이트 목적으로 방문하는 경우 조금 특별한 업종을 소비하려는 경향이 있고 일식은 그중 하나의 선택지가 될 수 있기 때문에 트렌드와는 별개로 갈 것 같습니다. 일반적인 음식점 중 라멘 카테고리에 트렌드가 집중된 것으로 보이는데 라멘은 조금 위험해 보입니다. 전반적인 일식 카테고리 시장은 수도권을 시작으로 꺾일 것이며, 1등 브랜드나 지역의 오랜 맛집만 살아남는 그림이 그려질 것 같습니다."

(이도원 로지컬F&B 대표)

노승욱 고수와 1:1 상담 문의는 여기로! »

한국이 주목해야 할 중국 유통 트렌드 Best3

윤승진
만나통신사 대표

중국의 디지털·비즈니스 트렌드를 한국에 소개하는 만나통신사 비즈니스 학습여행 운영 중, 코로나 시기 중국에서 미리 본 숏폼 트렌드에 확신, 숏폼 비즈니스 전문 기업 숏만연구소 설립, 농심, 유한킴벌리와 같은 대기업부터 소상공인, 크리에이터까지 숏폼 프로젝트 다수 성공 진행, 현재는 서울시 마케팅 자문위원으로서 숏폼, 숏폼커머스 시장의 전문가로 활약 중이다.

'사적 트래픽' '숏폼 커머스' '헤이티' 디지털 마케팅과 푸드테크의 최전선

중국의 어느 브랜드 빵집에 방문했을 때 일이다. 계산을 하려는데 옆에 QR코드를 직원이 가리키더니 "스캔을 해서 채팅방에 들어오라"고 권한다. 그럼 무료로 빵을 주겠다는 것. 호기심이 생겨 QR코드를 스캔해 채팅방에 들어갔다. 방을 살펴보니 135번째 방인데 필자를 포함 98명의 사람들이 모여 있었다. 이 매장을 방문하는 사람을 100명씩 모아놓은 채팅방이 135개나 운영되고 있다는 의미였다. 단순히 계산해봐도 13만5000명의 고객을 단톡방에 모아놓고 직접 소통하고 있는 것이다. 이 채팅방에서는 무슨 일이 일어나고 있을까.

다음 날 채팅방을 켜보니 매장에서 갓 구운 빵 사진이 올라온다. 브랜드 빵집의 점장은 그들이 새로운 빵을 굽는 시간에 맞춰 사진을 올린다. 같은 채팅방에 있던 한 손님이 사진을 보고 매장의 문 닫는 시간을 물어본다. 채팅방에 있는 직원은 "○○시에 문을 닫는다"고 실시간으로 이야기한다. 매장을 방문한 고객들을 하나의 단체방에 몰아두고 소통한다는 것이 신선했다. 기존에도 물론 카카오톡채널처럼, 빵집의 공식 위챗채널이 있긴 하다. 하지만 '채팅방'에서 일어나는 대화는 조금 더 친밀한 느낌을 준다.
이 방에서 보이는 점장과 직원은 단톡방의 개인과는 다른, 브랜드의 담당자로 표시돼 있다. 점장, 직원 등으로 표시돼 있고, 프로필도 조금 더 세분화된 기능을 보여주고 있다. 기능적으로 채팅방 기능이 브랜드를 위해 개발돼 있는 듯 보인다. 또 필자의 친구가 입장한 방에서 보이는 채팅방과, 필자가 속한 채팅방의 쿠폰이 다른 형식으로 제공된다. 고객이 있는 채팅방에서 각기 다른 A/B 테스트를 통해 사용자의 행동을 유도하고 있다. 고객을 위한 채팅방을 브랜드가 활용할 수 있도록 고도화돼 있는 느낌이었다. 이런 활동은 기존 채널을 통해 1:1 푸시 알람이 오거나, 문의를 하는 것보다 친밀하게 느껴진다. 스팸으로 느껴지기보다, 사람이 직접 소식을 보내고 응대하니 따뜻함이 느껴진다. 그래서 일반 광고를 뜻하는 '공적(公的) 트래픽'과 반대되는 의미로, '개인적인'이라는 의미의 '사적(私的) 트래픽'이라고 부른다.
최근 중국에서는 오프라인 매장의 '사적 트래픽' 활용이 중요한 마케팅 전략으로 떠오르고 있다. 사적 트래픽이란 오프라인 매장에 방문하는 고객을 관리하는 단체 채팅방, 즉 '단톡방'이다. "사적 트래픽 전쟁이 일어났다"는 말이 나올 정도로 편의점, 커피숍, 빵집, 식당 등 중국의 거의 모든 매장에서 사적 트래픽을 활용해 고객과의 관계를 강화하고, 지속적인 프로모션을 통해 재방문을 유도한다. 특히, 비용이 거의 들지 않는다는 점에서 기업이나 상점이 선호하는 마케팅 채널로 꼽힌다. 새로운 디지털 마케팅 기법이라는 점에서 한국의 유통 업계에서도 주목하고 있다.

1. 중국 유통 업계 필수 마케팅 '사적 트래픽'

추가 도달 비용 없이 기존 고객 '가두리 마케팅'

매장을 방문하는 고객이 모여 있는 채팅방이라니. 과연 개인정보를 중시하는 우리나라 사람들 정서에서도 이런 채팅방 운영이 가능할까.
처음엔 필자도 사적 트래픽의 국내 도입 가능성과 지속성에 의문을 품었다. 하지만 필자가 즐겨 찾는 단골 매장의 채팅방에 들어가 여러 소식을 듣고, 개인적으로 채팅을 주고받아보니 브랜드에 대한 긍정적인 경험이 쌓이는 것이 느껴졌다. 또한 브랜드가 플랫폼에 의존해 지속적으로 광고비를 지불하는 대신, 고객 네트워크를 직접 소유하고 고객과 장기적으로 관계를 유지해나간다는 점에서 효과적인

사적 트래픽 가입을 유도하는 편의점 QR.

것 같았다.

중국에서는 주로 위챗 단톡방을 통해 이뤄지고 있다. 우리나라도 카카오톡 오픈채팅, 당근 이웃, 네이버 밴드 등을 통해 시도해볼 수 있다. 중요한 것은 우리 매장, 우리 브랜드의 고객에게 어떻게 차별적인 혜택과 경험을 제공하며 단톡방을 운영할 것인가다. 기존 고객에게 다시 도달하기 위해 소요되는 추가적인 마케팅 비용이 절감되는 만큼, 고객에게 차별적인 혜택을 주며 브랜드에 대한 좋은 경험을 하게 한다면 한국에서도 해볼 만한 마케팅이라고 생각한다.

2. 쇼핑몰까지 침투한 '숏폼커머스'

온오프라인 판매의 경계가 사라진다

중국 항저우에 위치한 대형 쇼핑몰 '야오왕X27'은 2024년 1월 오픈 당시 큰 화제가 됐다. 입점한 350개 브랜드가 전국 최초로 24시간 오프라인 매장과 라이브커머스를 동시에 운영하는 신개념 쇼핑몰을 표방했기 때문이다.

실제 가보니 라이브커머스 촬영을 위해

중국 항저우에 위치한 대형 쇼핑몰 '야오왕X27'에선 매장 안에서 숏폼 라이브를 진행, 온라인 고객 위주로 판매한다.

매장마다 스튜디오처럼 조명과 카메라를 설치해놓은 모습이 독특했다. 한 가게에 들어가 옷을 둘러봐도 직원은 고객을 응대하기보다는 라이브 방송에 더 집중하고 있다. 매장 앞에는 라이브 방송에 접속할 수 있는 틱톡 코드가 띄워져 있다. 접속해보니 수천 명의 사람들이 라이브 방송을 보며 상품을 구매하고 있다. 오프라인에서 필자에게 옷 한 벌을 파는 것보다, 온라인 라이브커머스로 수천 명의 사람들을 대상으로 판매에 집중하는 것이 어찌 보면 당연해 보였다.

재밌는 점은 고객이 이 매장을 라이브로 만나게 되는 방식이다. 예전에는 검색을 통해 찾아 들어가야 이 라이브커머스 방송을 볼 수 있었다. 지금은 필자가 틱톡을 켜고 스크롤을 위로 몇 번 올리기만 해도 바로 필자 앞에 있는 매장의 라이브 방송이 나타난다. 틱톡이 시청자와 가까운 곳의 라이브 방송이 보이도록 지역 기

한 외식 전문 라이브커머스 스트리머가 식당 앞에서 숏폼 라이브를 진행 중인 모습.

반으로 노출 알고리즘을 설계했기 때문이다.

'외식 전문 라이브커머스 스트리머' 새로운 직종의 탄생

중국에서는 보통 하루 평균 6시간 스마트폰을 보고, 그중 절반 이상이 숏폼 영상을 본다고 한다. 숏폼 영상을 보는 사람이 많고, 취향과 지역 기반으로 영상이 노출되니 매장마다 한편에서 라이브커머스 방송을 하는 직원을 쉽게 만날 수 있다.

중국에서 스타벅스 대항마로 급성장한 루이씽커피는 틱톡 라이브를 잘 운영하기로 유명한 브랜드다. 틱톡 안에서 루이씽커피를 검색해보면 수없이 많은 매장 계정을 발견할 수 있다. 실시간 라이브를 켜고 커피 쿠폰을 판매하는 모습도 볼 수 있다. 또 개인 크리에이터와 제휴해서 그들을 통한 라이브 판매도 하고 있다. 루이씽커피를 홍보하는 개인 크리에이터에게 물어보니 크리에이터의 팔로어 수와 영향력에 따라 수수료율이 차등 부여되고, 크리에이터는 브랜드를 대신 홍보해주며 돈을 벌고 있다고 한다. '외식 전문 라이브커머스 스트리머'라는 새로운 전문 직종이 생겨난 것이다.

3. 푸드테크로 무장한 '헤이티(Heytea)'

중국 1등 차 브랜드, 압구정에 첫 매장 오픈

2013년 중국에 진출한 한국의 토종 커피 브랜드 카페베네는 초반에는 승승장구했다. 1년 6개월 만에 100호점을 돌파하고 3년 만에 600개 매장을 열었다. 그로부터 10년이 지난 2024년, 카페베네의 600개 매장은 온데간데없이 사라지고, 중국의 1등 차 브랜드 헤이티가 오히려 국내 시장에 첫 매장을 서울 압구정에 오픈했다. 그리고 홍대, 가로수길, 강남CGV, 건대 등 동시다발적으로 매장 오픈을 준비하고 있다. 10년 동안 중국의 차, 음료 업계에는 무슨 일이 있었던 걸까.

디지털 마케팅으로 무장한 중국 외식 브랜드는 이제 중국을 넘어 세계로 진출하고 있다. 단순한 해외 진출이 아니다. 뉴욕, 런던 등 세계 1등 도시에서 경쟁해도 밀리지 않은 경쟁력을 갖추고 있다. 한국에도 상륙하기 시작한 만큼, 중국 외식 브랜드와의 경쟁에 대비해 미리미리 준비할 필요가 있다.

2024년 1월 4000호점 돌파…
중국 차 음료 시장의 혁명 '헤이티'

헤이티는 2012년 광둥성 3선 도시의 작은 골목에서 시작해 중국 전역으로 차 음료 열풍을 확산시켰다. 5평짜리 매장에서 시작한 이 브랜드는 2024년 1월 기준 4000개점을 돌파했다. 2023년에만 월평균 196개, 연간 2350여개 신규점을 개설하고 글로벌 7개국에 22개점을 오픈하며 공격적으로 확장하고 있다. 차(茶) 위에 크림치즈가 올라간 헤이티의 대표 메뉴는 중국 젊은이 취향을 저격했다. 헤이티의 로고는 크림치즈차를 마시는 방법을 알려준다. 고개를 45도 기울여 차를 마시면 짭조름한 크림치즈와 그 아래 달달한 차 맛이 동시에 느껴지는데, 그 맛이 오묘하면서도 매력적이다.

헤이티는 1992년생 녜윈천(云宸)이 설립했다. 젊은 브랜드인 만큼, 고객과의 소통에서도 모바일을 적극 활용, 남다른 차별화를 꾀하고 있다.

'희차고(Heytea Go)' 시스템으로
디지털 전환 대성공

헤이티는 위챗 내 미니 프로그램을 통해

헤이티 직원이 음료 제조용 스마트 기기로 음료를 만들고 있는 모습.

디지털 전환을 성공적으로 이뤄냈다. 스타벅스의 사이렌오더와 비슷하지만 위챗 채팅방 안에서 버튼 하나로 앱 설정이 가능해 훨씬 편리하다. 2018년 '희차고(Heytea Go)' 시스템을 도입하면서 시간을 지정한 예약 주문과 배달이 가능해졌다. 이후 고객은 줄을 서서 기다리지 않고도 모바일을 통해 미리 음료를 주문하고 알람이 오면 매장에서 찾아가기만 하면 되는 구조로 바뀌었다. 음료를 주문하기 전에는 현재 주문 건수와 대기 시간도 확인할 수 있다.

고객의 편의성은 확연히 증대됐다. 하지만 매장 앞에 손님들이 장사진을 칠 만큼 인기가 많았던 헤이티로선, '대기줄'이 불러오는 입소문 효과를 포기한 과감한 결정이었다. 결과는 어땠을까. 대기줄은 사라졌지만 그렇다고 헤이티의 인기는 줄어들지 않았다. 요즘도 헤이티는 오픈부터 마감까지 주문이 끊임없이 이어진다. 헤이티의 디지털 전환이 오히려 브랜드 경쟁력을 높여줬다는 평가다.

어떻게 된 걸까. 답은 희차고 시스템에 있다.

푸드테크 도입 전(위쪽)과 후 달라진 헤이티 매장 모습. 인력 운영 효율성이 크게 증대됐다.

희차고의 메뉴 카테고리에서 음료를 주문하려고 보면 당도부터 온도, 토핑까지 선택할 수 있는 항목이 7가지가 넘는다. 기존에 오프라인에서 주문할 때도 여러 선택지는 있었지만 온라인으로 주문을 하게 되니 고객에게 더 세세한 맞춤형 음료를 제공할 수 있게 된 것. 나만의 제품을 즐겨찾기해두고 다음번에 주문할 수도 있다. 주문 후에는 수령 가능 시간이 정확히 표시된다. 여전히 인기가 많은 탓에 미리 주문을 해도, 음료를 받기 위해 기다려야 한다. 그래도 고객의 편의성이 높아진 것은 물론, 기업 입장에서도 줄 서는 데 지쳐 이탈하는 고객을 줄일 수 있게 됐다. 오프라인 매장의 디지털화가 고객 만족도와 기업의 수익을 동시에 올려준 사례다.

음료 제조 프로세스 자동화로 인력 효율화 '주목'

헤이티의 푸드테크 활용은 주문 시스템에만 그치지 않는다. 음료 생산 공정도 자동화했다.

헤이티는 워낙 인기가 많아 주문이 쇄도하다 보니 매장 생산 인력이 작은 평수에도 적게는 8명에서 많게는 15명까지 필요했다. 그런데 최근 이들의 분업 생산 시스템을 한 번에 자동화시킨 기기가 등장했다. 이후 헤이티 매장에서 일하는 직원은 5명 안팎으로 크게 줄었다. 매장 수가 4000개가 넘어가니 대규모 투자를 통해 자동화 기기를 직접 개발, 인력을 획기적으로 줄인 것이다.

프로세스는 이렇다. 희차고를 통해 주문이 들어오면 직원은 컵에 바코드를 붙이고, 바코드를 기기에 댄다. 그럼 기기가 주문을 인식하고 다양한 관을 통해 음료를 배출, 50여가지 메뉴를 순식간에 만들어낸다. 원재료 준비를 담당하는 자동 껍질 제거기, 자동 레몬 압착기, 음료 제조 과정을 돕는 차(茶) 디스펜서 등 모든 작업 과정을 체계적으로 자동화했다. 제조 과정을 지켜보고 있으면 놀랍기도 하다. 헤이티가 2023년 한 해 동안 2000여개 매장을 오픈할 수 있었던 데는 이런 자동화 시스템이 일등 공신 역할을 했다.

중국의 디지털 혁명에 주목해야 하는 이유

외식업이라는 전통 산업은 이제 높은 인건비와 구인난에 전 세계적으로 고전하고 있다. 이런 상황에서 푸드테크로 무장한 중국 브랜드의 약진은 시사하는 바가 크다. 주문부터 제조까지 전 공정을 자동화함으로써 생기는 경영 효율과 비용 절감은 고객에게 차별화된 혜택을 제공할 수 있는 여력을 만들어준다. 이는 곧 경쟁 브랜드와 싸울 수 있는 무기가 된다. 사적 트래픽, 숏폼커머스, 그리고 헤이티까지. 중국의 디지털 마케팅과 푸드테크 현주소를 국내 유통 업계는 물론, 자영업자도 주의 깊게 봐야 하는 이유다.

윤승진 고수와 1:1 상담 문의는 여기로! »

요즘 베트남에서 창업하려면

임루시아
더스노우 베트남 대표

한국과 베트남의 식문화를 연결하는 '브릿지K' 대표. 고등학생 시절부터 한식 세계화를 꿈꾸며 11개국을 탐방. 베트남의 사람들, 문화, 경제 성장 속도, 그리고 한류 열풍이 어우러진 매력적인 시장에 매료되어 7년째 베트남에 정착. 대우 청년 사업가 양성 과정을 수료한 후, 연고 없는 베트남에서 식품 제조 및 유통 회사에서 경력을 쌓았으며, 퇴사 후 1년 반 만에 한국의 더스노우 빙수 카페를 베트남 하노이에 3개 매장을 론칭(랜드마크 하노이 1호점, 호안끼엠 2호점, 미딩 3호점). 한국 F&B 브랜드의 베트남 시장 진출 전 과정에서의 경험과 노하우를 보유하고 있다.

한국인·한식 좋아하고 외식 즐기는 '기회의 땅' 창업 아이템 베이커리·돈가스·샐러드 '추천'

필자는 고등학생 때부터 '한식 세계화'에 관심이 많았다. 한식을 해외에 알리고 해외에서 사업을 하는 일이 무척 보람 있을 것 같았다. 여러 나라를 물색하던 중 한국인과 한식을 좋아하는 베트남에 꽂혔다. 그래서 2018년 대우의 '청년 사업 가 양성 베트남 8기 과정'을 수료하고 2022년부터 베트남 하노이에서 '더스노우'라는 한국식 빙수 전문 카페 2개를 성공적으로 운영하고 있다. 필자는 한식을 좋아하고 경제가 빠르게 성장하고 있는 베트남이 한국인에게 기회의 땅이 될 수 있다고 생각한다. 이 글에선 필자가 베트남에서 수년간 생활하고 사업하며 지켜본 베트남 소비자들의 특징과 사업 노하우를 전하고자 한다.

1. 베트남 소비자의 특징

① 한식은 식당에서 먹는 것을 선호

베트남 사람들에게 한식은 나름 고급스러운 외식으로 통한다. 그래서 한식을 먹을 때는 배달보다는 한식당에 직접 가서 분위기를 느끼고, 한식을 먹는 모습을 사진을 찍어 SNS에 자랑하는 것을 즐긴다. 한국에서 대표적인 배달 음식인 치킨, 족발, 자장면도 베트남 사람들은 95%가 배

필자가 하노이에서 운영 중인 더스노우 1호점 매장 전경.

달보다는 식당에 가서 먹는다 해도 과언이 아니다.

② SNS 인증샷 자랑은 똑같다

한국인들이 SNS에 맛집이나 좋은 것을 자랑하려 인증샷을 올리듯, 베트남 사람도 똑같다. 틱톡, 인스타그램, 페이스북 등 SNS를 적극 이용한다. 그래서 맛집을 찾을 때도 SNS 리뷰를 참고하는 경우가 많다. 베트남에서도 SNS 마케팅을 꼭 해야 하는 이유다.

③ 다양하게 조금씩 즐기는 '뷔페'에 줄 선다

2024년 기준 베트남 전국 평균 월급은 약

필자가 하노이에서 운영 중인 더스노우 2호점 매장 전경.

700만~1000만동(한화 38만~54만원) 정도다. 소득 수준이 낮다고 외식을 덜 하겠지 생각하면 오산이다. 베트남 사람들이 기분 낼 때 한 끼 식사 비용으로 쓰는 비용은 20만~50만동(한화 1만~2만5000원) 정도다. 소득의 20분의 1 정도를 한 번의 외식비로 쓸 정도로 엥겔지수가 굉장히 높은 편이다.

모처럼 비싼 돈을 들여 외식을 하니 이왕이면 거하게 차려진 상을 즐긴다. 그래서 베트남 사람들은 다양한 음식을 한 번에 즐길 수 있는 뷔페나, 다양한 재료를 자기 입맛대로 넣어 먹을 수 있는 샤브샤브를 정말 좋아한다.

뷔페가 아니라면 소비자가 여러 메뉴를 조금씩 맛볼 수 있게 하는 것이 좋다. 대부분의 한국 식당은 음식 1인분이 베트남 사람 두 명이 나눠 먹어도 될 만큼 양이 많은데, 베트남에서는 차라리 양을 좀 줄이고 메뉴 가격을 낮춰 손님이 다양하게 주문해서 먹을 수 있도록 구성하는 것이 유리하다. 그래야 베트남 소비자들의 만족도가 높아져 재방문율이 높아진다.

2. 요즘 베트남에서 인기 있는 K푸드

① 한국식 중식: K드라마 영향에 자장면, 탕수육 인기

한국 영화나 드라마를 통해 자장면을 먹는 모습을 많이 접해서 그런지 자장면 같은 한국식 중식이 최근 베트남에서 인기다. 특히 새콤달콤한 탕수 소스에 바삭하게 튀긴 탕수육은 베트남 사람들이 정말 좋아한다.

단, 볶음밥은 베트남 현지에서도 볶음밥을 3만동(한화 약 1500원) 정도에 판매하고 있기 때문에 선호도가 낮다. 대신 자장면, 탕수육, 짬뽕, 냉면 등 베트남에선 맛보기 힘든 한국식 중식은 인기가 많다.

② 치킨·분식: 단일 메뉴 전문점 대신 냉면, 파전도 같이 팔아라

K푸드의 대명사인 치킨과 떡볶이는 베트남에서도 인기가 많다. 특히, '두끼 떡볶이'는 베트남의 뷔페 문화와 접목돼 요즘도 줄을 서서 들어가야 할 정도로 인기다.

단, 치킨이나 떡볶이를 단일 메뉴의 전문점 형태로 파는 것은 추천하지 않는다. 그보다는 치킨을 전문으로 하면서 떡볶이, 파스타, 냉면, 자장면, 해물파전 등 다양한 사이드 메뉴(?)를 함께 파는 것이 좋다. 한국 사람이 볼 때는 너무 잡다하게 파는 것 같겠지만, 베트남 사람들은 먹거리가 다양해서 오히려 '맛집'으로 인식된다. 베트남에선 이렇게 특정 음식을 전문으로 하면서 사이드 메뉴로 다양한 메뉴를 취급하는 것에 전혀 거부감이 없다.

③ 빙수: 팥·인절미 빙수 인기…
빙수를 'bingsu'라고 불러

무더운 날씨의 베트남에서 시원하게 즐길 수 있는 한국 빙수가 인기다. 빙수를 'bingsu'라고, 한국식 발음 그대로 부를 정도로 많이 알려져 있다. 점점 한국 카페나 베트남 카페에서 빙수를 취급하는 곳이 늘어나고 있는 추세다.

베트남의 생망고와 다양한 과일을 활용한 과일 빙수뿐만 아니라, 팥빙수, 인절미 빙수 등도 반응이 좋다. 베트남 사람들은 음료에 타피오카, 젤리 등 토핑을 추가해서 먹는 것을 좋아한다. 한국의 찰떡은 베트남 사람들이 좋아하는 타피오카처럼 쫀득해서 호불호 없이 남녀노소가 좋아한다. 팥빙수 위의 떡도 인기가 좋다.

3. 베트남에서 창업하면 유망한 아이템

① 베이커리:
빵 좋아하는데 제빵 기술 부족해 기회

베트남은 과거 프랑스 식민지를 겪은 영향으로 바게트를 즐겨 먹는다. 바게트를 이용해 만든 반미 샌드위치뿐만 아니라, 각종 케이크류, 빵류를 매우 좋아한다. 하지만 아직까지 제빵 기술력은 그리 발달하지 않았다. 때문에 고품질 베이커리 브랜드가 베트남에 상륙하면 베트남 사람뿐만 아니라 베트남에 여행 오는 서양인, 베트남에 거주하는 한국인 등 다양한 고객층에게 인기를 얻을 것 같다.

② 돈가스:
튀긴 돼지고기와 밥은 베트남에서도 '진리'

닭을 튀긴 치킨이 맛있고 인기인 것처럼, 돼지고기를 튀긴 탕수육도 베트남 사람들이 정말 좋아한다. 마찬가지로 돼지고기를 튀긴 한국식 돈가스도 베트남에서 매우 인기 있을 것 같다.

돈가스와 함께 나오는 밥도 베트남 사람들에겐 친숙하다. 한국 사람처럼 베트남도 밥이 주식이기 때문이다. 베트남에 진출한 롯데리아가 치밥(치킨+밥)을 신메뉴로 내서 히트한 바 있다.

③ 샐러드:
외모에 신경 쓰는 베트남 여성에 건강식 인기

베트남 사람들은 한국처럼 겉으로 보이는 외모에 정말 신경을 많이 쓴다. 여성들에겐 다이어트가 늘 화두다. 뿐만 아니라 건강하게 먹는 것에 대한 관심도 계속 높아지고 있다. 때문에 샐러드 관련 업종이 앞으로 유망해 보인다.

4. 베트남 창업 시 팁과 주의사항

① 평균 창업 비용: 30평 기준 1억원 안팎

상권, 업종, 규모, 희망하는 인테리어 수

준 등에 따라 천차만별이겠지만, 대략적으로 30평 규모 매장을 창업하려면 한화 1억원 정도를 생각하면 된다(각종 허가 비용 제외).

② 직원 채용 및 인건비:
알바 시급 1500원 안팎…
면접 시 '여러 업무' 미리 얘기하라

베트남에서는 주로 인력 채용을 페이스북을 통해 한다. 인건비는 경력, 포지션, 근무 시간에 따라 상이하겠지만, 아르바이트 기준 1시간당 2만5000~3만동(한화 1350~1600원) 수준이다. 8시간 이상 근무 시 식대 3만동은 별도로 준다. 공휴일 근무 시에는 시급을 2배 정도 더 준다. 베트남 사람들은 한국인처럼 근면해서 공휴일에도 일할 사람을 구하면 앞다퉈 지원한다. 그래서 최근 한국처럼 구인난을 걱정할 일은 없다.

인건비가 한국에 비해 정말 저렴하지만, 주의할 점이 있다. 면접 시 해당 포지션 이외에 다른 일도 바쁠 때는 같이 돌아가며 해야 한다는 것을 미리 이야기해야 한다. 그렇지 않으면 주어진 일만 하려고 한다.

임루시아 고수와 1:1 상담 문의는 여기로! >>

폐업→재창업→또 폐업…이제는 그만
수능보다 훨씬 어려운 장사 "공부해야 산다"

나건웅 매경이코노미 기자

서울 광진구에 사는 박경호 씨(가명)는 최근 5년 넘게 운영해오던 프랜차이즈 커피 전문점을 폐업하기로 했다. 매출은 점점 줄어드는데 임대료 · 인건비 같은 고정비가 늘어나면서 월 적자가 지속되고 있던 참이다. 코로나 팬데믹에도 어떻게든 지켜온 매장이지만 더 이상은 유지할 수 없다는 판단을 내렸다.

커피 전문점으로 한 번 실패를 경험했지만 그가 준비하는 다음 창업 아이템은 또 커피 전문점이다. 인근에 작은 개인 카페를 열어 생계를 이어간다는 계획이다. 폐업과 재창업에 필요한 돈은 신용 대출로 감당하기로 했다. 박 씨는 "스스로도 불안하다"면서도 "할 수 있는 게 이것밖에 없다"고 토로한다. 그는 "나이가 50이 넘었는데 취업은커녕 다른 업종 재창업도 자신이 없다. 규모를 줄여 개인 브랜드로 커피 전문점을 해보려고 한다"며 "먹고살기 위해 휴일도 없이 일하지만 늘어나는 건 빚뿐이다. 물가도 많이 오르고 경제 상황이 너무 안 좋은 것 같다"고 한숨 쉬었다.

모두가 알다시피 한국 자영업자 비중은 전 세계 최고 수준이다. 외식 자영업자가 특히 많다. 국내 음식점 수는 70만개가 넘는 것으로 추산된다. 한국 인구수가 대

약 5000만명이니, 단순 계산하면 음식점 한 개당 배후인구는 77명에 불과하다. 갓난아기부터 거동이 불편한 노인까지, 전 국민이 단 한 명도 빠짐없이 무조건 하루 한 끼 만원을 내고 외식해야 일매출 77만원을 겨우 벌 수 있다는 얘기다.
한국 외식 자영업이 성장하려면 두 가지가 필요하다. 첫째, 인구가 급증하거나 둘째, 끼니 수가 늘어야 한다. 웬걸, 최근 사업 환경은 오히려 정반대다. 합계출산율은 역대 최저, 여기에 고물가로 외식을 줄이는 가구 수가 늘었다. 나눠 먹을 파이 자체가 점점 줄고 있다는 얘기다.
돈 벌 기회가 줄면 매장 수도 정리가 돼야 자연스럽다. 하지만 희한하게도 국내 음식점 개수는 줄지 않는다. '회전문 창업'이 원흉이다. 아이템만 바꾸거나, 또는 간판만 교체해서, 장소만 바꿔서 요식업을 이어가는 이가 많다. 창업 → 폐업 → 재창업을 반복하는 구조다.
적자가 나는데도 계속 '사장님'을 고집하는 이유는 그들이 멍청해서가 아니다. '마땅히 다른 할 일이 없어서'다. 은퇴 후 할 수 있는 새로운 일이 없고 나이 든 이를 뽑는 회사는 줄어든다. 그간 벌어놓은 돈을 깎아 먹으며 회전문만 빙글빙글 돈다. 회전문 창업은 '희망'이나 '가능성' 같은 단어와는 거리가 멀다.

간판만 바꿔 다는 자영업 시장

최저임금·배달 수수료 인상…'최악'

결론부터 감히 말해보자면 이제는, 회전문 창업을 멈췄으면 한다.
가게를 차렸다 망하고, 또 차렸다 또 망하고…. 폐업 자영업자가 체질 개선 없이 또다시 창업에 나서는 경우가 많다 보니 상황이 나아질 리 없다. 오히려 더 나빠진다. 폐업과 창업을 반복하는 과정에서 빚이 더 쌓이는 자영업자가 많다. 당장 대출 상환과 생계유지를 위해, 잘 안될 줄 알면서도 또다시 창업에 나서는 아이러니다.
회전문 창업을 멈춰야 할 이유는 많다. 요즘 자영업 환경은 그야말로 최악이다. 언제는 위기가 아니었냐고 반문할 수 있지만 요즘은 그야말로 '역대급'이라고 할 만큼 상황이 안 좋다. 악재가 워낙 많다. 고금리 · 고물가가 계속되고 최저임금은 더 올랐다. 배달 수수료마저 크게 인상하면서 수많은 외식 자영업자에게 사형 선고가 내려졌다. 폐업자는 급증했고 개인 사업자 대출 연체율도 역대 최고 수준이다.
자영업 위기의 심각성을 인식한 정부도 2024년 7월 대책을 내놨다. 정부는 2024년 하반기 최우선 과제로 자영업 · 소상공인 위기 극복을 내걸고 종합대책을 발표했다. 약 25조원 규모 예산이 투입되는 정책이지만 자영업 체질 개선을 위한 지원 노력에는 물음표가 붙는다. 정책자금 상환 기간 연장 등 금융 지원이 14조원, 누적된 채무 조정을 위해 쓰이는 재원인 새출발기금에 약 10조원이 추가 투입된다. 당장 채무에 허덕이는 자영업자에게는 반가운 소식이지만 '산소호흡기만 붙여준다고 될 일이냐'는 비판의 목소리도 높다. 단순히 빚을 미뤄주는 걸 넘어, 회전문 쳇바퀴에 갇힌 자영업자를 구출할 근본적인 대책은 없었다.

왜 회전문에서 못 빠져나올까

진입장벽 낮다 보니 '묻지마 창업'

자영업자가 회전문 굴레에 갇히게 되는 이유는 크게 4가지다.

첫째는 은퇴 후 무작정 창업이다. 실상 고를 수 있는 선택지가 마땅치 않다. 재교육 시장이 미미한 상황에서 취업이 쉽지 않아 하릴없이 자영업 시장으로 내몰린다. 한국은 전 세계에서 자영업자 비중이 가장 높은 나라다. 2022년 기준 전체 경제활동인구 중 자영업자가 차지하는 비중은 23.5%에 달한다. 미국(6.6%), 독일(8.7%), 일본(9.6%) 등 다른 주요국과 비교하면 더 두드러진다. 팬데믹을 거치면서도 자영업자는 더 늘었다. 2021년 551만명이었던 자영업자는 지난해 569만명까지 증가했다.

특히 은퇴자가 많은 50대 이상에서 창업이 계속 늘어난다. 한국노동연구원이 통계청 자료를 토대로 분석한 결과 국내 자영업자 중 50세 이상 '시니어 사장님' 비중은 2003년 37.8%에서 2023년 63.7%로 20년 만에 두 배 가까이 급증했다. 50대 이상 비율은 19.7%에서 27.3%로, 60대 이상 비율은 18.1%에서 36.4%까지 두 배 이상 치솟았다.

문제는 이들이 별다른 준비 없이 무작정 자영업 시장에 뛰어든다는 점. 지금껏 장사라고는 해본 적 없는 직장인이 퇴직금만 믿고 창업에 나서는 형국이다. 통계청에 따르면 음식·숙박 업종 자영업자가 창업 전 준비 기간은 평균 8.4개월이다. "현장에서 실제 체감하는 창업 준비 기간은 훨씬 더 적다"는 게 업계 관계자 설명이다. 한 프랜차이즈 업계 관계자는 "본사에서 진행하는 3~4일짜리 교육이 전부인 예비 사장님이 많다"며 "한 번도 자기 사업을 해보지 못한 이들이 자영업을 쉽게 생각하고 거금을 투자하는 경우가 부지기수"라고 설명했다.

둘째, 너무 낮은 창업 진입장벽이다. 전 세계 최고 자영업자 비중이 방증하듯 한국은 창업이 쉬운 나라다. 프랜차이즈 시스템이 워낙 잘돼 있고 물류 · 배달 등 인프라도 뛰어나다. 가맹비를 비롯한 초기 창업 비용만 감당하면 가맹본사가 알아서 가게를 차려주는 식이다.

특정 업종으로 쏠림 현상도 창업 리스크를 키우는 요인이다. 음식점 · 커피 전문점 · 주점 등 요식업은 특히 창업 문턱이 낮다. 저렴한 창업 비용이 원인이다. 서울시에 따르면 2023년 일반 음식점 평균 창업 비용은 9110만원이다. 배달 전문점은 그보다 훨씬 낮은 약 3000만원으로 추산된다. 상대적으로 많은 자본과 인적 자원, 노하우가 필요한 기술 기반 창업보다는 외식 업종 비율이 훨씬 큰 이유다. 업종 편중이 나타나다 보니 경쟁이 치열해지고 생존은 힘겨워진다.

셋째, 늘어나는 채무다. 경쟁이 치열하고 수익이 크지 않다 보니 빚으로 연명하는 이가 많다. 대부분 하루 벌어 하루 먹고 사는 생계형 자영업자다. 통계에서도 나타난다. 연매출 5000만원 미만 소상공인 비중은 2019년 28.1%에서 2022년 34.6%까지 늘었다. 같은 기간 1억원 이상 매장은 50.6%에서 45.3%로 줄었다.

생계형 자영업자 채무는 더욱 늘어난다. 2024년 1분기 말 자영업자 대출은 1055조9000억원으로 역대 최고 수준을 연일 경신하고 있다. 더 큰 문제는 연체율이다. 2022년 2분기 0.5%였던 자영업자 대출 연체율은 올해 1분기 1.52%까지 늘었다. 2022년 하반기부터 가계대출 연체율을 훌쩍 웃돌고 있다.

빚이 늘어날수록 폐업을 결정하기가 더 어려워진다는 게 문제다. 서울 중구에서 돈가스 전문점을 운영하는 한 자영업자는 "빚이 계속 늘어나지만 쉽게 자영업을 그만두기 어렵다. 소상공인 자격이라도 유지해야 그나마 지원금과 각종 금융 지원을 받을 수 있다는 생각"이라며 "폐업에도 철거비나 위약금 같은 돈이 드는 만큼 쉽게 결정이 어렵다"고 설명했다.

넷째, 그럼에도 불구하고 다른 길을 찾아 나서기 어려운 사회 구조다. 재취업은 막막하고 업종 전환도 두렵다. 가보지 않은 길에 대한 공포가 동종 업종 회전문 창업으로 다시 자영업자를 이끈다. 2023년 통계청이 실시한 소상공인 실태조사에 따르면 자영업자 중 같은 업종으로 재창업한 비율이 전체 20.6%에 달한다. 폐업을 하고도 다른 선택을 못한다. 서울신용보증재단에서 폐업 후 재창업하거나 재창업을 준비 중인 이들에게 그 이유를 물은 결과, 전체 66.5%가 '다른 일자리를 구할 수 없어서'라고 답했다. 조춘한 경기과학기술대 스마트경제학과 교수는 "호봉제 중심의 한국 기업은 직무와 상관없이 근속연수에 따라 급여가 올라간다. 퇴사 후 마땅히 직장을 찾기가 어려울뿐더러 새 회사에 가도 급여가 급격히 낮아지는 구조"라며 "경직된 기업 고용 문화를 너무 잘 알고 있는 이들이 재취업에 나서기 쉽지 않은 상황"이라고 설명했다.

회전문 창업 멈추려면 어떻게

절실한 맘으로 '공부하는 사장님'

앞서 살펴본 대로 회전문 창업에서 벗어나는 방법은 쉽지 않다. 사회 구조적인 문제인 만큼 자영업자뿐 아니라 정부와 기업 등 여러 이해관계자 노력이 절실하다.

자영업자와 예비 자영업자에게 필요한 건 첫째도 둘째도 '공부'다. 아무런 변화 없이 회전문을 도는 게 아니라, 공부로 자기 장사 역량을 끌어올려야 한다. 수능 공부도 최소 3년은 한다. 취업 준비도 자격증이다 인턴이다 뭐다 갖은 노력을 다 하는 세상이다. 그런데 밥벌이를 책임질, 또 비용이 1억원 가까이 드는 창업에는 별다른 준비 없이 뛰어든다.

성공 가능성을 높이기 위해 창업 준비 기간을 늘려야 할 필요가 있다. 창업 교육 프로그램 이수와 견습 창업 같은 준비 기간을 거친 이들에게 '이제 자영업을 해도 괜찮습니다'라는 인증을 부여하는 식의 역량 진단 체계를 갖추면 좋을 것 같다. 인증이 없으면 자영업을 못하게 막으라는 얘기가 아니다. 창업 전 스스로를 점검할 기회를 늘리고 기준을 만들자는 의미다.

"40대 이상 예비 창업자는 창업 희망 업종에서 1년 이상 직원으로 근무 경험을 쌓기를 권한다. 비교적 어린 2030세대라면 개인적으로 수십 곳 이상 가게에서 단기 알바를 뛰어보고 창업해야 실패 확률을 그나마 줄일 수 있다고 본다"고 말하는 강혁주 평안도식당 대표 말에 적극 공감한다.

성공한 선배 자영업자로부터 '멘토링'을 받아보는 것도 방법이다. '창톡'을 비롯해 선배 창업가가 매출 향상을 위한 교육 서비스를 제공하는 사업이 여럿 생겼다. 공동 저자인 노승욱 창톡 대표는 "성공한 선배 창업가를 만나 잠깐이라도 상담을 꼭 받아보는 문화가 필요하다. 현장 경험과 실전 노하우를 지닌 장사고수는 창업 아이템부터 입지, 예상 매출, 마케팅 전략 등 다방면에서 많은 조언을 해줄 수 있다"며 "한 명만 만나기보다는 3명 이상 교차 검증을 통해 진짜 내게 맞는 멘토를 찾는 것이 바람직하다"고 말한다.

창업만이 답 아니야…재취업도 고려를

정부에서 지원하는 재기 프로그램을 적

극 활용해보는 것도 방법이다. 소상공인 진흥공단(소진공)에서 운영하는 '희망리턴패키지'가 대표적이다. 업종 전환 · 재창업 · 재취업을 꿈꾸는 이들에게 지원금을 주고 재기에 필요한 여러 교육 프로그램과 컨설팅을 제공하는 정책이다.

성공 사례도 많다. 예를 들어 김나현 감성냉장고 대표는 지난 6년 동안 운영하던 편의점을 폐업하고 키오스크를 도입한 무인 운영 아이스크림 · 과자 할인점을 열어 재기에 성공했다. 정부 지원금으로 매장을 얻고 그동안 생계에 치여 할 수 없었던 부동산 임장과 자기계발에 힘입어 성공적으로 매장을 운영 중이다.

코로나 팬데믹으로 그간 운영해왔던 공예 공방을 접을 위기에 처했던 김선영 한국레인보우선영 대표는 정부 지원 프로그램으로 3D 프린팅 교육을 받고 재기한 경우다. 정부가 제공하는 무료 수업으로 공방에 3D 프린팅 기술과 AI를 도입해 원재료 가격을 낮추고 차별화에도 성공할 수 있었다.

아예 폐업 후 재취업에 나서는 것도 길이 될 수 있다. 현재 안산도시공사에서 근무 중인 박준기 씨는 2017년부터 6년 동안 요식업에 종사한 사장님이었다. 소진공 직업 전환 교육을 받으면서 공기업 취업에 필요한 자격과 이력서 쓰는 법을 공부, 공기업 취업에 성공했다. 국가 지원금과 교육 수당으로 재취업 소득 공백도 메꿀 수 있었다.

필자가 자영업자를 응원하지 않는다는 얘기가 아니다. 폐업 · 창업만 반복하는 굴레에서 벗어나야 한다는 뜻이다. 홀과 부엌 밖을 나와 객관적인 시선에서 스스로를 점검할 필요가 있다. 비유해보자면 '특정 주식 종목에 1억원을 투자한다'는 마음으로 창업 준비를 했으면 한다. 아마 대부분 투자자는 주식 매수 전 여러 가지를 고려할 것이다. 해당 기업 업종 내 상황은 어떤지, 실적은 괜찮은지, 주가가 더 떨어질 만한 리스크나 소문은 없는지 등을 알아볼 것이다. 주식 관련 서적도 뒤적이고 수업을 신청하는 이도 있을 것이다. 창업에도 최소한 이 정도 노력을 기울여야 맞다고 생각한다.

책이나 신문 기사를 읽어도 좋고 여러 동료 자영업자를 만나보는 것도 추천한다. 정부 · 민간 컨설팅 플랫폼을 활용하거나, 하다 못해 유튜브 강의를 듣는 것까지 다 좋다. 이 책을 집어든 독자 여러분이라면 최소한의 마음가짐은 갖췄을 테다. 수많은 선배 장사고수가 들려주는 2025년 자영업 트렌드와 노하우를 알차게 챙겨가길 바란다.

장사고수 32명이 꼽은
자영업 트렌드 2025

초판 1쇄 2024년 10월 25일
초판 2쇄 2025년 2월 14일

지은이 매경이코노미 · 창톡 장사고수
펴낸이 허연
펴낸곳 매경출판㈜
등록 2003년 4월 24일(No. 2-3759)
주소 (04557) 서울시 중구 충무로 2(필동1가) 매일경제 별관 2층 매경출판㈜
인쇄 · 제본 ㈜M-print 031)8071-0961

ISBN 979-11-6484-720-4(03320)

책값은 뒤표지에 있습니다.
파본은 구입하신 서점에서 교환해 드립니다.